Z 19773

Paris
1824-1826

Descartes, René

Œuvres de Descartes, précédées de l'éloge de René Descartes par Thomas

janvier   Tome 2

Z. 2130.
B. 2.

OEUVRES
DE DESCARTES.

TOME DEUXIÈME.

DE L'IMPRIMERIE DE LACHEVARDIERE FILS,
SUCCESSEUR DE CELLOT, RUE DU COLOMBIER, N° 30.

DE DESCARTES,

PUBLIÉES

PAR VICTOR COUSIN.

TOME DEUXIÈME.

A PARIS,

CHEZ F. G. LEVRAULT, LIBRAIRE,

RUE DES FOSSÉS-MONSIEUR-LE-PRINCE, N° 31;

ET A STRASBOURG, RUE DES JUIFS, N° 33.

M. DCCC. XXIV.

OBJECTIONS

CONTRE

LES MÉDITATIONS,

AVEC

LES RÉPONSES

DE L'AUTEUR.

QUATRIÈMES OBJECTIONS,

FAITES PAR M. ARNAUD, DOCTEUR EN THÉOLOGIE.

LETTRE DE M. ARNAUD AU R. P. MERSENNE.

Mon révérend père,

Je mets au rang des signalés bienfaits la communication qui m'a été faite par votre moyen des Méditations de M. Descartes; mais comme vous en saviez le prix, aussi me l'avez-vous vendue fort chèrement, puisque vous n'avez point voulu me faire participant de cet excellent ouvrage, que je ne me sois premièrement obligé de vous en dire mon sentiment. C'est une condition à laquelle je ne me serois point engagé, si le désir de connoître les belles choses n'étoit en moi fort violent, et contre laquelle je réclamerois volontiers, si je pensois pouvoir obtenir de vous aussi facilement une exception pour m'être laissé emporter par cette louable curiosité, comme autrefois le préteur en accordoit à ceux de qui la crainte ou la violence avoit arraché le consentement.

Car que voulez-vous de moi? mon jugement touchant l'auteur? nullement; il y a long-temps que vous savez en quelle estime j'ai sa personne, et le cas que je fais de son esprit et de sa doctrine; vous n'ignorez pas aussi les fâcheuses affaires qui me tiennent à présent occupé, et si vous avez meilleure opinion de moi que je ne mérite, il ne s'ensuit pas que je n'aie point connoissance de mon peu de capacité. Cependant, ce que vous voulez soumettre à mon examen demande une très haute suffisance avec beaucoup de tranquillité et de loisir, afin que l'esprit étant dégagé de l'embarras des affaires du monde, ne pense qu'à soi-même; ce que vous jugez bien ne se pouvoir faire sans une méditation très profonde et une très grande recollection d'esprit. J'obéirai néanmoins puisque vous le voulez, mais à condition que vous serez mon garant, et que vous répondrez de toutes mes fautes. Or, quoique la philosophie se puisse vanter d'avoir seule enfanté cet ouvrage, néanmoins parceque notre auteur, en cela très modeste, se vient lui-même présenter au tribunal de la théologie, je jouerai ici deux personnages : dans le premier, paroissant en philosophe, je représenterai les principales difficultés que je jugerai pouvoir être proposées par ceux de cette profession touchant les deux questions de la nature de l'esprit humain et de l'existence de Dieu; et après cela, prenant l'habit d'un théologien, je mettrai en avant les scrupules qu'un homme de cette robe pourroit rencontrer en tout cet ouvrage.

DE LA NATURE DE L'ESPRIT HUMAIN.

La première chose que je trouve ici digne de remarque, est de voir que M. Descartes établisse pour fondement et premier principe de toute sa philosophie ce qu'avant lui saint Augustin, homme de très grand esprit et d'une singulière doctrine non seulement en matière de théologie, mais aussi en ce qui concerne l'humaine philosophie, avoit pris pour la base et le soutien de la sienne. Car dans le livre second du libre arbitre, chap. III, Alipius disputant avec Évodius, et voulant prouver qu'il y a un Dieu, « premièrement, dit-il, je vous » demande, afin que nous commencions par les » choses les plus manifestes, savoir si vous êtes, ou » si peut-être vous ne craignez point de vous mé- » prendre en répondant à ma demande, combien » qu'à vrai dire si vous n'étiez point, vous ne pour- » riez jamais être trompé. » Auxquelles paroles reviennent celles-ci de notre auteur : « Mais il y » a un je ne sais quel trompeur très puissant et » très rusé, qui met toute son industrie à me » tromper toujours. Il est donc sans doute que » je suis, s'il me trompe. » Mais poursuivons, et, afin de ne nous point éloigner de notre sujet, voyons comment de ce principe on peut conclure que notre esprit est distinct et séparé du corps.

¹ Je puis douter si j'ai un corps, voire même je puis douter s'il y a aucun corps au monde, et néanmoins je ne puis pas douter que je ne sois ou que je n'existe, tandis que je doute ou que je pense. Donc moi qui doute et qui pense, je ne suis point un corps; autrement, en doutant du corps, je douterois de moi-même. Voire même encore que je soutienne opiniâtrément qu'il n'y a aucun corps au monde, cette vérité néanmoins subsiste toujours, *je suis quelque chose*, et partant je ne suis point un corps. Certes cela est subtil; mais quelqu'un pourra dire, ce que même notre auteur s'objecte : de ce que je doute ou même de ce que je nie qu'il y ait aucun corps, il ne s'ensuit pas pour cela qu'il n'y en ait point.

« Mais aussi peut-il arriver que ces choses mêmes
» que je suppose n'être point parcequ'elles me sont
» inconnues, ne sont point en effet différentes de
» moi, que je connois. Je n'en sais rien, dit-il, je ne
» dispute pas maintenant de cela. Je ne puis donner
» mon jugement que des choses qui me sont con-
» nues; je connois que j'existe, et je cherche quel
» je suis, moi que je connois être. Or il est très
» certain que cette notion et connoissance de moi-
» même, ainsi précisément prise, ne dépend point
» des choses dont l'existence ne m'est pas encore
» connue. »

¹ Voyez Méditation II, tome I, page 252.

Mais puisqu'il confesse lui-même que par l'argument qu'il a proposé dans son traité de la Méthode, la chose en est venue seulement à ce point, qu'il a été obligé d'exclure de la nature de son esprit tout ce qui est corporel et dépendant du corps, non pas eu égard à la vérité de la chose, mais seulement suivant l'ordre de sa pensée et de son raisonnement, en telle sorte que son sens étoit qu'il ne connoissoit rien qu'il sût appartenir à son essence, sinon qu'il étoit une chose qui pense, il est évident par cette réponse que la dispute en est encore aux mêmes termes, et partant que la question dont il nous promet la solution demeure encore en son entier : à savoir comment de ce qu'il ne connoît rien autre chose qui appartienne à son essence, sinon qu'il est une chose qui pense, il s'ensuit qu'il n'y a aussi rien autre chose qui en effet lui appartienne. Ce que toutefois je n'ai pu découvrir dans toute l'étendue de la seconde Méditation, tant j'ai l'esprit pesant et grossier; mais, autant que je le puis conjecturer, il en vient à la preuve dans la sixième, pourcequ'il a cru qu'elle dépendoit de la connoissance claire et distincte de Dieu, qu'il ne s'étoit pas encore acquise dans la seconde Méditation : voici donc comment il prouve et décide cette difficulté.

'« Pource, dit-il, que je sais que toutes les cho-

' Voyez Méditation VI, tome 1, page 331.

»ses que je conçois clairement et distinctement
»peuvent être produites par Dieu telles que je les
»conçois, il suffit que je puisse concevoir claire-
»ment et distinctement une chose sans une autre,
»pour être certain que l'une est distincte ou diffé-
»rente de l'autre, parcequ'elles peuvent être sépa-
»rées, au moins par la toute-puissance de Dieu;
»et il n'importe pas par quelle puissance cette sé-
»paration se fasse pour être obligé à les juger dif-
»férentes. Donc pourceque d'un côté j'ai une claire
»et distincte idée de moi-même, en tant que je suis
»seulement une chose qui pense et non étendue;
»et que d'un autre j'ai une idée distincte du corps
»en tant qu'il est seulement une chose étendue et
»qui ne pense point, il est certain que ce moi, c'est-
»à-dire mon âme, par laquelle je suis ce que je suis,
»est entièrement et véritablement distincte de mon
»corps, et qu'elle peut être ou exister sans lui, en
»sorte qu'encore qu'il ne fût point, elle ne lair-
»roit pas d'être tout ce qu'elle est. »

Il faut ici s'arrêter un peu, car il me semble que dans ce peu de paroles consiste tout le nœud de la difficulté.

Et premièrement, afin que la majeure de cet argument soit vraie, cela ne se doit pas entendre de toute sorte de connoissance ni même de toute celle qui est claire et distincte, mais seulement de celle qui est pleine et entière, c'est-à-dire qui comprend tout ce qui peut être connu de la chose ; car M. Descartes confesse lui-même dans ses réponses aux premières objections qu'il n'est pas besoin d'une distinction réelle, mais que la formelle suffit, afin qu'une chose puisse être conçue distinctement et séparément d'une autre par une abstraction de l'esprit qui ne conçoit la chose qu'imparfaitement et en partie; d'où vient qu'au même lieu il ajoute :

« Mais je conçois pleinement ce que c'est que le » corps (c'est-à-dire je conçois le corps comme une » chose complète), en pensant seulement que c'est » une chose étendue, figurée, mobile, etc., encore » que je nie de lui toutes les choses qui appar- » tiennent à la nature de l'esprit. Et d'autre part je » conçois que l'esprit est une chose complète, qui » doute, qui entend, qui veut, etc., encore que je » nie qu'il y ait en lui aucune des choses qui sont » contenues en l'idée du corps : donc il y a une dis- » tinction réelle entre le corps et l'esprit. »

Mais si quelqu'un vient à révoquer en doute cette mineure, et qu'il soutienne que l'idée que vous avez de vous-même n'est pas entière, mais seulement imparfaite, lorsque vous vous concevez, c'est-à-dire votre esprit, comme une chose qui pense et qui n'est point étendue, et pareillement, lorsque vous vous concevez, c'est-à-dire votre corps, comme une chose étendue et qui ne pense point : il faut voir comment cela a été prouvé dans ce que vous avez dit auparavant ; car je ne pense pas que ce soit une chose si claire qu'on la doive prendre pour un principe indémontrable, et qui n'ait pas besoin de preuve.

Et quant à sa première partie, à savoir « que » vous concevez pleinement ce que c'est que le » corps en pensant seulement que c'est une chose » étendue, figurée, mobile, etc., encore que vous » niez de lui toutes les choses qui appartiennent à » la nature de l'esprit, » elle est de peu d'importance ; car celui qui maintiendroit que notre esprit est corporel, n'estimeroit pas pour cela que tout corps fût esprit : et ainsi le corps seroit à l'esprit comme le genre est à l'espèce. Mais le genre peut être entendu sans l'espèce, encore que l'on nie de lui tout ce qui est propre et particulier à l'espèce, d'où vient cet axiome de logique, que *l'espèce étant niée, le genre n'est pas nié*, ou bien, *là où est le genre, il n'est pas nécessaire que l'espèce soit* : ainsi je puis concevoir la figure sans concevoir aucune des propriétés qui sont particulières au cercle. Il reste donc encore à prouver que l'esprit peut être pleinement et entièrement entendu sans le corps.

Or pour prouver cette proposition je n'ai point, ce me semble, trouvé de plus propre argument dans tout cet ouvrage que celui que j'ai allégué au commencement, à savoir, « je puis nier » qu'il y ait aucun corps au monde, aucune chose

» étendue, et néanmoins je suis assuré que je suis
» tandis que je le nie ou que je pense; je suis donc
» une chose qui pense et non point un corps, et
» le corps n'appartient point à la connoissance que
» j'ai de moi-même. »

Mais je vois que de là il résulte seulement que je puis acquérir quelque connoissance de moi-même sans la connoissance du corps; mais que cette connoissance soit complète et entière, en telle sorte que je sois assuré que je ne me trompe point lorsque j'exclus le corps de mon essence, cela ne m'est pas encore entièrement manifeste : par exemple, posons que quelqu'un sache que l'angle au demi-cercle est droit, et partant que le triangle fait de cet angle et du diamètre du cercle est rectangle; mais qu'il doute et ne sache pas encore certainement, voire même qu'ayant été déçu par quelque sophisme il nie que le carré de la base d'un triangle rectangle soit égal aux carrés des côtés, il semble que, selon ce que propose M. Descartes, il doive se confirmer dans son erreur et fausse opinion : car, dira-t-il, je connois clairement et distinctement que ce triangle est rectangle, je doute néanmoins que le carré de sa base soit égal aux carrés des côtés; donc il n'est pas de l'essence de ce triangle que le carré de sa base soit égal aux carrés des côtés. En après, encore que je nie que le carré de sa base soit égal aux carrés des côtés, je suis néanmoins assuré qu'il est rectangle, et il me demeure en l'esprit une claire et distincte connoissance qu'un des angles de ce triangle est droit, ce qu'étant, Dieu même ne sauroit faire qu'il ne soit pas rectangle. Et partant, ce dont je doute, et que je puis même nier, la même idée me demeurant en l'esprit, n'appartient point à son essence.

« De plus, pourceque je sais que toutes les » choses que je conçois clairement et distinctement » peuvent être produites par Dieu telles que je les » conçois, c'est assez que je puisse concevoir clai- » rement et distinctement une chose sans une autre » pour être certain que l'une est différente de » l'autre, parceque Dieu les peut séparer. » Mais je conçois clairement et distinctement que ce triangle est rectangle, sans que je sache que le carré de sa base soit égal aux carrés des côtés; donc au moins par la toute-puissance de Dieu il se peut faire un triangle rectangle dont le carré de la base ne sera pas égal aux carrés des côtés.

Je ne vois pas ce que l'on peut ici répondre, si ce n'est que cet homme ne connoît pas clairement et distinctement la nature du triangle rectangle; mais d'où puis-je savoir que je connois mieux la nature de mon esprit qu'il ne connoît celle de ce triangle? car il est aussi assuré que le triangle au demi-cercle a un angle droit, ce qui est la notion du triangle rectangle, que je suis assuré que j'existe de ce que je pense.

Tout ainsi donc que celui-là se trompe de ce qu'il pense qu'il n'est pas de l'essence de ce triangle, qu'il connoît clairement et distinctement être rectangle, que le carré de sa base soit égal aux carrés des côtés, pourquoi peut-être ne me trompé-je pas aussi en ce que je pense, que rien autre chose n'appartient à ma nature, que je sais certainement et distinctement être une chose qui pense, sinon que je suis une chose qui pense, vu que peut-être il est aussi de mon essence que je sois une chose étendue?

Et certainement, dira quelqu'un, ce n'est pas merveille si, lorsque de ce que je pense je viens à conclure que je suis, l'idée que de là je forme de moi-même ne me représente point autrement à mon esprit que comme une chose qui pense, puisqu'elle a été tirée de ma seule pensée. De sorte que je ne vois pas que de cette idée l'on puisse tirer aucun argument pour prouver que rien autre chose n'appartient à mon essence que ce qui est contenu en elle.

On peut ajouter à cela que l'argument proposé semble prouver trop, et nous porter dans cette opinion de quelques platoniciens, laquelle néanmoins notre auteur réfute, que rien de corporel n'appartient à notre essence, en sorte que l'homme soit seulement un esprit, et que le corps n'en soit que le véhicule ou le char qui le porte, d'où vient qu'ils définissent l'homme *un esprit usant ou se servant du corps* *.

Que si vous répondez que le corps n'est pas absolument exclu de mon essence, mais seulement en tant que précisément je suis une chose qui pense, on pourroit craindre que quelqu'un ne vînt à soupçonner que peut-être la notion ou l'idée que j'ai de moi-même, en tant que je suis une chose qui pense, ne soit pas l'idée ou la notion de quelque être complet, qui soit pleinement et parfaitement conçu, mais seulement celle d'un être incomplet, qui ne soit conçu qu'imparfaitement et avec quelque sorte d'abstraction d'esprit ou restriction de la pensée. D'où il suit que, comme les géomètres conçoivent la ligne comme une longueur sans largeur, et la superficie comme une longueur et largeur sans profondeur, quoiqu'il n'y ait point de longueur sans largeur ni de largeur sans profondeur, peut-être aussi quelqu'un pourroit-il mettre en doute savoir si tout ce qui pense n'est point aussi une chose étendue, mais qui, outre les propriétés qui lui sont communes avec les autres choses étendues, comme d'être mobile, figurable, etc., ait aussi cette

* Voyez le premier Alcibiade de Platon.

particulière vertu et faculté de penser, ce qui fait que par une abstraction de l'esprit elle peut être conçue avec cette seule vertu comme une chose qui pense, quoique en effet les propriétés et qualités du corps conviennent à toutes les choses qui ont la faculté de penser; tout ainsi que la quantité peut être conçue avec la longueur seule, quoique en effet il n'y ait point de quantité à laquelle, avec la longueur, la largeur et la profondeur ne conviennent. Ce qui augmente cette difficulté est que cette vertu de penser semble être attachée aux organes corporels, puisque dans les enfants elle paroît assoupie, et dans les fous tout-à-fait éteinte et perdue, ce que ces personnes impies et meurtrières des âmes nous objectent principalement.

Voilà ce que j'avois à dire touchant la distinction réelle de l'esprit d'avec le corps ; mais puisque M. Descartes a entrepris de démontrer l'immortalité de l'âme, on peut demander avec raison si elle suit évidemment de cette distinction. Car, selon les principes de la philosophie ordinaire, cela ne s'ensuit point du tout; vu qu'ordinairement ils disent que les âmes des bêtes sont distinctes de leurs corps, et que néanmoins elles périssent avec eux.

J'avois étendu jusques ici cet écrit, et mon dessein étoit de montrer comment, selon les principes de notre auteur, lesquels je pensois avoir recueillis de sa façon de philosopher, de la réelle distinction de l'esprit d'avec le corps, son immortalité se conclut facilement, lorsqu'on m'a mis entre les mains un sommaire des six Méditations fait par le même auteur, qui, outre la grande lumière qu'il apporte à tout son ouvrage, contenoit sur ce sujet les mêmes raisons que j'avois méditées pour la solution de cette question.

Pour ce qui est des âmes des bêtes, il a déjà assez fait connoître en d'autres lieux que son opinion est qu'elles n'en ont point, mais bien seulement un corps figuré d'une certaine façon, et composé de plusieurs différents organes disposés de telle sorte que toutes les opérations que nous remarquons en elles peuvent être faites en lui et par lui.

Mais il y a lieu de craindre que cette opinion ne puisse pas trouver créance dans les esprits des hommes, si elle n'est soutenue et prouvée par de très fortes raisons. Car cela semble incroyable d'abord qu'il se puisse faire, sans le ministère d'aucune âme, que la lumière, par exemple, qui réfléchit d'un corps d'un loup dans les yeux d'une brebis, remue tellement les petits filets de ses nerfs optiques, qu'en vertu de ce mouvement, qui va jusqu'au cerveau, les esprits animaux soient répandus dans ses nerfs en la manière qui est requise pour faire que cette brebis prenne la fuite.

J'ajouterai seulement ici que j'approuve grande-

ment ce que M. Descartes dit touchant la distinction qui est entre l'imagination et la conception pure ou l'intelligence; et que c'a toujours été mon opinion, que les choses que nous concevons par la raison sont beaucoup plus certaines que celles que les sens corporels nous font apercevoir. Car il y a long-temps que j'ai appris de saint Augustin, chap. xv, *de la quantité de l'âme*, qu'il faut rejeter le sentiment de ceux qui se persuadent que les choses que nous voyons par l'esprit sont moins certaines que celles que nous voyons par les yeux du corps, qui sont presque toujours troublés par la pituite. Ce qui fait dire au même saint Augustin dans le livre Ier de ses *Soliloques*, chapitre iv, qu'il a expérimenté plusieurs fois qu'en matière de géométrie les sens sont comme des vaisseaux. « Car, dit-il, lorsque, pour l'établissement et la
» preuve de quelque proposition de géométrie, je
» me suis laissé conduire par mes sens jusqu'au
» lieu où je prétendois aller, je ne les ai pas plus
» tôt quittés que, venant à repasser par ma pensée
» toutes les choses qu'ils sembloient m'avoir appri-
» ses, je me suis trouvé l'esprit aussi inconstant que
» sont les pas de ceux que l'on vient de mettre à
» terre après une longue navigation. C'est pourquoi
» je pense qu'on pourroit plutôt trouver l'art de
» naviguer sur la terre, que de pouvoir compren-
» dre la géométrie par la seule entremise des sens,

» quoiqu'il semble pourtant qu'ils n'aident pas peu
» ceux qui commencent à l'apprendre. »

DE DIEU.

La première raison que notre auteur apporte pour démontrer l'existence de Dieu, laquelle il a entrepris de prouver dans sa troisième Méditation, contient deux parties : la première est que Dieu existe, parceque son idée est en moi ; et la seconde, que moi, qui ai une telle idée, je ne puis venir que de Dieu.

Touchant la première partie, il n'y a qu'une seule chose que je ne puis approuver, qui est que M. Descartes ayant fait voir que la fausseté ne se trouve proprement que dans les jugements, il dit néanmoins un peu après qu'il y a des idées qui peuvent, non pas à la vérité formellement, mais matériellement, être fausses ; ce qui me semble avoir de la répugnance avec ses principes.

Mais, de peur qu'en une matière si obscure je ne puisse pas expliquer ma pensée assez nettement, je me servirai d'un exemple qui la rendra plus manifeste. « Si, dit-il, le froid est seulement une pri-
» vation de la chaleur, l'idée qui me le représente
» comme une chose positive sera matériellement
» fausse. » Au contraire, si le froid est seulement une privation, il ne pourra y avoir aucune idée du froid qui me le représente comme une chose po-

sitive, et ici notre auteur confond le jugement avec l'idée. Car qu'est-ce que l'idée du froid? C'est le froid même, en tant qu'il est objectivement dans l'entendement : mais si le froid est une privation, il ne sauroit être objectivement dans l'entendement par une idée de qui l'être objectif soit un être positif; donc, si le froid est seulement une privation, jamais l'idée n'en pourra être positive, et conséquemment il n'y en pourra avoir aucune qui soit matériellement fausse.

Cela se confirme par le même argument que M. Descartes emploie pour prouver que l'idée d'un Être infini est nécessairement vraie : car, dit-il, bien que l'on puisse feindre qu'un tel être n'existe point, on ne peut pas néanmoins feindre que son idée ne me représente rien de réel.

La même chose se peut dire de toute idée positive; car, encore que l'on puisse feindre que le froid, que je pense être représenté par une idée positive, ne soit pas une chose positive, on ne peut pas néanmoins feindre qu'une idée positive ne me représente rien de réel et de positif, vu que les idées ne sont pas appelées positives selon l'être qu'elles ont en qualité de modes ou de manières de penser, car en ce sens elles seroient toutes positives; mais elles sont ainsi appelées de l'être objectif qu'elles contiennent et représentent à notre esprit. Partant cette idée peut bien n'être pas l'idée du froid, mais elle ne peut pas être fausse.

Mais, direz-vous, elle est fausse pour cela même qu'elle n'est pas l'idée du froid ; au contraire, c'est votre jugement qui est faux, si vous la jugez être l'idée du froid : mais pour elle, il est certain qu'elle est très vraie. Tout ainsi que l'idée de Dieu ne doit pas matériellement même être appelée fausse, encore que quelqu'un la puisse transférer et rapporter à une chose qui ne soit point Dieu, comme ont fait les idolâtres.

Enfin, cette idée du froid, que vous dites être matériellement fausse, que représente-t-elle à votre esprit ? une privation ; donc elle est vraie : un être positif ; donc elle n'est pas l'idée du froid. Et de plus, quelle est la cause de cet être positif objectif qui, selon votre opinion, fait que cette idée soit matériellement fausse ? « C'est, dites-vous, » moi-même, en tant que je participe du néant. » Donc l'être objectif positif de quelque idée peut venir du néant, ce qui néanmoins répugne tout-à-fait à vos premiers fondements.

¹ Mais venons à la seconde partie de cette démonstration, en laquelle on demande « si, moi qui » ai l'idée d'un Être infini, je puis être par un autre » que par un Être infini, et principalement si je » puis être par moi-même. » M. Descartes soutient

¹ Voyez Méditation III, tome I, page 284.

que je ne puis être par moi-même, d'autant que « si je me donnois l'être, je me donnerois aussi « toutes les perfections dont je trouve en moi quel- « que idée. » Mais l'auteur des premières objections réplique fort subtilement : ¹ *Être par soi*, ne doit pas être pris *positivement*, mais *négativement*, en sorte que ce soit le même que *n'être pas par autrui*. « Or, ajoute-t-il, si quelque chose est « par soi, c'est-à-dire non par autrui, comment « prouverez-vous pour cela qu'elle comprend tout, « et qu'elle est infinie ? Car à présent je ne vous écoute « point si vous dites, puisqu'elle est par soi, elle « se sera aisément donné toutes choses, d'autant « qu'elle n'est pas par soi comme par une cause, et « qu'il ne lui a pas été possible, avant qu'elle fût, « de prévoir ce qu'elle pourroit être, pour choisir « ce qu'elle seroit après. »

Pour soudre cet argument, M. Descartes répond ² que cette façon de parler, *être par soi*, ne doit pas être prise *négativement*, mais *positivement*, eu égard même à l'existence de Dieu; en telle sorte que « Dieu fait en quelque façon la même « chose à l'égard de soi-même, que la cause effi- « ciente à l'égard de son effet. » Ce qui me semble un peu hardi, et n'être pas véritable.

C'est pourquoi je conviens en partie avec lui,

---

¹ Voyez les premières Objections, tome 1, page 359. — ² Voyez la réponse aux premières Objections, tome 1, page 380.

et en partie je n'y conviens pas. Car j'avoue bien que je ne puis être par moi-même que positivement, mais je nie que le même se doive dire de Dieu : au contraire, je trouve une manifeste contradiction que quelque chose soit par soi positivement et comme par une cause. C'est pourquoi je conclus la même chose que notre auteur, mais par une voie tout-à-fait différente, en cette sorte : Pour être par moi-même, je devrois être par moi *positivement* et comme par une cause; donc il est impossible que je sois par moi-même. La majeure de cet argument est prouvée par ce qu'il dit lui-même, « que les parties du temps pouvant être séparées, » et ne dépendant point les unes des autres, il ne » s'ensuit pas de ce que je suis, que je doive être » encore à l'avenir, si ce n'est qu'il y ait en moi » quelque puissance réelle et positive qui me crée » quasi derechef en tous les moments. » Quant à la mineure, à savoir que je ne puis être par moi positivement et comme par une cause, elle me semble si manifeste par la lumière naturelle, que ce seroit en vain qu'on s'arrêteroit à la vouloir prouver, puisque ce seroit perdre le temps à prouver une chose connue par une autre moins connue. Notre auteur même semble en avoir reconnu la vérité, lorsqu'il n'a pas osé la nier ouvertement. Car, je vous prie, examinons soigneusement ces paroles de sa réponse aux premières objections.

« Je n'ai pas dit, dit-il, qu'il est impossible
» qu'une chose soit la cause efficiente de soi-même ;
» car, encore que cela soit manifestement véritable,
» quand on restreint la signification d'efficient à
» ces sortes de causes qui sont différentes de leurs
» effets, ou qui les précèdent en temps, il ne semble
» pas néanmoins que dans cette question on la
» doive ainsi restreindre, parceque la lumière na-
» turelle ne nous dicte point que ce soit le pro-
» pre de la cause efficiente de précéder en temps son
» effet. »

Cela est fort bon pour ce qui regarde le premier membre de cette distinction : mais pourquoi a-t-il omis le second, et que n'a-t-il ajouté que la même lumière naturelle ne nous dicte point que ce soit le propre de la cause efficiente d'être différente de son effet, sinon parceque la lumière naturelle ne lui permettoit pas de le dire ? Et de vrai, tout effet étant dépendant de sa cause, et recevant d'elle son être, n'est-il pas très évident qu'une même chose ne peut pas dépendre ni recevoir l'être de soi-même ?

De plus, toute cause est la cause d'un effet, et tout effet est l'effet d'une cause, et partant il y a un rapport mutuel entre la cause et l'effet : or il ne peut y avoir de rapport mutuel qu'entre deux choses.

En après on ne peut concevoir, sans absurdité,

qu'une chose reçoive l'être, et que néanmoins cette même chose ait l'être auparavant que nous ayons conçu qu'elle l'ait reçu. Or cela arriveroit si nous attribuions les notions de cause et d'effet à une même chose au regard de soi-même. Car quelle est la notion d'une cause? donner l'être; quelle est la notion d'un effet? le recevoir. Or la notion de la cause précède naturellement la notion de l'effet.

Maintenant nous ne pouvons pas concevoir une chose sous la notion de cause, comme donnant l'être, si nous ne concevons qu'elle l'a : car personne ne peut donner ce qu'il n'a pas ; donc nous concevrions premièrement qu'une chose a l'être, que nous ne concevrions qu'elle l'a reçu ; et néanmoins en celui qui reçoit, recevoir précède l'avoir.

Cette raison peut être encore ainsi expliquée : personne ne donne ce qu'il n'a pas, donc personne ne se peut donner l'être, que celui qui l'a déjà ; or, s'il l'a déjà, pourquoi se le donneroit-il?

Enfin, il dit « qu'il est manifeste, par la lumière » naturelle, que la création n'est distinguée de la » conservation que par la raison ; » mais il est aussi manifeste, par la même lumière naturelle, que rien ne se peut créer soi-même, ni par conséquent aussi se conserver.

Que si de la thèse générale nous descendons à l'hypothèse spéciale de Dieu, la chose sera encore à mon avis plus manifeste, à savoir que Dieu ne peut être par soi *positivement*, mais seulement *négativement*, c'est-à-dire *non par autrui*.

Et premièrement cela est évident par la raison que M. Descartes apporte pour prouver que si un corps *est par soi*, il doit être par soi *positivement*. « Car, dit-il, les parties du temps ne dépendent
» point les unes des autres ; et partant, de ce que l'on
» suppose qu'un corps jusqu'à cette heure a été par
» soi, c'est-à-dire sans cause, il ne s'ensuit pas pour
» cela qu'il doive être encore à l'avenir, si ce n'est
» qu'il y ait en lui quelque puissance réelle et po-
» sitive qui pour ainsi dire le reproduise continuel-
» lement. »

Mais tant s'en faut que cette raison puisse avoir lieu lorsqu'il est question d'un Être souverainement parfait et infini, qu'au contraire, pour des raisons tout-à-fait opposées, il faut conclure tout autrement : car, dans l'idée d'un être infini, l'infinité de sa durée y est aussi contenue, c'est-à-dire qu'elle n'est renfermée d'aucunes limites, et partant qu'elle est indivisible, permanente et subsistante tout à la fois, et dans laquelle on ne peut sans erreur et qu'improprement, à cause de l'imperfection de notre esprit, concevoir de passé ni d'avenir.

D'où il est manifeste qu'on ne peut concevoir qu'un Être infini existe, quand ce ne seroit qu'un moment, qu'on ne conçoive en même temps qu'il a toujours été et qu'il sera éternellement (ce que notre auteur même dit en quelque endroit), et partant que c'est une chose superflue de demander pourquoi il persévère dans l'être. Voire même, comme l'enseigne saint Augustin, lequel, après les auteurs sacrés, a parlé de Dieu plus hautement et plus dignement qu'aucun autre, en Dieu il n'y a point de passé ni de futur, mais un continuel présent; ce qui fait voir clairement qu'on ne peut sans absurdité demander pourquoi Dieu persévère dans l'être, vu que cette question enveloppe manifestement le devant et l'après, le passé et le futur, qui doivent être bannis de l'idée d'un Être infini.

De plus, on ne sauroit concevoir que Dieu soit par soi *positivement* comme s'il s'étoit lui-même premièrement produit; car il auroit été auparavant que d'être, mais seulement (comme notre auteur déclare en plusieurs lieux) parcequ'en effet il se conserve.

Mais la conservation ne convient pas mieux à l'Être infini que la première production. Car qu'est-ce, je vous prie, que la conservation, sinon une continuelle reproduction d'une chose; d'où il arrive que toute conservation suppose une première production; et c'est pour cela même que le nom de continuation, comme aussi celui de conservation, étant plutôt des noms de puissance que d'acte, emportent avec soi quelque capacité ou disposition à recevoir; mais l'Être infini est un acte très pur, incapable de telles dispositions.

Concluons donc que nous ne pouvons concevoir que Dieu soit par soi *positivement*, sinon à cause de l'imperfection de notre esprit qui conçoit Dieu à la façon des choses créées; ce qui sera encore plus évident par cette autre raison.

On ne demande point la cause efficiente d'une chose, sinon à raison de son existence et non à raison de son essence; par exemple, quand on demande la cause efficiente d'un triangle, on demande qui a fait que ce triangle soit au monde: mais ce ne seroit pas sans absurdité que je demanderois la cause efficiente pourquoi un triangle a ses trois angles égaux à deux droits; et à celui qui feroit cette demande, on ne répondroit pas bien par la cause efficiente, mais on doit seulement répondre, parceque telle est la nature du triangle; d'où vient que les mathématiciens, qui ne se mettent pas beaucoup en peine de l'existence de leur objet, ne font aucune démonstration par la cause efficiente et finale. Or il n'est pas moins de l'essence d'un Être infini d'exister, voire même, si vous le voulez, de persévérer dans l'être, qu'il est de l'essence d'un triangle d'avoir ses trois angles égaux à deux droits: donc, tout ainsi qu'à celui qui demanderoit pourquoi un triangle a ses trois angles égaux à deux droits, on ne doit pas répondre par la cause efficiente, mais seulement parceque telle est la nature immuable et éternelle du triangle; de même, si quelqu'un demande pourquoi Dieu est, ou pourquoi il ne cesse point d'être, il ne faut point chercher en Dieu ni hors de Dieu de cause efficiente, ou quasi efficiente (car je ne dispute pas ici du nom, mais de la chose), mais il faut dire pour toute raison, parceque telle est la nature de l'Être souverainement parfait.

C'est pourquoi, à ce que dit M. Descartes, « [1] que » la lumière naturelle nous dicte qu'il n'y a aucune » chose de laquelle il ne soit permis de demander » pourquoi elle existe, ou dont on ne puisse rechercher la cause efficiente; ou bien si elle n'en a point, » demander pourquoi elle n'en a pas besoin, » je réponds que si on demande pourquoi Dieu existe, il ne faut pas répondre par la cause efficiente, mais seulement parcequ'il est Dieu, c'est-à-dire un Être infini; que si on demande quelle est sa cause efficiente, il faut répondre qu'il n'en a pas besoin; et enfin si on demande pourquoi il n'en a pas besoin, il faut répondre, parcequ'il est un Être infini, duquel l'existence est son essence: car il n'y a que les choses dans lesquelles il est permis de distinguer l'existence actuelle de l'essence qui aient besoin de cause efficiente.

[1] Voyez la réponse aux premières Objections, tome 1, page 379.

Et partant, ce qu'il ajoute immédiatement après les paroles que je viens de citer se détruit de soi-même, à savoir: « Si je pensois, dit-il, qu'aucune » chose ne pût en quelque façon être à l'égard de » soi-même ce que la cause efficiente est à l'égard » de son effet, tant s'en faut que de là je voulusse » conclure qu'il y a une première cause, qu'au con-» traire de celle-là même qu'on appelleroit première » je rechercherois derechef la cause, et ainsi je ne » viendrois jamais à une première. » Car au contraire, si je pensois que de quelque chose que ce fût il fallût rechercher la cause efficiente ou quasi efficiente, j'aurois dans l'esprit de chercher une cause différente de cette chose : d'autant qu'il est manifeste que rien ne peut en aucune façon être à l'égard de soi-même ce que la cause efficiente est à l'égard de son effet.

Or il me semble que notre auteur doit être averti de considérer diligemment et avec attention toutes ces choses, parceque je suis assuré qu'il y a peu de théologiens qui ne s'offensent de cette proposition, à savoir que « Dieu est par soi positivement, » et comme par une cause. »

Il ne me reste plus qu'un scrupule, qui est de savoir comment il se peut défendre de ne pas commettre un cercle, lorsqu'il dit que « nous ne som-» mes assurés que les choses que nous concevons » clairement et distinctement sont vraies, qu'à cause

« que Dieu est ou existe[1]. » Car nous ne pouvons être assurés que Dieu est, sinon parceque nous concevons cela très clairement et très distinctement ; donc, auparavant que d'être assurés de l'existence de Dieu, nous devons être assurés que toutes les choses que nous concevons clairement et distinctement sont toutes vraies.

J'ajouterai une chose qui m'étoit échappée, c'est à savoir que cette proposition me semble fausse que M. Descartes donne pour une vérité très constante, à savoir que « [2] rien ne peut être en lui, en » tant qu'il est une chose qui pense, dont il n'ait » connoissance. » Car par ce mot, *en lui*, en tant qu'il est une chose qui pense, il n'entend autre chose que son esprit, en tant qu'il est distingué du corps. Mais qui ne voit qu'il peut y avoir plusieurs choses en l'esprit dont l'esprit même n'ait aucune connoissance ? par exemple, l'esprit d'un enfant qui est dans le ventre de sa mère a bien la vertu ou la faculté de penser, mais il n'en a pas connoissance. Je passe sous silence un grand nombre de semblables choses.

DES CHOSES QUI PEUVENT ARRÊTER LES THÉOLOGIENS.

Enfin, pour finir un discours qui n'est déjà que trop ennuyeux, je veux ici traiter les choses le plus brièvement qu'il me sera possible, et à ce

---

[1] Voy. Médit. v. t. 1, p. 318. — [2] Voy. Médit. iii. t. 1, p. 286.

sujet mon dessein est de marquer seulement les difficultés, sans m'arrêter à une dispute plus exacte.

Premièrement, je crains que quelques uns ne s'offensent de cette libre façon de philosopher, par laquelle toutes choses sont révoquées en doute. Et de vrai notre auteur même confesse, dans sa Méthode, que cette voie est dangereuse pour les foibles esprits : j'avoue néanmoins qu'il tempère un peu le sujet de cette crainte dans l'abrégé de sa première Méditation.

Toutefois je ne sais s'il ne seroit point à propos de la munir de quelque préface, dans laquelle le lecteur fût averti que ce n'est pas sérieusement et tout de bon que l'on doute de ces choses, mais afin qu'ayant pour quelque temps mis à part toutes celles *qui peuvent laisser le moindre doute*, ou, comme parle notre auteur en un autre endroit, *qui peuvent donner à notre esprit une occasion de douter la plus hyperbolique*, nous voyions si après cela il n'y aura pas moyen de trouver quelque vérité qui soit si ferme et si assurée que les plus opiniâtres n'en puissent aucunement douter. Et aussi, au lieu de ces paroles, *ne connoissant pas l'auteur de mon origine*, je penserois qu'il vaudroit mieux mettre, *feignant de ne pas connoître*[1].

Dans la quatrième Méditation, qui traite du

[1] Descartes a suivi ce conseil.

vrai et du faux, je voudrois, pour plusieurs raisons qu'il seroit long de rapporter ici, que M. Descartes, dans son abrégé ou dans le tissu même de cette Méditation, avertît le lecteur de deux choses.

La première, que lorsqu'il explique la cause de l'erreur il entend principalement parler de celle qui se commet dans le discernement du vrai et du faux, et non pas de celle qui arrive dans la poursuite du bien et du mal. Car, puisque cela suffit pour le dessein et le but de notre auteur, et que les choses qu'il dit ici touchant la cause de l'erreur souffriroient de très grandes objections si on les étendoit aussi à ce qui regarde la poursuite du bien et du mal, il me semble qu'il est de la prudence, et que l'ordre même, dont notre auteur paroit si jaloux, requiert que toutes les choses qui ne servent point au sujet et qui peuvent donner lieu à plusieurs disputes soient retranchées, de peur que tandis que le lecteur s'amuse inutilement à disputer des choses qui sont superflues, il ne soit diverti de la connoissance des nécessaires.

La seconde chose dont je voudrois que notre auteur donnât quelque avertissement est que, lorsqu'il dit que nous ne devons donner notre créance qu'aux choses que nous concevons clairement et distinctement, cela s'entend seulement des choses qui concernent les sciences et qui tombent sous notre intelligence, et non pas de celles qui regar-

dent la foi et les actions de notre vie : ce qui a fait qu'il a toujours condamné l'arrogance et présomption de ceux qui opinent, c'est-à-dire de ceux qui présument savoir ce qu'ils ne savent pas, mais qu'il n'a jamais blâmé la juste persuasion de ceux qui croient avec prudence. Car, comme remarque fort judicieusement saint Augustin au chapitre xv, *de l'utilité de la croyance*, « il y a trois choses en l'es-
» prit de l'homme qui ont entre elles un très grand
» rapport, et semblent quasi n'être qu'une même
» chose, mais qu'il faut néanmoins très soigneuse-
» ment distinguer, savoir est, *entendre, croire* et
» *opiner*.

» Celui-là *entend* qui comprend quelque chose
» par des raisons certaines. Celui-là *croit*, lequel,
» emporté par le poids et le crédit de quelque grave
» et puissante autorité tient pour vrai cela même
» qu'il ne comprend pas par des raisons certaines.
» Celui-là *opine* qui se persuade ou plutôt qui pré-
» sume de savoir ce qu'il ne sait pas.

» Or c'est une chose honteuse et fort indigne
» d'un homme que d'*opiner*, pour deux raisons : la
» première, pourceque celui-là n'est plus en état
» d'apprendre qui s'est déjà persuadé de savoir ce
» qu'il ignore; et la seconde, pourceque la pré-
» somption est de soi la marque d'un esprit mal
» fait et d'un homme de peu de sens.

» Donc ce que nous entendons nous le devons à

» *la raison*, ce que nous croyons *à l'autorité*, ce
» que nous opinons *à l'erreur*. Je dis cela afin que
» nous sachions qu'ajoutant foi même aux cho-
» ses que nous ne comprenons pas encore, nous
» sommes exempts de la présomption de ceux qui
» opinent. Car ceux qui disent qu'il ne faut rien
» croire que ce que nous savons, tâchent seulement
» de ne point tomber dans la faute de ceux qui
» opinent, laquelle en effet est de soi honteuse et
» blâmable. Mais si quelqu'un considère avec soin
» la grande différence qu'il y a entre celui qui pré-
» sume savoir ce qu'il ne sait pas et celui qui croit
» ce qu'il sait bien qu'il n'entend pas, y étant toute-
» fois porté par quelque puissante autorité, il verra
» que celui-ci évite sagement le péril de l'erreur, le
» blâme de peu de confiance et d'humanité, et le
» péché de superbe. »

Et un peu après, chap. XII, il ajoute :

« On peut apporter plusieurs raisons qui feront
» voir qu'il ne reste plus rien d'assuré parmi la so-
» ciété des hommes, si nous sommes résolus de
» ne rien croire que ce que nous pourrons con-
» noître certainement. » Jusques ici saint Augustin.

M. Descartes peut maintenant juger combien il est nécessaire de distinguer ces choses, de peur que plusieurs de ceux qui penchent aujourd'hui vers l'impiété ne puissent se servir de ses paroles pour combattre la foi et la vérité de notre créance.

Mais ce dont je prévois que les théologiens s'offenseront le plus est que, selon ses principes, il ne semble pas que les choses que l'église nous enseigne touchant le sacré mystère de l'Eucharistie puissent subsister et demeurer en leur entier. Car nous tenons pour article de foi que la substance du pain étant ôtée du pain eucharistique, les seuls accidents y demeurent. Or ces accidents sont l'étendue, la figure, la couleur, l'odeur, la saveur, et les autres qualités sensibles.

De qualités sensibles notre auteur n'en reconnoît point, mais seulement certains différents mouvements des petits corps qui sont autour de nous, par le moyen desquels nous sentons ces différentes impressions, lesquelles puis après nous appelons du nom de couleur, de saveur, d'odeur, etc. Ainsi il reste seulement la figure, l'étendue et la mobilité. Mais notre auteur nie que ces facultés puissent être entendues sans quelque substance en laquelle elles résident, et partant aussi qu'elles puissent exister sans elle; ce que même il répète dans ses réponses aux premières objections.

Il ne reconnoît point aussi entre ces modes ou affections et la substance d'autre distinction que la formelle, laquelle ne suffit pas, ce semble, pour que les choses qui sont ainsi distinguées puissent être séparées l'une de l'autre, même par la toute-puissance de Dieu.

Je ne doute point que M. Descartes, dont la piété nous est très connue, n'examine et ne pèse diligemment ces choses, et qu'il ne juge bien qu'il lui faut soigneusement prendre garde qu'en tâchant de soutenir la cause de Dieu contre l'impiété des libertins, il ne semble pas leur avoir mis des armes en main pour combattre une foi que l'autorité du Dieu qu'il défend a fondée, et au moyen de laquelle il espère parvenir à cette vie immortelle qu'il a entrepris de persuader aux hommes.

RÉPONSES DE L'AUTEUR

AUX QUATRIÈMES OBJECTIONS.

LETTRE AU R. P. MERSENNE.

Mon révérend père,

Il m'eût été difficile de souhaiter un plus clairvoyant et plus officieux examinateur de mes écrits que celui dont vous m'avez envoyé les remarques, car il me traite avec tant de douceur et de civilité que je vois bien que son dessein n'a pas été de rien dire contre moi ni contre le sujet que j'ai traité; et néanmoins c'est avec tant de soin qu'il a examiné ce qu'il a combattu, que j'ai raison de croire que rien ne lui a échappé. Et outre cela il insiste si vivement contre les choses qui n'ont pu obtenir de lui son approbation, que je n'ai pas sujet de craindre qu'on estime que la complaisance lui ait rien fait dissimuler; c'est pourquoi je ne me mets pas tant en peine des objections qu'il m'a faites, que je me réjouis de ce qu'il n'y a point plus de choses en mon écrit auxquelles il contredise.

RÉPONSE A LA PREMIÈRE PARTIE.

DE LA NATURE DE L'ESPRIT HUMAIN.

Je ne m'arrêterai point ici à le remercier du secours qu'il m'a donné en me fortifiant de l'autorité de saint Augustin, et de ce qu'il a proposé mes raisons de telle sorte qu'il sembloit avoir peur que les autres ne les trouvassent pas assez fortes et convaincantes.

Mais je dirai d'abord en quel lieu j'ai commencé de prouver comment, de ce que je ne connois rien autre chose qui appartienne à mon essence, c'est-à-dire l'essence de mon esprit, sinon que je suis une chose qui pense, il s'ensuit qu'il n'y a aussi rien autre chose qui en effet lui appartienne. C'est au même lieu où j'ai prouvé que Dieu est ou existe, ce Dieu, dis-je, qui peut faire toutes les choses que je conçois clairement et distinctement comme possibles. Car, quoique peut-être il y ait en moi plusieurs choses que je ne connois pas encore (comme en effet je supposois en ce lieu-là que je ne savois pas encore que l'esprit eût la force de mouvoir le corps ou qu'il lui fût substantiellement uni), néanmoins, d'autant que ce que je connois être en moi me suffit pour subsister avec cela seul, je suis assuré que Dieu me pouvoit créer sans les autres choses que je ne connois pas encore, et partant que ces autres choses n'appartiennent point à l'essence de mon esprit. Car il me semble qu'aucune des choses sans lesquelles une autre peut être, n'est comprise en son essence, et encore que l'esprit soit de l'essence de l'homme, il n'est pas néanmoins, à proprement parler, de l'essence de l'esprit qu'il soit uni au corps humain.

Il faut aussi que j'explique ici quelle est ma pensée lorsque je dis « qu'on ne peut pas inférer » une distinction réelle entre deux choses, de ce » que l'une est conçue sans l'autre par une abstraction de l'esprit qui conçoit la chose imparfaitement, mais seulement de ce que chacune d'elles » est conçue sans l'autre pleinement ou comme une » chose complète. » Car je n'estime pas que pour établir une distinction réelle entre deux choses il soit besoin d'une connoissance entière et parfaite, comme le prétend M. Arnauld; mais il y a en cela cette différence, qu'une connoissance, pour être entière et parfaite, doit contenir en soi toutes et chacunes les propriétés qui sont dans la chose connue: et c'est pour cela qu'il n'y a que Dieu seul qui sache qu'il a les connoissances entières et parfaites de toutes choses.

Mais quoiqu'un entendement créé ait peut-être en effet les connoissances entières et parfaites de plusieurs choses, néanmoins jamais il ne peut savoir qu'il les a, si Dieu même ne lui révèle particulièrement; car, pour faire qu'il ait une connoissance pleine et entière de quelque chose, il est seulement requis que la puissance de connoître qui est en lui, égale cette chose, ce qui se peut faire aisément; mais, pour faire qu'il sache qu'il a une telle connoissance, ou bien que Dieu n'a rien mis de plus dans cette chose que ce qu'il en connoît, il faut que par sa puissance de connoître il égale la puissance infinie de Dieu, ce qui est entièrement impossible.

Or, pour connoître la distinction réelle qui est entre deux choses, il n'est pas nécessaire que la connoissance que nous avons de ces choses soit entière et parfaite, si nous ne savons en même temps qu'elle est telle : mais nous ne le pouvons jamais savoir, comme je viens de prouver ; donc il n'est pas nécessaire qu'elle soit entière et parfaite.

C'est pourquoi, où j'ai dit « qu'il ne suffit pas » qu'une chose soit conçue sans une autre par une » abstraction de l'esprit qui conçoit la chose impar- » faitement, » je n'ai pas pensé que de là l'on pût inférer que pour établir une distinction réelle, il fût besoin d'une connoissance entière et parfaite, mais seulement d'une qui fût telle que nous ne la rendissions point imparfaite et défectueuse par l'abstraction et restriction de notre esprit. Car il y a bien de la différence entre avoir une connoissance entièrement parfaite, de laquelle personne ne peut jamais être assuré, si Dieu même ne lui révèle, et avoir une connoissance parfaite jusqu'à ce point que nous sachions qu'elle n'est point rendue imparfaite par aucune abstraction de notre esprit.

Ainsi, quand j'ai dit qu'il falloit concevoir pleinement une chose, ce n'étoit pas mon intention de dire que notre conception devoit être entière et parfaite, mais seulement que nous la devions assez connoître pour savoir qu'elle étoit complète. Ce que je pensois être manifeste, tant par les choses que j'avois dites auparavant, que par celles qui suivent immédiatement après : car j'avois distingué un peu auparavant les êtres incomplets de ceux qui sont complets, et j'avois dit « qu'il étoit » nécessaire que chacune de ces choses qui sont » distinguées réellement, fût conçue comme un être » par soi et distinct de tout autre. »

Et un peu après, au même sens que j'ai dit que je concevois pleinement ce que c'est que le corps, j'ai ajouté au même lieu que je concevois aussi que l'esprit est une chose complète, prenant ces deux façons de parler, *concevoir pleinement*, et *concevoir que c'est une chose complète*, en une seule et même signification.

Mais on peut ici demander avec raison ce que j'entends par *une chose complète*, et comment je prouve que, pour la distinction réelle, il suffit que deux choses soient conçues l'une sans l'autre comme deux choses complètes.

A la première demande je réponds que, par une chose complète, je n'entends autre chose qu'une substance revêtue de formes ou d'attributs qui suffisent pour me faire connoître qu'elle est une substance.

Car, comme j'ai déjà remarqué ailleurs, nous ne connoissons point les substances immédiatement par elles-mêmes, mais de ce que nous apercevons quelques formes ou attributs qui doivent être attachés à quelque chose pour exister, nous appelons du nom de substance cette chose à laquelle ils sont attachés.

Que si après cela nous voulions dépouiller cette même substance de tous ces attributs qui nous la font connoître, nous détruirions toute la connoissance que nous en avons, et ainsi nous pourrions bien à la vérité dire quelque chose de la substance, mais tout ce que nous en dirions ne consisteroit qu'en paroles, desquelles nous ne concevrions pas clairement et distinctement la signification.

Je sais bien qu'il y a des substances que l'on appelle vulgairement *incomplètes*; mais si on les appelle ainsi parceque de soi elles ne peuvent pas subsister toutes seules et sans être soutenues par d'autres choses, je confesse qu'il me semble qu'en cela il y a de la contradiction qu'elles soient des substances, c'est-à-dire des choses qui subsistent par soi, et qu'elles soient aussi incomplètes, c'est-à-dire des choses qui ne peuvent pas subsister par soi. Il est vrai qu'en un autre sens on les peut appeler incomplètes, non qu'elles aient rien d'incomplet en tant qu'elles sont des substances, mais seulement en tant qu'elles se rapportent à quelque autre substance avec laquelle elles composent un tout par soi et distinct de tout autre. Ainsi la main est une substance incomplète, si vous la rapportez à tout le corps, dont elle est partie ; mais si vous la considérez toute seule, elle est une substance complète. Et pareillement l'esprit et le corps sont des substances incomplètes, lorsqu'ils sont rapportés à l'homme qu'ils composent ; mais étant considérés séparément, ils sont des substances complètes. Car tout ainsi qu'être étendu, divisible, figuré, etc., sont des formes ou des attributs par le moyen desquels je connois cette substance qu'on appelle corps ; de même être intelligent, voulant, doutant, etc., sont des formes par le moyen desquelles je connois cette substance qu'on appelle esprit ; et je ne comprends pas moins que la substance qui pense est une chose complète, que je comprends que la substance étendue en est une.

Et ce que M. Arnauld a ajouté ne se peut dire en façon quelconque, à savoir que peut-être le corps se rapporte à l'esprit, comme le genre à l'espèce : car encore que le genre puisse être conçu sans cette particulière différence spécifique, ou sans celle-là, l'espèce toutefois ne peut en aucune façon être conçue sans le genre. Ainsi, par exemple, nous concevons aisément la figure sans penser au cercle, quoique cette conception ne soit pas distincte, si elle n'est rapportée à quelque figure particulière, ni d'une chose complète, si elle ne comprend la nature du corps, mais nous ne pouvons concevoir aucune différence spécifique du cercle que nous ne pensions en même temps à la figure. Au lieu que l'esprit peut être conçu distinctement et pleinement, c'est-à-dire autant qu'il faut pour être tenu pour une chose complète, sans aucune de ces formes ou attributs au moyen desquels nous reconnoissons que le corps est une substance, comme je pense avoir suffisamment démontré dans la seconde Méditation; et le corps est aussi conçu distinctement et comme une chose complète, sans aucune des choses qui appartiennent à l'esprit.

Ici néanmoins M. Arnauld passe plus avant, et dit, « encore que je puisse acquérir quelque no- » tion de moi-même sans la notion du corps, il ne » résulte pas néanmoins de là que cette notion soit » complète et entière, en telle sorte que je sois as- » suré que je ne me trompe point lorsque j'exclus » le corps de mon essence. » Ce qu'il explique par l'exemple du triangle inscrit au demi-cercle, que nous pouvons clairement et distinctement concevoir être rectangle, encore que nous ignorions ou même que nous niions que le carré de sa base soit égal aux carrés des côtés; et néanmoins on ne peut pas de là inférer qu'on puisse faire un triangle rectangle duquel le carré de la base ne soit pas égal aux carrés des côtés. Mais pour ce qui est de cet exemple, il diffère en plusieurs façons de la chose proposée. Car, premièrement, encore que peut-être par un triangle on puisse entendre une substance dont la figure est triangulaire, certes la propriété d'avoir le carré de la base égal aux carrés des côtés n'est pas une substance, et partant chacune de ces deux choses ne peut pas être entendue comme une chose complète, ainsi que le sont l'esprit et le corps; et même cette propriété ne peut pas être appelée une chose, au même sens que j'ai dit que c'est assez que je puisse concevoir une chose (c'est à savoir une chose complète) sans une autre, etc. Comme il est aisé de voir par ces paroles qui suivent, « de plus je » trouve en moi des facultés, etc. » Car je n'ai pas dit que ces facultés fussent des choses, mais j'ai voulu expressément faire distinction entre les choses, c'est-à-dire entre les substances et les modes de ces choses, c'est-à-dire les facultés de ces substances.

En second lieu, encore que nous puissions clairement et distinctement concevoir que le triangle au demi-cercle est rectangle, sans apercevoir que le carré de sa base est égal aux carrés des côtés, néanmoins nous ne pouvons pas concevoir ainsi clairement un triangle duquel le carré de la base soit égal aux carrés des côtés, sans que nous apercevions en même temps qu'il est rectangle; mais nous concevons clairement et distinctement l'esprit sans le corps, et réciproquement le corps sans l'esprit.

En troisième lieu, encore que le concept ou l'idée du triangle inscrit au demi-cercle puisse être telle qu'elle ne contienne point l'égalité qui est entre le carré de la base et les carrés des côtés, elle ne peut pas néanmoins être telle que l'on conçoive que nulle proportion qui puisse être entre le carré de la base et les carrés des côtés n'appartient à ce triangle; et partant, tandis que l'on ignore quelle est cette proportion, on n'en peut nier aucune que celle qu'on connoît clairement ne lui point appartenir, ce qui ne peut jamais être entendu de la proportion d'égalité qui est entre eux.

Mais il n'y a rien de contenu dans le concept du corps de ce qui appartient à l'esprit, et réciproquement dans le concept de l'esprit rien n'est compris de ce qui appartient au corps. C'est pourquoi, bien que j'aie dit que « c'est assez que je

« puisse concevoir clairement et distinctement une
» chose sans une autre, etc., » on ne peut pas pour
cela former cette mineure : « Or est-il que je conçois
» clairement et distinctement que ce triangle est
» rectangle, encore que je doute ou que je nie
» que le carré de sa base soit égal aux carrés des
» côtés, etc. »

Premièrement, parceque la proportion qui est
entre le carré de la base et les carrés des côtés
n'est pas une chose complète.

Secondement, parceque cette proportion d'égalité ne peut être clairement entendue que dans un triangle rectangle.

Et en troisième lieu, parcequ'un triangle même ne sauroit être distinctement conçu, si on nie la proportion qui est entre les carrés de ses côtés et de sa base.

Mais maintenant il faut passer à la seconde demande, et montrer comment il est vrai que « de
» cela seul que je conçois clairement et distincte-
» ment une substance sans une autre, je suis assuré
» qu'elles s'excluent mutuellement l'une l'autre, et
» sont réellement distinctes; » ce que je montre en
cette sorte.

La notion de la substance est telle, qu'on la conçoit comme une chose qui peut exister par soi-même, c'est-à-dire sans le secours d'aucune autre substance, et il n'y a jamais eu personne qui ait conçu deux substances par deux différents concepts, qui n'ait jugé qu'elles étoient réellement distinctes. C'est pourquoi, si je n'eusse point cherché de certitude plus grande que la vulgaire, je me fusse contenté d'avoir montré en la seconde Méditation que l'esprit est conçu comme une chose subsistante, quoiqu'on ne lui attribue rien de ce qui appartient au corps, et qu'en même façon le corps est conçu comme une chose subsistante, quoiqu'on ne lui attribue rien de ce qui appartient à l'esprit : et je n'aurois rien ajouté davantage pour prouver que l'esprit est réellement distingué du corps, d'autant que nous avons coutume de juger que toutes les choses sont en effet et selon la vérité telles qu'elles paroissent à notre pensée. Mais, d'autant qu'entre ces doutes hyperboliques que j'ai proposés dans ma première Méditation, cettuy-ci en étoit un, à savoir que je ne pouvois être assuré « que les choses fussent en effet et selon la vérité » telles que nous les concevons, » tandis que je supposois que je ne connoissois pas l'auteur de mon origine, tout ce que j'ai dit de Dieu et de la vérité dans la troisième, quatrième et cinquième Méditations, sert à cette conclusion de la réelle distinction de l'esprit d'avec le corps, laquelle enfin j'ai achevée dans la sixième.

« Je conçois fort bien, dit M. Arnauld, la nature » du triangle inscrit dans le demi-cercle sans que je

» sache que le carré de sa base est égal aux carrés
» des côtés. » A quoi je réponds que ce triangle peut véritablement être conçu sans que l'on pense à la proportion qui est entre le carré de sa base et les carrés de ses côtés, mais qu'on ne peut pas concevoir que cette proportion doive être niée de ce triangle, c'est-à-dire qu'elle n'appartient point à sa nature. Or il n'en est pas de même de l'esprit; car non seulement nous concevons qu'il est sans le corps, mais aussi nous pouvons nier qu'aucune des choses qui appartiennent au corps appartienne à l'esprit; car c'est le propre et la nature des substances de s'exclure mutuellement l'une l'autre.

Et ce que M. Arnauld a ajouté ne m'est aucunement contraire, à savoir que « ce n'est pas mer-
» veille si, lorsque de ce que je pense je viens à
» conclure que je suis, l'idée que de là je forme de
» moi-même me représente seulement comme une
» chose qui pense : » car, de la même façon, lorsque j'examine la nature du corps je ne trouve rien en elle qui ressente la pensée; et on ne sauroit avoir un plus fort argument de la distinction de deux choses que lorsque, venant à les considérer toutes deux séparément, nous ne trouvons aucune chose dans l'une qui ne soit entièrement différente de ce qui se retrouve en l'autre.

Je ne vois pas aussi pourquoi *cet argument semble prouver trop;* car je ne pense pas que pour montrer qu'une chose est réellement distincte d'une autre on puisse rien dire de moins, sinon que par la toute-puissance de Dieu elle en peut être séparée : et il m'a semblé que j'avois pris garde assez soigneusement à ce que personne ne pût pour cela penser *que l'homme n'est rien qu'un esprit usant ou se servant du corps.*

Car même dans cette sixième Méditation, où j'ai parlé de la distinction de l'esprit d'avec le corps, j'ai aussi montré qu'il lui est substantiellement uni; et pour le prouver je me suis servi de raisons qui sont telles que je n'ai point souvenance d'en avoir jamais lu ailleurs de plus fortes et convaincantes. Et comme celui qui diroit que le bras d'un homme est une substance réellement distincte du reste de son corps ne nieroit pas pour cela qu'il est de l'essence de l'homme entier, et que celui qui dit que ce même bras est de l'essence de l'homme entier, ne donne pas pour cela occasion de croire qu'il ne peut pas subsister par soi, ainsi je ne pense pas avoir trop prouvé en montrant que l'esprit peut être sans le corps : ni avoir aussi trop peu dit en disant qu'il lui est substantiellement uni ; parceque cette union substantielle n'empêche pas qu'on ne puisse avoir une claire et distincte idée ou concept de l'esprit seul, comme d'une chose complète ; c'est pourquoi le concept de l'esprit diffère beaucoup de celui de la superficie et de la ligne, qui ne peuvent pas être ainsi entendues comme des choses complètes, si outre la longueur et la largeur on ne leur attribue aussi la profondeur.

Et enfin, de ce que la faculté de penser est assoupie dans les enfants, et que dans les fous elle est non pas à la vérité éteinte, mais troublée, il ne faut pas penser qu'elle soit tellement attachée aux organes corporels qu'elle ne puisse être sans eux. Car, de ce que nous voyons souvent qu'elle est empêchée par ces organes, il ne s'ensuit aucunement qu'elle soit produite par eux; et il n'est pas possible d'en donner aucune raison, tant légère qu'elle puisse être.

Je ne nie pas néanmoins que cette étroite liaison de l'esprit et du corps que nous expérimentons tous les jours ne soit cause que nous ne découvrons pas aisément et sans une profonde méditation la distinction réelle qui est entre l'un et l'autre. Mais, à mon jugement, ceux qui repasseront souvent dans leur esprit les choses que j'ai écrites dans ma seconde Méditation, se persuaderont aisément que l'esprit n'est pas distingué du corps par une seule fiction ou abstraction de l'entendement, mais qu'il est connu comme une chose distincte, parcequ'il est tel en effet. Je ne réponds rien à ce que M. Arnauld a ici ajouté touchant l'immortalité de l'âme, puisque cela ne m'est point contraire; mais pour ce qui regarde les âmes des bêtes, quoique leur considération ne soit pas de ce lieu, et que, sans l'explication de toute la physique, je n'en puisse dire davantage que ce que j'ai déjà dit dans la cinquième partie de mon traité de la Méthode, toutefois je dirai encore ici qu'il me semble que c'est une chose fort remarquable qu'aucun mouvement ne se peut faire, soit dans les corps des bêtes, soit même dans les nôtres, si ces corps n'ont en eux tous les organes et instruments par le moyen desquels ces mêmes mouvements pourroient aussi être accomplis dans une machine; en sorte que même dans nous ce n'est pas l'esprit ou l'âme qui meut immédiatement les membres extérieurs, mais seulement il peut déterminer le cours de cette liqueur fort subtile qu'on nomme les esprits animaux, laquelle, coulant continuellement du cœur par le cerveau dans les muscles, est la cause de tous les mouvements de nos membres, et souvent en peut causer plusieurs différents aussi facilement les uns que les autres. Et même il ne le détermine pas toujours, car entre les mouvements qui se font en nous il y en a plusieurs qui ne dépendent point du tout de l'esprit, comme sont le battement du cœur, la digestion des viandes, la nutrition, la respiration de ceux qui dorment; et même en ceux qui sont éveillés, le marcher, chanter, et autres actions semblables, quand elles se font sans que l'esprit y pense. Et lorsque ceux qui tombent de haut présentent leurs mains les premières pour sauver leur tête, ce n'est point par le conseil de leur raison qu'ils font cette action ; et elle ne dépend point de leur esprit, mais seulement de ce que leurs sens, étant touchés par le danger présent, causent quelque changement en leur cerveau qui détermine les esprits animaux à passer de là dans les nerfs, en la façon qui est requise pour produire ce mouvement tout de même que dans une machine et sans que l'esprit le puisse empêcher.

Or, puisque nous expérimentons cela en nous-mêmes, pourquoi nous étonnerons-nous tant si la lumière réfléchie du corps d'un loup dans les yeux d'une brebis a la même force pour exciter en elle le mouvement de la fuite ?

Après avoir remarqué cela, si nous voulons un peu raisonner pour connoître si quelques mouvements des bêtes sont semblables à ceux qui se font en nous par le ministère de l'esprit, ou bien à ceux qui dépendent seulement des esprits animaux et de la disposition des organes, il faut considérer les différences qui sont entre les uns et les autres, lesquelles j'ai expliquées dans la cinquième partie du discours de la Méthode, car je ne pense pas qu'on en puisse trouver d'autres, et alors on verra facilement que toutes les actions des bêtes sont seulement semblables à celles que nous faisons sans que notre esprit y contribue. A raison de quoi nous serons obligés de conclure que nous ne connoissons en effet en elles aucun autre principe de mouvement que la seule disposition des organes et la continuelle affluence des esprits animaux produits par la chaleur du cœur, qui atténue et subtilise le sang; et ensemble nous reconnoîtrons que rien ne nous a ci-devant donné occasion de leur en attribuer un autre, sinon que, ne distinguant pas ces deux principes du mouvement, et voyant que l'un, qui dépend seulement des esprits animaux et des organes, est dans les bêtes aussi bien que dans nous, nous avons cru inconsidérément que l'autre, qui dépend de l'esprit et de la pensée, étoit aussi en elles. Et certes, lorsque nous nous sommes persuadés quelque chose dès notre jeunesse, et que notre opinion s'est fortifiée par le temps, quelques raisons qu'on emploie par après pour nous en faire voir la fausseté, ou plutôt quelque fausseté que nous remarquions en elle, il est néanmoins très difficile de l'ôter entièrement de notre créance, si nous ne les repassons souvent en notre esprit et ne nous accoutumons ainsi à déraciner peu à peu ce que l'habitude à croire plutôt que la raison avoit profondément gravé en notre esprit.

RÉPONSE A L'AUTRE PARTIE.

DE DIEU.

Jusqu'ici j'ai tâché de résoudre les arguments qui m'ont été proposés par M. Arnauld, et me suis mis en devoir de soutenir tous ses efforts; mais désormais, imitant ceux qui ont affaire à un trop fort adversaire, je tâcherai plutôt d'éviter les coups que de m'exposer directement à leur violence.

Il traite seulement de trois choses dans cette partie qui peuvent facilement être accordées selon qu'il les entend, mais je les prenois en un autre sens lorsque je les ai écrites, lequel sens me semble aussi pouvoir être reçu comme véritable.

La première est que *quelques idées sont matériellement fausses*[1]; c'est-à-dire, selon mon sens, qu'elles sont telles qu'elles donnent au jugement matière ou occasion d'erreur; mais lui, considérant les idées prises formellement, soutient qu'il n'y a en elles aucune fausseté.

La seconde, que *Dieu est par soi positivement et comme par une cause*, où j'ai seulement voulu dire que la raison pour laquelle Dieu n'a besoin d'aucune cause efficiente pour exister, est fondée en une chose positive, à savoir dans l'immensité même de Dieu, qui est la chose la plus positive qui puisse

---

[1] Voyez quatrièmes objections, page 18 de ce volume.

être ; mais lui, prenant la chose autrement, prouve que Dieu n'est point produit par soi-même, et qu'il n'est point conservé par une action positive de la cause efficiente, de quoi je demeure aussi d'accord.

Enfin, la troisième est qu'*il ne peut y avoir rien dans notre esprit dont nous n'ayons connoissance*, ce que j'ai entendu des opérations, et lui le nie des puissances.

Mais je tâcherai d'expliquer tout ceci plus au long. Et premièrement où il dit que « si le froid » est seulement une privation, il ne peut y avoir » d'idée qui me le représente comme une chose po- » sitive[1], » il est manifeste qu'il parle de l'idée prise *formellement*. Car, puisque les idées mêmes ne sont rien que des formes, et qu'elles ne sont point composées de matière, toutes et quantes fois qu'elles sont considérées en tant qu'elles représentent quelque chose, elles ne sont pas prises *matériellement*, mais *formellement* ; que si on les considéroit non pas en tant qu'elles représentent une chose ou une autre, mais seulement comme étant des opérations de l'entendement, on pourroit bien à la vérité dire qu'elles seroient prises matériellement, mais alors elles ne se rapporteroient point du tout à la vérité ni à la fausseté des objets. C'est pourquoi je ne pense pas qu'elles puissent être dites matérielle-

---

[1] Voyez quatrièmes objections, page 18 de ce volume.

ment fausses, en un autre sens que celui que j'ai déjà expliqué; c'est à savoir, soit que le froid soit une chose positive, soit qu'il soit une privation, je n'ai pas pour cela une autre idée de lui, mais elle demeure en moi la même que j'ai toujours eue; laquelle je dis me donner matière ou occasion d'erreur, s'il est vrai que le froid soit une privation, et qu'il n'ait pas autant de réalité que la chaleur, d'autant que venant à considérer l'une et l'autre de ces idées, selon que je les ai reçues des sens, je ne puis reconnoître qu'il y ait plus de réalité qui me soit représentée par l'une que par l'autre.

Et certes *je n'ai pas confondu le jugement avec l'idée ;* car j'ai dit qu'en celle-ci se rencontroit une fausseté *matérielle ;* mais dans le jugement il ne peut y en avoir d'autre qu'une *formelle*. Et quand il dit que « l'idée du froid est le froid même, en » tant qu'il est objectivement dans l'entendement, » je pense qu'il faut user de distinction; car il arrive souvent dans les idées obscures et confuses, entre lesquelles celles du froid et de la chaleur doivent être mises, qu'elles se rapportent à d'autres choses qu'à celles dont elles sont véritablement les idées. Ainsi, si le froid est seulement une privation, l'idée du froid n'est pas le froid même en tant qu'il est objectivement dans l'entendement, mais quelque autre chose qui est prise faussement pour cette privation; savoir est, un certain sentiment qui n'a aucun être hors de l'entendement.

Il n'en est pas de même de l'idée de Dieu, au moins de celle qui est claire et distincte, parceque'on ne peut pas dire qu'elle se rapporte à quelque chose à quoi elle ne soit pas conforme.

Quant aux idées confuses des dieux qui sont forgées par les idolâtres, je ne vois pas pourquoi elles ne pourroient point aussi être dites matériellement fausses, en tant qu'elles servent de matière à leurs faux jugements. Combien qu'à dire vrai celles qui ne donnent pour ainsi dire au jugement aucune occasion d'erreur, ou qui la donnent fort légère, ne doivent pas avec tant de raison être dites matériellement fausses que celles qui la donnent fort grande : or il est aisé de faire voir, par plusieurs exemples, qu'il y en a qui donnent une bien plus grande occasion d'erreur les unes que les autres. Car elle n'est pas si grande en ces idées confuses que notre esprit invente lui-même, telles que sont celles des faux dieux, qu'en celles qui nous sont offertes confusément par les sens, comme sont les idées du froid et de la chaleur, s'il est vrai, comme j'ai dit, qu'elles ne représentent rien de réel. Mais la plus grande de toutes est dans ces idées qui naissent de l'appétit sensitif. Par exemple, l'idée de la soif dans un hydropique ne lui est-elle pas en effet occasion d'erreur, lorsqu'elle lui donne sujet de croire que le boire lui sera profitable, qui toutefois lui doit être nuisible?

Mais M. Arnauld demande ce que cette idée du froid me représente, laquelle j'ai dit être matériellement fausse : « car, dit-il, si elle représente une » privation, donc elle est vraie; si un être positif, » donc elle n'est pas l'idée du froid ; » ce que je lui accorde ; mais je ne l'appelle fausse que parcequ'étant obscure et confuse, je ne puis discerner si elle me représente quelque chose qui, hors de mon sentiment, soit positive ou non : c'est pourquoi j'ai occasion de juger que c'est quelque chose de positif, quoique peut-être ce ne soit qu'une simple privation. Et partant, il ne faut pas demander « quelle est la cause de cet être positif objectif qui, » selon mon opinion, fait que cette idée est maté- » riellement fausse; » d'autant que je ne dis pas qu'elle soit faite matériellement fausse par quelque être positif, mais par la seule obscurité, laquelle néanmoins a pour sujet et fondement un être positif, à savoir le sentiment même. Et de vrai cet être positif est en moi en tant que je suis une chose vraie ; mais l'obscurité laquelle seule me donne occasion de juger que l'idée de ce sentiment représente quelque objet hors de moi qu'on appelle froid, n'a point de cause réelle, mais elle vient seulement de ce que ma nature n'est pas entièrement parfaite. Et cela ne renverse en façon quelconque mes fondements. Mais ce que j'aurois le plus à craindre seroit que, ne m'étant jamais beaucoup arrêté à lire les livres des philosophes, je n'aurois peut-être pas suivi assez exactement leur façon de parler, lorsque j'ai dit que ces idées qui donnent au jugement matière ou occasion d'erreur étoient *matériellement fausses*, si je ne trouvois que ce mot *matériellement* est pris en la même signification par le premier auteur qui m'est tombé par hasard entre les mains pour m'en éclaircir; c'est Suarez, en la Dispute IX, sect. 11, n° 4.

Mais passons aux choses que M. Arnauld désapprouve le plus[1], et qui toutefois me semblent mériter le moins sa censure; c'est à savoir où j'ai dit « qu'il » nous étoit loisible de penser que Dieu fait en quel- » que façon la même chose à l'égard de soi-même, » que la cause efficiente à l'égard de son effet. » Car, par cela même, j'ai nié ce qui lui semble un peu hardi et n'être pas véritable, à savoir que Dieu soit la cause efficiente de soi-même; parcequ'en disant qu'*il fait en quelque façon la même chose*, j'ai montré que je ne croyois pas que ce fût entièrement la même; et, en mettant devant ces paroles, *il nous est tout-à-fait loisible de penser*, j'ai donné à connoître que je n'expliquois ainsi ces choses qu'à cause de l'imperfection de l'esprit humain.

Mais qui plus est, dans tout le reste de mes écrits,

[1] Voyez quatrièmes objections, page 21 de ce volume.

j'ai toujours fait la même distinction : car dès le commencement, où j'ai dit [1] « qu'il n'y a aucune » chose dont on ne puisse rechercher la cause ef- » ficiente, » j'ai ajouté, « ou, si elle n'en a point, de- » mander pourquoi elle n'en a pas besoin ; » lesquelles paroles témoignent assez que j'ai pensé que quelque chose existoit qui n'a pas besoin de cause efficiente. Or quelle chose peut être telle, excepté Dieu ? Et même un peu après j'ai dit « qu'il y » avoit en Dieu une si grande et si inépuisable puis- » sance, qu'il n'a jamais eu besoin d'aucun secours » pour exister et qu'il n'en a pas encore besoin pour » être conservé, en telle sorte qu'il est en quelque » façon la cause de soi-même. » Là où ces paroles, *la cause de soi-même*, ne peuvent en façon quelconque être entendues de la cause efficiente, mais seulement que cette puissance inépuisable qui est en Dieu, est la cause ou la raison pour laquelle il n'a pas besoin de cause. Et d'autant que cette puissance inépuisable ou cette immensité d'essence est *très positive*, pour cela j'ai dit que la cause ou la raison pour laquelle Dieu n'a pas besoin de cause, est *positive*. Ce qui ne se pourroit dire en même façon d'aucune chose finie, encore qu'elle fût très parfaite en son genre. Car si on disoit qu'une chose finie fût *par soi*, cela ne pourroit être entendu que d'une façon *négative*, d'autant qu'il seroit im-

[1] Réponses aux premières objections, tome 1, page 179.

possible d'apporter aucune raison qui fût tirée de la nature positive de cette chose pour laquelle nous dussions concevoir qu'elle n'auroit pas besoin de cause efficiente.

Et ainsi en tous les autres endroits j'ai tellement comparé la cause formelle, ou la raison prise de l'essence de Dieu, qui fait qu'il n'a pas besoin de cause pour exister ni pour être conservé, avec la cause efficiente, sans laquelle les choses finies ne peuvent exister, que partout il est aisé de connoître de mes propres termes qu'elle est tout-à-fait différente de la cause efficiente.

Et il ne se trouvera point d'endroit où j'aie dit que Dieu se conserve par une influence positive, ainsi que les choses créées sont conservées par lui; mais bien seulement ai-je dit que l'immensité de sa puissance ou de son essence, qui est la cause pourquoi il n'a pas besoin de conservateur, est une chose *positive*.

Et partant, je puis facilement admettre tout ce que M. Arnauld apporte pour prouver que Dieu n'est pas la cause efficiente de soi-même, et qu'il ne se conserve pas par aucune influence positive ou bien par une continuelle reproduction de soi-même, qui est tout ce que l'on peut inférer de ses raisons.

Mais il ne niera pas aussi, comme j'espère, que cette immensité de puissance qui fait que Dieu n'a pas besoin de cause pour exister, est en lui une chose *positive*, et que dans toutes les autres choses on ne peut rien concevoir de semblable qui soit *positif*, à raison de quoi elles n'aient pas besoin de cause efficiente pour exister; ce que j'ai seulement voulu signifier lorsque j'ai dit qu'aucune chose ne pouvoit être conçue exister *par soi* que *négativement*, hormis Dieu seul; et je n'ai pas eu besoin de rien avancer davantage pour répondre à la difficulté qui m'étoit proposée. Mais d'autant que M. Arnauld m'avertit ici si sérieusement « qu'il y aura peu » de théologiens qui ne s'offensent de cette propo- » sition, à savoir que Dieu est par soi positivement » et comme par une cause, » je dirai ici la raison pourquoi cette façon de parler est à mon avis, non seulement très utile en cette question, mais même nécessaire et fort éloignée de tout ce qui pourroit donner lieu ou occasion de s'en offenser.

Je sais que nos théologiens, traitant des choses divines, ne se servent point du nom de *cause* lorsqu'il s'agit de la procession des personnes de la très sainte Trinité, et que là où les Grecs ont mis indifféremment αἴτιον et ἀρχήν, ils aiment mieux user du seul nom de *principe*, comme très général, de peur que de là ils ne donnent occasion de juger que le Fils est moindre que le Père. Mais où il ne peut y avoir une semblable occasion d'erreur, et lorsqu'il ne s'agit pas des personnes de la Trinité, mais seulement de l'unique essence de Dieu, je ne vois pas pourquoi il faille tant fuir le nom de *cause*, principalement lorsqu'on en est venu à ce point, qu'il semble très utile de s'en servir, et en quelque façon nécessaire. Or, ce nom ne peut être plus utilement employé que pour démontrer l'existence de Dieu; et la nécessité de s'en servir ne peut être plus grande que si sans en user on ne la peut clairement démontrer. Et je pense qu'il est manifeste à tout le monde que la considération de la cause efficiente est le premier et principal moyen, pour ne pas dire le seul et l'unique, que nous ayons pour prouver l'existence de Dieu. Or nous ne pouvons nous en servir, si nous ne donnons licence à notre esprit de rechercher les causes efficientes de toutes les choses qui sont au monde, sans en excepter Dieu même; car pour quelle raison l'excepterions-nous de cette recherche avant qu'il ait été prouvé qu'il existe?

On peut donc demander de chaque chose si elle est *par soi* ou *par autrui;* et certes par ce moyen on peut conclure l'existence de Dieu, quoiqu'on n'explique pas en termes formels et précis comment on doit entendre ces paroles, *être par soi*. Car tous ceux qui suivent seulement la conduite de la lumière naturelle forment tout aussitôt en eux dans cette rencontre un certain concept qui participe de la cause efficiente et de la formelle, et qui est comnum à l'une et à l'autre; c'est à savoir que ce qui est *par autrui*, est par lui comme par une cause efficiente; et que ce qui est *par soi*, est comme par une cause formelle, c'est-à-dire parcequ'il a une telle nature qu'il n'a pas besoin de cause efficiente; c'est pourquoi je n'ai pas expliqué cela dans mes Méditations, et je l'ai omis, comme étant une chose de soi manifeste, et qui n'avoit pas besoin d'aucune explication. Mais lorsque ceux qu'une longue accoutumance a confirmés dans cette opinion de juger que rien ne peut être la cause efficiente de soi-même, et qui sont soigneux de distinguer cette cause de la formelle, voient que l'on demande si quelque chose est *par soi*, il arrive aisément que ne portant leur esprit qu'à la seule cause efficiente proprement prise, ils ne pensent pas que ce mot *par soi* doive être entendu comme *par une cause*, mais seulement négativement et comme sans cause; en sorte qu'ils pensent qu'il y a quelque chose qui existe, de laquelle on ne doit point demander pourquoi elle existe. Laquelle interprétation du mot *par soi*, si elle étoit reçue, nous ôteroit le moyen de pouvoir démontrer l'existence de Dieu par les effets, comme il a fort bien été prouvé par l'auteur des premières Objections, c'est pourquoi elle ne doit aucunement être admise.

Mais pour y répondre pertinemment, j'estime qu'il est nécessaire de montrer qu'entre *la cause efficiente* proprement dite, et *point de cause*, il y a quelque chose qui tient comme le milieu, à savoir *l'essence positive d'une chose*, à laquelle l'idée ou le concept de la cause efficiente se peut étendre en la même façon que nous avons coutume d'étendre en géométrie le concept d'une ligne circulaire la plus grande qu'on puisse imaginer au concept d'une ligne droite, ou le concept d'un polygone rectiligne qui a un nombre indéfini de côtés au concept du cercle.

Et je ne pense pas que j'eusse jamais pu mieux expliquer cela que lorsque j'ai dit que « la signi- » fication de la cause efficiente ne doit pas être res- » treinte en cette question à ces causes qui sont » différentes de leurs effets, ou qui les précèdent en » temps; tant parceque ce seroit une chose frivole » et inutile, puisqu'il n'y a personne qui ne sache » qu'une même chose ne peut pas être différente de » soi-même, ni se précéder en temps, que parceque » l'une de ces deux conditions peut être ôtée de son » concept, la notion de la cause efficiente ne lais- » sant pas de demeurer tout entière. » Car qu'il ne soit pas nécessaire qu'elle précède en temps son effet, il est évident, puisqu'elle n'a le nom et la nature de cause efficiente que lorsqu'elle produit son effet, comme il a déjà été dit. Mais de ce que l'autre condition ne peut pas aussi être ôtée, on doit seulement inférer que ce n'est pas une cause efficiente proprement dite, ce que j'avoue, mais non pas que ce n'est point du tout une cause positive, qui par analogie puisse être rapportée à la cause efficiente, et cela est seulement requis en la question proposée. Car par la même lumière naturelle par laquelle je conçois que je me serois donné toutes les perfections dont j'ai en moi quelque idée, si je m'étois donné l'être, je conçois aussi que rien ne se le peut donner en la manière qu'on a coutume de restreindre la signification de la cause efficiente proprement dite, à savoir, en sorte qu'une même chose, en tant qu'elle se donne l'être, soit différente de soi-même en tant qu'elle le reçoit; parcequ'il y a de la contradiction entre ces deux choses, être le même, et non le même, ou différent. C'est pourquoi, lorsqu'on demande si quelque chose se peut donner l'être à soi-même, il faut entendre la même chose que si on demandoit, savoir si la nature ou l'essence de quelque chose peut être telle qu'elle n'ait pas besoin de cause efficiente pour être ou exister.

Et lorsqu'on ajoute, « si quelque chose est telle, » elle se donnera toutes les perfections dont elle a » les idées, s'il est vrai qu'elle ne les ait pas encore, » cela veut dire qu'il est impossible qu'elle n'ait pas actuellement toutes les perfections dont elle a les idées; d'autant que la lumière naturelle nous fait connoitre que la chose dont l'essence est si immense qu'elle n'a pas besoin de cause efficiente pour être, n'en a pas aussi besoin pour avoir toutes les perfections dont elle a les idées, et que sa propre essence lui donne éminemment tout ce que nous pouvons imaginer pouvoir être donné à d'autres choses par la cause efficiente.

Et ces mots, « si elle ne les a pas encore, elle » se les donnera, » servent seulement d'explication; d'autant que par la même lumière naturelle nous comprenons que cette chose ne peut pas avoir, au moment que je parle, la vertu et la volonté de se donner quelque chose de nouveau, mais que son essence est telle, qu'elle a eu de toute éternité tout ce que nous pouvons maintenant penser qu'elle se donneroit si elle ne l'avoit pas encore.

Et néanmoins toutes ces manières de parler, qui ont rapport et analogie avec la cause efficiente, sont très nécessaires pour conduire tellement la lumière naturelle, que nous concevions clairement ces choses : tout ainsi qu'il y a plusieurs choses qui ont été démontrées par Archimède touchant la sphère et les autres figures composées de lignes courbes, par la comparaison de ces mêmes figures avec celles qui sont composées de lignes droites ; ce qu'il auroit eu peine à faire comprendre s'il en eût usé autrement. Et comme ces sortes de démonstrations ne sont point désapprouvées, bien que la sphère y soit considérée comme une figure qui a plusieurs côtés, de même je ne pense pas pouvoir être ici repris de ce que je me suis servi de l'analogie de la cause efficiente pour expliquer les choses qui appartiennent à la cause formelle, c'est-à-dire à l'essence même de Dieu.

Et il n'y a pas lieu de craindre en ceci aucune occasion d'erreur, d'autant que tout ce qui est le propre de la cause efficiente, et qui ne peut être étendu à la cause formelle, porte avec soi une manifeste contradiction, et partant ne pourroit jamais être cru de personne, à savoir, qu'une chose soit différente de soi-même, ou bien qu'elle soit ensemble la même chose, et non la même.

Et il faut remarquer que j'ai tellement attribué à Dieu la dignité d'être la cause, qu'on ne peut pas de là inférer que je lui aie aussi attribué l'imperfection d'être l'effet: car comme les théologiens, lorsqu'ils disent que le père est le *principe* du fils, n'avouent pas pour cela que le fils soit *principié*, ainsi, quoique j'aie dit que Dieu pouvoit en quelque façon être dit *la cause de soi-même*, il ne se trouvera pas néanmoins que je l'aie nommé en aucun lieu *l'effet de soi-même*, et ce d'autant qu'on a de coutume de rapporter principalement l'effet à la cause efficiente, et de le juger moins noble qu'elle, quoique souvent il soit plus noble que ses autres causes.

Mais, lorsque je prends l'essence entière de la

chose pour la cause formelle, je ne suis en cela que les vestiges d'Aristote ; car, au livre II de ses *Analyt.*, poster. chap. XVI, ayant omis la cause matérielle, la première qu'il nomme est celle qu'il appelle αἰτίαν τοῦ τί ἦν εἶτε, ou, comme l'ont tourné ses interprètes, *la cause formelle*, laquelle il étend à toutes les essences de toutes les choses, parcequ'il ne traite pas en ce lieu-là des causes du composé physique, non plus que je fais ici, mais généralement des causes d'où l'on peut tirer quelque connoissance.

Or, pour faire voir qu'il étoit malaisé dans la question proposée de ne point attribuer à Dieu le nom de *cause*, il n'en faut point de meilleure preuve que, de ce que M. Arnauld ayant tâché de conclure par une autre voie la même chose que moi, il n'en est pas néanmoins venu à bout, au moins à mon jugement. Car, après avoir amplement montré que Dieu n'est pas la cause efficiente de soi-même, parcequ'il est de la nature de la cause efficiente d'être différente de son effet ; ayant aussi fait voir qu'il n'est pas par soi *positivement*, entendant par ce mot *positivement* une influence positive de la cause, et aussi qu'à vrai dire il ne se conserve pas soi-même, prenant le mot de *conservation* pour une continuelle reproduction de la chose, de toutes lesquelles choses je suis d'accord avec lui, après tout cela il veut derechef prouver que Dieu ne doit

pas être dit la cause efficiente de soi-même ; « par-
» ceque, dit-il, la cause efficiente d'une chose n'est
» demandée qu'à raison de son existence et jamais
» à raison de son essence : or est-il qu'il n'est pas
» moins de l'essence d'un être infini d'exister qu'il
» est de l'essence d'un triangle d'avoir ses trois an-
» gles égaux à deux droits ; donc il ne faut non plus
» répondre par la cause efficiente lorsqu'on de-
» mande pourquoi Dieu existe, que lorsqu'on de-
» mande pourquoi les trois angles d'un triangle
» sont égaux à deux droits. » Lequel syllogisme peut
aisément être renvoyé contre son auteur en cette
manière : quoiqu'on ne puisse pas demander la
cause efficiente à raison de l'essence, on la peut
néanmoins demander à raison de l'existence ; mais
en Dieu l'essence n'est point distinguée de l'existence, donc on peut demander la cause efficiente
de Dieu. Mais, pour concilier ensemble ces deux
choses, on doit dire qu'à celui qui demande pourquoi Dieu existe, il ne faut pas à la vérité répondre par la cause efficiente proprement dite, mais
seulement par l'essence même de la chose, ou bien
par la cause formelle, laquelle, pour cela même
qu'en Dieu l'existence n'est point distinguée de
l'essence, a un très grand rapport avec la cause
efficiente, et partant peut être appelée quasi cause
efficiente.

Enfin il ajoute « qu'à celui qui demande la cause

« efficiente de Dieu il faut répondre qu'il n'en a pas
» besoin : et derechef à celui qui demande pour-
» quoi il n'en a pas besoin il faut répondre, parce-
» qu'il est un Être infini duquel l'existence est son
» essence : car il n'y a que les choses dans lesquelles
» il est permis de distinguer l'existence actuelle de
» l'essence qui aient besoin de cause efficiente. »
D'où il infère que ce que j'avois dit auparavant est
entièrement renversé; c'est à savoir « si je pensois
» qu'aucune chose ne peut en quelque façon être à
» l'égard de soi-même ce que la cause efficiente est
» à l'égard de son effet, jamais en cherchant les
» causes des choses je ne viendrois à une première; »
ce qui néanmoins ne me semble aucunement renversé, non pas même tant soit peu affoibli ou
ébranlé; car il est certain que la principale force
non seulement de ma démonstration, mais aussi
de toutes celles qu'on peut apporter pour prouver
l'existence de Dieu par les effets, en dépend entièrement. Or presque tous les théologiens soutien-
nent qu'on n'en peut apporter aucune si elle n'est
tirée des effets. Et partant, tant s'en faut qu'il apporte quelque éclaircissement à la preuve et démonstration de l'existence de Dieu, lorsqu'il ne
permet pas qu'on lui attribue à l'égard de soi-même
l'analogie de la cause efficiente, qu'au contraire il
l'obscurcit et empêche que les lecteurs ne la puissent comprendre, particulièrement vers la fin, où

il conclut que, « s'il pensoit qu'il fallût rechercher
» la cause efficiente ou quasi efficiente de chaque
» chose, il chercheroit une cause différente de cette
» chose. »

Car comment est-ce que ceux qui ne connoissent pas encore Dieu rechercheroient la cause efficiente des autres choses pour arriver par ce moyen à la connoissance de Dieu, s'ils ne pensoient qu'on peut rechercher la cause efficiente de chaque chose? Et comment enfin s'arrêteroient-ils à Dieu comme à la cause première, et mettroient-ils en lui la fin de leur recherche, s'ils pensoient que la cause efficiente de chaque chose dût être cherchée différente de cette chose? Certes, il me semble que M. Arnauld a fait en ceci la même chose que si (après qu'Archimède, parlant des choses qu'il a démontrées de la sphère par analogie aux figures rectilignes inscrites dans la sphère même, auroit dit : Si je pensois, que la sphère ne pût être prise pour une figure rectiligne ou quasi rectiligne dont les côtés sont infinis, je n'attribuerois aucune force à cette démonstration, parcequ'elle n'est pas véritable si vous considérez la sphère comme une figure curviligne, ainsi qu'elle est en effet, mais bien si vous la considérez comme une figure rectiligne dont le nombre des côtés est infini), si, dis-je, M. Arnauld, ne trouvant pas bon qu'on appelât ainsi la sphère, et néanmoins désirant retenir la démonstration d'Archimède, disoit : Si je pensois que ce qui se conclut ici se dût entendre d'une figure rectiligne dont les côtés sont infinis, je ne croirois point du tout cela de la sphère, parceque j'ai une connoissance certaine que la sphère n'est point une figure rectiligne. Par lesquelles paroles il est sans doute qu'il ne feroit pas la même chose qu'Archimède, mais qu'au contraire il se feroit un obstacle à soi-même et empêcheroit les autres de bien comprendre sa démonstration.

Ce que j'ai déduit ici plus au long que la chose ne sembloit peut-être le mériter, afin de montrer que je prends soigneusement garde à ne pas mettre la moindre chose dans mes écrits que les théologiens puissent censurer avec raison.

Enfin [1] j'ai déjà fait voir assez clairement dans les réponses aux secondes objections, que je ne suis point tombé dans la faute qu'on appelle cercle, lorsque j'ai dit [2] que nous ne sommes assurés que les choses que nous concevons fort clairement et fort distinctement sont toutes vraies qu'à cause que Dieu est ou existe, et que nous ne sommes assurés que Dieu est ou existe qu'à cause que nous concevons cela fort clairement et fort distinctement, en faisant distinction des choses que nous concevons en effet fort clairement d'avec celles

[1] Voy. Médit. v, t. 1, p. 309. — [2] Voy. les quatrièmes objections, page 40 de ce volume.

que nous nous ressouvenons d'avoir autrefois fort clairement conçues. Car, premièrement, nous sommes assurés que Dieu existe, pourceque nous prêtons notre attention aux raisons qui nous prouvent son existence. Mais après cela, il suffit que nous nous ressouvenions d'avoir conçu une chose clairement pour être assurés qu'elle est vraie, ce qui ne suffiroit pas si nous ne savions que Dieu existe et qu'il ne peut être trompeur.

¹ Pour la question savoir s'il ne peut y avoir rien dans notre esprit, en tant qu'il est une chose qui pense, dont lui-même n'ait une actuelle connoissance, il me semble qu'elle est fort aisée à résoudre, parceque nous voyons fort bien qu'il n'y a rien en lui, lorsqu'on le considère de la sorte, qui ne soit une pensée ou qui ne dépende entièrement de la pensée, autrement cela n'appartiendroit pas à l'esprit en tant qu'il est une chose qui pense; et il ne peut y avoir en nous aucune pensée de laquelle, dans le même moment qu'elle est en nous, nous n'ayons une actuelle connoissance. C'est pourquoi je ne doute point que l'esprit, aussitôt qu'il est infus dans le corps d'un enfant, ne commence à penser, et que dès lors il ne sache qu'il pense, encore qu'il ne se ressouvienne pas par après de ce qu'il a pensé, parceque les espèces de ses pensées ne demeurent pas empreintes en sa mémoire. Mais

---

¹ Voyez les quatrièmes objections, page 50 de ce volume.

il faut remarquer que nous avons bien une actuelle connoissance des actes ou des opérations de notre esprit, mais non pas toujours de ses puissances ou de ses facultés, si ce n'est en puissance; en telle sorte que, lorsque nous nous disposons à nous servir de quelque faculté, tout aussitôt si cette faculté est en notre esprit nous en acquérons une actuelle connoissance ; c'est pourquoi nous pouvons alors nier assurément qu'elle y soit, si nous ne pouvons en acquérir cette connoissance actuelle.

RÉPONSE

AUX CHOSES QUI PEUVENT ARRÊTER LES THÉOLOGIENS.

Je me suis opposé aux premières raisons de M. Arnauld, j'ai tâché de parer aux secondes, et je donne entièrement les mains à celles qui suivent, excepté à la dernière, au sujet de laquelle j'ai lieu d'espérer qu'il ne me sera pas difficile de faire en sorte que lui-même s'accommode à mon avis.

Je confesse donc ingénument avec lui que les choses qui sont contenues dans la première Méditation et même dans les suivantes ne sont pas propres à toutes sortes d'esprits, et qu'elles ne s'ajustent pas à la capacité de tout le monde; mais ce n'est pas d'aujourd'hui que j'ai fait cette déclaration : je l'ai déjà faite et la ferai encore autant de fois que l'occasion s'en présentera. Aussi a-ce été la seule raison qui m'a empêché de traiter de ces choses dans le discours de la Méthode qui étoit en langue vulgaire, et que j'ai réservé de le faire dans ces Méditations, qui ne doivent être lues, comme j'en ai plusieurs fois averti, que par les plus forts esprits.

Et on ne peut pas dire que j'eusse mieux fait si je me fusse abstenu d'écrire des choses dont la lecture ne doit pas être propre ni utile à tout le monde : car je les crois si nécessaires que je me persuade que sans elles on ne peut jamais rien établir de ferme et d'assuré dans la philosophie. Et, quoique le fer et le feu ne se manient jamais sans péril par des enfants ou par des imprudents, néanmoins, parcequ'ils sont utiles pour la vie, il n'y a personne qui juge qu'il se faille abstenir pour cela de leur usage.

Or, maintenant que dans la quatrième Méditation je n'aie eu dessein de traiter que de l'erreur qui se commet dans le discernement du vrai et du faux, et non pas de celle qui arrive dans la poursuite du bien et du mal; et que j'aie toujours excepté les choses qui regardent la foi et les actions de notre vie, lorsque j'ai dit que nous ne devons donner créance qu'aux choses que nous connoissons évidemment, tout le contenu de mes Méditations en fait foi; et outre cela je l'ai expressément déclaré dans les réponses aux secondes objections, comme aussi dans l'abrégé de mes Méditations; ce que je dis pour faire voir combien je défère au jugement de M. Arnauld, et l'estime que je fais de ses conseils.

Il reste le sacrement de l'Eucharistie, avec lequel M. Arnauld juge que mes opinions ne sauroient convenir, « parceque, dit-il, nous tenons pour ar-
» ticle de foi que, la substance du pain étant ôtée du
» pain eucharistique, les seuls accidents y demeu-
» rent. » Or il pense que je n'admets point d'accidents réels, mais seulement des modes qui ne sauroient être conçus sans quelque substance en laquelle ils résident, *ni par conséquent aussi exister sans elle*. A laquelle objection je pourrois très facilement m'exempter de répondre, en disant que jusques ici je n'ai jamais nié qu'il y eût des accidents réels : car, encore que je ne m'en sois point servi dans la Dioptrique et dans les Météores pour expliquer les choses que je traitois alors, j'ai dit néanmoins en termes exprès dans les Météores que je ne voulois pas nier qu'il y en eût.

Et dans ces Méditations j'ai de vrai supposé que je ne les connoissois pas bien encore, mais non pas que pour cela il n'y en eût point : car la manière d'écrire analytique que j'y ai suivie permet de faire quelquefois des suppositions lorsqu'on n'a pas encore assez soigneusement examiné les choses, comme il a paru dans la première Méditation, où j'avois supposé beaucoup de choses que j'ai depuis réfutées dans les suivantes. Et certes ce n'a point été ici mon dessein de rien définir touchant la nature des accidents, mais j'ai seulement proposé ce qui m'a semblé d'eux de prime abord ; et enfin, de ce que j'ai dit que les modes ne sauroient être conçus sans quelque substance en laquelle ils résident, on ne doit pas inférer que j'aie nié que par la toute-puissance de Dieu ils en puissent être séparés, parceque je tiens pour très assuré et crois fermement que Dieu peut faire une infinité de choses que nous ne sommes pas capables d'entendre ni de concevoir.

Mais, pour procéder ici avec plus de franchise, je ne dissimulerai point que je me persuade qu'il n'y a rien autre chose par quoi nos sens soient touchés que cette seule superficie qui est le terme des dimensions du corps qui est senti ou aperçu par les sens ; car c'est en la superficie seule que se fait le contact, lequel est si nécessaire pour le sentiment, que j'estime que sans lui pas un de nos sens ne pourroit être mû ; et je ne suis pas le seul de cette opinion, Aristote même et quantité d'autres philosophes avant moi en ont été : de sorte que, par exemple, le pain et le vin ne sont point aperçus par les sens, sinon en tant que leur superficie est touchée par l'organe du sens, ou immédiatement ou médiatement par le moyen de l'air ou des autres corps, comme je l'estime, ou bien, comme disent plusieurs philosophes, par le moyen des espèces intentionnelles.

Et il faut remarquer que ce n'est pas la seule figure extérieure des corps qui est sensible aux doigts et à la main qui doit être prise pour cette superficie, mais qu'il faut aussi considérer tous ces petits intervalles qui sont, par exemple, entre les petites parties de la farine dont le pain est composé, comme aussi entre les particules de l'eau-de-vie, de l'eau douce, du vinaigre, de la lie ou du tartre, du mélange desquelles le vin est composé, et ainsi entre les petites parties des autres corps, et penser que toutes les petites superficies qui terminent ces intervalles font partie de la superficie de chaque corps. Car de vrai ces petites parties de tous les corps ayant diverses figures et grosseurs, et différents mouvements, jamais elles ne peuvent être si bien arrangées ni si justement jointes ensemble, qu'il ne reste plusieurs intervalles autour d'elles qui ne sont pas néanmoins vides, mais qui sont remplis d'air ou de quelque autre matière, comme il s'en voit dans le pain qui sont assez larges, et qui peuvent être remplis non seulement d'air, mais aussi d'eau, de vin ou de quelque autre liqueur; et puisque le pain demeure toujours le même, encore que l'air ou telle autre matière qui est contenue dans ses pores soit changée, il est constant que ces choses n'appartiennent point à la substance du pain, et partant que sa superficie n'est pas celle qui par un petit circuit l'environne tout entier, mais celle qui touche et environne immédiatement chacune de ses petites parties.

Il faut aussi remarquer que cette superficie n'est pas seulement remuée tout entière lorsque toute la masse du pain est portée d'un lieu en un autre, mais qu'elle est aussi remuée en partie lorsque quelques unes de ses petites parties sont agitées par l'air ou par les autres corps qui entrent dans ses pores; tellement que s'il y a des corps qui soient d'une telle nature que quelques unes de leurs parties ou toutes celles qui les composent se remuent continuellement, ce que j'estime être vrai de plusieurs parties du pain et de toutes celles du vin, il faudra aussi concevoir que leur superficie est dans un continuel mouvement.

Enfin, il faut remarquer que par la superficie du pain ou du vin, ou de quelque autre corps que ce soit, on n'entend pas ici aucune partie de la substance, ni même de la quantité de ce même corps, ni aussi aucunes parties des autres corps qui l'environnent, mais seulement « ce terme que » l'on conçoit être moyen entre chacune des parti- » cules de ce corps et les corps qui les environnent, » et qui n'a point d'autre entité que la modale. »

Ainsi, puisque le contact se fait dans ce seul terme, et que rien n'est senti si ce n'est par contact, c'est une chose manifeste que de cela seul que les substances du pain et du vin sont dites être tellement changées en la substance de quelque autre chose, que cette nouvelle substance soit contenue précisément sous les mêmes termes sous qui les autres étoient contenues, ou qu'elle existe dans le même lieu où le pain et le vin existoient auparavant, ou plutôt, d'autant que leurs termes sont continuellement agités, dans lequel ils existeroient s'ils étoient présents, il s'ensuit nécessairement que cette nouvelle substance doit mouvoir tous nos sens de la même façon que feroient le pain et le vin, s'il n'y avoit point eu de transsubstantiation.

Or l'Église nous enseigne, dans le concile de Trente, sess. XIII, can. 2 et 4, « qu'il se fait une « conversion de toute la substance du pain en la « substance du corps de Notre-Seigneur Jésus-« Christ, demeurant seulement l'espèce du pain. » Où je ne vois pas ce que l'on peut entendre par *l'espèce du pain*, si ce n'est cette superficie qui est moyenne entre chacune de ses petites parties et les corps qui les environnent. Car, comme il a déjà été dit, le contact se fait en cette seule superficie; et Aristote même confesse que, non seulement ce sens que, par un privilége spécial, on nomme l'attouchement, mais aussi tous les autres, ne sentent que par le moyen de l'attouchement. C'est dans le livre III *de l'âme*, chap. XIII, où sont ces mots, καὶ τὰ ἄλλα αἰσθητήρια ἁφῇ αἰσθάνεται. Or il n'y a personne qui pense que par l'espèce on entende ici autre chose que ce qui est précisément requis pour toucher les sens. Et il n'y a aussi personne qui croie la conversion du pain au corps de Christ, qui ne pense que ce corps de Christ est précisément contenu sous la même superficie sous qui le pain seroit contenu s'il étoit présent, quoique néanmoins il ne soit pas là comme proprement dans un lieu, « mais sacramentellement, et » de cette manière d'exister, laquelle, quoique nous » ne puissions qu'à peine exprimer par paroles, après » néanmoins que notre esprit est éclairé des lu- » mières de la foi, nous pouvons concevoir comme » possible à Dieu, et laquelle nous sommes obli- » gés de croire très fermement. » Toutes lesquelles choses me semblent être si commodément expliquées par mes principes, que non seulement je ne crains pas d'avoir rien dit ici qui puisse offenser nos théologiens, qu'au contraire j'espère qu'ils me sauront gré de ce que les opinions que je propose dans la physique sont telles, qu'elles conviennent beaucoup mieux avec la théologie que celles qu'on y propose d'ordinaire. Car de vrai l'Église n'a jamais enseigné, au moins que je sache, que les espèces du pain et du vin qui demeurent au sacrement de l'Eucharistie soient des accidents réels qui subsistent miraculeusement tout seuls après que la substance à laquelle ils étoient attachés a été ôtée.

Mais à cause que peut-être les premiers théologiens qui ont entrepris d'expliquer cette question par les raisons de la philosophie naturelle se persuadoient si fortement que ces accidents qui touchent nos sens étoient quelque chose de réel, différent de la substance, qu'ils ne pensoient pas seulement que jamais on en pût douter, ils avoient supposé, sans aucune valable raison et sans y avoir bien pensé, que les espèces du pain étoient des accidents réels de cette nature; ensuite de quoi ils ont mis toute leur étude à expliquer comment ces accidents peuvent subsister sans sujet. En quoi ils ont trouvé tant de difficultés que cela seul leur devoit faire juger qu'ils s'étoient détournés du droit chemin, ainsi que font les voyageurs quand quelque sentier les a conduits à des lieux pleins d'épines et inaccessibles. Car, premièrement, ils semblent se contredire, au moins ceux qui tiennent que les objets ne meuvent nos sens que par le moyen du contact, lorsqu'ils supposent qu'il faut encore quelque autre chose dans les objets pour mouvoir les sens que leurs superficies diversement disposées; d'autant que c'est une chose qui de soi est évidente, que la superficie seule suffit pour le contact; et s'il y en a qui ne veuillent pas tomber d'accord que nous ne sentons rien sans contact, ils ne peuvent rien dire, touchant la façon dont les sens sont mus par leurs objets, qui ait aucune apparence de vérité. Outre cela, l'esprit humain ne peut pas concevoir que les accidents du pain soient réels et que néanmoins ils existent sans sa substance, qu'il ne les conçoive à la façon des substances; en sorte qu'il semble qu'il y ait de la contradiction que toute la substance du pain soit changée, ainsi que le croit l'Église, et que cependant il demeure quelque chose de réel qui étoit auparavant dans le pain; parcequ'on ne peut pas concevoir qu'il demeure rien de réel que ce qui subsiste; et encore qu'on nomme cela un accident, on le conçoit néanmoins comme une substance. Et c'est en effet la même chose que si on disoit qu'à la vérité toute la substance du pain est changée, mais que néanmoins cette partie de sa substance qu'on nomme accident réel demeure; dans lesquelles paroles s'il n'y a point de contradiction, certainement dans le concept il en paroît beaucoup. Et il semble que ce soit principalement pour ce sujet que quelques uns se sont éloignés en ceci de la créance de l'Église romaine. Mais qui pourra nier que lorsqu'il est permis, et que nulle raison, ni théologique, ni même philosophique, ne nous oblige à embrasser une opinion plutôt qu'une autre, il ne faille principalement choisir celles qui ne peuvent donner occasion ni prétexte à personne de s'éloigner des vérités de la foi? Or, que l'opinion qui admet des accidents réels ne s'accommode pas aux raisons de la théologie, je pense que cela se voit ici assez clairement; et qu'elle soit tout-à-fait contraire à celles de la philosophie, j'espère dans peu le démontrer évidemment dans un traité des principes, que j'ai dessein de publier, et d'y expliquer comment la couleur, la saveur, la pesanteur, et toutes les autres qualités qui touchent nos sens, dépendent seulement en cela de la superficie extérieure des corps. Au reste, on ne peut pas supposer que les accidents soient réels, sans qu'au miracle de la transsubstantiation, lequel seul peut être inféré des paroles de la consécration, on n'en ajoute sans nécessité un nouveau et incompréhensible, par lequel ces accidents réels existent tellement sans la substance du pain, que cependant ils ne soient pas eux-mêmes faits des substances; ce qui ne répugne pas seulement à la raison humaine, mais même à l'axiome des théologiens, qui disent que les paroles de la consécration n'opèrent rien que ce qu'elles signifient, et qui ne veulent pas attribuer à miracle les choses qui peuvent être expliquées par raison naturelle; toutes lesquelles difficultés sont entièrement levées par l'explication que je donne à ces choses. Car tant s'en faut que, selon l'explication que j'y donne, il soit besoin de quelque miracle pour conserver les accidents après que la substance du pain est ôtée, qu'au contraire, sans un nouveau miracle, à savoir par lequel les dimensions fussent changées, ils ne peuvent pas être ôtés. Et les histoires nous apprennent que cela est quelquefois arrivé, lorsqu'au lieu du pain consacré il a paru de la chair ou un petit enfant entre les mains du prêtre : car jamais on n'a cru que cela soit arrivé par une cessation de miracle, mais on a toujours attribué cet effet à un miracle nouveau. Davantage, il n'y a rien en cela d'incompréhensible ou de difficile que Dieu, créateur de toutes choses, puisse changer une substance en une autre, et que cette dernière substance demeure précisément sous la même superficie sous qui la première étoit contenue. On ne peut aussi rien dire de plus conforme à la raison, ni qui soit plus communément reçu par les philosophes, que non seulement tout sentiment, mais généralement toute action d'un corps sur un autre, se fait par le contact, et que ce contact peut être en la seule superficie ; d'où il suit évidemment que la même superficie doit toujours agir ou pâtir de la même façon, quelque changement qui arrive en la substance qu'elle couvre.

C'est pourquoi, s'il m'est ici permis de dire la vérité sans envie, j'ose espérer que le temps viendra auquel cette opinion qui admet des accidents réels sera rejetée par les théologiens, comme peu sûre en la foi, répugnante à la raison, et du tout incompréhensible, et que la mienne sera reçue en sa place, comme certaine et indubitable; ce que j'ai cru ne devoir pas ici dissimuler, pour prévenir autant qu'il m'est possible les calomnies de ceux qui, voulant paroître plus savants que les autres, et ne pouvant souffrir qu'on propose aucune opinion différente des leurs qui soit estimée vraie et importante, ont coutume de dire qu'elle répugne aux vérités de la foi, et tâchent d'abolir par autorité ce qu'ils ne peuvent réfuter par raison. Mais j'appelle de leur sentence à celle des bons et orthodoxes théologiens, au jugement et à la censure desquels je me soumettrai toujours très volontiers.

CINQUIÈMES OBJECTIONS,

FAITES PAR GASSENDY CONTRE LES SIX MÉDITATIONS.

M. GASSENDY A M. DESCARTES.

Monsieur,

Le révérend P. Mersenne m'a beaucoup obligé de me faire participant de ces sublimes Méditations que vous avez écrites touchant la première philosophie : car certainement la grandeur du sujet, la force des pensées et la pureté de la diction m'ont plu extraordinairement. Aussi, à vrai dire, est-ce avec plaisir que je vous vois avec tant d'esprit et de courage travailler si heureusement à l'avancement des sciences, et que vous commencez à nous découvrir des choses qui ont été inconnues à tous les siècles passés. Une seule chose m'a fâché, qu'il a désiré de moi que, si après la lecture de vos Méditations il me restoit quelques doutes ou scrupules en l'esprit, je vous en écrivisse; car j'ai bien jugé que je ne ferois paroître autre chose que le défaut de mon esprit si je n'acquiesçois pas à vos raisons, ou plutôt ma témérité si j'osois proposer la moindre chose à l'encontre.

Néanmoins je ne l'ai pu refuser aux sollicitations de mon ami, ayant pensé que vous prendrez en bonne part un dessein qui vient plutôt de lui que de moi, et sachant d'ailleurs que vous êtes si humain que vous croirez facilement que je n'ai point eu d'autre pensée que celle de vous proposer nûment mes doutes et mes difficultés. Et certes ce sera bien assez si vous prenez la patience de les lire d'un bout à l'autre. Car de penser qu'elles vous doivent émouvoir et vous donner la moindre défiance de vos raisonnements, ou vous obliger à perdre le temps à leur répondre que vous devez mieux employer, j'en suis fort éloigné et ne vous le conseillerois pas. Je n'oserois pas même vous les proposer sans rougir, étant assuré qu'il n'y en a pas une qui ne vous ait plusieurs fois passé par l'esprit et que vous n'ayez ou expressément méprisée ou jugée devoir être dissimulée. Je les propose donc, mais sans autre dessein que celui d'une simple proposition, laquelle je fais non contre les choses que vous traitez et dont vous avez entrepris la démonstration, mais seulement contre la méthode et les raisons dont vous usez pour les démontrer. Car, de vrai, je fais profession de croire qu'il y a un Dieu et que nos âmes sont immortelles: et je n'ai de la difficulté qu'à comprendre la force et l'énergie du raisonnement que vous employez pour la preuve de ces vérités métaphysiques, et des autres questions que vous insérez dans votre ouvrage.

CONTRE LA PREMIÈRE MÉDITATION.

DES CHOSES QUI PEUVENT ÊTRE RÉVOQUÉES EN DOUTE.

Pour ce qui regarde la première Méditation, il n'est pas besoin que je m'y arrête beaucoup ; car j'approuve le dessein que vous avez pris de vous défaire de toutes sortes de préjugés. Il n'y a qu'une chose que je ne comprends pas bien, qui est de savoir pourquoi vous n'avez pas mieux aimé tout simplement et en peu de paroles tenir toutes les choses que vous aviez connues jusques alors pour incertaines, afin puis après de mettre à part celles que vous reconnoîtriez être vraies, que les tenant toutes pour fausses ne vous pas tant dépouiller d'un ancien préjugé que vous revêtir d'un autre tout nouveau. Et remarquez comme quoi il a été nécessaire pour obtenir cela de vous de feindre un Dieu trompeur, ou un je ne sais quel mauvais génie qui employât toute son industrie à vous surprendre, bien qu'il semble que c'eût été assez d'alléguer pour raison de votre défiance le peu de lumière de l'esprit humain et la seule foiblesse de la nature. Outre cela, vous feignez que vous dormez, afin que vous ayez occasion de révoquer toutes choses en doute et que vous puissiez prendre pour des illusions tout ce qui se passe ici-bas. Mais pouvez-vous pour cela assez sur vous-même que de croire que vous ne soyez point éveillé, et que toutes les choses qui sont et qui se passent devant vos yeux soient fausses et trompeuses? Quoi que vous en disiez, il n'y aura personne qui se persuade que vous soyez pleinement persuadé qu'il n'y a rien de vrai de tout ce que vous avez jamais connu, et que les sens, ou le sommeil, ou Dieu, ou un mauvais génie, vous ont continuellement imposé. N'eût-ce pas été une chose plus digne de la candeur d'un philosophe et du zèle de la vérité de dire les choses simplement, de bonne foi, et comme elles sont, que non pas, comme on vous pourroit objecter, recourir à cette machine, forger ces illusions, rechercher ces détours et ces nouveautés? Néanmoins, puisque vous l'avez ainsi trouvé bon, je ne contesterai pas davantage.

CONTRE LA SECONDE MÉDITATION.

DE LA NATURE DE L'ESPRIT HUMAIN; ET QU'IL EST PLUS AISÉ DE LE CONNOÎTRE QUE LE CORPS.

Touchant la seconde, je vois que vous n'êtes pas encore hors de votre enchantement et illusion, et néanmoins qu'à travers de ces fantômes vous ne laissez pas d'apercevoir qu'au moins est-il vrai que vous, qui êtes ainsi charmé et enchanté, êtes quelque chose; c'est pourquoi vous concluez que cette proposition, « je suis, j'existe, autant de fois » que vous la proférez ou que vous la concevez en » votre esprit, est nécessairement vraie. » Mais je ne vois pas que vous ayez eu besoin d'un si grand appareil, puisque d'ailleurs vous étiez déjà certain de votre existence, et que vous pouviez inférer la même chose de quelque autre que ce fût de vos actions, étant manifeste par la lumière naturelle que tout ce qui agit est ou existe.

Vous ajoutez à cela que « néanmoins vous ne sa- » vez pas encore assez ce que vous êtes. » Je sais que vous le dites tout de bon, et je vous l'accorde fort volontiers; car c'est en cela que consiste tout le nœud de la difficulté : et en effet c'étoit tout ce qu'il vous falloit rechercher sans tant de détours et sans user de toute cette supposition.

Ensuite de cela vous vous proposez d'examiner « ce que vous avez pensé être jusques ici, afin » qu'après en avoir retranché tout ce qui peut re- » cevoir le moindre doute il ne demeure rien qui » ne soit certain et inébranlable. » Certainement vous le pouvez faire avec l'approbation d'un chacun. Ayant tenté ce beau dessein et ensuite trouvé que vous avez toujours cru être un homme, vous vous faites cette demande, *Qu'est-ce donc qu'un homme?* ou, après avoir rejeté de propos délibéré la définition ordinaire, vous vous arrêtez aux choses qui s'offroient autrefois à vous de prime abord ; par exemple, que « vous avez un visage, des mains, » et tous ces autres membres que vous appeliez du » nom de corps ; comme aussi que vous êtes nourri, » que vous marchez, que vous sentez et que vous » pensez, ce que vous rapportiez à l'âme. » Je vous accorde tout cela, pourvu que nous nous gardions de la distinction que vous mettez entre l'esprit et le corps. Vous dites que « vous ne vous arrêtiez point alors » à penser ce que c'étoit que l'âme, ou bien, si vous » vous y arrêtiez, que vous imaginiez qu'elle étoit » quelque chose de fort subtil, semblable au vent, » au feu ou à l'air, infus et répandu dans les parties » les plus grossières de votre corps. » Cela certes est digne de remarque, « mais que pour le corps vous » ne doutiez nullement que ce ne fût une chose » dont la nature consistoit à pouvoir être figurée, » comprise en quelque lieu, remplir un espace et » en exclure tout autre corps ; à pouvoir être aper» çue par l'attouchement, par la vue, par l'ouïe, » par l'odorat et par le goût, et être mue en plu» sieurs façons. » Vous pouvez encore aujourd'hui attribuer aux corps les mêmes choses, pourvu que vous ne les attribuiez pas toutes à chacun d'eux : car le vent est un corps, et néanmoins il ne s'aperçoit point par la vue, et que vous n'en excluiez pas les autres choses que vous rapportiez à l'âme : car le vent, le feu, et plusieurs autres corps, se meuvent d'eux-mêmes et ont la vertu de mouvoir les autres.

Quant à ce que vous dites ensuite, que « vous » n'accordiez pas lors au corps la vertu de se mou- » voir soi-même, » je ne vois pas comment vous le pourriez maintenant défendre : comme si tout corps devoit être de sa nature immobile, et si aucun mouvement ne pouvoit partir que d'un principe incorporel, et que ni l'eau ne pût couler, ni l'animal marcher, sans le secours d'un moteur intelligent ou spirituel.

En après, vous examinez « si, supposé votre » illusion, vous pouvez assurer qu'il y ait en vous » aucune des choses que vous estimiez appartenir » à la nature du corps ; et, après un long examen, » vous dites que vous ne trouvez rien de semblable » en vous. » C'est ici que vous commencez à ne vous plus considérer comme un homme tout entier, mais comme cette partie la plus intime et la plus cachée de vous-même, telle que vous estimiez ci-devant qu'étoit l'âme. Dites-moi, je vous prie, *ô âme!* ou qui que vous soyez, avez-vous jusques ici corrigé cette pensée par laquelle vous vous imaginiez être quelque chose de semblable au vent ou à quelque autre corps de cette nature, infus et répandu dans toutes les parties de votre corps : certes vous ne l'avez point fait ; pourquoi donc ne pourriez-vous pas encore être un vent, ou plutôt un esprit fort subtil et fort délié excité par la chaleur du cœur, ou par telle autre cause que ce soit, et formé du plus pur de votre sang, qui, étant répandu dans tous vos membres, leur donniez la vie, et voyiez avec l'œil, oyiez avec l'oreille, pensiez avec le cerveau, et ainsi exerciez toutes les fonctions qui vous sont communément attribuées. S'il est ainsi, pourquoi n'aurez-vous pas la même figure que votre corps, tout ainsi que l'air a la même que le vaisseau dans lequel il est contenu? Pourquoi ne croirai-je pas que vous soyez environnée par le même contenant que votre corps ou par la peau même qui le couvre? Pourquoi ne me sera-t-il pas permis de penser que vous remplissez un espace ou du moins ces parties de l'espace que votre corps grossier ni ses plus subtiles parties ne remplissent point? Car de vrai le corps a de petits pores dans lesquels vous êtes répandue, en sorte que là où sont vos parties les siennes n'y sont point : en même façon que, dans du vin et de l'eau mêlés ensemble, les parties de l'un ne sont pas au même endroit que les parties de l'autre, quoique la vue ne le puisse pas discerner. Pourquoi n'exclurez-vous pas un autre corps du lieu que vous occupez, vu qu'en tous les petits espaces que vous remplissez les parties de votre corps massif et grossier ne peuvent pas être ensemble avec vous? Pourquoi ne penserai-je pas que vous vous mouvez en plusieurs façons? car, puisque vos membres reçoivent plusieurs et divers mouvements par votre moyen, comment les pourriez-vous mouvoir sans vous mouvoir vous-même? Certainement ni vous ne pouvez mouvoir les autres sans être mue vous-même, puisque cela ne se fait point sans effort; ni il n'est pas possible que vous ne soyez point mue par le mouvement du corps. Si donc toutes ces choses sont véritables, comment pouvez-vous dire qu'il n'y a rien en vous de tout ce qui appartient au corps?

Puis, continuant votre examen, vous trouvez aussi, dites-vous, [1] « qu'entre les choses qui sont » attribuées à l'âme, celles-ci, à savoir être nourri » et marcher, ne sont point en vous. » Mais premièrement une chose peut être corps et n'être point nourrie. En après, si vous êtes un corps tel que nous avons décrit ci-devant les esprits animaux, pourquoi, puisque vos membres grossiers sont nourris d'une substance grossière, ne pourriez-vous pas, vous qui êtes subtile, être nourrie d'une substance plus subtile? De plus, quand ce corps dont ils sont parties croît, ne croissez-vous pas aussi? et quand il est affoibli, n'êtes-vous pas aussi vous-même affoiblie? Pour ce qui regarde le marcher, puisque vos membres ne se remuent et ne se portent en aucun lieu si vous ne les faites mouvoir et

---

[1] Voyez Méditation II, tome 1, page 251.

ne les y portez vous-même, comment cela se peut-il faire sans aucune démarche de votre part? Vous répondrez, mais « s'il est vrai que je n'aie point de » corps, il est vrai aussi que je ne puis marcher » Si, en disant ceci, votre dessein est de nous jouer, ou si vous êtes jouée vous-même, il ne s'en faut pas beaucoup mettre en peine : que, si vous le dites tout de bon, il faut non seulement que vous prouviez que vous n'avez point de corps que vous informiez, mais aussi que vous n'êtes point de la nature de ces choses qui marchent et qui sont nourries.

Vous ajoutez encore à cela que « même vous » n'avez aucun sentiment et ne sentez pas les cho- » ses. » Mais certes c'est vous-même qui voyez les couleurs, qui oiez les sons, etc. « Cela, dites-vous, » ne se fait point sans corps. » Je le crois : mais premièrement vous en avez un, et vous êtes dans l'œil, lequel de vrai ne voit point sans vous; et de plus vous pouvez être un corps fort subtil qui opériez par les organes des sens. « Il m'a semblé, » dites-vous, sentir plusieurs choses en dormant, » que j'ai depuis reconnu n'avoir point senties. » Mais, encore que vous vous trompiez, de ce que sans vous servir de l'œil il vous semble que vous sentiez ce qui ne se peut sentir sans lui, vous n'avez pas néanmoins toujours éprouvé la même fausseté : et puis vous vous en êtes servie autrefois, et c'est par lui que vous avez senti et reçu les images dont vous pouvez à présent vous servir sans lui.

Enfin, vous remarquez que vous pensez: certainement cela ne se peut nier ; mais il vous reste toujours à prouver que la faculté de penser est tellement au-dessus de la nature corporelle, que ni ces esprits qu'on nomme animaux, ni aucun autre corps, pour délié, subtil, pur et agile qu'il puisse être, ne sauroit être si bien préparé ou recevoir de telles dispositions que de pouvoir être rendu capable de la pensée. Il faut aussi prouver en même temps que les âmes des bêtes ne sont pas corporelles, car elles pensent, ou, si vous voulez, outre les fonctions des sens extérieurs, elles connoissent quelque chose intérieurement, non seulement en veillant, mais aussi lorsqu'elles dorment. Enfin, il faut prouver que ce corps grossier et pesant ne contribue rien à votre pensée, quoique néanmoins vous n'ayez jamais été sans lui, et que vous n'ayez jamais rien pensé en étant séparée, et partant, que vous pensez indépendamment de lui : en telle sorte que vous ne pouvez être empêchée par les vapeurs, ou par ces fumées noires et épaisses qui causent néanmoins quelquefois tant de trouble au cerveau.

Après quoi vous concluez ainsi : « ¹ Je ne suis

¹ Voyez Méditation II, tome I, page 251.

» donc précisément qu'une chose qui pense, c'est-
» à-dire un esprit, une âme, un entendement, une
» raison. » Je reconnois ici que je me suis trompé,
car je pensois parler à une âme humaine, ou bien à
ce principe interne par lequel l'homme vit, sent, se
meut et entend, et néanmoins je ne parlois qu'à un
pur esprit : car je vois que vous ne vous êtes pas seulement dépouillé du corps, mais aussi d'une partie
de l'âme. Suivez-vous en cela l'exemple de ces anciens, lesquels, croyant que l'âme étoit diffuse par
tout le corps, estimoient néanmoins que sa principale partie, que les Grecs appellent τὸ ἡγεμονικὸν,
avoit son siége en une certaine partie du corps,
comme au cœur ou au cerveau; non qu'ils crussent que l'âme même ne se trouvoit point en cette
partie, mais parcequ'ils croyoient que l'esprit étoit
comme ajouté et uni en ce lieu-là à l'âme, et qu'il
informoit avec elle cette partie ? Et de vrai je dois
m'en être souvenu après ce que vous en avez dit
dans votre traité de la Méthode[*]; car vous faites
voir là-dedans que votre pensée est que tous ces
offices que l'on attribue ordinairement à l'âme végétative et sensitive ne dépendent point de l'âme
raisonnable, et qu'ils peuvent être exercés avant
qu'elle soit introduite dans le corps, comme ils
s'exercent tous les jours dans les bêtes, que vous
soutenez n'avoir point du tout de raison. Mais je ne

[*] Cinquième partie, tome 1, page 174.

sais comment je l'avois oublié, sinon parceque j'étois demeuré incertain si vous ne vouliez pas qu'on appelât du nom d'âme ce principe interne par lequel nous croissons ainsi que les bêtes, et sentons, ou si vous croyiez que ce nom ne convint proprement qu'à notre esprit, quoique néanmoins ce principe soit dit proprement animer, et que l'esprit ne nous serve à autre chose qu'à penser, ainsi que vous l'assurez vous-même. Quoi qu'il en soit, je veux bien que vous soyez dorénavant appelé *un esprit,* et que vous ne soyez précisément qu'une chose qui pense.

Vous ajoutez que « la pensée seule ne peut être » séparée de vous. » On ne peut pas vous nier cela, principalement si vous n'êtes qu'un esprit, et si vous ne voulez point admettre d'autre distinction entre la substance de l'âme et la vôtre que celle qu'on nomme en l'école distinction de raison. Toutefois j'hésite, et ne sais pas bien si, lorsque vous dites que « la pensée est inséparable de vous, » vous entendez que tandis que vous êtes vous ne cessez jamais de penser. Certainement cela a beaucoup de conformité avec cette pensée de quelques anciens philosophes, qui, pour prouver que l'âme de l'homme est immortelle, disoient qu'elle étoit dans un continuel mouvement; c'est-à-dire, selon mon sens, qu'elle pensoit toujours. Mais il sera malaisé de persuader ceux qui ne pourront comprendre comment il seroit possible que vous pussiez penser au milieu d'un sommeil léthargique, ou que vous eussiez pensé dans le ventre de votre mère. A quoi j'ajoute que je ne sais si vous croyez avoir été infus dans votre corps, ou dans quelqu'une de ses parties, dès le ventre de votre mère ou au moment de sa sortie. Mais je ne veux pas vous presser davantage sur cela, ni même vous demander si vous avez mémoire de ce que vous pensiez étant encore dedans son ventre ou incontinent après les premiers jours, ou les premiers mois ou années de votre sortie, ni, si vous me répondez que vous avez oublié toutes ces choses, vous demander encore pourquoi vous les avez oubliées; je veux seulement vous avertir de considérer combien obscure et légère a dû être en ce temps-là votre pensée, pour ne pas dire que vous n'en pouviez quasi point avoir.

Vous dites ensuite « que vous n'êtes point cet as- » semblage de membres qu'on nomme le corps hu- » main. » Cela vous doit être accordé, parceque vous n'êtes ici considéré que comme une chose qui pense, et comme cette partie du composé humain qui est distincte de celle qui est extérieure et grossière. « Je ne suis pas aussi, dites-vous, un air délié infus » dedans ces membres, ni un vent, ni un feu, ni une » vapeur, ni une exhalaison, ni rien de tout de ce » que je me puis feindre et imaginer; car j'ai sup- » posé que tout cela n'étoit point, et néanmoins,

«sans changer cette supposition, je ne laisse pas
»d'être certain que je suis quelque chose. » Mais
arrêtez-vous là, s'il vous plaît, ô esprit, et faites
enfin que toutes ces suppositions, ou plutôt toutes
ces fictions, cessent et disparoissent pour jamais.
« Je ne suis pas, dites-vous, un air ou quelque autre
» chose de semblable. » Mais si l'âme tout entière
est quelque chose de pareil, pourquoi vous, qu'on
peut dire en être la plus noble partie, ne serez-vous
pas cru être comme la fleur la plus subtile ou la
portion la plus pure et la plus vive de l'âme?

¹« Peut-être, dites-vous, que ces choses que je
» suppose n'être point sont quelque chose de réel
» qui n'est point différent de moi que je connois. Je
» n'en sais rien néanmoins, et je ne dispute pas main-
» tenant de cela. » Mais si vous n'en savez rien, si
vous ne disputez pas de cela, pourquoi dites-vous
que vous n'êtes rien de tout cela? « Je sais, dites-
» vous, que j'existe : or cette connoissance ainsi
» précisément prise ne peut pas dépendre ni pro-
» céder des choses que je ne connois point encore. »
Je le veux, mais au moins souvenez-vous que vous
n'avez point encore prouvé que vous n'êtes point un
air, une vapeur, ou quelque chose de cette nature.

Vous décrivez ensuite ce que c'est que vous appelez imagination. Car vous dites ²« qu'imaginer n'est
» rien autre chose que contempler la figure ou l'i-

---

¹ Voyez Méditation II, tome 1, page 252. — ² Voyez *ibid*.

» image d'une chose corporelle. » Mais c'est afin d'inférer que vous connoissez votre nature par une sorte de pensée bien différente de l'imagination. Toutefois, puisqu'il vous est permis de donner telle définition que bon vous semble à l'imagination, dites-moi, je vous prie, s'il est vrai que vous soyez corporel (comme cela pourroit être, car vous n'avez pas encore prouvé le contraire), pourquoi ne pourrez-vous pas vous contempler sous une figure ou image corporelle ; et je vous demande, lorsque vous contemplez, qu'expérimentez-vous qui se présente à votre pensée, sinon une substance pure, claire, subtile, qui, comme un vent agréable, se répandant par tout le corps, ou du moins par le cerveau, ou quelqu'une de ses parties, l'anime, et fait en cet endroit-là toutes les fonctions que vous croyez exercer? « Je reconnois, di-
» tes-vous, que rien de ce que je puis concevoir par
» le moyen de l'imagination n'appartient à cette
» connoissance que j'ai de moi-même. » Mais vous ne dites pas comment vous le connoissez ; et, ayant dit un peu auparavant que vous ne saviez pas encore si toutes ces choses appartenoient à votre essence, d'où pouvez-vous, je vous prie, inférer maintenant cette conséquence?

Vous poursuivez [1] « qu'il faut soigneusement re-
» tirer son esprit de ces choses, afin qu'il puisse

[1] Voyez Méditation II, tome I, page 253.

«lui-même connoître très distinctement sa nature.» Cet avis est fort bon; mais, après vous en être ainsi très soigneusement retiré, dites-nous, je vous prie, quelle distincte connoissance vous avez de votre nature; car, de dire seulement que vous êtes une chose qui pense, vous dites une opération que nous connoissions tous auparavant, mais vous ne nous faites point connoître quelle est la substance qui agit, de quelle nature elle est, comment elle est unie au corps, comment et avec combien de variétés elle se porte à faire tant de choses diverses, ni plusieurs autres choses semblables que nous avons jusqu'ici ignorées. Vous dites que «l'on con- »çoit par l'entendement ce qui ne peut être conçu »par l'imagination,» laquelle vous voulez être une même chose avec le sens commun; mais, ô bon esprit, pouvez-vous nous montrer qu'il y ait en nous plusieurs facultés, et non pas une seule, par laquelle nous connoissions généralement toutes choses? Quand, les yeux ouverts, je regarde le soleil, c'est un manifeste sentiment; puis quand, les yeux fermés, je me le représente en moi-même, c'est une manifeste intérieure connoissance. Mais enfin comment pourrai-je discerner que j'aperçois le soleil par le sens commun ou par la faculté imaginative, et non point par l'esprit ou par l'entendement, en sorte que je puisse, comme bon me semblera, concevoir le soleil tantôt par une intellection qui ne soit point une imagination, et tantôt par une imagination qui ne soit point une intellection? Certes, si le cerveau étant troublé, ou l'imagination blessée, l'entendement ne laissoit pas de faire ses propres et pures fonctions, alors on pourroit véritablement dire que l'intellection est distinguée de l'imagination, et que l'imagination est distinguée de l'intellection. Mais, puisque nous ne voyons point que cela se fasse, il est certes très difficile d'établir entre elles une vraie et certaine différence. Car de dire, comme vous faites, « que » c'est une imagination lorsque nous contemplons » l'image d'une chose corporelle, » ne voyez-vous pas qu'étant impossible de contempler autrement les corps, il s'ensuivroit aussi qu'ils ne pourroient être connus que par l'imagination, ou, s'ils le pouvoient être autrement, que cette autre faculté de connoître ne pourroit être discernée?

Après cela vous dites que « vous ne pouvez en» core vous empêcher de croire que les choses cor» porelles dont les images se forment par la pen» sée, et qui tombent sous les sens, ne soient plus » distinctement connues que ce je ne sais quoi de » vous-même qui ne tombe point sous l'imagina» tion; en sorte qu'il est étrange que des choses » douteuses, et qui sont hors de vous, soient plus » clairement et plus distinctement connues et com-

---

¹ Voyez Méditation II, tome I, page 255.

» prises. » Mais, premièrement, vous faites très bien lorsque vous dites, *ce je ne sais quoi de vous-même;* car, à dire vrai, vous ne savez ce que c'est, et n'en connoissez point la nature, et partant vous ne pouvez pas être certain s'il est tel qu'il ne puisse tomber sous l'imagination. De plus, toute notre connoissance semble venir originairement des sens. Et encore que vous ne soyez pas d'accord en ce point avec le commun des philosophes, qui disent que « tout ce qui est dans l'entendement » doit premièrement avoir été dans le sens, » cela toutefois n'en est pas moins véritable, et ce d'autant plus qu'il n'y a rien dans l'entendement qui ne se soit premièrement offert à lui, et qui ne lui soit venu comme par rencontre, ou, comme disent les Grecs, κατὰ περίπτωσιν, quoique néanmoins cela s'achève par après et se perfectionne par le moyen de l'analogie, composition, division, augmentation, diminution, et par plusieurs autres semblables manières, qu'il n'est pas besoin de rapporter en ce lieu-ci. Et partant ce n'est pas merveille si les choses qui se présentent, et qui frappent elles-mêmes les sens, font une impression plus forte à l'esprit que celles qu'il se figure et se représente lui-même sur le modèle et à l'occasion des choses qui lui ont touché les sens. Il est bien vrai que vous dites que les choses corporelles sont incertaines; mais, si vous voulez avouer la vérité, vous n'êtes pas moins certain de l'existence du corps dans lequel vous habitez, et de celle de toutes les autres choses qui sont autour de vous, que de votre existence propre. Et même, n'ayant que la seule pensée par qui vous vous rendiez manifeste à vous-même, qu'est-ce que cela, au respect des divers moyens que ces choses ont pour se manifester? Car non seulement elles se manifestent par plusieurs différentes opérations, mais outre cela elles se font connoître par plusieurs accidents très sensibles et très évidents, comme par la grandeur, la figure, la solidité, la couleur, la saveur, etc.; en sorte que, bien qu'elles soient hors de vous, il ne se faut pas étonner si vous les connoissez et comprenez plus distinctement que vous-même. Mais, me direz-vous, comment se peut-il faire que je conçoive mieux une chose étrangère que moi-même? Je vous réponds, de la même façon que l'œil voit toutes autres choses et ne se voit pas soi-même.

¹« Mais, dites-vous, qu'est-ce donc que je suis? » Une chose qui pense. Qu'est-ce qu'une chose qui » pense? c'est-à-dire une chose qui doute, qui en- » tend, qui affirme, qui nie, qui imagine aussi, et » qui sent. » Vous en dites ici beaucoup; je ne m'arrêterai pas néanmoins sur chacune de ces choses, mais seulement sur ce que vous dites que vous êtes une chose qui sent. Car de vrai cela m'étonne, vu

---

¹ Voyez Méditation II, tome I, page 253.

que vous avez déjà ci-devant assuré le contraire. N'avez-vous point peut-être voulu dire qu'outre l'esprit il y a en vous une faculté corporelle qui réside dans l'œil, dans l'oreille, et dans les autres organes des sens : laquelle, recevant les espèces des choses sensibles, commence tellement la sensation, que vous l'achevez après cela vous-même, et que c'est vous qui en effet voyez, qui oyez, et qui sentez toutes choses? C'est, je crois, pour cette raison que vous mettez le sentiment et l'imagination entre les espèces de la pensée. Je veux bien pourtant que cela soit; mais voyez néanmoins si le sentiment qui est dans les bêtes, n'étant point différent du vôtre, ne doit pas aussi être appelé du nom de pensée; et qu'ainsi il y ait aussi en elles un esprit qui vous ressemble en quelque façon. Mais, direz-vous, j'ai mon siége dans le cerveau; et là, sans changer de demeure, je reçois tout ce qui m'est rapporté par les esprits qui se coulent le long des nerfs : et ainsi, à proprement parler, la sensation qu'on dit se faire par tout le corps se fait et s'accomplit chez moi. Je le veux; mais il y a aussi pareillement des nerfs dans les bêtes, il y a des esprits, il y a un cerveau, et dans ce cerveau il y a un principe connoissant, qui reçoit en même façon ce qui lui est rapporté par les esprits, et qui achève et termine la sensation. Vous direz que ce principe n'est rien autre chose dans le cerveau des bêtes que ce que nous appelons fantaisie ou bien faculté imaginative. Mais vous-même, montrez-nous que vous êtes autre chose dans le cerveau de l'homme qu'une fantaisie ou imaginative humaine. Je vous demandois tantôt un argument ou une marque certaine par laquelle vous nous fissiez connoître que vous êtes autre chose qu'une fantaisie humaine, mais je ne pense pas que vous en puissiez apporter aucune. Je sais bien que vous nous pourrez faire voir des opérations beaucoup plus relevées que celles qui se font par les bêtes : mais tout ainsi qu'encore que l'homme soit le plus noble et le plus parfait des animaux, il n'est pourtant pas ôté du nombre des animaux; ainsi, quoique cela prouve très bien que vous êtes la plus excellente de toutes les fantaisies ou imaginations, vous serez néanmoins toujours censé être de leur nombre. Car que vous vous appeliez, par une spéciale dénomination, *un esprit*, ce peut être un nom d'une nature plus noble, mais non pas pour cela diverse. Certainement pour prouver que vous êtes d'une nature entièrement diverse, c'est-à-dire, comme vous prétendez, d'une nature spirituelle ou incorporelle, vous devriez produire quelque action autrement que ne font les bêtes, et si vous n'en pouvez produire hors le cerveau, au moins en devriez-vous produire quelqu'une indépendamment du cerveau : ce que toutefois vous ne faites point. Car il n'est pas plus tôt troublé, qu'aussitôt vous l'êtes vous-même; s'il est en désordre, vous vous en ressentez; s'il est opprimé et totalement offusqué, vous l'êtes pareillement; et si quelques images des choses s'échappent de lui, vous n'en retenez aucun vestige. « Toutes choses, dites-» vous, se font dans les bêtes par une aveugle impul-» sion des esprits animaux, et de tous les autres » organes, de la même façon que se font les mouve-» ments dans une horloge, ou dans une autre sem-» blable machine*. » Mais quand cela seroit vrai à l'égard de ces fonctions-ci, à savoir la nutrition, le battement des artères, et autres semblables, qui se font aussi de même façon dans les hommes, peut-on assurer que les actions des sens, ou ces mouvements qui sont appelés les passions de l'âme, soient produits dans les bêtes par une aveugle impulsion des esprits animaux, et non pas dans les hommes? Un morceau de chair envoie son image dans l'œil du chien, laquelle, s'étant coulée jusques au cerveau, s'attache et s'unit à l'âme avec des crochets imperceptibles, après quoi l'âme même et tout le corps, auquel elle est attachée comme par de secrètes et invisibles chaînes, sont emportés vers le morceau de chair. En même façon aussi la pierre dont on l'a menacé envoie son image, laquelle, comme une espèce de levier, enlève et porte l'âme, et avec elle le corps, à prendre la fuite. Mais toutes ces choses

---

* Voyez le Discours sur la Méthode, cinquième partie, tome 1.

ne se font-elles pas de la même façon dans l'homme? si ce n'est peut-être qu'il y ait une autre voie qui vous soit connue, selon laquelle ces opérations s'exécutent, et laquelle s'il vous plaisoit de nous enseigner nous vous serions fort obligés. Je suis libre, me direz-vous, et il est en mon pouvoir de retenir ou de pousser l'homme à la fuite du mal, comme à la poursuite du bien. Mais ce principe connoissant qui est dans la bête fait le semblable; et encore que le chien se jette quelquefois sur sa proie sans aucune appréhension des coups ou des menaces, combien de fois arrive-t-il le semblable à l'homme? Le chien, dites-vous, jappe et aboie par une pure impulsion, et non point par un choix prémédité, ainsi que parle l'homme : mais n'y a-t-il pas lieu de croire que l'homme parle par une semblable impulsion : car ce que vous attribuez à un choix procède de la force du mouvement qui l'agite; et même dans la bête on peut dire qu'il y a un choix, lorsque l'impulsion qui la fait agir est fort violente. Et de vrai j'ai vu un chien qui tempéroit et ajustoit tellement sa voix avec le son d'une trompette, qu'il en imitoit tous les tons et les changements, quelque subits et imprévus qu'ils pussent être, et quoique le maître les élevât et abaissât d'une cadence tantôt lente et tantôt redoublée, sans aucun ordre et à sa seule fantaisie. Les bêtes, dites-vous, n'ont point de raison : oui bien de raison humaine, mais elles en ont une à leur mode, qui est telle qu'on ne peut pas dire qu'elles soient irraisonnables, si ce n'est en comparaison de l'homme; quoique d'ailleurs le discours ou la raison semble être une faculté aussi générale et qui leur peut aussi légitimement être attribuée que ce principe ou cette faculté par laquelle elles connoissent, appelée vulgairement le sens interne. Vous dites qu'elles ne raisonnent point; mais quoique leurs raisonnemens ne soient pas si parfaits, ni d'une si grande étendue que ceux des hommes, si est-ce néanmoins qu'elles raisonnent, et qu'il n'y a point en cela de différence entre elles et nous, que selon le plus et le moins. Vous dites qu'elles ne parlent point; mais quoiqu'elles ne parlent pas à la façon des hommes (aussi ne le sont-elles point), elles parlent toutefois à la leur, et poussent des voix qui leur sont propres, et dont elles se servent comme nous nous servons des nôtres. Mais, dites-vous, un insensé même peut former et assembler plusieurs mots pour signifier quelque chose, ce que néanmoins la plus sage des bêtes ne sauroit faire. Mais voyez, je vous prie, si vous êtes assez équitable d'exiger d'une bête des paroles d'un homme, et cependant de ne prendre pas garde à celles qui leur sont propres. Mais toutes ces choses sont d'une plus longue discussion.

Vous apportez ensuite l'exemple de la cire, et

touchant cela vous dites plusieurs choses pour faire voir que [1] « ce qu'on appelle les accidents de » la cire est autre chose que la cire même ou sa » substance; et que c'est le propre de l'esprit ou de » l'entendement seul, et non point du sens ou de » l'imagination, de concevoir distinctement la cire » ou la substance de la cire. » Mais premièrement, c'est une chose dont tout le monde tombe d'accord, qu'on peut faire abstraction du concept de la cire ou de sa substance de celui de ses accidents? Mais pour cela pouvez-vous dire que vous concevez distinctement la substance ou la nature de la cire. Il est bien vrai qu'outre la couleur, la figure, la fusibilité, etc., nous concevons qu'il y a quelque chose qui est le sujet des accidents et des changements que nous avons observés; mais de savoir quelle est cette chose ou ce que ce peut être, certainement nous ne le savons point : car elle demeure toujours cachée, et ce n'est quasi que par conjecture que nous jugeons qu'il doit y avoir quelque sujet qui serve de soutien et de fondement à toutes les variations dont la cire est capable. C'est pourquoi je m'étonne comment vous osez dire qu'après avoir ainsi dépouillé la cire de toutes ses formes, ne plus ne moins que de ses vêtements, vous concevez plus clairement et plus parfaitement

---

[1] Voyez Méditation II, tome I, page 257.

ce qu'elle est. Car je veux bien que vous conceviez que la cire ou plutôt la substance de la cire doit être quelque chose de différent de toutes ces formes : toutefois vous ne pouvez pas dire que vous conceviez ce que c'est, si vous n'avez dessein de nous tromper ou si vous ne voulez être trompé vous-même. Car cela ne vous est pas rendu manifeste, comme un homme le peut être de qui nous avions seulement aperçu la robe et le chapeau, quand nous venons à les lui ôter pour savoir ce que c'est ou quel il est. En après, puisque vous pensez comprendre en quelque façon quelle est cette chose, dites-nous, je vous prie, comment vous la concevez. N'est-ce pas comme quelque chose de fusible et d'étendu? Car je ne pense pas que vous la conceviez comme un point, quoiqu'elle soit telle qu'elle s'étende tantôt plus et tantôt moins. Maintenant cette sorte d'étendue ne pouvant pas être infinie, mais ayant ses bornes et ses limites, ne la concevez-vous pas aussi en quelque façon figurée? Puis, la concevant de telle sorte qu'il vous semble que vous la voyez, ne lui attribuez-vous pas quelque sorte de couleur quoique très obscure et confuse? Certainement, comme elle vous paroît avoir plus de corps et de matière que le pur vide, aussi vous semble-t-elle plus visible ; et partant, votre intellection est une espèce d'imagination. Si vous dites que vous la concevez sans étendue, sans figure et sans couleur, dites-nous donc naïvement ce que c'est.

Ce que vous dites[1] « des hommes que nous » avons vus et conçus par l'esprit, de qui néanmoins » nous n'avons aperçu que les chapeaux ou les ha-» bits, » ne nous montre pas que ce soit plutôt l'entendement que la faculté imaginative qui juge. Et de fait, un chien, en qui vous n'admettez pas un esprit semblable au vôtre, ne juge-t-il pas de même façon lorsque, sans voir autre chose que la robe ou le chapeau de son maître, il ne laisse pas de le reconnoître? Bien davantage, encore que son maître soit debout, qu'il se couche, qu'il se courbe, qu'il se raccourcisse ou qu'il s'étende, il connoît toujours son maître, qui peut être sous toutes ces formes, mais non pas plutôt sous l'une que sous l'autre, tout de même que la cire? Et lorsqu'il court après un lièvre, et qu'après l'avoir vu vivant et tout entier il le voit mort, écorché et dépecé en plusieurs morceaux, pensez-vous qu'il n'estime pas que ce soit toujours le même lièvre? Et partant ce que vous dites[2] que « la perception de la cou-» leur, de la dureté, de la figure, etc., n'est point » une vision ni un tact, etc., mais seulement une » inspection de l'esprit, » je le veux bien, pourvu que l'esprit ne soit point distingué réellement de la faculté imaginative. Et lorsque vous ajoutez que

---
[1] Voyez Méditation II, t.I, p. 259. — [2] Voyez *ibid.*, p. 258.

» cette inspection peut être imparfaite et confuse,
» ou bien parfaite et distincte, selon que plus ou
» moins on examine les choses dont la cire est com-
» posée, » cela ne nous montre pas que l'inspection
que l'esprit a faite de ce je ne sais quoi qui se retrouve en la cire outre ses formes extérieures, soit une claire et distincte connoissance de la cire, mais bien seulement une recherche ou inspection faite par les sens de tous les accidents qu'ils ont pu remarquer en la cire et de tous les changements dont elle est capable. Et de là nous pouvons bien, à la vérité, comprendre et expliquer ce que nous entendons par le nom de cire, mais de pouvoir comprendre et même de pouvoir aussi faire concevoir aux autres ce que c'est que cette substance, qui est d'autant plus occulte qu'elle est considérée toute nue, c'est une chose qui nous est entièrement impossible.

Vous ajoutez incontinent après : [1] « Mais que di-
» rai-je de cet esprit ou plutôt de moi-même, car
» jusques ici je n'admets rien autre chose en moi
» que l'esprit ? Que prononcerai-je, dis-je, de moi
» qui semble concevoir avec tant de netteté et de
» distinction ce morceau de cire ? Ne me connois-je
» pas moi-même non seulement avec bien plus de
» vérité et de certitude, mais encore avec beaucoup
» plus de distinction et d'évidence ? Car si je juge

---

[1] Voyez Méditation II, tome 1, page 260.

»que la cire est ou existe de ce que je la vois,
»certes il suit bien plus évidemment que je suis
»ou que j'existe moi-même de ce que je la vois: car
»il se peut faire que ce que je vois ne soit pas en
»effet de la cire, il peut aussi arriver que je n'aie
»pas même des yeux pour voir aucune chose ; mais
»il ne se peut pas faire que lorsque je vois, ou, ce
»que je ne distingue plus, lorsque je pense voir,
»que moi qui pense ne sois quelque chose : de
»même, si je juge que la cire existe, de ce que je
»la touche, il s'ensuivra encore la même chose. Et
»ce que j'ai remarqué ici de la cire se peut appli-
»quer à toutes les autres choses qui me sont exté-
»rieures et qui se rencontrent hors de moi. » Ce
sont là vos propres paroles, que je rapporte ici
pour vous faire remarquer qu'elles prouvent bien
à la vérité que vous connoissez distinctement que
vous êtes de ce que vous voyez et connoissez distinctement l'existence de cette cire et de tous ses
accidents, mais qu'elles ne prouvent point que
pour cela vous connoissiez distinctement ou indis-
tinctement ce que vous êtes ou quelle est votre
nature ; et néanmoins c'étoit ce qu'il falloit principalement prouver, puisqu'on ne doute point de
votre existence. Prenez garde cependant, pour ne
pas insister ici beaucoup après n'avoir pas voulu
m'y arrêter auparavant, que tandis que vous n'admettez rien autre chose en vous que l'esprit, et

que pour cela même vous ne voulez pas demeurer d'accord que vous ayez des yeux, des mains, ni aucun des autres organes du corps, vous parlez néanmoins de la cire et de ses accidents que vous voyez et que vous touchez, etc., lesquels pourtant, à dire vrai, vous ne pouvez voir ni toucher, ou, pour parler selon vous, vous ne pouvez penser voir ni toucher sans yeux et sans mains.

Vous poursuivez : « Or, si la notion ou perception » de la cire semble être plus nette et plus distincte » après qu'elle a été découverte non seulement par » la vue ou par l'attouchement, mais aussi par beau- » coup d'autres causes, avec combien plus d'évi- » dence, de distinction et de netteté me dois-je con- » noître moi-même, puisque toutes les raisons qui » servent à connoître la nature de la cire ou de quel- » que autre corps prouvent beaucoup plus facile- » ment et plus évidemment la nature de mon es- » prit ? » Mais comme tout ce que vous avez inféré de la cire prouve seulement qu'on a connoissance de l'existence de l'esprit et non pas de sa nature, de même toutes les autres choses n'en prouveront pas davantage. Que si vous voulez outre cela inférer quelque chose de cette perception de la substance de la cire, vous n'en pouvez conclure autre chose, sinon que, comme nous ne concevons cette substance que fort confusément et comme un je ne sais quoi, de même l'esprit ne peut être conçu qu'en cette manière ; de sorte qu'on peut en toute vérité répéter ici ce que vous avez dit autre part : « ce je ne sais quoi de vous-même. »

Vous concluez : [1] « Mais enfin me voici insensible-
» ment revenu où je voulois; car, puisque c'est une
» chose qui m'est à présent connue, que l'esprit et
» les corps mêmes ne sont pas proprement conçus
» par les sens ou par la faculté imaginative, mais
» par le seul entendement, et qu'ils ne sont pas
» connus de ce qu'ils sont vus ou touchés, mais seu-
» lement de ce qu'ils sont entendus ou bien com-
» pris par la pensée ; je connois très évidemment
» qu'il n'y a rien qui me soit plus facile à connoître
» que mon esprit. » C'est bien dit à vous; mais quant à moi, je ne vois pas d'où vous pouvez inférer que l'on puisse connoître clairement autre chose de votre esprit sinon qu'il existe. D'où vient que je ne vois pas aussi que ce qui avoit été promis par le titre même de cette Méditation, à savoir que par elle « l'esprit humain seroit rendu plus aisé à con-
» noître que le corps, » ait été accompli : car votre dessein n'a pas été de prouver l'existence de l'esprit humain, ou que son existence est plus claire que celle du corps, puisqu'il est certain que personne ne met en doute son existence; vous avez sans doute voulu rendre sa nature plus manifeste que celle du corps, et néanmoins je ne vois point

[1] Voyez Méditation II, tome I, page 262.

que vous l'ayez fait en aucune façon. En parlant de la nature du corps, vous avez dit vous-même, ô esprit, que nous en connoissons plusieurs choses, comme l'étendue, la figure, le mouvement, l'occupation de lieu, etc. Mais de vous qu'en avez-vous dit, sinon que vous n'êtes point un assemblage de parties corporelles, ni un air, ni un vent, ni une chose qui marche ou qui sente, etc.? Mais quand on vous accorderoit toutes ces choses, quoique vous en ayez néanmoins réfuté quelques unes, ce n'est pas toutefois ce que nous attendions; car, de vrai, toutes ces choses ne sont que des négations, et on ne vous demande pas que vous nous disiez ce que vous n'êtes point, mais bien que vous nous appreniez ce que vous êtes.

Voilà pourquoi vous dites enfin [1] que « vous êtes « une chose qui pense, c'est-à-dire qui doute, qui « affirme, qui nie, etc. » Mais premièrement, dire que vous êtes *une chose*, ce n'est rien dire de connu; car ce mot est un terme général, vague, étendu, indéterminé, et qui ne vous convient pas plutôt qu'à tout ce qui est au monde, et qu'à tout ce qui n'est pas un pur rien. Vous êtes une chose, c'est-à-dire vous n'êtes pas un rien, ou, pour parler en d'autres termes, mais qui signifient la même chose, vous êtes quelque chose. Mais une pierre aussi n'est pas un rien, ou, si vous voulez, est quelque chose,

[1] Voyez Méditation II, tome I, page 253.

et une mouche pareillement, et tout ce qui est au monde. En après, dire que vous êtes *une chose qui pense,* c'est bien à la vérité dire quelque chose de connu, mais qui n'étoit pas auparavant inconnu, et qui n'étoit pas aussi ce qu'on demandoit de vous : car qui doute que vous ne soyez une chose qui pense? Mais ce que nous ne savons pas, et que pour cela nous désirons d'apprendre, c'est de connoitre et de pénétrer dans l'intérieur de cette substance dont le propre est de penser. C'est pourquoi, comme c'est ce que nous cherchons, aussi vous faudroit-il conclure, non pas que vous êtes une chose qui pense, mais quelle est cette chose qui a pour propriété de penser. Quoi donc, si on vous prioit de nous donner une connoissance du vin plus exacte et plus relevée que la vulgaire, penseriez-vous avoir satisfait en disant que le vin est une chose liquide, que l'on exprime du raisin, qui est tantôt blanche et tantôt rouge, qui est douce, qui enivre, etc.? mais ne tâcheriez-vous pas de découvrir et de manifester autant que vous pourriez l'intérieur de sa substance, en faisant voir comme cette substance est composée d'esprits ou eaux-de-vie, de flegme, de tartre, et de plusieurs autres parties mêlées ensemble dans une juste proportion et tempérament? Ainsi donc, puisqu'on attend de vous et que vous nous promettez une connoissance de vous-même plus exacte que l'ordinaire, vous jugez bien que ce n'est pas assez de nous dire, comme vous faites, que vous êtes une chose qui pense, qui doute, qui entend, etc.; mais que vous devez travailler sur vous-même, comme par une espèce d'opération chimique, de telle sorte que vous puissiez nous découvrir et faire connoître l'intérieur de votre substance. Et quand vous l'aurez fait, ce sera à nous après cela à examiner si vous êtes plus connu que le corps, dont l'anatomie, la chimie, tant d'arts différents, tant de sentiments, et tant de diverses expériences nous manifestent si clairement la nature.

CONTRE LA TROISIÈME MÉDITATION.

DE DIEU, QU'IL EXISTE.

Premièrement, de ce que vous avez reconnu que la claire et distincte connoissance de cette proposition, *je suis une chose qui pense*, est la cause de la certitude que vous en avez, vous inférez que vous pouvez établir pour règle générale[1] que « les » choses que nous concevons fort clairement et fort » distinctement sont toutes vraies. » Mais quoique jusques ici on n'ait pu trouver de règle plus assurée de notre certitude parmi l'obscurité des choses humaines, néanmoins, voyant que tant de grands es-

[1] Voyez Méditation III, tome 1, page 265.

prits, qui semblent avoir dû connoître fort clairement et fort distinctement plusieurs choses, ont estimé que la vérité étoit cachée dans le sein de Dieu même ou dans le profond des abîmes, n'y a-t-il pas lieu de soupçonner que cette règle peut être fausse? Et certes, après ce que disent les sceptiques, dont vous n'ignorez pas les arguments, de quelle vérité pouvons-nous répondre comme d'une chose clairement connue, sinon qu'il est vrai que les choses paroissent ce qu'elles paroissent à chacun? Par exemple, je sens manifestement et distinctement que la saveur du melon est très agréable à mon goût, partant il est vrai que la saveur du melon me paroît de la sorte; mais que pour cela il soit vrai qu'elle est telle dans le melon, comment le pourrois-je croire, moi qui en ma jeunesse et dans l'état d'une santé parfaite en ai jugé tout autrement, pourceque je sentois alors manifestement une autre saveur dans le melon? Je vois même encore à présent que plusieurs personnes en jugent autrement; je vois que plusieurs animaux qui ont le goût fort exquis et une santé très vigoureuse ont d'autres sentiments que les miens. Est-ce donc que le vrai répugne et est opposé à soi-même, ou plutôt n'est-ce pas qu'une chose n'est pas vraie en soi, encore qu'elle soit conçue clairement et distinctement, mais qu'il est vrai seulement qu'elle est ainsi clairement et distinctement conçue? Il en est presque de même des choses qui regardent l'esprit. J'eusse juré autrefois qu'il étoit impossible de parvenir d'une petite quantité à une plus grande sans passer par une égale ; j'eusse soutenu, au péril de ma vie, qu'il ne se pouvoit pas faire que deux lignes qui s'approchoient continuellement ne se touchassent enfin si on les prolongeoit à l'infini. Ces choses me sembloient si claires et si distinctes que je les tenois pour des axiomes très vrais et très indubitables ; et après cela néanmoins il y a eu des raisons qui m'ont persuadé le contraire, pour l'avoir conçu plus clairement et plus distinctement ; et à présent même, quand je viens à penser à la nature des suppositions mathématiques, mon esprit n'est pas sans quelque doute et défiance de leur vérité. Aussi j'avoue bien qu'on peut dire qu'il est vrai que je connois telles et telles propositions, selon que je suppose ou que je conçois la nature de la quantité, de la ligne, de la superficie, etc.; mais que pour cela elles soient en elles-mêmes telles que je les conçois, on ne le peut avancer avec certitude. Et quoi qu'il en soit des vérités mathématiques, je vous demande, pour ce qui regarde les autres choses dont il est maintenant question, pourquoi donc y a-t-il tant d'opinions différentes parmi les hommes ? Chacun pense concevoir fort clairement et fort distinctement celle qu'il défend ; et ne dites point que la plupart ne sont pas fermes dans leurs opinions, ou qu'ils feignent seulement de les bien entendre; car je sais qu'il y en a plusieurs qui les soutiendront au péril de leur vie, quoiqu'ils en voient d'autres portés de la même passion pour l'opinion contraire, si ce n'est peut-être que vous croyiez que même à ce dernier moment on déguise encore ses sentiments, et qu'il n'est pas temps de tirer la vérité du plus profond de sa conscience. Et vous touchez vous-même cette difficulté, lorsque vous dites que « vous avez » reçu autrefois plusieurs choses pour très certaines » et très évidentes, que vous avez depuis reconnues » être douteuses et incertaines; » mais vous la laissez indécise, et ne confirmez point votre règle; seulement vous prenez de là occasion de discourir des idées par qui vous pourriez avoir été abusé, comme représentant quelques choses hors de vous, qui pourtant hors de vous ne sont peut-être rien ; ensuite de quoi vous parlez derechef d'un Dieu trompeur, par qui vous pourriez avoir été déçu touchant la vérité de ces propositions : « deux et » trois joints ensemble font le nombre de cinq; un » carré n'a pas plus de quatre côtés, » afin de nous signifier par là qu'il faut attendre la confirmation de votre règle jusques à ce que vous ayez prouvé qu'il y a un Dieu qui ne peut être trompeur. Combien qu'à vrai dire il n'est pas tant besoin que vous travailliez à confirmer cette règle, qui peut si facilement nous faire recevoir le faux pour le vrai et nous induire en erreur, qu'il est nécessaire que vous nous enseigniez une bonne méthode, qui nous apprenne à bien diriger nos pensées, et qui nous fasse en même temps connoître quand il est vrai que nous nous trompons ou que nous ne nous trompons pas, toutes les fois que nous pensons concevoir clairement et distinctement quelque chose.

Après cela vous distinguez [1] « les idées (que vous
» voulez être des pensées en tant qu'elles sont comme
» des images) en trois façons, dont les unes sont
» nées avec nous, les autres viennent de dehors et
» sont étrangères, et les autres sont faites et inven-
» tées par nous. Sous le premier genre, vous y met-
» tez l'intelligence que vous avez de ce que c'est
» qu'on nomme en général une chose, ou une vé-
» rité, ou une pensée; sous le second, vous placez
» l'idée que vous avez du bruit que vous oyez, du
» soleil que vous voyez, du feu que vous sentez;
» sous le troisième, vous y rangez les sirènes, les
» hippogriffes et les autres semblables chimères que
» vous forgez et inventez de vous-même; et ensuite
» vous dites que peut-être il se peut faire que toutes
» vos idées soient étrangères, ou toutes nées avec
» vous, ou toutes faites par vous, d'autant que vous
» n'en connoissez pas encore assez clairement et

---

[1] Voyez Méditation III, tome I, page 268.

« distinctement l'origine. » C'est pourquoi, pour empêcher l'erreur qui se pourroit cependant glisser jusqu'à ce que leur origine vous soit entièrement connue, je veux ici vous faire remarquer qu'il semble que toutes les idées viennent de dehors, et qu'elles procèdent des choses qui existent hors de l'entendement, et qui tombent sous quelqu'un de nos sens. Car de vrai l'esprit n'a pas seulement la faculté (ou plutôt lui-même est une faculté) de concevoir ces idées étrangères qui émanent des objets extérieurs, qui passent jusqu'à lui par l'entremise des sens, de les concevoir, dis-je, toutes nues et distinctes, et telles qu'il les reçoit en lui; mais de plus il a encore la faculté de les assembler et diviser diversement, de les étendre et raccourcir, de les comparer et composer en plusieurs autres manières. Et de là il s'ensuit qu'au moins ce troisième genre d'idées que vous établissez n'est point différent du second : car, en effet, l'idée d'une chimère n'est point différente de celle de la tête d'un lion, du ventre d'une chèvre et de la queue d'un serpent, de l'assemblage desquelles l'esprit en fait et compose une seule, puisque étant prises séparément, ou considérées chacune en particulier, elles sont étrangères et viennent de dehors. Ainsi l'idée d'un géant, ou d'un homme que l'on conçoit grand comme une montagne, ou si vous voulez comme tout le monde, est la même que l'idée étrangère d'un homme d'une grandeur ordinaire que l'esprit a étendu à sa fantaisie, quoiqu'il la conçoive d'autant plus confusément qu'il l'a davantage agrandie. De même aussi l'idée d'une pyramide, d'une ville ou de telle autre chose que ce soit qu'on n'aura jamais vue, est la même que l'idée étrangère, mais un peu défigurée, et par conséquent confuse, d'une pyramide ou d'une ville qu'on aura vue auparavant, laquelle l'esprit aura en quelque façon multipliée, divisée et comparée.

Pour ces espèces que vous appelez naturelles, ou que vous dites être nées avec nous, je ne pense pas qu'il y en ait aucune de ce genre, et même toutes celles qu'on appelle de ce nom semblent avoir une origine étrangère. « J'ai, dites-vous, comme » une suite et dépendance de ma nature, d'entendre » ce que c'est qu'on nomme en général une chose. » Je ne pense pas que vous vouliez parler de la faculté même d'entendre, de laquelle il ne peut y avoir aucun doute, et dont il n'est pas ici question; mais plutôt vous entendez parler de l'idée *d'une chose*. Vous ne parlez pas aussi de l'idée d'une chose particulière; car le soleil, cette pierre, et toutes les choses singulières, sont du genre des choses dont vous dites que les idées sont étrangères, et non pas naturelles. Vous parlez donc de l'idée d'une chose considérée en général, et en tant qu'elle est synonyme avec l'être et d'égale étendue que lui. Mais, je vous prie, comment cette idée générale peut-elle être dans l'esprit, si en même temps il n'y a en lui autant de choses singulières, et même les genres de ces choses desquelles l'esprit faisant abstraction forme un concept ou une idée qui convienne à toutes en général, sans être propre à pas une en particulier? Certainement si l'idée d'une chose est naturelle, celle d'un animal, d'une plante, d'une pierre et de tous les universaux, sera aussi naturelle, et il ne sera pas besoin de nous tant travailler à faire le discernement de plusieurs choses singulières, afin qu'en ayant retranché toutes les différences, nous ne retenions rien que ce qui paroîtra clairement être commun à toutes en général, ou bien, ce qui est le même, afin que nous en formions une idée générique. Vous dites aussi que « vous avez comme » un apanage de votre nature d'entendre ce que » c'est que vérité, ou bien, comme je l'interprète, » que l'idée de la vérité est naturellement empreinte » en votre âme. » Mais si la vérité n'est rien autre chose que la conformité du jugement avec la chose dont on le porte, la vérité n'est qu'une relation, et par conséquent n'est rien de distinct de la chose même et de son idée comparées l'une avec l'autre: ou ce qui ne diffère point n'est rien de distinct de l'idée de la chose, laquelle n'a pas seulement la vertu de se représenter elle-même, mais aussi la chose telle qu'elle est. C'est pourquoi l'idée de la vérité est la même que l'idée de la chose, en tant qu'elle lui est conforme, ou bien en tant qu'elle la représente telle qu'elle est en effet ; de façon que si l'idée de la chose n'est point née avec nous, et qu'elle soit étrangère, l'idée de la vérité sera aussi étrangère et non pas née avec nous. Et ceci s'entendant de chaque vérité particulière se peut aussi entendre de la vérité considérée en général, dont la notion ou l'idée se tire, ainsi que nous venons de dire de l'idée d'une chose en général, des notions ou des idées de chaque vérité particulière. Vous dites encore que « c'est une chose qui vous est naturelle » d'entendre ce que c'est que pensée (c'est-à-dire » selon que je l'interprète toujours), que l'idée de la » pensée est née avec vous, et vous est naturelle. » Mais tout ainsi que l'esprit de l'idée d'une ville forme l'idée d'une autre ville, de même aussi il peut de l'idée d'une action, par exemple d'une vision, ou d'une autre semblable, former l'idée d'une autre action, à savoir de la pensée même : car il y a toujours un certain rapport et analogie entre les facultés qui connoissent, qui fait que l'une conduit aisément à la connoissance de l'autre; combien qu'à vrai dire il ne se faut pas beaucoup mettre en peine de savoir de quel genre est l'idée de la pensée, nous devons plutôt réserver ce soin pour l'idée de l'esprit même ou de l'âme, laquelle si nous accordons une fois qu'elle soit née avec nous, il n'y aura pas grand inconvénient de dire aussi le même de l'idée de la pensée : c'est pourquoi il faut attendre jusqu'à ce qu'il ait été prouvé de l'esprit que son idée est naturellement en nous.

¹ Après cela il semble que « vous révoquiez en » doute, non seulement savoir si quelques idées » procèdent des choses existantes hors de nous, » mais même que vous doutiez s'il y a aucunes cho- » ses qui existent hors de nous : » d'où il semble que vous infériez « qu'encore bien que vous ayez en » vous les idées de ces choses qu'on appelle exté- » rieures, il ne s'ensuit pas néanmoins qu'il y en » ait aucunes qui existent dans le monde, pourceque » les idées que vous en avez n'en procèdent pas né- » cessairement ; mais peuvent ou procéder de vous, » ou avoir été introduites en vous par quelque au- » tre manière qui ne vous est pas connue. » C'est aussi je crois pour cette raison qu'un peu auparavant vous ne disiez pas que « vous aviez aperçu » la terre, le ciel et les astres, mais seulement les » idées de la terre, du ciel et des astres, par qui » vous pouviez être déçu. » Si donc vous ne croyez pas encore qu'il y ait une terre, un ciel, et des astres, pourquoi, je vous prie, marchez-vous sur la terre ? pourquoi levez-vous les yeux pour contempler le soleil ? pourquoi vous approchez-vous du feu pour en sentir la chaleur ? pourquoi vous

---

¹ Voyez Méditation III, tome 1, page 268.

mettez-vous à table, ou pourquoi mangez-vous pour rassasier votre faim? pourquoi remuez-vous la langue pour parler? et pourquoi mettez-vous la main à la plume pour nous écrire vos pensées? Certes ces choses peuvent bien être dites ou inventées subtilement, mais on n'a pas beaucoup de peine à s'en désabuser ; et n'étant pas possible que vous doutiez tout de bon de l'existence de ces choses, et que vous ne sachiez fort bien qu'elles sont quelque chose d'existant hors de vous, traitons les choses sérieusement et de bonne foi, et accoutumons-nous à parler des choses comme elles sont. Que si, supposé l'existence des choses extérieures, vous pensez qu'on ne puisse pas démontrer suffisamment que nous empruntons d'elles les idées que nous en avons, il faut non seulement que vous répondiez aux difficultés que vous vous proposez vous-même, mais aussi à toutes celles que l'on vous pourroit objecter.

¹ Pour montrer que les idées que nous avons de ces choses viennent de dehors, vous dites « qu'il » semble que la nature nous l'enseigne ainsi, et que » nous expérimentons qu'elles ne viennent point de » nous, et ne dépendent point de notre volonté. » Mais, pour ne rien dire ni des raisons ni de leurs solutions, il falloit aussi entre les autres difficultés faire et soudre celle-ci, à savoir pourquoi dans

¹ Voyez Méditation III, tome I, page 269.

un aveugle-né il n'y a aucune idée de la couleur, ou dans un sourd aucune idée de la voix : sinon parceque ces choses extérieures n'ont pu d'elles-mêmes envoyer aucune image de ce qu'elles sont dans l'esprit de cet infortuné, d'autant que dès le premier instant de sa naissance les avenues en ont été bouchées par des obstacles qu'elles n'ont pu forcer.

¹ Vous faites après cela instance sur l'exemple du soleil, « de qui nous avons deux idées bien diffé-
» rentes : l'une, que nous avons reçue par les sens,
» et selon celle-là il nous paroit fort petit ; et l'autre,
» qui est prise des raisons de l'astronomie, selon
» laquelle il nous paroit fort grand : or, de ces deux
» idées, celle-là est la plus vraie et la plus conforme
» à son exemplaire, qui ne vient point des sens,
» mais qui est tirée de certaines notions qui sont
» nées avec nous, ou qui est faite par nous en quel-
» que autre manière que ce soit. » Mais on peut ré-
pondre à cela que ces deux idées du soleil sont semblables et vraies, ou conformes au soleil, mais l'une plus et l'autre moins, de la même façon que deux différentes idées d'un même homme, dont l'une nous est envoyée de dix pas, et l'autre de cent ou de mille, sont semblables, vraies et conformes, mais celle-là plus et celle-ci moins; d'autant que celle qui vient de plus près se diminue moins que

¹ Voyez Méditation III, tome I, page 271.

celle qui vient de plus loin, comme il me seroit aisé de vous expliquer en peu de paroles, si c'étoit ici le lieu de le faire, et que vous voulussiez tomber d'accord de mes principes. Au reste, quoique nous n'apercevions point autrement que par l'esprit cette vaste idée du soleil, ce n'est pas à dire pour cela qu'elle soit tirée de quelque notion qui soit naturellement en nous; mais il arrive que celle que nous recevons par les sens (conformément à ce que l'expérience, appuyée de la raison, nous apprend que les mêmes choses étant éloignées paroissent plus petites que lorsqu'elles sont plus proches) est autant accrue par la force de notre esprit, qu'il est constant que le soleil est distant de nous, et que son diamètre est égal à tant de demi-diamètres de la terre. Et voulez-vous voir comme quoi la nature n'a rien mis en nous de cette idée? cherchez-la dans un aveugle-né. Vous verrez, premièrement, que dans son esprit elle n'est point colorée ou lumineuse; vous verrez ensuite qu'elle n'est point ronde, si quelqu'un ne l'en a averti, et s'il n'a auparavant manié quelque chose de rond; vous verrez enfin qu'elle n'est point si grande, si la raison ou l'autorité ne lui a fait amplifier celle qu'il avoit conçue. Mais pour dire quelque chose de plus et ne nous point flatter, nous autres, qui avons tant de fois contemplé le soleil, tant de fois mesuré son diamètre apparent, tant de fois raisonné sur son véritable diamètre, avons-nous une autre idée ou une autre image du soleil que la vulgaire? La raison nous montre bien à la vérité que le soleil est cent soixante et tant de fois plus grand que la terre, mais avons-nous pour cela l'idée d'un corps si vaste et si étendu? Nous agrandissons bien celle que nous avons reçue par les sens autant que nous pouvons, notre esprit s'efforce de l'accroître autant qu'il est en lui, mais au bout du compte notre esprit se confond lui-même et ne se remplit que de ténèbres; et si nous voulons avoir une pensée distincte du soleil, il faut que nous ayons recours à l'idée que nous avons reçue de lui par l'entremise des sens. C'est assez que nous croyions que le soleil est beaucoup plus grand que ce qu'il nous paroît, et que si notre œil en étoit plus proche, il en recevroit une idée bien plus ample et plus étendue : mais il faut que notre esprit se contente de celle que nos sens lui présentent et qu'il la considère telle qu'elle est.

[1] Ensuite de quoi, reconnoissant l'inégalité et la diversité qui se rencontre entre les idées, « il est » certain, dites-vous, que celles qui me représentent » des substances sont quelque chose de plus, et con- » tiennent en soi, pour ainsi parler, plus de réalité » objective que celles qui me représentent seule-

---

[1] Voyez Méditation III, tome I, page 272.

» ment des modes ou accidents; et enfin celle par
» laquelle je conçois un Dieu souverain, éternel,
» infini, tout-puissant et créateur universel de
» toutes les choses qui sont hors de lui, a sans
» doute en soi plus de réalité objective que celles
» par qui les substances finies me sont représen-
» tées. » Votre esprit vous conduit ici bien vite, c'est
pourquoi il le faut un peu arrêter. Je ne m'amuse
pas néanmoins à vous demander d'abord ce que
vous entendez par ces mots de *réalité objective ;* il
suffit que nous sachions que se disant vulgairement que les choses extérieures sont formellement
et réellement en elles-mêmes, mais objectivement
ou par représentation dans l'entendement, il semble
que vous ne vouliez dire autre chose, sinon que
l'idée doit se conformer entièrement à la chose
dont elle est l'idée; en telle sorte qu'elle ne contienne rien en objet qui ne soit en effet dans la
chose, et qu'elle représente d'autant plus de réalité
que la chose représentée en contient en elle-même.
Je sais bien qu'incontinent après vous faites distinction entre la réalité objective et la réalité formelle, laquelle, comme je pense, est l'idée même,
non plus comme représentant quelque chose, mais
considérée comme un être séparé et ayant de soi
quelque sorte d'entité. Mais, quoi qu'il en soit, il
est certain que ni l'idée ni sa réalité objective ne
doit pas être mesurée selon toute la réalité formelle

que la chose a en soi, mais seulement selon cette partie dont l'esprit a eu connoissance, ou, pour parler en d'autres termes, selon la connoissance que l'esprit en a. Ainsi, certes, on dira que l'idée qui est en vous d'une personne que vous avez souvent vue, que vous avez attentivement considérée, et que vous avez regardée de tous côtés, est très parfaite, mais que celle que vous pouvez avoir de celui que vous n'aurez vu qu'une fois en passant, et que vous n'avez pas pleinement envisagé, est très imparfaite; que si, au lieu de sa personne, vous n'avez vu que le masque qui en cachoit le visage, et les habits qui en couvroient tout le corps, certainement on doit dire que vous n'avez point d'idée de cet homme, ou, si vous en avez, qu'elle est fort imparfaite et grandement confuse.

D'où j'infère que l'on peut bien avoir une idée distincte et véritable des accidents, mais qu'on ne peut avoir tout au plus qu'une idée confuse et contrefaite de la substance qui en est voilée; en telle sorte que lorsque vous dites « qu'il y a plus de réa-
» lité objective dans l'idée de la substance que dans
» celle des accidents, » on doit premièrement nier qu'on puisse avoir une idée naïve et véritable de la substance, et partant qu'on puisse avoir d'elle aucune réalité objective; et de plus, quand on vous l'auroit accordé, on ne peut pas dire qu'elle soit plus grande que celle qui se rencontre dans les

idées des accidents; vu que tout ce qu'elle a de réalité, elle l'emprunte des idées des accidents, sous lesquels ou à la façon desquels nous avons dit ci-devant que la substance étoit conçue, faisant voir qu'elle ne peut être conçue que comme quelque chose d'étendu, figuré, coloré, etc.

¹ Touchant ce que vous ajoutez *de l'idée de Dieu*, dites-moi, je vous prie, puisque vous n'êtes pas encore assuré de son existence, comment pouvez-vous savoir qu'il nous est représenté par son idée comme un être éternel, infini, tout-puissant et créateur de toutes choses, etc.? Cette idée que vous en formez ne vient-elle point plutôt de la connoissance que vous avez eue auparavant de lui, en tant qu'il vous a plusieurs fois été représenté sous ces attributs? Car, à dire vrai, le décririez-vous de la sorte si vous n'en aviez jamais rien ouï-dire de semblable? Vous me direz peut-être que cela n'est maintenant apporté que pour exemple sans que vous définissiez encore rien de lui: je le veux; mais prenez garde de n'en pas faire après un préjugé.

² Vous dites « qu'il y a plus de réalité objective » dans l'idée d'un Dieu infini que dans l'idée d'une » chose finie. » Mais, premièrement, l'esprit humain, n'étant pas capable de concevoir l'infinité, ne peut pas aussi avoir ni se figurer une idée qui

---

¹ Voyez Méditation III, tome 1, page 272. — ² Voyez *ibid*.

représente une chose infinie. Et partant, celui qui dit une chose infinie attribue à une chose qu'il ne comprend point un nom qu'il n'entend pas non plus; d'autant que comme la chose s'étend au-delà de toute sa compréhension, ainsi cette infinité ou cette négation de termes qui est attribuée à cette extension ne peut être entendue par celui dont l'intelligence est toujours restreinte et renfermée dans quelques bornes. En après, toutes ces hautes perfections que nous avons coutume d'attribuer à Dieu semblent avoir été tirées des choses que nous admirons ordinairement en nous, comme sont la durée, la puissance, la science, la bonté, le bonheur, etc., auxquelles, ayant donné toute l'étendue possible, nous disons que Dieu est éternel, tout-puissant, tout-connoissant, souverainement bon, parfaitement heureux, etc.

[1] Et ainsi l'idée de Dieu représente bien à la vérité toutes ces choses, mais elle n'a pas pour cela plus de réalité objective qu'en ont les choses finies prises toutes ensemble, des idées desquelles cette idée de Dieu a été composée, et après agrandie en la manière que je viens de décrire. Car ni celui qui dit éternel n'embrasse pas par sa pensée toute l'étendue de cette durée qui n'a jamais eu de commencement et qui n'aura jamais de fin, ni celui qui dit tout-puissant ne comprend pas toute la

---

[1] Voyez Méditation III, tome 1, page 272.

multitude des effets possibles; et ainsi des autres attributs. Et enfin, qui est celui que l'on peut dire avoir une idée de Dieu entière et parfaite, c'est-à-dire qui le représente tel qu'il est? Que Dieu seroit peu de chose s'il n'étoit point autre que nous le concevons, et s'il n'avoit que ce peu de perfections que nous remarquons être en nous, quoique nous concevions qu'elles sont en lui d'une façon beaucoup plus parfaite! La proportion qui est entre les perfections de Dieu et celles de l'homme n'est-elle pas infiniment moindre que celle qui est entre un éléphant et un ciron? Si donc celui-là passeroit pour ridicule lequel, formant une idée sur le modèle des perfections qu'il auroit remarquées dans un ciron, voudroit dire que cette idée qu'il a ainsi formée est celle d'un éléphant, et qu'elle le représente au naïf, pourquoi ne se moquera-t-on pas de celui qui, formant une idée sur le modèle des perfections de l'homme, voudra dire que cette idée est celle de Dieu même, et qu'elle le représente parfaitement? Et même je vous demande, comment pouvons-nous connoître que ce peu de perfections que nous trouvons être en nous se retrouve aussi en Dieu? Et après l'avoir reconnu, quelle peut être l'essence que nous pouvons de là nous imaginer de lui? Certainement Dieu est infiniment élevé au-dessus de toute compréhension; et quand notre esprit se veut appliquer à sa contemplation, non seulement il se reconnoît trop foible pour le comprendre, mais encore il s'aveugle et se confond lui-même. C'est pourquoi il n'y a pas lieu de dire que nous ayons aucune idée véritable de Dieu qui nous le représente tel qu'il est : c'est bien assez si, par le rapport des perfections qui sont en nous, nous venons à en produire et former quelqu'une qui, s'accommodant à notre foiblesse, soit propre aussi pour notre usage, laquelle ne soit point au-dessus de notre portée, et qui ne contienne aucune réalité que nous n'ayons auparavant reconnu être dans les autres choses, ou que par leur moyen nous n'ayons aperçue.

¹ Vous dites ensuite « qu'il est manifeste par la « lumière naturelle qu'il doit y avoir pour le moins » autant de réalité dans la cause efficiente et totale » qu'il y en a dans l'effet, et cela pour inférer qu'il » doit y avoir pour le moins autant de réalité for- » melle dans la cause d'une idée que l'idée contient » de réalité objective. » Ce pas-ci est encore bien grand, et il est aussi à propos que nous nous y arrêtions un peu. Et premièrement, cette commune sentence « qu'il n'y a rien dans l'effet qui ne » soit dans sa cause, » semble devoir être plutôt entendue de la cause matérielle que de la cause efficiente : car la cause efficiente est quelque chose d'extérieur, et qui souvent même est d'une nature

---

¹ Voyez Méditation III, tome I, page 273.

différente de son effet. Et bien qu'un effet soit dit avoir sa réalité de la cause efficiente, toutefois il n'a pas nécessairement la même que la cause efficiente a en soi, mais il en peut avoir une autre qu'elle aura empruntée d'ailleurs. Cela se voit manifestement dans les effets de l'art. Car encore que la maison ait toute sa réalité de l'architecte, toutefois l'architecte ne la lui donne pas du sien, mais il l'emprunte d'ailleurs. Le soleil fait la même chose lorsqu'il change diversement la matière d'ici-bas, et que par ce changement il engendre divers animaux. Bien plus, il en est de même des pères et des mères, de qui, quoique les enfants reçoivent un peu de matière, ils ne la reçoivent pas néanmoins d'eux comme d'un principe efficient, mais seulement comme d'un principe matériel. Ce que vous objectez que « l'être d'un effet doit être formellement ou éminemment dans sa cause, » ne veut dire autre chose, sinon que l'effet a quelquefois une forme semblable à celle de sa cause, et quelquefois une différente, mais aussi moins parfaite : en sorte qu'alors la forme de la cause est plus noble que celle de son effet. Mais il ne s'ensuit pas pour cela que la cause qui contient éminemment son effet lui donne quelque partie de son être, ou bien que celle qui le contient formellement partage sa propre forme avec son effet. Car, bien qu'il semble que cela se fasse de la sorte dans la génération des choses vivantes, qui se fait par la voie de la semence, vous ne direz pas néanmoins, je pense, que, lorsqu'un père engendre son fils, il retranche et donne à son fils une partie de son âme raisonnable. En un mot, la cause efficiente ne contient point autrement son effet, sinon en tant qu'elle le peut former d'une certaine matière et donner à cette matière sa dernière perfection.

[1] En après, sur ce que vous inférez touchant *la réalité objective*, je prends l'exemple de mon image même, laquelle peut être considérée ou dans un miroir devant lequel je me présente, ou dans un tableau que le peintre aura tiré. Car comme je suis moi-même la cause de l'image qui est dans le miroir, en tant que de moi j'envoie mon image dans le miroir, et que le peintre est la cause de l'image qui est dépeinte dans le tableau; de même, lorsque l'idée ou l'image de moi-même est dans votre esprit ou dans l'esprit de quelque autre, on peut demander si je suis moi-même la cause de cette image, en tant que j'envoie mon espèce dans l'œil, et par son entremise jusqu'à l'entendement même: ou bien s'il y a quelque autre cause qui, comme un peintre adroit et subtil, la trace et la couche dans l'entendement. Mais il semble qu'il n'en faille point rechercher d'autre que moi; car, quoique

---

[1] Voyez Méditation III, tome 1, page 274.

par après l'entendement puisse agrandir ou diminuer, composer et manier comme il lui plaît cette image de moi-même, je suis néanmoins la cause première et principale de toute la réalité qu'elle a en soi. Et ce qui se dit ici de moi se doit entendre de la même façon de tous les autres objets extérieurs. Maintenant vous distinguez en deux façons la réalité que vous attribuez à cette idée, savoir est, en réalité formelle et en réalité objective ; et quant à la formelle, elle ne peut être autre que cette substance subtile et déliée qui coule et exhale incessamment de moi, et qui, dès aussitôt qu'elle est reçue dans l'entendement, se transforme en une idée. Que si vous ne voulez pas que l'espèce qui vient de l'objet soit un écoulement de substance, établissez ce qu'il vous plaira, vous en diminuerez toujours la réalité. Et pour le regard de la réalité objective, elle ne peut être autre que la représentation ou la ressemblance que cette idée a de moi-même, ou, tout au plus, que la symétrie et l'arrangement qui fait que les parties de cette idée sont tellement disposées qu'elles me représentent. Et de quelque façon que vous le preniez, je ne vois pas que ce soit rien de réel, pourceque c'est simplement une relation des parties entre elles en tant que rapportées à moi ; ou bien c'est un mode de la réalité formelle en tant qu'elle est arrangée et disposée d'une telle façon et non d'une autre : mais cela importe fort peu; je veux bien, puisque vous le voulez, qu'elle soit appelée *réalité objective*. Cela étant posé, vous devriez, ce semble, comparer la réalité formelle de cette idée avec la mienne propre, ou bien avec ma substance; et sa réalité objective avec la symétrie des parties de mon corps ou avec la délinéation et la forme extérieure de moi-même : mais néanmoins il vous plaît de comparer sa réalité objective avec ma réalité formelle. Enfin, quoi qu'il en soit de la façon avec laquelle vous expliquez cet axiome précédent, il est manifeste que non seulement il y a en moi autant de réalité formelle qu'il y a de réalité objective dans l'idée de moi-même; mais aussi que la réalité formelle de cette idée n'est presque rien au respect de ma réalité formelle, c'est-à-dire de la réalité de toute ma substance. C'est pourquoi je demeure d'accord avec vous « qu'il doit y avoir pour le moins autant de » réalité formelle dans la cause d'une idée qu'il y a » dans cette idée de réalité objective, » vu que tout ce qui est contenu dans une idée n'est presque rien en comparaison de sa cause.

'Vous poursuivez, et dites que « s'il y a en vous » une idée dont la réalité objective soit si grande » que vous ne l'ayez point contenue ni formellement » ni éminemment, et de qui par conséquent vous » n'ayez pu être la cause, que pour lors il suit de là

' Voyez Méditation III, tome I, page 276.

» nécessairement qu'il y a dans le monde un autre
» être que vous qui existe; et que sans cela vous
» n'avez aucun argument qui vous rende certain de
» l'existence d'aucune chose. » Mais, comme j'ai déjà
dit auparavant, vous n'êtes pas la cause de la réalité des idées, mais bien les choses mêmes qui sont
représentées par elles, en tant qu'elles envoient
leurs images dans vous comme dans un miroir,
quoique vous puissiez de là prendre quelquefois
occasion de vous figurer des chimères. Mais, soit
que vous en soyez la cause, soit que vous ne le
soyez point, êtes-vous pour cela en doute qu'il y
ait quelque autre chose que vous qui existe dans
le monde? Ne nous en faites point accroire, je vous
prie; car, quoi qu'il en soit des idées, je ne pense
pas qu'il soit besoin de chercher des raisons pour
vous prouver une chose si constante.

¹ Vous parcourez après cela les idées qui sont
en vous; et entre ces idées, outre celle de vous-
même, vous comptez aussi les idées de Dieu, des
choses corporelles et inanimées, des anges, des
animaux et des hommes : et cela pour inférer
(après avoir dit qu'il ne peut y avoir aucune difficulté pour ce qui regarde l'idée de vous-même)
que les idées des hommes, des animaux et des
anges peuvent être composées de celles que vous
avez de Dieu, de vous-même et des choses corpo-

---

¹ Voyez Méditation III, tome 1, page 276.

relles, et même que les idées des choses corporelles peuvent venir de vous-même. Mais je trouve ici qu'il y a lieu de s'étonner comment vous avancez si assurément que vous ayez l'idée de vous-même, et même une idée si féconde, que d'elle seule vous en puissiez tirer un si grand nombre d'autres, et qu'à son égard il ne peut y avoir aucune difficulté: quoique néanmoins il soit vrai de dire, ou que vous n'avez point l'idée de vous-même, ou, si vous en avez aucune, qu'elle est fort confuse et imparfaite, comme j'ai déjà remarqué sur la précédente Méditation. Il est bien vrai que vous souteniez en ce lieu-là que rien ne pouvoit être connu plus facilement et plus évidemment par vous que vous-même; mais que direz-vous si je montre ici que n'étant pas possible que vous ayez, ni même que vous puissiez avoir l'idée de vous-même, il n'y a rien que vous ne connoissiez plus facilement et plus évidemment que vous ou que votre esprit. Et certes, considérant pourquoi et comment il se peut faire que l'œil ne se voie pas lui-même, ni que l'entendement ne se conçoive point, il m'est venu en la pensée que rien n'agit sur soi-même : car en effet ni la main, ou du moins l'extrémité de la main, ne se frappe point elle-même, ni le pied ne se donne point un coup. Or étant d'ailleurs nécessaire pour avoir la connoissance d'une chose, que cette chose agisse sur la faculté qui connoit, c'est-à-dire qu'elle envoie en elle son espèce, ou bien qu'elle l'informe et la remplisse de son image, c'est une chose évidente que la faculté même n'étant pas hors de soi, ne peut pas envoyer ou transmettre en soi son espèce, ni par conséquent former la notion de soi-même. Et pourquoi pensez-vous que l'œil, ne se voyant pas lui-même dans soi, se voit néanmoins dans un miroir? c'est sans doute parceque entre l'œil et le miroir il y a un espace, et que l'œil agit de telle sorte contre le miroir, en envoyant vers lui son image, que le miroir après agit contre l'œil, en renvoyant contre lui sa propre espèce. Donnez-moi donc un miroir contre lequel vous agissiez en même façon, et je vous assure que, venant à réfléchir et renvoyer contre vous votre propre espèce, vous pourrez alors vous voir et connoître vous-même, non pas à la vérité par une connoissance directe, mais du moins par une connoissance réfléchie; autrement je ne vois pas que vous puissiez avoir aucune notion ou idée de vous-même.

Je pourrois encore ici insister comment il est possible que vous ayez l'idée de Dieu, si ce n'est peut-être une idée telle que je l'ai naguère décrite; comment celle des anges, desquels, si vous n'aviez jamais ouï parler, je doute si jamais vous en auriez eu aucune pensée; comment celle des animaux, et de tout le reste des choses, dont je suis presque assuré que vous n'auriez jamais eu aucune idée, si elles ne vous étoient jamais tombées sous les sens, non plus que vous n'en avez point d'une infinité de choses dont la vue ni la renommée n'est jamais parvenue jusques à vous. Mais, sans insister davantage là-dessus, je demeure d'accord qu'on peut tellement arranger et composer les idées des diverses choses qui sont en l'esprit, que de là il en naisse les formes de plusieurs autres choses, combien que celles dont vous faites le dénombrement ne semblent pas suffisantes pour une si grande diversité, ni même pour l'idée distincte et déterminée d'aucune chose que ce soit.

[1] Je m'arrête seulement aux idées des choses corporelles, touchant lesquelles ce n'est pas une petite difficulté de savoir comment de la seule idée de vous-même, au moment que vous maintenez n'être pas corporel, et que vous vous considérez comme tel, vous les avez pu déduire. Car si vous n'avez connoissance que de la substance spirituelle ou incorporelle, comme se peut-il faire que vous conceviez aussi la substance corporelle? Y a-t-il aucun rapport entre l'une et l'autre de ces substances? Vous dites qu'elles conviennent entre elles, en ce qu'elles sont toutes deux capables d'exister: mais cette convenance ne peut être entendue, si premièrement on ne conçoit la nature des choses que l'on dit avoir de la convenance. Car vous en

---

[1] Voyez Méditation III, tome I, page 277.

faites une notion commune, qui ne peut être formée que sur la connoissance des choses particulières. Certainement, si par la connoissance de la substance incorporelle l'entendement peut former l'idée de la substance corporelle, il ne faut plus douter qu'un aveugle-né, ou une personne qui dès sa naissance auroit été détenue parmi des ténèbres fort épaisses, ne puisse former l'idée des couleurs et de la lumière. Vous dites « qu'on ne peut ensuite » avoir l'idée de l'étendue, de la figure, du mouve-» ment, et des autres sensibles communs; » mais vous le dites seulement sans le prouver, et cela vous est fort aisé à dire. Aussi je m'étonne seulement pourquoi vous ne déduisez pas avec la même facilité l'idée de la lumière, des couleurs, et des autres choses qui sont les objets particuliers des autres sens. Mais c'est assez s'arrêter sur cette matière.

[1] Vous concluez : « Et partant il ne reste que la » seule idée de Dieu, dans laquelle il faut considé- » rer s'il y a quelque chose qui n'ait pu venir de » moi-même. Par le nom de Dieu, j'entends une » substance infinie, éternelle, immuable, indépen- » dante, toute-connoissante, toute-puissante, et par » laquelle moi-même et toutes les autres choses » qui sont, s'il est vrai qu'il y en ait qui existent, » ont été créées et produites. Toutes lesquelles cho- » ses sont en effet telles, que plus attentivement je

---

[1] Voyez Méditation III, tome I, page 280.

« les considère, et moins je me persuade que l'idée « que j'en ai puisse tirer son origine de moi seul; « et par conséquent, de tout ce qui a été dit ci-de-« vant, il faut nécessairement conclure que Dieu « existe. » Vous voilà enfin parvenu où vous aspiriez: quant à moi, comme j'embrasse la conclusion que vous venez de tirer, aussi ne vois-je pas d'où vous la pouvez déduire. Vous dites que les choses que vous concevez de Dieu sont telles qu'elles n'ont pu venir de vous-même, pour inférer de là qu'elles ont dû venir de Dieu. Mais premièrement il n'y a rien de plus vrai qu'elles ne sont point venues de vous-même, et que vous n'en avez point eu l'intelligence de vous seul. Car, outre que les objets même extérieurs vous en ont envoyé les idées, elles sont aussi parties et vous les avez apprises de vos parents, de vos maîtres, des discours des sages, et enfin de l'entretien de ceux avec qui vous avez conversé. Mais vous répondrez peut-être: Je ne suis qu'un esprit qui ne sais pas s'il y a rien au monde hors de moi; je doute même si j'ai des oreilles par qui j'aie pu ouïr aucune chose, et ne connois point d'hommes avec qui j'aie pu converser. Vous pouvez répondre cela; mais le diriez-vous, si vous n'aviez en effet point d'oreilles pour nous ouïr, et s'il n'y avoit point d'hommes qui vous eussent appris à parler? Parlons sérieusement, et ne déguisons point la vérité; ces paroles que vous prononcez de Dieu, ne les avez-vous pas apprises de la fréquentation des hommes avec qui vous avez vécu? Et puisque vous tenez d'eux les paroles, ne tenez-vous pas d'eux aussi les notions désignées et entendues par ces mêmes paroles? Et partant, quoiqu'on vous accorde qu'elles ne peuvent pas venir de vous seul, il ne s'ensuit pas pour cela qu'elles doivent venir de Dieu, mais seulement de quelque chose hors de vous. En après, qu'y a-t-il dans ces idées que vous n'ayez pu former et composer de vous-même à l'occasion des choses que vous avez autrefois vues et apprises? Pensez-vous pour cela concevoir quelque chose qui soit au-dessus de l'intelligence humaine? Certainement, si vous conceviez Dieu tel qu'il est, vous auriez raison de croire que vous auriez été instruit et enseigné de Dieu même; mais tous ces attributs que vous donnez à Dieu ne sont rien autre chose qu'un amas de certaines perfections que vous avez remarquées en quelques hommes ou en d'autres créatures, lesquelles l'esprit humain est capable d'entendre, d'assembler et d'amplifier comme il lui plaît, ainsi qu'il a déjà été plusieurs fois observé.

Vous dites que « bien que vous puissiez avoir « de vous-même l'idée de la substance, parceque « vous êtes une substance, vous ne pouvez pas « néanmoins avoir de vous-même l'idée de la sub-

» stance infinie, parceque vous n'êtes pas infini. »
Mais vous vous trompez grandement si vous pensez avoir l'idée de la substance infinie, laquelle ne peut être en vous que de nom seulement, et en la manière que les hommes peuvent comprendre l'infini, qui est en effet ne le pas comprendre ; de sorte qu'il n'est pas nécessaire qu'une telle idée soit émanée d'une substance infinie, puisqu'elle peut être formée en joignant et amplifiant les perfections que l'esprit humain est capable de concevoir, comme il a déjà été dit ; si ce n'est peut-être que lorsque les anciens philosophes, en multipliant les idées qu'ils avoient de cet espace visible, de ce monde, et de ce peu de principes dont il est composé, ont formé celles d'un monde infiniment étendu, d'une infinité de principes et d'une infinité de mondes, vous vouliez dire qu'ils n'ont pas formé ces idées par la force de leur pensée, mais qu'elles leur ont été envoyées en l'esprit par un monde véritablement infini en son étendue, par une véritable infinité de principes et par une infinité de mondes réellement existants.

Quant à ce que vous dites, que « vous concevez » l'infini par une vraie idée, » certainement si elle étoit vraie, elle vous représenteroit l'infini comme il est en soi, et partant vous comprendriez ce qui est en lui de plus essentiel et dont il s'agit mainte-

---

[1] Voyez Méditation III, tome I, page 280.

naut, à savoir l'infinité même. Mais votre pensée se termine toujours à quelque chose de fini, et vous ne dites rien que le seul nom d'*infini*, pourceque vous ne sauriez comprendre ce qui est au-delà de votre compréhension; en sorte qu'on peut dire avec raison que vous ne concevez l'infini que par la seule négation du fini. Et ce n'est pas assez de dire que « vous concevez plus de réalité dans une substance « infinie que dans une finie; » car il faudroit que vous conçussiez une réalité infinie, ce que néanmoins vous ne faites pas; et même, à vrai dire, vous ne concevez pas plus de réalité, d'autant que vous étendez seulement la substance finie, et après vous vous figurez qu'il y a plus de réalité dans ce qui est ainsi agrandi et étendu par votre pensée, qu'en cela même lorsqu'il est raccourci et non étendu; si ce n'est que vous veuilliez aussi que ces philosophes conçussent en effet plus de réalité lorsqu'ils s'imaginoient plusieurs mondes que lorsqu'ils n'en concevoient qu'un seul. Et sur cela je remarquerai, en passant, que la cause pourquoi notre esprit se confond d'autant plus que plus il augmente et amplifie quelque espèce ou idée, vient de ce qu'alors il dérange cette espèce de sa situation naturelle, qu'il en ôte la distinction des parties, et qu'il l'étend de telle sorte et la rend si mince et si déliée qu'enfin elle s'évanouit et se dissipe. Je ne m'arrête pas à dire que l'esprit se confond pareillement pour une cause tout opposée, à savoir lorsqu'il amoindrit et appetisse par trop une idée qu'il avoit auparavant conçue sous quelque sorte de grandeur.

*Vous dites « qu'il n'importe pas que vous ne » puissiez comprendre l'infini, ni même beaucoup » de choses qui sont en lui, mais qu'il suffit que » vous en conceviez bien quelque peu de choses, » afin qu'il soit vrai de dire que vous en avez » une idée très vraie, très claire et très distincte. » Tant s'en faut; il n'est pas vrai que vous ayez une vraie idée de l'infini, mais bien seulement du fini, s'il est vrai que vous ne compreniez pas l'infini, mais seulement le fini. On peut dire tout au plus que vous connoissez une partie de l'infini, mais non pas pour cela l'infini même; en même façon qu'on pourroit bien dire que celui-là auroit connoissance d'une partie du monde, qui n'auroit jamais rien vu que le trou d'une caverne; mais on ne pourroit pas dire qu'il auroit l'idée de tout le monde : en sorte qu'il passeroit pour tout-à-fait ridicule, s'il se persuadoit que l'idée d'une si petite portion fût la vraie et naturelle idée de tout le monde. « Mais, dites-vous, il est du propre de l'in- » fini qu'il ne soit pas compris par vous qui êtes » fini. » Certes je le crois; mais il n'est pas du propre de la vraie idée de l'infini de n'en représenter qu'une très petite partie, ou plutôt rien du tout,

---

* Voyez Méditation III, tome 1, page 282.

puisqu'il n'y a point de proportion de cette partie avec le tout. « Il suffit, dites-vous, que vous con- » ceviez bien distinctement ce peu de choses. » Oui, comme il suffit de voir l'extrémité des cheveux de celui duquel on veut avoir une véritable idée. Un peintre n'auroit-il pas bien réussi, qui, pour me représenter naïvement sur une toile, auroit seulement tracé un de mes cheveux, ou même l'extrémité de l'un d'eux? Or il est vrai pourtant qu'il y a une proportion non seulement beaucoup moindre, mais même infiniment moindre, entre tout ce que nous connoissons de l'infini et l'infini même, qu'entre un de mes cheveux ou l'extrémité de l'un d'eux et mon corps entier. En un mot, tout votre raisonnement ne prouve rien de Dieu qu'il ne prouve aussi d'une infinité de mondes, et ce d'autant plus qu'il a été plus aisé à ces anciens philosophes d'en former et concevoir les idées par la connoissance claire et distincte qu'ils avoient de celui-ci, qu'il ne vous est aisé de concevoir un Dieu, ou un Être infini, par la connoissance de votre substance, dont la nature ne vous est pas encore connue.

[1] Vous faites après cela cet autre raisonnement : « Car comment seroit-il possible que je pusse con- » noître que je doute et que je désire, c'est-à-dire » qu'il me manque quelque chose, et que je ne

[1] Voyez Méditation III, tome 1, page 281.

» suis pas entièrement parfait, si je n'avois en moi
» aucune idée d'un être plus parfait que le mien,
» par la comparaison duquel je reconnoîtrois mes
» défauts? » Mais, si vous doutez de quelque chose,
si vous en désirez quelqu'une, si vous connoissez
qu'il vous manque quelque perfection, quelle merveille y a-t-il en cela, puisque vous ne connoissez
pas tout, que vous n'êtes pas en toutes choses, et
que vous ne possédez pas tout? Vous reconnoissez,
dites-vous, que « vous n'êtes pas tout parfait. » Certainement je vous crois, et vous le pouvez dire
sans envie et sans vous faire tort; « donc, concluez-
» vous, il y a quelque chose de plus parfait que
» moi qui existe. » Pourquoi non? combien que
ce que vous désirez ne soit pas toujours en tout
plus parfait que vous êtes : car lorsque vous désirez du pain, ce pain que vous désirez n'est pas
en tout plus parfait que vous ou que votre corps,
mais il est seulement plus parfait que cette faim
ou inanition qui est dans votre estomac. Comment
donc conclurez-vous qu'il y a quelque chose de
plus parfait que vous qui existe? C'est à savoir,
en tant que vous voyez l'universalité des choses,
dans laquelle et vous, et le pain, et les autres choses
avec vous sont renfermées : car chaque partie
de l'univers ayant en soi quelque perfection, et
les unes servant à perfectionner les autres, il est
aisé de concevoir qu'il y a plus de perfection dans

le tout que dans une partie; et, par conséquent, puisque vous n'êtes qu'une partie de ce tout, vous devez connoître quelque chose de plus parfait que vous. Vous pouvez donc en cette façon avoir en vous l'idée d'un être plus parfait que le vôtre, par la comparaison duquel vous reconnoissiez vos défauts, pour ne point dire qu'il peut y avoir d'autres parties dans cet univers plus parfaites que vous; et cela étant, vous pouvez désirer ce qu'elles ont, et par leur comparaison vos défauts peuvent être reconnus. Car vous avez pu connoître un homme qui fût plus fort, plus sain, plus vigoureux, mieux fait, plus docte, plus modéré, et partant plus parfait que vous; et il ne vous a pas été difficile d'en concevoir l'idée, et, par la comparaison de cette idée, de connoître que vous n'avez pas tant de santé, tant de force, et en un mot tant de perfections qu'il en possède.

¹Vous vous faites un peu après cette objection : «Mais peut-être que je suis quelque chose de plus » que je ne pense, et que toutes ces perfections que » j'attribue à Dieu sont en quelque façon en moi » en puissance, quoiqu'elles ne se produisent pas » encore, et ne se fassent point paroître par leurs » actions, comme il peut arriver, si ma connois- » sance s'augmente de plus en plus à l'infini. » Mais à cela vous répondez : « Encore qu'il fût vrai que

¹ Voyez Méditation III, tome 1, page 282.

» ma connoissance acquît tous les jours de nou-
» veaux degrés de perfection, et qu'il y eût en moi
» beaucoup de choses en puissance, qui n'y sont
» pas encore actuellement, toutefois rien de tout
» cela n'appartient à l'idée de Dieu, dans laquelle
» rien ne se rencontre seulement en puissance, mais
» tout y est actuellement et en effet; et même n'est-ce
» pas un argument infaillible d'imperfection en ma
» connoissance, de ce qu'elle s'accroît peu à peu et
» qu'elle s'augmente par degrés? » Mais on peut répliquer à cela qu'il est bien vrai que les choses que vous concevez dans une idée sont actuellement dans cette même idée, mais néanmoins elles ne sont pas pour cela actuellement dans la chose même dont elle est l'idée. Ainsi l'architecte se figure l'idée d'une maison, laquelle de vrai est actuellement composée de murailles, de planchers, de toits, de fenêtres, et d'autres parties, suivant le dessin qu'il en a pris, et néanmoins la maison ni aucunes de ses parties ne sont pas encore actuellement, mais seulement en puissance; de même aussi cette idée que les anciens philosophes avoient d'une infinité de mondes contient en effet des mondes infinis, mais vous ne direz pas pour cela que ces mondes infinis existent actuellement. C'est pourquoi, soit qu'il y ait en vous quelque chose en puissance, soit qu'il n'y ait rien, c'est assez que votre idée ou connoissance se puisse augmenter et

accroître par degrés, et on ne doit pas pour cela
inférer que ce qui est représenté ou connu par
elle existe actuellement. Ce qu'après cela vous remarquez, à savoir que « votre connoissance ne
» sera jamais actuellement infinie, » vous doit être
accordé sans contestation ; mais aussi devez-vous
savoir que vous n'aurez jamais une vraie et naturelle idée de Dieu, dont il vous restera toujours
beaucoup plus et même infiniment plus à connoître que de celui dont vous n'auriez vu que l'extrémité des cheveux. Car je veux bien que vous
n'ayez pas vu cet homme tout entier, toutefois
vous en avez vu d'autres par la comparaison desquels vous pouvez par conjecture vous figurer de
lui quelque idée ; mais on ne peut pas dire que
nous ayons jamais rien vu de semblable à Dieu et
à l'immensité de son essence.

Vous dites que *« vous concevez que Dieu est
» actuellement infini, en telle sorte qu'on ne sau-
» roit rien ajouter à sa perfection. » Mais vous en
jugez ainsi sans le savoir, et le jugement que vous
en faites ne vient que de la prévention de votre
esprit, ainsi que les anciens philosophes pensoient
qu'il y eût des mondes infinis, une infinité de principes, et un univers si vaste en son étendue qu'on
ne pouvoit rien ajouter à sa grandeur. Ce que vous
dites ensuite, que « l'être objectif d'une idée ne

* Voyez Méditation III, tome 1, page 281.

« peut pas dépendre ou procéder d'un être qui n'est
« qu'en puissance, mais seulement d'un être formel
« ou actuel, » voyez comment cela peut être vrai,
si ce que je viens de dire de l'idée d'un architecte
et de celle des anciens philosophes est véritable, et
principalement si vous prenez garde que ces sortes
d'idées sont composées des autres dont votre entendement a déjà été informé par l'existence actuelle de leurs causes.

¹ Vous demandez par après « si vous-même, qui
« avez l'idée d'un être plus parfait que le vôtre,
« vous pourriez être en cas qu'il n'y eût point de
« Dieu? » Et vous répondez : « De qui aurois-je
« donc mon existence? C'est à savoir de moi-même
« ou de mes parents, ou de quelques autres causes
« moins parfaites que Dieu? » Ensuite de quoi vous
prouvez que « vous n'êtes point par vous-même. »
Mais cela n'étoit point nécessaire. Vous rendez aussi
raison « pourquoi vous n'avez pas toujours été: »
mais cela étoit aussi superflu; sinon en tant que
de là vous voulez inférer que vous n'avez pas seulement une cause efficiente et productrice de votre
être, mais que vous en avez aussi une qui dans tous
les moments vous conserve; et cela, dites-vous,
« parceque tout le temps de votre vie pouvant être
« divisé en plusieurs parties, il faut de nécessité que
« vous soyez créé de nouveau en chacune de ses par-

¹ Voyez Méditation III, tome I, page 284.

» ties, à cause de la mutuelle indépendance qui est
» entre les unes et les autres. » Mais voyez, je vous
prie, comment cela se peut entendre. Car il est
bien vrai qu'il y a certains effets qui, pour persévérer dans l'être et n'être pas à tous moments
anéantis, ont besoin de la présence et activité continuelle de la cause qui leur a donné le premier
être; et de cette nature est la lumière du soleil;
combien qu'à vrai dire ces sortes d'effets ne soient
pas tant en effet les mêmes que d'autres qui y suc-
cèdent imperceptiblement, comme il se voit en
l'eau d'un fleuve : mais nous en voyons d'autres
qui persévèrent dans l'être, non seulement lorsque
la cause qui les a produits n'agit plus, mais aussi lors
même qu'elle est tout-à-fait corrompue et anéantie.
Et de ce genre sont toutes les choses que nous
voyons dont les causes ne subsistent plus, desquelles il seroit inutile de faire ici le dénombrement; il suffit seulement que vous soyez l'une
d'entre elles, quelle que puisse être la cause de
votre être. « Mais, dites-vous, les parties du temps
» de votre vie ne dépendent point les unes des au-
» tres. » Ici l'on pourroit répliquer qu'on ne se
peut imaginer aucune chose dont les parties soient
plus inséparables les unes des autres que sont celles
du temps, dont la liaison et la suite soient plus in-
dissolubles, et dont les parties postérieures se puissent moins détacher, et avoir plus d'union et de

dépendance de celles qui les précèdent. Mais, pour ne pas insister davantage là-dessus, que sert à votre production ou conservation cette dépendance ou indépendance des parties du temps, lesquelles sont extérieures, successives, et n'ont aucune activité? Certes elles n'y contribuent pas davantage que fait le flux et le reflux continuel des eaux à la production ou conservation d'une roche qu'elles arrosent. « Mais, direz-vous, de ce que j'ai ci-de-
» vant été, il ne s'ensuit pas que je doive être main-
» tenant. » Je le crois bien ; non que pour cela il soit besoin d'une cause qui vous crée incessamment de nouveau, mais parcequ'il n'est pas impossible qu'il y ait quelque cause qui vous puisse détruire, ou que vous ayez en vous si peu de force et de vertu que vous défailliez enfin de vous-même.

Vous dites que « ¹ c'est une chose manifeste par
» la lumière naturelle, que la conservation et la
» création ne diffèrent qu'au regard de notre fa-
» çon de penser, et non point en effet. » Mais je ne vois point que cela soit manifeste, si ce n'est peut-être, comme je viens de dire, dans ces effets qui demandent la présence et l'activité continuelle de leurs causes, comme la lumière et autres semblables.

Vous ajoutez que « ² vous n'avez point en vous
» cette vertu par laquelle vous puissiez vous con-

¹ Voyez Méditation III, tome I, page 286. — ² Voyez ibid.

» server vous-même, parcequ'étant une chose qui
» pense, si une telle vertu résidoit en vous, vous
» en auriez connoissance. » Mais il y a en vous une
certaine vertu par laquelle vous pouvez vous assurer que vous persévérerez dans l'être; non pas toutefois nécessairement ou indubitablement, parceque cette vertu ou naturelle constitution, quelle qu'elle soit, ne s'étend pas jusques à éloigner de vous toute sorte de cause corruptive, tant interne qu'externe. C'est pourquoi vous ne cesserez point d'être, puisque vous avez en vous assez de vertu, non pour vous reproduire de nouveau, mais pour vous faire persévérer, au cas que quelque cause corruptive ne survienne.

Or, de tout votre raisonnement, vous concluez fort bien que « vous dépendez de quelque être dif-
» férent de vous, » non pas toutefois comme étant de nouveau par lui produit, mais comme ayant été autrefois produit par lui.

Vous poursuivez, et dites que «[1] ni vos parents
» ni d'autres qu'eux ne peuvent être cet Être de qui
» vous dépendez. » Mais pourquoi vos parents ne le seroient-ils pas, de qui vous paroissez si manifestement avoir été produit conjointement avec votre corps, pour ne rien dire du soleil et de plusieurs autres causes qui ont concouru à votre génération ?
« Mais, dites-vous, je suis une chose qui pense et

[1] Voyez Méditation III, tome 1, page 287.

» qui ai en moi l'idée de Dieu. » Mais vos parents, ou les esprits de vos parents, n'ont-ils pas été des choses qui pensent, et n'ont-ils pas eu l'idée de Dieu aussi bien que vous? Et à quel propos rebattre en cet endroit, comme vous faites, cet axiome dont vous avez déjà ci-devant parlé, à savoir que « c'est une chose très évidente, qu'il » doit y avoir au moins autant de réalité dans la » cause que dans son effet? Si, dites-vous, celui de » qui je dépends est autre que Dieu, on peut de- » mander s'il est par soi ou par autrui. Car s'il est » par soi, il sera Dieu, que s'il est par autrui, on » fera derechef la même demande, jusqu'à ce qu'on » soit parvenu à une cause qui soit par soi, et qui » par conséquent soit Dieu; puisque en cela il ne » peut y avoir de progrès à l'infini. » Mais si vos parents ont été la cause de votre être, cette cause a pu être, non pas par soi, mais par autrui, et celle-là derechef par une autre, et ainsi jusqu'à l'infini; et jamais vous ne pourrez prouver qu'il y ait aucune absurdité dans ce progrès à l'infini, si vous ne prouvez en même temps que le monde a eu commencement, et par conséquent qu'il y a eu un premier père qui n'en avoit point devant lui. Certes, le progrès à l'infini paroît absurde seulement dans ces causes qui sont tellement liées et subordonnées les unes aux autres, que l'inférieur ne peut agir sans un supérieur qui le remue; comme lorsque quelque chose est mue par une pierre qui a été poussée par un bâton que la main avoit ébranlé, ou qu'un poids est enlevé par le dernier anneau d'une chaîne qui est entraîné par celui de dessus et celui-ci par un autre ; car pour lors il faut remonter à un premier moteur, qui donne le branle à tous les autres. Mais dans ces sortes de causes, qui sont tellement ordonnées que la première étant détruite, celle qui en dépend ne laisse pas de subsister et de pouvoir agir, il semble qu'il n'y ait aucune absurdité de supposer entre elles un progrès à l'infini. C'est pourquoi lorsque vous dites qu'il est très manifeste qu'en cela il ne peut y avoir de progrès à l'infini, voyez si Aristote en a ainsi jugé, qui a cru que le monde n'avoit point eu de commencement, et qui n'a point reconnu de premier père.

¹ Poursuivant votre raisonnement, vous dites « qu'on ne sauroit pas feindre aussi que peut-être » plusieurs causes ont ensemble concouru en par» tie à la production de votre être, et que de l'une » vous avez reçu l'idée d'une des perfections que » vous attribuez à Dieu, et d'une autre l'idée de » quelque autre, puisque toutes ces perfections ne » se peuvent rencontrer qu'en un seul et vrai Dieu, » de qui l'unité ou la simplicité est la principale » perfection. » Toutefois, soit qu'il n'y ait qu'une

---

¹ Voyez Méditation III, tome 1, page 288.

seule cause de votre être, soit qu'il y en ait plusieurs, il n'est pas pour cela nécessaire qu'elles aient imprimé en vous les idées de leurs perfections que vous ayez pu puis après assembler. Mais cependant je voudrois bien vous demander pourquoi, s'il n'a pu y avoir plusieurs causes de votre être, plusieurs choses du moins n'auroient pu être dans le monde, dont ayant contemplé et admiré séparément les diverses perfections, vous ayez pris occasion de penser que cette chose-là seroit heureuse en qui elles se rencontreroient toutes jointes ensemble? Vous savez comment les poëtes nous décrivent la Pandore; pourquoi donc vous pareillement, après avoir admiré en divers hommes une science éminente, une haute sagesse, une puissance souveraine, une santé vigoureuse, une beauté parfaite, un bonheur sans disgrâce et une longue vie; pourquoi, dis-je, n'auriez-vous pu assembler toutes ces perfections et penser que celui-là seroit digne d'admiration qui les pourroit posséder toutes ensemble? Pourquoi ensuite n'auriez-vous pu augmenter toutes ces perfections jusqu'à tel point que l'état de celui-là fût encore plus à admirer, si non seulement il ne manquoit rien à sa science, à sa puissance, à sa durée, et à toutes ses autres perfections, mais aussi qu'elles fussent si accomplies qu'on n'y pût rien ajouter, et qu'ainsi il fût tout-connoissant, tout-puissant, éternel, et qu'il possédât en un souverain degré toutes sortes de perfections? Et, voyant que la nature humaine n'est pas capable de contenir un tel assemblage et assortiment de perfections, pourquoi n'auriez-vous pu penser que cette nature-là seroit parfaitement heureuse à qui toutes ces choses pourroient appartenir? Pourquoi aussi ne pas croire une chose digne de votre recherche, de savoir si une telle nature existe ou non dans le monde? Pourquoi n'être pas tellement persuadé par certains arguments, qu'il vous semble que ce soit une chose plus convenable qu'une telle nature existe que de n'exister pas? Et pourquoi enfin, supposé qu'elle existe, ne pourriez-vous pas lui dénier la corporéité, la limitation, et toutes les autres choses qui enferment dans leur concept quelque sorte d'imperfection? C'est ainsi sans doute qu'il paroît que plusieurs ont poussé leur raisonnement; quoique néanmoins il soit arrivé que tous n'ayant pas suivi la même voie, ni porté si loin leurs pensées les uns que les autres, quelques uns aient renfermé la Divinité dans un corps, que d'autres lui aient donné une forme humaine, que d'autres ne se soient pas contentés d'un seul, mais en aient forgé plusieurs à leur fantaisie, et enfin que d'autres aient laissé emporter leur esprit à toutes ces extravagances et imaginations touchant la Divinité, qui ont régné parmi l'ignorance du paga-

nisme. Touchant ce que vous dites *de la perfection de l'unité*, il n'y a point de répugnance de concevoir toutes les perfections que vous attribuez à Dieu comme intimement unies et inséparables, quoique l'idée que vous en avez n'ait pas été par lui mise en vous, mais que vous l'ayez tirée des objets extérieurs, et après augmentée, comme il a été dit auparavant; et c'est ainsi qu'ils nous dépeignent non seulement la Pandore comme une déesse ornée de toutes sortes de perfections, et à qui chaque dieu avoit donné un de ses principaux avantages; mais c'est ainsi aussi qu'ils forment l'idée d'une parfaite république et d'un orateur accompli, etc. Enfin, de ce que vous êtes, et de ce que l'idée d'un être souverainement parfait est en vous, vous concluez « qu'il est très évi-
» demment démontré que Dieu existe. » Mais encore que la conclusion soit très vraie, à savoir que *Dieu existe*, je ne vois pas néanmoins qu'elle suive nécessairement des principes que vous avez posés.

[1] « Il me reste seulement, dites-vous, à examiner
» de quelle façon j'ai acquis cette idée; car je ne
» l'ai pas reçue par les sens, et jamais elle ne s'est
» offerte à moi par rencontre; elle n'est pas aussi
» une pure production ou fiction de mon esprit,
» car il n'est pas en mon pouvoir d'y diminuer ni

---

[1] Voyez Méditation III, tome I, page 289.

» d'y ajouter aucune chose, et partant il ne reste
» plus autre chose à dire, sinon que, comme l'i-
» dée de moi-même, elle est née et produite avec
» moi dès lors que j'ai été créé. » Mais j'ai déjà fait
voir plusieurs fois comment en partie vous pouvez
l'avoir reçue des sens, et en partie vous pouvez
l'avoir inventée de vous-même. Quant à ce que vous
dites, que « vous ne pouvez y ajouter ni diminuer
» aucune chose, » souvenez-vous combien imparfaite étoit l'idée que vous en aviez au commencement; pensez qu'il peut y avoir des hommes, ou
des anges, ou d'autres natures plus savantes que
vous, de qui vous pouvez apprendre quelque chose
touchant l'essence de Dieu que vous ne savez pas
encore; pensez au moins que Dieu peut vous instruire de telle sorte, et rehausser tellement votre
connoissance, soit en cette vie, soit en l'autre,
que vous réputerez comme rien tout ce que vous
avez jamais connu de lui; et, enfin, pensez comme
quoi, de la considération des perfections des créatures, on peut monter et arriver jusqu'à la connoissance des perfections de Dieu, et que, comme
elles ne peuvent pas toutes être connues en un moment, mais que de jour en jour on en peut découvrir de nouvelles, ainsi nous ne pouvons pas avoir
tout d'un coup une idée parfaite de Dieu, mais qu'elle
va se perfectionnant à mesure que nos connoissances s'augmentent.

Vous poursuivez ainsi : « ¹ Et certes on ne doit
» pas trouver étrange que Dieu, en me créant, ait
» mis en moi cette idée pour être comme la mar-
» que de l'ouvrier empreinte sur son ouvrage. Et
» il n'est pas aussi nécessaire que cette marque soit
» quelque chose de différent de ce même ouvrage ;
» mais, de cela seul que Dieu m'a créé, il est fort
» croyable qu'il m'a en quelque façon produit à son
» image et semblance, et que je conçois cette res-
» semblance dans laquelle l'idée de Dieu se trouve
» contenue par la même faculté par laquelle je me
» conçois moi-même; c'est-à-dire que, lorsque je
» fais réflexion sur moi, non seulement je connois
» que je suis une chose imparfaite, incomplète et
» dépendante d'autrui, qui tend et qui aspire sans
» cesse à quelque chose de meilleur et de plus grand
» que je ne suis; mais je connois aussi en même
» temps que celui duquel je dépends possède en
» soi toutes ces grandes choses auxquelles j'aspire,
» et dont je trouve en moi les idées, non pas indé-
» finiment et seulement en puissance, mais qu'il en
» jouit en effet, actuellement et infiniment, et ainsi
» qu'il est Dieu. » Certainement toutes ces choses
sont fort spécieuses et fort belles, et je ne dis pas
qu'elles ne soient point vraies; mais je voudrois
bien pourtant vous demander de quels antécé-
dents vous les déduisez. Car, pour ne me plus

¹ Voyez Méditation III, tome 1, page 290.

arrêter à ce que j'ai objecté ci-devant, s'il est vrai que « l'idée de Dieu soit en nous comme la marque « de l'ouvrier empreinte sur son ouvrage, » dites-moi, je vous prie, quelle est la manière de cette impression, quelle est la forme de cette marque, et comment vous en faites le discernement. « Que « si elle n'est point différente de l'ouvrage ou de la chose même, » vous n'êtes donc vous-même qu'une idée? vous n'êtes rien autre chose qu'une manière ou façon de penser? vous êtes et la marque empreinte, et le sujet de l'impression? « Il est fort croyable, » dites-vous, que Dieu vous a fait à son image et » semblance. » A la vérité cela se peut croire par les lumières de la foi et de la religion; mais comment cela se peut-il concevoir par raison naturelle, si vous ne supposez que Dieu a la forme d'un homme? et en quoi peut consister cette ressemblance? Pouvez-vous présumer, vous qui n'êtes que cendre et que poussière, d'être semblable à cette nature éternelle, incorporelle, immense, très parfaite, très glorieuse, et, qui plus est, très invisible et très incompréhensible au peu de lumière et à la foiblesse de nos esprits? L'avez-vous vue face à face, pour pouvoir assurer, faisant comparaison de vous à elle, que vous lui êtes conforme? Vous dites que « cela est fort croyable, parcequ'il vous » a créé. » Au contraire, pour cela même cela est incroyable. Car l'ouvrage n'est jamais semblable à l'ouvrier, sinon lorsqu'il est par lui engendré par une communication de nature. Mais vous n'êtes pas ainsi engendré de Dieu ; car vous n'êtes pas son fils, et vous ne participez point avec lui sa nature : mais vous êtes seulement créé par lui, c'est-à-dire fait selon l'idée qu'il en a conçue ; en sorte que vous ne pouvez pas dire que vous ayez plus de ressemblance avec lui qu'une maison en a avec un maçon. Et même cela s'entend, supposé que vous ayez été créé de Dieu ; ce que vous n'avez point encore prouvé. « Vous concevez, dites-vous, cette ressemblance à » même que vous concevez que vous êtes une chose » incomplète, dépendante, et qui aspire sans cesse à » des choses plus grandes et meilleures. » Mais pourquoi cela n'est-il pas plutôt une marque de dissemblance, puisque Dieu au contraire est très parfait, très indépendant, très suffisant à soi-même, étant très grand et très bon ? Pour ne pas dire que lorsque vous vous concevez dépendant, vous ne concevez pas pour cela tout aussitôt que celui duquel vous dépendez soit autre que vos parents, ou, si vous concevez qu'il soit autre, il n'y a point de raison pourquoi vous vous croyiez semblable à lui ; pour ne pas dire aussi qu'il est étrange pourquoi le reste des hommes, ou, si vous voulez, des esprits, ne conçoit pas la même chose que vous, principalement n'y ayant point de raison de croire que Dieu ne leur ait pas empreint l'idée de soi-même comme il a fait en vous. Et certes cela seul est plus que suffisant pour faire voir que ce n'est pas une idée empreinte de la main de Dieu, vu que si cela étoit, tous les hommes l'auroient empreinte en même façon dans leurs esprits, et concevroient Dieu d'une même façon et sous une même espèce; tous lui attribueroient les mêmes choses, tous auroient de lui les mêmes sentiments; et cependant nous voyons manifestement le contraire. Mais ce n'en est déjà que trop touchant cette matière.

CONTRE LA QUATRIÈME MÉDITATION.

DU VRAI ET DU FAUX.

Vous commencez cette Méditation par l'abrégé de toutes les choses que vous pensez avoir été auparavant suffisamment démontrées, et au moyen de quoi vous croyez avoir ouvert le chemin pour porter plus avant nos connoissances. De moi, pour ne point retarder un si beau dessein, je n'insisterai pas d'abord que vous deviez les avoir plus clairement démontrées; ce sera bien assez si vous vous souvenez de ce qui vous a été accordé et de ce qui ne vous l'a pas été, de peur que vous n'en fassiez par après un préjugé.

¹Continuant après cela votre raisonnement, vous dites « qu'il n'est pas possible que jamais Dieu

¹ Voyez Méditation IV, tome I, page 295.

« vous trompe »; et, pour excuser cette faculté fautive et sujette à l'erreur que vous tenez de lui, « vous » en rejetez la faute sur le néant, dont vous dites » que l'idée se présente souvent à votre pensée, » et dont vous êtes en quelque façon participant; » en sorte que vous tenez comme le milieu entre » Dieu et lui. » Certes ce raisonnement est fort beau ; mais, sans m'arrêter à dire qu'il est impossible d'expliquer quelle est l'idée du néant, ou comment nous la concevons, ni en quoi nous participons de lui, et plusieurs autres choses, je remarque seulement que cette distinction n'empêche pas que Dieu n'ait pu donner à l'homme une faculté de juger exempte d'erreur. Car encore qu'elle n'eût pas été infinie, elle pouvoit néanmoins être telle qu'elle nous auroit empêchés de consentir à l'erreur; en sorte que ce que nous aurions connu, nous l'aurions connu très clairement et très certainement; et de ce que nous n'aurions pas connu, nous n'en aurions porté aucun jugement qui nous eût obligés à en rien croire de déterminé.

Ce que vous objectant à vous-même, vous dites « [1] qu'il n'y a pas lieu de s'étonner si vous n'êtes » pas capable de comprendre pourquoi Dieu fait ce » qu'il fait. » Cela est fort bien dit; mais néanmoins il y a lieu de s'étonner que vous ayez en vous une idée vraie, qui vous représente Dieu tout con-

---

[1] Voyez Méditation IV, tome I, page 297.

noissant, tout-puissant et tout-bon, et que vous voyiez néanmoins quelques uns de ses ouvrages qui ne soient pas entièrement achevés, en sorte qu'ayant au moins pu en faire de plus parfaits, et ne l'ayant pas fait, il semble que ce soit une marque qu'il ait manqué de connoissance, ou de pouvoir, ou de volonté ; et qu'au moins il ait été en cela imparfait, que si le sachant et le pouvant il ne l'a pas voulu, il a préféré l'imperfection à ce qui pouvoit être plus parfait.

¹ Quant à ce que vous dites, que « tout ce genre » de causes qui a de coutume de se tirer de la fin » n'est d'aucun usage dans les choses physiques, » vous eussiez pu peut-être le dire avec raison dans une autre rencontre : mais lorsqu'il s'agit de Dieu, il est à craindre que vous ne rejetiez le principal argument par lequel la sagesse d'un Dieu, sa puissance, sa providence, et même son existence, puissent être prouvées par raison naturelle. Car pour ne rien dire de cette preuve convaincante qui se peut tirer de la considération de l'univers, des cieux, et de ses autres principales parties, d'où pouvez-vous tirer de plus forts arguments pour la preuve d'un Dieu, qu'en considérant le bel ordre, l'usage et l'économie des parties dans chaque sorte de créatures, soit dans les plantes, soit dans les animaux, soit dans les hommes, soit enfin dans cette partie

---

¹ Voyez Méditation iv, tome i, page 297.

de vous-même qui porte l'image et le caractère de Dieu, ou bien même dans votre corps. Et de fait, on a vu plusieurs grands hommes, que cette considération anatomique du corps humain n'a pas seulement élevés à la connoissance d'un Dieu, mais qui se sont crus obligés de dresser des hymnes à sa louange, voyant une sagesse si admirable et une providence si singulière dans la perfection et l'arrangement qu'il a donné à chacune de ses parties.

Vous direz peut-être que ce sont les causes physiques de cette forme et situation qui doivent être l'objet de notre recherche, et que ceux-là se rendent ridicules qui regardent plutôt à la fin qu'à l'efficient, ou à la matière. Mais personne n'ayant encore pu jusques ici comprendre, et beaucoup moins expliquer, comment se forment ces onze petites peaux qui, comme autant de petites portes, ouvrent et ferment les quatre ouvertures qui sont aux deux chambres ou concavités du cœur; qui leur donne la disposition qu'elles ont, quelle est leur nature, et d'où se prend la matière pour les faire; comment leur agent s'applique à l'action, de quels organes et outils il se sert, et de quelle façon il les met en usage; quelles choses lui sont nécessaires pour leur donner le tempérament qu'elles ont, et les faire avec la consistance, liaison, flexibilité, grandeur, figure et situation que nous les voyons;

personne, dis-je, d'entre les naturalistes, n'ayant encore pu jusques ici comprendre ni expliquer ces choses, et beaucoup d'autres, pourquoi ne nous sera-t-il pas au moins permis d'admirer cet usage merveilleux et cette ineffable providence qui a si convenablement disposé ces petites portes à l'entrée de ces concavités? pourquoi ne louera-t-on pas celui qui de là reconnoîtra qu'il faut nécessairement admettre une première cause, laquelle n'ait pas seulement disposé ainsi sagement ces choses conformément à leur fin, mais même tout ce que nous voyons de plus admirable dans l'univers.

Vous dites « qu'il ne vous semble pas que vous » puissiez, sans témérité, rechercher et entrepren- » dre de découvrir les fins impénétrables de Dieu. » Mais quoique cela puisse être vrai, si vous entendez parler des fins que Dieu a voulu être cachées ou dont il nous a défendu la recherche, cela néanmoins ne se peut entendre de celles qu'il a comme exposées à la vue de tout le monde, et qui se découvrent sans beaucoup de travail, et qui d'ailleurs sont telles, qu'il en revient une très grande louange à Dieu, comme leur auteur.

Vous dites peut-être que l'idée de Dieu, qui est en chacun de nous, est suffisante pour avoir une vraie et entière connoissance de Dieu et de sa providence, sans avoir besoin pour cela de rechercher quelle fin Dieu s'est proposée en créant toutes choses, ou de porter sa pensée sur aucune autre considération. Mais tout le monde n'est pas né si heureux que d'avoir, comme vous, dès sa naissance cette idée de Dieu si parfaite et si claire que de ne voir rien de plus évident. C'est pourquoi l'on ne doit point envier à ceux que Dieu n'a pas doués d'une si grande lumière, si par l'inspection de l'ouvrage ils tâchent de connoître et de glorifier l'ouvrier. Outre que cela n'empêche pas qu'on ne se puisse servir de cette idée, laquelle semble même se perfectionner de telle sorte par la considération des choses de ce monde, qu'il est certain, si vous voulez dire la vérité, que c'est à elle seule que vous devez une bonne partie, pour ne pas dire le tout, de la connoissance que vous en avez. Car, je vous prie, jusqu'où pensez-vous que fût allée votre connoissance, si, du moment que vous avez été infus dans le corps, vous fussiez toujours resté les yeux fermés, les oreilles bouchées, et sans l'usage d'aucun autre sens extérieur, en sorte que vous n'eussiez du tout rien connu de cette universalité des choses et de tout ce qui est hors de vous, et qu'ainsi vous eussiez passé toute votre vie méditant seulement en vous-même, et passant et repassant chez vous vos propres pensées? Dites-nous, je vous prie, mais dites-nous de bonne foi, et nous faites une naïve description de l'idée que vous pensez que vous auriez eue de Dieu et de vous-même.

Vous apportez après pour solution « ¹ que la
» créature qui paroît imparfaite ne doit pas être
» considérée comme un tout détaché, mais comme
» faisant partie de l'univers, car ainsi elle sera
» trouvée parfaite. » Certainement cette distinction
est louable: mais il ne s'agit pas ici de l'imperfection d'une partie, en tant que partie, ou bien en
tant que comparée avec le tout, mais bien en
tant qu'elle est un tout en elle-même, et qu'elle
exerce une propre et spéciale fonction : et quand
même vous la rapporteriez au tout, la difficulté
restera toujours de savoir si l'univers n'auroit pas
été effectivement plus parfait si toutes ses parties
eussent été exemptes d'imperfection, qu'il n'est à
présent que plusieurs de ses parties sont imparfaites. Car en même façon on peut dire que la république dont les citoyens seront tous gens de bien
sera plus accomplie, que ne sera pas celle qui en
aura une partie dont les mœurs seront corrompues.

C'est pourquoi lorsque vous dites un peu après
que « ² c'est en quelque façon une plus grande per-
» fection dans l'univers de ce que quelques unes
» de ses parties ne sont pas exemptes d'erreur, que
» si elles étoient toutes semblables, » c'est de même
que si vous disiez que c'est en quelque façon une
plus grande perfection en une république de ce
que quelques uns de ses citoyens sont méchants,

¹ Voyez Méditation IV, tome I, page 297. — ² Voyez *ibid.*, p. 306.

que si tous étoient gens de bien. D'où il arrive que, comme il semble qu'il soit à souhaiter à un bon prince de n'avoir que des gens de bien pour citoyens, de même aussi semble-t-il qu'il a dû être du dessein et de la dignité de l'auteur de l'univers de faire que toutes ses parties fussent exemptes d'erreur. Et encore que vous puissiez dire que la perfection de celles qui en sont exemptes paroît plus grande par l'opposition de celles qui y sont sujettes, cela toutefois ne leur arrive que par accident, tout de même que si la vertu des bons éclate aucunement par l'opposition des méchants, ce n'est pourtant que par accident qu'elle éclate ainsi davantage. De façon que comme il n'est pas à souhaiter qu'il y ait des méchants dans une république, afin que les bons en paroissent meilleurs : de même aussi il semble qu'il n'étoit pas convenable que quelques parties de l'univers fussent sujettes à l'erreur, pour donner plus de lustre à celles qui en étoient exemptes.

¹ Vous dites que « vous n'avez aucun droit de » vous plaindre si Dieu, vous ayant mis au monde, » n'a pas voulu que vous fussiez de l'ordre des créa- » tures les plus nobles et les plus parfaites. » Mais cela ne lève pas la difficulté qu'il semble qu'il y a, de savoir pourquoi ce ne lui auroit pas été assez de vous donner place parmi celles qui sont les moins

---

¹ Voyez Méditation ɪᴠ, tome ɪ, page 306.

parfaites sans vous mettre au rang des fautives et défectueuses. Car tout ainsi que l'on ne blâme point un prince de ce qu'il n'élève pas tous ses citoyens à de hautes dignités, mais qu'il en réserve quelques uns pour les offices médiocres, et d'autres encore pour les moindres, toutefois il seroit extrèmement coupable et ne pourroit s'exempter de blâme s'il n'en destinoit pas seulement quelques uns aux fonctions les plus viles et les plus basses, mais qu'il en destinât aussi à des actions méchantes et perverses.

¹ Vous dites « qu'il n'y a en effet aucune raison » qui puisse prouver que Dieu ait dû vous donner » une faculté de connoître plus grande que celle » qu'il vous a donnée : et que, quelque adroit et » savant ouvrier que vous vous l'imaginiez, vous » ne devez pas pour cela penser qu'il ait dû mettre » dans chacun de ses ouvrages toutes les perfec- » tions qu'il peut mettre dans quelques uns. » Mais cela ne satisfait point à mon objection, et vous voyez que la difficulté n'est pas tant de savoir pourquoi Dieu ne vous a pas donné une plus ample faculté de connoître, que de savoir pourquoi il vous en a donné une qui soit fautive : et qu'on ne met pas en question pourquoi un ouvrier très parfait ne veut pas mettre dans tous ses ouvrages toutes les perfections de son art; mais pourquoi

¹ Voyez Méditation IV, tome I, page 299.

il veut même mettre des défauts dans quelques uns.

Vous dites que, «[1] quoique vous ne puissiez pas vous empêcher de faillir, par le moyen d'une claire et évidente perception de toutes les choses qui peuvent tomber sous votre délibération, vous avez pourtant en votre pouvoir un autre moyen pour vous en empêcher, qui est de retenir fermement la résolution de ne jamais donner votre jugement sur les choses, dont la vérité ne vous est pas connue. » Mais quand vous auriez à tout moment une attention assez forte pour prendre garde à cela, n'est-ce pas toujours une imperfection de ne pas connoître clairement les choses sur qui nous avons à donner notre jugement, et d'être continuellement en danger de faillir?

Vous dites que «[2] l'erreur consiste dans l'opération en tant qu'elle procède de vous, et qu'elle est une espèce de privation, et non pas dans la faculté que vous avez reçue de Dieu, ni même dans l'opération en tant qu'elle dépend de lui. » Mais je veux qu'il n'y ait point d'erreur dans la faculté considérée comme venant immédiatement de Dieu, il y en a pourtant si on la considère de plus loin, en tant qu'elle a été créée avec cette imperfection de pouvoir errer. Aussi, comme vous dites fort bien, « vous n'avez pas sujet de vous plaindre

---

[1] Voyez Méditation IV, tome I, page 306. — [2] Voyez ibid., p. 304.

» de Dieu, qui en effet ne vous a jamais rien dû :
» mais vous avez sujet de lui rendre grâces de tous
» les biens qu'il vous a départis. » Mais il y a toujours de quoi s'étonner pourquoi il ne vous en a pas donné de plus parfaits, s'il est vrai qu'il l'ait su, qu'il l'ait pu, et qu'il n'en ait point été jaloux.

Vous ajoutez que « [1] vous ne devez pas aussi vous » plaindre de ce que Dieu concourt avec vous pour » former les actes de cette volonté, c'est-à-dire les » jugements dans lesquels vous vous trompez, d'au» tant que ces actes-là sont entièrement vrais et ab» solument bons en tant qu'ils dépendent de Dieu ; » et il y a en quelque façon plus de perfection en » votre nature de ce que vous les pouvez former, » que si vous ne le pouviez pas. Pour la privation » dans laquelle seule consiste la raison formelle de » l'erreur et du péché, elle n'a besoin d'aucun con» cours de Dieu, puisque ce n'est pas une chose ou » un être, et que si on la rapporte à Dieu comme » à sa cause, elle ne doit pas être nommée privation, » mais seulement négation, selon la signification » qu'on donne à ces mots en l'école. » Mais quoique cette distinction soit assez subtile, elle ne satisfait pas néanmoins entièrement. Car, bien que Dieu ne concoure pas à la privation qui se trouve dans l'acte, laquelle est proprement ce que l'on nomme erreur et fausseté, il concourt néanmoins à l'acte,

[1] Voyez Méditation IV, tome I, page 305.

auquel s'il ne concouroit pas il n'y auroit point de privation; et d'ailleurs il est lui-même l'auteur de la puissance qui se trompe ou qui erre, et partant il est l'auteur d'une puissance impuissante; et ainsi il semble que le défaut qui se rencontre dans l'acte ne doit pas tant être référé à la puissance, qui de soi est foible et impuissante, qu'à celui qui en est l'auteur, et qui, ayant pu la rendre puissante, ou même plus puissante qu'il ne seroit de besoin, l'a voulu faire telle qu'elle est. Certainement, comme on ne blâme point un serrurier de n'avoir pas fait une grande clef pour ouvrir un petit cabinet, mais de ce qu'en ayant fait une petite il lui a donné une forme mal propre ou difficile pour l'ouvrir; ainsi ce n'est pas à la vérité une faute en Dieu de ce que, voulant donner une puissance de juger à une chétive créature telle que l'homme, il ne lui en a pas donné une si grande qu'elle pût suffire à comprendre tout, ou la plupart des choses, ou les plus hautes et relevées; mais sans doute il y a lieu de s'étonner pourquoi, entre le peu de choses qu'il a voulu soumettre à son jugement, il n'y en a presque point où la puissance qu'il lui a donnée ne se trouve courte, incertaine et impuissante.

 ¹ Après cela vous rechercherez « d'où viennent » vos erreurs, et quelle en peut être la cause. » Et premièrement, je ne dispute point ici pourquoi

¹ Voyez Méditation IV, tome I, page 295.

vous appelez l'entendement, « la seule faculté de con- « noître les idées, » c'est-à-dire qui a le pouvoir d'appréhender les choses simplement, et sans aucune affirmation ou négation ; et que vous appelez la volonté ou le libre arbitre, *la faculté de juger*, c'est-à-dire à qui il appartient d'affirmer ou de nier, de donner consentement ou de le refuser. Je demande seulement pourquoi vous restreignez l'entendement dans de certaines limites, et que vous n'en donnez aucunes à la volonté ou à la liberté du franc arbitre? Car à vrai dire ces deux facultés semblent être d'égale étendue, ou pour le moins l'entendement semble avoir autant d'étendue que la volonté; puisque la volonté ne se peut porter vers aucune chose que l'entendement n'ait auparavant prévue.

J'ai dit que l'entendement avoit au moins autant d'étendue : car il semble même qu'il s'étende plus loin que la volonté; vu que non seulement notre volonté ou libre arbitre ne se porte sur aucune chose, et que nous ne donnons aucun jugement, et par conséquent ne faisons aucune élection, et n'avons aucun amour ou aversion pour quoi que ce soit, que nous n'ayons auparavant appréhendé, et dont l'idée n'ait été conçue et proposée par l'entendement: mais aussi nous concevons obscurément quantité de choses dont nous ne faisons aucun jugement, et pour qui nous n'avons aucun sentiment de fuite ou de désir. Et même la faculté de juger est parfois tellement incertaine, que les raisons qu'elle auroit de juger étant égales de part et d'autre, ou bien n'en ayant aucune, il ne s'ensuit aucun jugement, quoique cependant l'entendement conçoive et appréhende ces choses, qui demeurent ainsi indécises et indéterminées.

De plus, lorsque vous dites que « de toutes les » autres choses qui sont en vous, il n'y en a aucune si parfaite et si étendue que vous ne reconnoissiez bien qu'elle pourroit être encore plus » grande et plus parfaite, et nommément la faculté » d'entendre, dont vous pouvez même former une » idée infinie, » cela montre clairement que l'entendement n'a pas moins d'étendue que la volonté, puisqu'il se peut étendre jusqu'à un objet infini. Quant à ce que vous reconnoissez que « votre vo-» lonté est égale à celle de Dieu, non pas à la vérité » en étendue, mais formellement, » pourquoi, je vous prie, ne pourrez-vous pas dire aussi le même de l'entendement, si vous définissez la notion formelle de l'entendement, comme vous faites celle de la volonté?

¹ Mais, pour terminer en un mot notre différent, dites-moi, je vous prie, à quoi la volonté se peut étendre que l'entendement ne puisse attein-

---

¹ Voyez Méditation IV, tome 1, page 302.

dre. Et s'il n'y a rien, comme il y a de l'apparence, « l'erreur ne peut pas venir, comme vous dites, de « ce que la volonté a plus d'étendue que l'entende- « ment et qu'elle s'étend à juger des choses que « l'entendement ne conçoit point, » mais plutôt de ce que ces deux facultés étant d'égale étendue, l'entendement concevant mal certaines choses, la volonté en fait aussi un mauvais jugement. C'est pourquoi je ne vois pas que vous deviez étendre la volonté au-delà des bornes de l'entendement, puisqu'elle ne juge point des choses que l'entendement ne conçoit point, et qu'elle ne juge mal qu'à cause que l'entendement ne conçoit pas bien.

L'exemple que vous apportez de vous-même, pour confirmer en cela votre opinion, touchant le raisonnement que vous avez fait de l'existence des choses, est à la vérité fort bon en ce qui regarde le jugement de votre existence, mais quant aux autres choses il semble avoir été mal pris; car, quoi que vous disiez, ou plutôt que vous feigniez, il est certain néanmoins que vous ne doutez point, et que vous ne pouvez pas vous empêcher de juger qu'il y a quelque autre chose que vous qui existe et qui est différente de vous, puisque déjà vous conceviez fort bien que vous n'étiez pas seul dans le monde. La supposition que vous faites, que « vous n'ayez point de raison qui vous per-

« suade l'un plutôt que l'autre, » vous la pouvez à la vérité faire, mais vous devez aussi en même temps supposer qu'il ne s'ensuivra aucun jugement, et que la volonté demeurera toujours indifférente, et ne se déterminera jamais à donner aucun jugement jusqu'à ce que l'entendement ait trouvé plus de vraisemblance d'un côté que de l'autre.

¹ Et partant, ce que vous dites ensuite, à savoir que « cette indifférence s'étend tellement aux choses » que l'entendement ne découvre pas avec assez de » clarté et d'évidence, que pour probables que soient » les conjectures qui vous rendent enclin à juger » quelquechose, la seule connoissance que vous avez » que ce ne sont que des conjectures suffit pour » vous donner occasion de juger le contraire, » ne peut à mon avis être véritable. Car la connoissance que vous avez que ce ne sont que des conjectures, fera bien que le jugement où elles font pencher votre esprit ne sera pas ferme et assuré, mais jamais elle ne vous portera à juger le contraire, sinon après que votre esprit aura non seulement rencontré des conjectures aussi probables, mais même de plus fortes et apparentes. Vous ajoutez que « vous avez expérimenté cela ces jours passés, lors- » que vous avez supposé pour faux tout ce que vous » aviez tenu auparavant pour très véritable. » Mais souvenez-vous que cela ne vous a pas été accordé ;

---

¹ Voyez Méditation IV, tome 1, page 303.

car, à dire vrai, vous n'avez pu croire ni vous persuader que vous n'aviez jamais vu le soleil, ni la terre, ni aucuns hommes; que vous n'aviez jamais rien ouï; que vous n'aviez jamais marché, ni mangé, ni écrit, ni parlé, ni fait d'autres semblables actions par le ministère du corps.

¹ De tout cela l'on peut enfin conclure que *la forme de l'erreur* ne semble pas tant consister *dans le mauvais usage du libre arbitre*, comme vous prétendez, que dans le peu de rapport qu'il y a entre le jugement et la chose jugée, qui procède de ce que l'entendement conçoit la chose autrement qu'elle n'est. C'est pourquoi la faute ne vient pas tant du côté du libre arbitre de ce qu'il juge mal, que du côté de l'entendement de ce qu'il ne conçoit pas bien. Car on peut dire qu'il y a une telle dépendance du libre arbitre envers l'entendement, que si l'entendement conçoit ou pense concevoir quelque chose clairement, alors le libre arbitre porte un jugement ferme et arrêté, soit que ce jugement soit vrai en effet, soit qu'il soit estimé tel; mais s'il ne conçoit la chose qu'avec obscurité, alors le libre arbitre ne prononce son jugement qu'avec crainte et incertitude, mais pourtant avec cette créance qu'il est plus vrai que son contraire, soit qu'il arrive que le jugement qu'il fait soit conforme à la vérité, soit aussi qu'il lui soit contraire.

¹ Voyez Méditation IV, tome I, page 304.

D'où il arrive qu'il n'est pas tant en notre pouvoir de nous empêcher de faillir que de persévérer dans l'erreur, et que, pour examiner et corriger nos propres jugements, il n'est pas tant besoin que nous fassions violence à notre libre arbitre, qu'il est nécessaire que nous appliquions notre esprit à de plus claires connoissances, lesquelles ne manqueront jamais d'être suivies d'un meilleur et plus assuré jugement.

[1] « Vous concluez en exagérant le fruit que vous pouvez tirer de cette Méditation, et en même temps « vous prescrivez ce qu'il faut faire pour par- » venir à la connoissance de la vérité, à laquelle » vous dites que vous parviendrez infailliblement » si vous vous arrêtez suffisamment sur toutes les » choses que vous concevez parfaitement, et si vous » les séparez des autres que vous ne concevez qu'a- » vec confusion et obscurité. » Pour ceci il est non seulement vrai, mais encore tel que toute la précédente Méditation, sans laquelle cela a pu être compris, semble avoir été inutile et superflue. Mais remarquez cependant que la difficulté n'est pas de savoir si l'on doit concevoir les choses clairement et distinctement pour ne se point tromper, mais bien de savoir comment et par quelle méthode on peut reconnoître qu'on a une intelligence si claire et si distincte qu'on soit assuré qu'elle

---

[1] Voyez Méditation iv, tome i, page 308.

est vraie, et qu'il ne soit pas possible que nous nous trompions. Car vous remarquerez que nous vous avons objecté, dès le commencement, que fort souvent nous nous trompons, lors même qu'il nous semble que nous connoissons une chose si clairement et si distinctement que nous ne pensons pas que nous puissions connoître rien de plus clair et de plus distinct. Vous vous êtes même fait cette objection, et toutefois nous sommes encore dans l'attente de cet art ou de cette méthode, à laquelle il me semble que vous devez principalement travailler.

CONTRE LA CINQUIÈME MÉDITATION.

DE L'ESSENCE DES CHOSES MATÉRIELLES, ET DE L'EXISTENCE DE DIEU.

Vous dites, premièrement, que « [1] vous imagi- »nez distinctement la quantité, c'est-à-dire l'exten- »sion en longueur, largeur et profondeur; comme »aussi le nombre, la figure, la situation, le mouve- »ment et la durée. » Entre toutes ces choses dont vous dites que les idées sont en vous, vous prenez la figure, et entre les figures le triangle rectiligne, touchant lequel voici ce que vous dites : « Encore »qu'il n'y ait peut-être en aucun lieu du monde »hors de ma pensée une telle figure, et qu'il n'y »en ait jamais eu, il ne laisse pas néanmoins d'y

---

[1] Voyez Méditation v, tome 1, page 309.

» avoir une certaine nature, ou forme, ou essence
» déterminée de cette figure, laquelle est immuable
» et éternelle, que je n'ai point inventée, et qui ne
» dépend en aucune façon de mon esprit; comme
» il paroît, de ce que l'on peut démontrer diverses
» propriétés de ce triangle, à savoir que ses trois
» angles sont égaux à deux droits, que le plus
» grand angle est soutenu par le plus grand côté,
» et autres semblables, lesquelles maintenant, soit
» que je le veuille ou non, je reconnois très clai-
» rement et très évidemment être en lui, encore
» que je n'y aie pensé auparavant en aucune façon,
» lorsque je me suis imaginé la première fois un
» triangle; et partant on ne peut pas dire que je les
» aie feintes et inventées. » En ceci consiste tout
ce que vous dites touchant l'essence des choses
matérielles : car le peu que vous ajoutez de plus
tend et revient à la même chose, aussi n'est-ce pas
là où je me veux arrêter.

Je remarque seulement que cela semble dur de
voir établir « ¹ quelque nature immuable et éter-
» nelle autre que celle d'un Dieu souverain. » Vous
direz peut-être que vous ne dites rien que ce que
l'on enseigne tous les jours dans les écoles, à savoir
que les natures ou les essences des choses sont
éternelles, et que les propositions que l'on en
forme sont aussi d'une éternelle vérité. Mais cela

¹ Voyez Méditation v, tome 1, page 310.

même est aussi fort dur, et fort difficile à se persuader; et d'ailleurs le moyen de comprendre qu'il y ait une nature humaine, lorsqu'il n'y a aucun homme, ou que la rose soit une fleur, lors même qu'il n'y a encore point de rose?

Je sais bien qu'ils disent que c'est autre chose de parler de l'essence des choses, et autre chose de parler de leur existence, et qu'ils demeurent bien d'accord que l'existence des choses n'est pas de toute éternité, mais cependant ils veulent que leur essence soit éternelle. Mais si cela est vrai, étant certain aussi que ce qu'il y a de principal dans les choses est l'essence, qu'est-ce donc que Dieu fait de considérable quand il produit l'existence? Certainement il ne fait rien de plus qu'un tailleur lorsqu'il revêt un homme de son habit. Toutefois comment soutiendront-ils que l'essence de l'homme qui est, par exemple, dans Platon, soit éternelle et indépendante de Dieu? En tant qu'elle est universelle, diront-ils. Mais il n'y a rien dans Platon que de singulier; et de fait l'entendement a bien de coutume, de toutes les natures semblables qu'il a vues dans Platon, dans Socrate, et dans tous les autres hommes, d'en former un certain concept commun en quoi ils conviennent tous, et qui peut bien par conséquent être appelé une nature universelle ou l'essence de l'homme, en tant que l'on conçoit qu'elle convient à tous en général; mais qu'elle ait été universelle avant que Platon fût, et tous les autres hommes, et que l'entendement eût fait cette abstraction universelle, certainement cela ne se peut expliquer.

Quoi donc, direz-vous, cette proposition, *l'homme est animal*, n'étoit-elle pas vraie avant même qu'il y eût aucun homme, et conséquemment de toute éternité? Pour moi je vous dirai franchement que je ne conçois point qu'elle fût vraie, sinon en ce sens, que si jamais il y a aucun homme, de nécessité il sera animal. Car, en effet, bien qu'il semble y avoir de la différence entre ces deux propositions, *l'homme est*, et *l'homme est animal*, en ce que par la première l'existence est plus spécialement signifiée, et par la seconde l'essence, néanmoins il est certain que ni l'essence n'est point exclue de la première, ni l'existence de la seconde: car, quand on dit que l'homme est ou existe, l'on entend l'homme animal; et lorsque l'on dit que l'homme est animal, l'on entend l'homme lorsqu'il est ou qu'il existe. De plus, cette proposition, *l'homme est animal*, n'étant pas d'une vérité plus nécessaire que celle-ci, *Platon est homme*, il s'ensuivroit par conséquent aussi que cette dernière seroit d'une éternelle vérité, et que l'essence singulière de Platon ne seroit pas moins indépendante de Dieu que l'essence universelle de l'homme, et autres choses semblables, qu'il seroit ennuyeux de poursuivre. J'ajoute à cela néanmoins que lorsque l'on dit que l'homme est d'une telle nature qu'il ne peut être qu'il ne soit animal, il ne faut pas pour cela s'imaginer que cette nature soit quelque chose de réel ou d'existant hors de l'entendement; mais que cela ne veut dire autre chose, sinon qu'afin qu'une chose soit homme elle doit être semblable à toutes les autres choses auxquelles, à cause de la mutuelle ressemblance qui est entre elles, on a donné le même nom d'homme : ressemblance, dis-je, des natures singulières, au sujet de laquelle l'entendement a pris occasion de former un concept, ou idée, ou forme d'une nature commune, de laquelle rien ne se doit éloigner de tout ce qui doit être homme.

Cela ainsi expliqué, j'en dis de même de votre triangle ou de sa nature; car il est bien vrai que le triangle que vous avez dans l'esprit est comme une règle qui vous sert pour examiner si quelque chose doit être appelée du nom de triangle : mais il ne faut pas pour cela penser que ce triangle soit quelque chose de réel ou une nature vraie, existante hors de l'entendement, puisque c'est l'esprit seul qui l'a formée sur le modèle des triangles matériels que les sens lui ont fait apercevoir, et dont il a ramassé toutes les idées pour en faire une commune, en la manière que je viens d'expliquer touchant la nature de l'homme.

C'est pourquoi aussi il ne se faut pas imaginer

que les propriétés que l'on démontre appartenir aux triangles matériels leur conviennent pour les avoir empruntées de ce triangle idéal et universel : puisque tout au contraire ce sont eux qui les ont véritablement en soi, et non pas l'autre, sinon en tant que l'entendement lui attribue ces mêmes propriétés, après avoir reconnu qu'elles sont dans les autres, dont puis après il leur doit rendre compte, et les leur restituer quand il est question de faire quelque démonstration. Tout ainsi que les propriétés de la nature humaine ne sont point dans Platon ni dans Socrate, par emprunt qu'ils en aient fait de cette nature universelle; car tout au contraire cette nature universelle ne les a qu'à cause que l'entendement les lui attribue, après qu'il a reconnu qu'elles étoient dans Platon, dans Socrate, et dans tout le reste des hommes; à condition néanmoins de leur en tenir compte, et de les restituer à chacun d'eux, lorsqu'il sera besoin de faire un argument. Car c'est chose claire et connue d'un chacun, que l'entendement ayant vu Platon, Socrate, et tant d'autres hommes, tous raisonnables, a fait et formé cette proposition universelle, *tout homme est raisonnable*, et que lorsqu'il veut puis après prouver que Platon est raisonnable, il la prend pour le principe de son syllogisme.

Il est bien vrai que vous dites, ô esprit, «[1] que

[1] Voyez Méditation v, tome 1, page 301.

» vous avez en vous l'idée du triangle, et que vous
» n'auriez pas laissé de l'avoir, encore que vous
» n'eussiez jamais vu dans les corps aucune figure
» triangulaire : de même que vous avez en vous l'i-
» dée de plusieurs autres figures, qui ne vous sont
» jamais tombées sous les sens. » Mais si, comme je
disois tantôt, vous eussiez été tellement privé de
toutes les fonctions des sens, que vous n'eussiez
jamais rien vu, et que vous n'eussiez point touché
diverses superficies ou extrémités des corps, pensez-vous que vous eussiez pu former en vous-même
l'idée du triangle ou d'aucune autre figure ? « Vous
» en avez maintenant plusieurs qui jamais ne vous
» sont tombées sous les sens; » j'en demeure d'accord, et il ne vous a pas été difficile, parceque sur
le modèle de celles qui vous ont touché les sens
vous avez pu en former et composer une infinité
d'autres en la manière que je l'ai ci-devant expliqué.

Il faudroit ici outre cela parler de cette fausse et
imaginaire nature du triangle, par laquelle on suppose qu'il est composé de lignes qui n'ont point
de largeur, qu'il contient un espace qui n'a point
de profondeur, et qu'il se termine à trois points
qui n'ont point de parties; mais cela nous écarteroit trop du sujet.

Ensuite de cela vous entreprenez derechef la
preuve de l'existence d'un Dieu, dont la force con-

siste en ces paroles : « ¹Quiconque y pense sérieuse-
» ment trouve, dites-vous, qu'il est manifeste que
» l'existence ne peut non plus être séparée de l'es-
» sence de Dieu, que de l'essence d'un triangle rec-
» tiligne la grandeur de ses trois angles égaux à
» deux droits, ou bien de l'idée d'une montagne
» l'idée d'une vallée, en sorte qu'il n'y a pas moins
» de répugnance de concevoir un Dieu, c'est-à-dire
» un Être souverainement parfait, auquel manque
» l'existence, c'est-à-dire auquel manque quelque
» perfection, que de concevoir une montagne qui
» n'ait point de vallée. » Où il faut remarquer que
votre comparaison semble n'être pas assez juste et
exacte. Car d'un côté vous avez bien raison de comparer, comme vous faites, l'essence avec l'essence;
mais après cela vous ne comparez pas l'existence
avec l'existence, ou la propriété avec la propriété,
mais l'existence avec la propriété. C'est pourquoi il
falloit, ce semble, dire, ou que la toute-puissance,
par exemple, ne peut non plus être séparée de l'essence de Dieu, que de l'essence du triangle cette
égalité de la grandeur de ses angles; ou bien que
l'existence ne peut non plus être séparée de l'essence de Dieu, que de l'essence du triangle son
existence: car ainsi l'une et l'autre comparaison auroit été bien faite, et non seulement la première
vous auroit été accordée, mais aussi la dernière : et

¹ Voyez Méditation v, tome 1, page 343.

néanmoins ce n'auroit pas été une preuve convaincante de l'existence nécessaire d'un Dieu, non plus qu'il ne s'ensuit pas nécessairement qu'il y ait au monde aucun triangle, quoique son essence et son existence soient en effet inséparables, quelque division que notre esprit en fasse, c'est-à-dire quoiqu'il les conçoive séparément; en même façon qu'il peut aussi concevoir séparément l'essence et l'existence de Dieu.

Il faut ensuite remarquer que vous mettez l'existence entre les perfections divines, et que vous ne la mettez pas entre celles d'un triangle ou d'une montagne, quoique néanmoins elle soit autant, et selon la manière d'être de chacun, la perfection de l'un que de l'autre. Mais, à vrai dire, soit que vous considériez l'existence en Dieu, soit que vous la considériez en quelque autre sujet, elle n'est point une perfection, mais seulement une forme ou un acte sans lequel il n'y en peut avoir. Et de fait ce qui n'existe point n'a ni perfection ni imperfection; mais ce qui existe, et qui outre l'existence a plusieurs perfections, n'a pas l'existence comme une perfection singulière et l'une d'entre elles, mais seulement comme une forme ou un acte par lequel la chose même et ses perfections sont existantes, et sans lequel ni la chose ni ses perfections ne seroient point. De là vient, ni qu'on ne dit pas que l'existence soit dans une chose comme une perfection, ni si une chose manque d'existence, on ne dit pas tant qu'elle est imparfaite ou qu'elle est privée de quelque perfection, que l'on dit qu'elle est nulle ou qu'elle n'est point du tout. C'est pourquoi, comme en nombrant les perfections du triangle vous n'y comprenez pas l'existence et ne concluez pas aussi que le triangle existe, de même en faisant le dénombrement des perfections de Dieu, vous n'avez pas dû y comprendre l'existence, pour conclure de là que Dieu existe, si vous ne vouliez prendre pour une chose prouvée ce qui est en dispute, et faire de la question un principe.

Vous dites que, « dans toutes les autres choses, » l'existence est distinguée de l'essence, excepté en » Dieu. » Mais comment, je vous prie, l'existence et l'essence de Platon sont-elles distinguées entre elles, si ce n'est peut-être par la pensée? Car supposé que Platon n'existe plus, que deviendra son essence? Et pareillement en Dieu l'essence et l'existence ne sont-elles pas distinguées par la pensée?

Vous vous faites ensuite cette objection: « [1] Peut-» être que, comme de cela seul que je conçois » une montagne avec une vallée ou un cheval ailé, » il ne s'ensuit pas qu'il y ait au monde aucune » montagne ni aucun cheval qui ait des ailes, » ainsi, de ce que je conçois Dieu comme existant, » il ne s'ensuit pas qu'il existe : » et là-dessus vous

[1] Voyez Méditation 5, tome 1, page 314.

dites qu'il y a un sophisme caché sous l'apparence de cette objection. Mais il ne vous a pas été fort difficile de soudre un sophisme que vous vous êtes feint vous-même, principalement vous étant servi d'une si manifeste contradiction, à savoir que Dieu existant n'existe pas, et ne prenant pas de la même façon, c'est-à-dire comme existant, le cheval ou la montagne. Mais si, comme vous avez enfermé dans votre comparaison la montagne avec la vallée et le cheval avec des ailes, de même vous eussiez considéré Dieu avec de la science, de la puissance, ou avec d'autres attributs, pour lors la difficulté eût été tout entière et fort bien établie : et c'eût été à vous à nous expliquer comment il se peut faire que nous puissions concevoir une montagne rampante ou un cheval ailé, sans penser qu'ils existent; et cependant qu'il soit impossible de concevoir un Dieu tout-connoissant et tout-puissant, si nous ne le concevons en même temps existant.

Vous dites « qu'il ne nous est pas libre de con- » cevoir un Dieu sans existence, c'est-à-dire un » Être souverainement parfait sans une souveraine » perfection, comme il nous est libre d'imaginer » un cheval sans ailes ou avec des ailes. » Mais il n'y a rien à ajouter à cela, sinon que comme il nous est libre de concevoir un cheval qui a des ailes, sans penser à l'existence, laquelle si elle lui arrive, ce sera selon vous une perfection en lui, ainsi il nous est libre de concevoir un Dieu ayant en soi la science, la puissance, et toutes les autres perfections, sans penser à l'existence, laquelle, si elle lui arrive, sa perfection pour lors sera consommée et du tout accomplie. C'est pourquoi, comme de ce que je conçois un cheval qui a la perfection d'avoir des ailes, on n'infère pas pour cela qu'il a celle de l'existence, laquelle selon vous est la principale de toutes; de même aussi de ce que je conçois un Dieu qui possède la science et toutes les autres perfections, on ne peut pas conclure pour cela qu'il existe; mais son existence a encore besoin d'être prouvée.

Et encore que vous disiez que, « dans l'idée d'un » Être souverainement parfait, l'existence et toutes » les autres perfections y sont comprises, » vous avancez sans preuve ce qui est en question, et vous prenez la conclusion pour un principe. Car autrement je dirois aussi que, dans l'idée d'un Pégase parfait, la perfection d'avoir des ailes n'est pas seulement contenue, mais celle aussi de l'existence: car, comme Dieu est conçu parfait en tout genre de perfection, de même un Pégase est conçu parfait en son genre; et il ne semble pas que l'on puisse ici rien répliquer que, la même proportion étant gardée, on ne puisse appliquer à l'un et à l'autre.

Vous dites «[1] de même qu'en concevant un trian-

---

[1] Voyez Méditation v, tome 1, page 315.

« gle, il n'est pas nécessaire de penser qu'il a ses
» trois angles égaux à deux droits, quoique cela
» n'en soit pas moins véritable, comme il paroît par
» après à toute personne qui l'examine avec soin,
» ainsi on peut bien concevoir les autres perfections
» de Dieu sans penser à l'existence; mais il n'est pas
» pour cela moins vrai qu'il la possède, comme on
» est obligé d'avouer lorsqu'on vient à reconnoître
» qu'elle est une perfection. » Toutefois vous jugez
bien ce que l'on peut répondre : c'est à savoir que
comme on reconnoît par après que cette propriété se trouve dans le triangle, parcequ'on le
prouve par une bonne démonstration, ainsi, pour
reconnoître que l'existence est nécessairement en
Dieu, il le faut aussi démontrer par de bonnes et
solides raisons; car autrement il n'y a chose aucune qu'on ne puisse dire ou prétendre être de
l'essence de quelque autre chose que ce soit.

Vous dites que « lorsque vous attribuez à Dieu
» toutes sortes de perfections, vous ne faites pas
» de même que si vous pensiez que toutes les figures de quatre côtés pussent être inscrites dans le
» cercle : autant que comme vous vous trompez en
» ceci, parceque vous reconnoissez par après que le
» rhombe n'y peut être inscrit, vous ne vous trom» pez pas de même en l'autre, parceque par après
» vous venez à reconnoître que l'existence convient
» effectivement à Dieu. » Mais certes il semble que

vous fassiez de même; ou, si vous ne le faites pas, il est nécessaire que vous montriez que l'existence ne répugne point à la nature de Dieu, comme on montre qu'il répugne que le rhombe puisse être inscrit dedans le cercle.

Je passe sous silence plusieurs autres choses, lesquelles auroient besoin ou d'une ample explication ou d'une preuve plus convaincante, ou même qui se détruisent par ce qui a été dit auparavant; par exemple, « [1] qu'on ne sauroit concevoir autre » chose que Dieu seul, à l'essence de laquelle l'exis- » tence appartienne avec nécessité; » puis aussi « qu'il » n'est pas possible de concevoir deux ou plusieurs » dieux de même façon; et posé que maintenant il » y en ait un qui existe, il est nécessaire qu'il ait » été auparavant de toute éternité, et qu'il soit éter- » nellement à l'avenir; » et que vous concevez « une » infinité d'autres choses en Dieu dont vous ne pou- » vez rien diminuer ni changer; » et enfin « que » ces choses doivent être considérées de près, et » très soigneusement examinées pour les aperce- » voir et en connoître la vérité. » Enfin vous dites que « [2] la certitude et vérité de toute science » dépend si absolument de la connoissance du vrai » Dieu, que sans elle il est impossible d'avoir ja- » mais aucune certitude ou vérité dans les sciences. » Vous en apportez cet exemple : « Lorsque je con-

---

[1] Voyez Méditation v, tome 1, page 316. — [2] Voyez ibid., p. 318.

» sidère, dites-vous, la nature du triangle, je con-
» nois évidemment, moi qui suis un peu versé dans
» la géométrie, que ses trois angles sont égaux à
» deux droits, et il ne m'est pas possible de ne le
» point croire pendant que j'applique ma pensée
» à sa démonstration; mais aussitôt que je l'en dé-
» tourne, encore que je me ressouvienne de l'avoir
» clairement comprise, toutefois il se peut faire
» aisément que je doute de sa vérité, si j'ignore
» qu'il y ait un Dieu; car je puis me persuader d'a-
» voir été fait tel par la nature que je me puisse
» aisément tromper, même dans les choses que je
» pense comprendre avec le plus d'évidence et de
» certitude; vu principalement que je me ressou-
» viens d'avoir souvent estimé beaucoup de choses
» pour vraies et certaines, lesquelles, par après,
» d'autres raisons m'ont porté à juger absolument
» fausses. Mais après que j'ai reconnu qu'il y a un
» Dieu, pourcequ'en même temps j'ai reconnu
» aussi que toutes choses dépendent de lui et qu'il
» n'est point trompeur, et qu'ensuite de cela j'ai
» jugé que tout ce que je conçois clairement et dis-
» tinctement ne peut manquer d'être vrai, encore
» que je ne pense plus aux raisons pour lesquelles
» j'aurai jugé une chose être véritable, pourvu que
» je me ressouvienne de l'avoir clairement et distinc-
» tement comprise, on ne me peut apporter au-
» cune raison contraire qui me la fasse jamais ré-

» voquer en doute, et ainsi j'en ai une vraie et cer-
» taine science; et cette même science s'étend aussi
» à toutes les autres choses que je me ressouviens
» d'avoir autrefois démontrées, comme aux vérités
» de géométrie et autres semblables. » A cela, monsieur, voyant que vous parlez si sérieusement, et croyant aussi que vous le dites tout de bon, je ne vois pas que j'aie autre chose à dire, sinon qu'il sera difficile que vous trouviez personne qui se persuade que vous ayez été autrefois moins assuré de la vérité des démonstrations géométriques, que vous l'êtes à présent que vous avez acquis la connoissance d'un Dieu. Car, en effet, ces démonstrations sont d'une telle évidence et certitude que, sans attendre notre délibération, elles nous arrachent d'elles-mêmes le consentement; et lorsqu'elles sont une fois comprises, elles ne permettent pas à notre esprit de demeurer davantage en suspens touchant la créance qu'il en doit avoir: de façon que j'estime que vous avez autant de raison de ne pas craindre en ceci les ruses de ce mauvais génie qui tâche incessamment de vous surprendre, que lorsque vous avez soutenu si affirmativement qu'il étoit impossible que vous pussiez vous méprendre touchant cet antécédent et sa conséquence, *je pense, donc je suis,* quoique pour lors vous ne fussiez pas encore assuré de l'existence d'un Dieu. Et même encore qu'il soit très vrai, comme en effet il n'y a

rien de plus véritable, qu'il y a un Dieu, lequel est l'auteur de toutes choses, et qui n'est point trompeur; toutefois, parceque cela ne semble pas être si évident que le sont les démonstrations de géométrie (de quoi il ne faut point d'autre preuve sinon qu'il y en a plusieurs qui mettent en question l'existence de Dieu, la création du monde, et quantité d'autres choses qui se disent de Dieu, et que pas un ne révoque en doute les démonstrations de géométrie), qui sera celui qui se pourra laisser persuader que celles-ci empruntent leur évidence et leur certitude des autres? Et qui pourra croire que Diagore, Théodore, et tous les autres semblables athées, ne puissent être rendus certains de la vérité de ces sortes de démonstrations? Et enfin, où trouverez-vous personne qui, étant interrogé sur la certitude qu'il a qu'en tout triangle rectangle le carré de la base est égal aux carrés des côtés, réponde qu'il en est assuré, parcequ'il sait qu'il y a un Dieu qui ne peut être trompeur, et qui est lui-même l'auteur de cette vérité et de toutes les choses qui sont au monde? Mais plutôt, où est celui qui ne répondra qu'il en est assuré, parcequ'il sait cela certainement, et qu'il en est fortement persuadé par une très infaillible démonstration? Combien, à plus forte raison, est-il à présumer que Pythagore, Platon, Archimède, Euclide, et tous les autres anciens mathématiciens, feroient la même réponse, n'y en ayant, ce semble, pas un d'entre eux qui ait eu aucune pensée de Dieu pour s'assurer de la vérité de telles démonstrations? Toutefois, parceque peut-être ne répondrez-vous pas des autres, mais seulement de vous-même, et que d'ailleurs c'est une chose louable et pieuse, il n'y a pas lieu d'insister sur cela davantage.

CONTRE LA SIXIÈME MÉDITATION.

DE L'EXISTENCE DES CHOSES MATÉRIELLES, ET DE LA DISTINCTION RÉELLE ENTRE L'AME ET LE CORPS DE L'HOMME.

Je ne m'arrête point ici sur ce que vous dites que « ¹ les choses matérielles peuvent exister, en tant » qu'on les considère comme l'objet des mathéma- » tiques pures, » quoique néanmoins les choses matérielles soient l'objet des mathématiques composées, et que celui des pures mathématiques, comme le point, la ligne, la superficie et les indivisibles qui en sont composés, ne puissent avoir aucune existence réelle.

Je m'arrête seulement sur ce que vous distinguez derechef ici *l'imagination de l'intellection* ou *conception pure*. Car, comme j'ai déjà remarqué auparavant, ces deux opérations semblent être les actions d'une même faculté; et s'il y a entre elles

---

¹ Voyez Méditation vi, t. i, p. 322. ² Voyez *ibid.*, p. 323.

quelque différence, ce ne peut être que selon le plus et le moins; et de fait, prenez garde comme je le prouve par cela même que vous avancez.

Vous avez dit ci-devant « qu'imaginer n'est rien » autre chose que contempler la figure ou l'image » d'une chose corporelle, » et ici vous demeurez d'accord que « concevoir ou entendre c'est contem- » pler un triangle, un pentagone, un chiliogone, un » myriogone, » et autres choses semblables qui sont des figures des choses corporelles; maintenant vous en établissez la différence, en ce que « l'ima- »gination se fait, dites-vous, avec quelque sorte » d'application de la faculté qui connoît vers le » corps; et que l'intellection ne demande point cette » sorte d'application ou contention d'esprit. » En sorte que lorsque tout simplement et sans peine vous concevez un triangle comme une figure qui a trois angles, vous appelez cela une intellection; et que lorsque avec quelque sorte d'effort et de contention vous vous rendez cette figure comme présente, que vous la considérez, que vous l'exa- minez, que vous la concevez distinctement et par le menu, et que vous en distinguez les trois an- gles, vous appelez cela une imagination. Et par- tant, étant vrai que vous concevez fort facilement qu'un chiliogone est une figure de mille angles, et que néanmoins quelque contention d'esprit que vous fassiez, vous ne sauriez discerner distinctement et par le menu tous ses angles et vous les rendre tous comme présents ; votre esprit n'ayant pas moins en cela de confusion que lorsqu'il considère un myriogone, ou quelque autre figure de beaucoup de côtés, pour cette raison vous dites qu'au regard du chiliogone ou du myriogone votre pensée est une intellection et non point une imagination.

Toutefois je ne vois rien qui puisse empêcher que vous n'étendiez votre imagination aussi bien que votre intellection sur le chiliogone, comme vous faites sur le triangle. Car de vrai vous faites bien quelque sorte d'effort pour imaginer en quelque façon cette figure composée de tant d'angles, quoique leur nombre soit si grand que vous ne les puissiez concevoir distinctement ; et d'ailleurs vous concevez bien à la vérité par ce mot de chiliogone une figure de mille angles, mais cela n'est qu'un effet de la force ou de la signification du mot, non que pour cela vous *conceviez* plutôt les mille angles de cette figure que vous ne les *imaginez*. Mais il faut ici prendre garde comment peu à peu et comme par degrés la distinction se perd et la confusion s'augmente. Car il est certain que vous vous représenterez, ou imaginerez, ou même que vous concevrez plus confusément un carré qu'un triangle, mais plus distinctement qu'un pentagone, et celui-ci plus confusément qu'un carré, et plus

distinctement qu'un hexagone, et ainsi de suite,
jusqu'à ce que vous ne puissiez plus vous rien
proposer nettement; et parcequ'alors quelque conception que vous ayez, elle ne sauroit être nette
ni distincte, pour lors aussi vous négligez de faire
aucun effort sur votre esprit. C'est pourquoi si,
lorsque vous concevez une figure distinctement et
avec quelque sensible contention, vous voulez appeler cette façon de concevoir une imagination et
une intellection tout ensemble; et si, lorsque
votre conception est confuse, et qu'avec peu ou
point du tout de contention d'esprit vous concevez une figure, vous voulez appeler cela du seul
nom d'intellection, certainement il vous sera permis; mais vous ne trouverez pas pour cela que vous
ayez lieu d'établir plus d'une sorte de connoissance
intérieure, à qui ce ne sera toujours qu'une chose
accidentelle que tantôt plus fortement et tantôt
moins, tantôt distinctement et tantôt confusément,
vous conceviez quelque figure. Et certes, si depuis
l'heptagone et l'octogone nous voulons parcourir
toutes les autres figures jusqu'au chiliogone ou au
myriogone, et prendre garde en même temps à tous
les degrés où se rencontre une plus grande ou une
moindre distinction et confusion, pourrons-nous
dire en quel endroit ou plutôt en quelle figure l'imagination cesse, et la seule intellection demeure?
Mais plutôt ne verra-t-on pas une suite et liaison

continuelle d'une seule et même connoissance dont la distinction et contention diminue toujours peu à peu, à mesure que la confusion et rémission augmente et s'accroît aussi insensiblement. Considérez d'ailleurs, je vous prie, de quelle sorte vous ravalez l'intellection, et à quel point vous élevez l'imagination; car que prétendez-vous autre chose que d'avilir l'une et élever l'autre, lorsque vous donnez à l'intellection la négligence et la confusion pour partage, et que vous attribuez à l'imagination toute sorte de distinction, de netteté et de diligence?

Vous dites ensuite que « [1] la vertu d'imaginer » qui est en vous, en tant qu'elle diffère de la puis- » sance de concevoir, n'est point requise à votre es- » sence, c'est-à-dire à l'essence de votre esprit; » mais comment cela pourroit-il être, si l'une et l'autre ne sont qu'une seule et même vertu ou faculté dont les fonctions ne diffèrent que selon le plus et le moins? Vous ajoutez que « l'esprit en » imaginant se tourne vers les corps, et qu'en con- » cevant il se considère soi-même ou les idées qu'il » a en soi. » Mais comment cela, si l'esprit ne se peut tourner vers soi-même, ni considérer aucune idée, qu'il ne se tourne en même temps vers quelque chose de corporel, ou représenté par quelque idée corporelle? Car, en effet, le triangle, le pentagone, le chiliogone, le myriogone, et toutes les

[1] Voyez Méditation VI, tome I, page 324.

autres figures, ou même les idées de toutes ces figures, sont toutes corporelles, et l'esprit ne sauroit penser à elles avec attention qu'en les concevant comme corporelles ou à la façon des choses corporelles. Pour ce qui est des idées des choses que nous croyons être immatérielles, comme celles de Dieu, des anges, de l'âme de l'homme ou de l'esprit, il est même constant que les idées que nous en avons sont ou corporelles ou quasi corporelles, ayant été tirées de la forme et ressemblance de l'homme, et de quelques autres choses fort simples, fort légères et fort imperceptibles, telles que sont le vent, le feu ou l'air, ainsi que nous avons déjà dit. Quant à ce que vous dites, que « ce n'est que probablement » que vous conjecturez qu'il y a quelque corps qui » existe, » il n'est pas besoin de s'y arrêter, parcequ'il n'est pas possible que vous le disiez tout de bon.

[1] Ensuite de cela vous traitez du sentiment, et tout d'abord vous faites une belle énumération de toutes les choses que vous aviez connues par le moyen des sens, et que vous aviez reçues pour vraies, parceque la nature sembloit ainsi vous l'enseigner. Et incontinent après vous rapportez certaines expériences qui ont tellement renversé toute la foi que vous ajoutiez aux sens, qu'elles vous ont réduit au point où nous vous avons vu

---

[1] Voyez Méditation VI, tome 1, page 329.

dans la première Méditation, qui étoit de révoquer toutes choses en doute. Or ce n'est pas mon dessein de disputer ici de la vérité de nos sens. Car bien que la tromperie ou fausseté ne soit pas proprement dans le sens, lequel n'agit point, mais qui reçoit simplement les images, et les rapporte comme elles lui apparoissent, et comme elles doivent nécessairement lui apparoître à cause de la disposition où se trouve lors le sens, l'objet et le milieu; mais qu'elle soit plutôt dans le jugement ou dans l'esprit, lequel n'apporte pas toute la circonspection requise, et qui ne prend pas garde que les choses éloignées, pour cela même qu'elles sont éloignées, ou même pour d'autres causes, nous doivent paroître plus petites et plus confuses que lorsqu'elles sont plus proches de nous, et ainsi du reste : toutefois, de quelque côté que l'erreur vienne, il faut avouer qu'il y en a ; et il n'y a seulement de la difficulté qu'à savoir s'il est donc vrai que nous ne puissions jamais être assurés de la vérité d'aucune chose que le sens nous aura fait apercevoir. Mais certes je ne vois pas qu'il faille beaucoup se mettre en peine de terminer une question que tant d'exemples journaliers décident si clairement; je réponds seulement à ce que vous dites, ou plutôt à ce que vous vous objectez, qu'il est très constant que lorsque nous regardons de près une tour, et que nous la touchons quasi de la main, nous ne doutons plus qu'elle ne soit carrée, quoiqu'en étant un peu éloignés nous avions occasion de juger qu'elle étoit ronde, ou du moins de douter si elle étoit carrée ou ronde, ou de quelque autre figure. Ainsi ce sentiment de douleur qui paroit être encore dans le pied ou dans la main, après même que ces membres ont été retranchés du corps, peut bien quelquefois tromper ceux à qui on les a coupés, et cela à cause des esprits animaux qui avoient coutume d'être portés dans ces membres, et d'y causer le sentiment. Toutefois, ceux qui ont tous leurs membres sains et entiers sont si assurés de sentir de la douleur au pied ou à la main dont la blessure est encore toute fraîche et toute récente, qu'il leur est impossible d'en douter. Ainsi notre vie étant partagée entre la veille et le sommeil, il est vrai que celui-ci nous trompe quelquefois, en ce qu'il nous semble alors que nous voyons devant nous des choses qui n'y sont point; mais aussi nous ne dormons pas toujours, et lorsque nous sommes en effet éveillés, nous en sommes trop assurés pour être encore dans le doute si nous veillons ou si nous rêvons. Ainsi, quoique nous puissions penser que nous sommes d'une nature à se pouvoir tromper même dans les choses qui nous semblent les plus véritables, toutefois nous savons aussi que nous avons cela de la nature de pouvoir connoître la vérité, et comme nous nous trompons quelquefois, par exemple, lorsqu'un sophisme nous impose ou qu'un bâton est à demi dans l'eau; aussi quelquefois connoissons-nous la vérité, comme dans les démonstrations géométriques ou dans un bâton qui est hors de l'eau; car ces vérités sont si apparentes qu'il n'est pas possible que nous en puissions douter. Et bien que nous eussions sujet de nous défier de la vérité de toutes nos autres connoissances, au moins ne pourrions-nous pas douter de ceci, à savoir que toutes les choses nous paroissent telles qu'elles nous paroissent. Et il n'est pas possible qu'il ne soit très vrai qu'elles nous paroissent de la sorte. Et quoique la raison nous détourne souvent de beaucoup de choses où la nature semble nous porter, cela toutefois n'ôte pas la vérité des phénomènes, et n'empêche pas qu'il ne soit vrai que nous voyons les choses comme nous les voyons. Mais ce n'est pas ici le lieu de considérer de quelle façon la raison s'oppose à l'impulsion du sens, et si ce n'est point peut-être de la même façon que la main droite soutiendroit la gauche qui n'auroit pas la force de se soutenir elle-même, ou bien si c'est de quelque autre manière.

Vous entrez ensuite en matière, mais il semble que vous vous y engagiez comme par une légère es-

¹ Voyez Méditation vi, tome 1, page 331.

carmouche; car vous poursuivez ainsi : « Mais main-
» tenant que je commence à me mieux connoître
» moi-même, et à découvrir plus clairement l'auteur
» de mon origine, je ne pense pas à la vérité que je
» doive témérairement admettre toutes les choses
» que les sens me semblent enseigner, mais je ne
» pense pas aussi que je les doive toutes générale-
» ment révoquer en doute. » Vous avez raison de
dire ceci, et je crois sans doute que c'a toujours été
sur cela votre pensée.

Vous continuez : « Et premièrement pourceque
» je sais que toutes les choses que je conçois clai-
» rement et distinctement peuvent être produites
» par Dieu telles que je les conçois, c'est assez que
» je puisse concevoir clairement et distinctement
» une chose sans une autre, pour être certain que
» l'une est distincte ou différente de l'autre, parce-
» qu'elles peuvent être posées séparément, au moins
» par la toute-puissance de Dieu; et il n'importe par
» quelle puissance cette séparation se fasse, pour
» m'obliger à les juger différentes. » A cela je n'ai
rien autre chose à dire, sinon que vous prouvez
une chose claire par une qui est obscure : pour ne
pas même dire qu'il y a quelque sorte d'obscurité
dans la conséquence que vous tirez. Je ne m'arrête
pas non plus à vous objecter qu'il falloit avoir auparavant démontré que Dieu existe et sur quelles
choses sa puissance se peut étendre, pour montrer

qu'il peut faire tout ce que vous pouvez clairement concevoir : je vous demande seulement si vous ne concevez pas clairement et distinctement cette propriété du triangle, à savoir que les plus grands côtés sont soutenus par les plus grands angles, séparément de celle-ci, à savoir que ses trois angles pris ensemble sont égaux à deux droits ; et si pour cela vous croyez que Dieu puisse tellement séparer cette propriété d'avec l'autre, que le triangle puisse tantôt avoir celle-ci sans avoir l'autre, ou tantôt avoir l'autre sans celle-ci. Mais, pour ne nous point arrêter ici davantage, d'autant que cette séparation fait peu à notre sujet, vous ajoutez, « et partant, de cela même que je connois avec
» certitude que j'existe, et que cependant je ne re-
» marque point qu'il appartienne nécessairement
» aucune autre chose à ma nature ou à mon es-
» sence sinon que je suis une chose qui pense, je
» conclus fort bien que mon essence consiste en
» cela seul que je suis une chose qui pense ou une
» substance dont toute l'essence ou la nature n'est
» que de penser. » Ce seroit ici où je me voudrois arrêter, mais où il suffit de répéter ce que j'ai déjà allégué touchant la seconde Méditation, ou bien il faut attendre ce que vous voulez inférer.

Voici donc enfin ce que vous concluez : « [1] Et
» quoique peut-être, ou plutôt certainement, comme

[1] Voyez Méditation vi, tome 1, page 347.

» je le dirai tantôt, j'aie un corps, auquel je suis très
» étroitement conjoint, toutefois, parceque d'un
» côté j'ai une claire et distincte idée de moi-même,
» en tant que je suis seulement une chose qui pense
» et non étendue, et que d'un autre j'ai une idée dis-
» tincte du corps, en tant qu'il est seulement une
» chose étendue et qui ne pense point, il est certain
» que moi, c'est-à-dire mon esprit, ou mon âme par
» laquelle je suis ce que je suis, est entièrement et
» véritablement distincte de mon corps, et qu'elle
» peut être ou exister sans lui. » C'étoit ici sans
doute le but où vous tendiez : c'est pourquoi puisque c'est en ceci que consiste principalement toute la difficulté, il est besoin de s'y arrêter un peu pour voir de quelle façon vous vous en démêlez. Premièrement, il s'agit ici d'une distinction d'entre l'esprit ou l'âme de l'homme et le corps ; mais de quel corps entendez-vous parler ? Certainement, si je l'ai bien compris, c'est de ce corps grossier qui est composé de membres ; car voici vos paroles, « j'ai un
» corps auquel je suis conjoint ; » et un peu après,
« il est certain que moi, c'est-à-dire mon esprit, est
» distinct de mon corps, etc. » Mais j'ai à vous avertir, ô esprit, que la difficulté n'est pas touchant ce corps massif et grossier. Cela seroit bon si je vous objectois, selon la pensée de quelques philosophes, que vous fussiez la perfection, appelée des Grecs ἐντελέχεια, l'acte, la forme, l'espèce, et, pour parler

en termes ordinaires, le mode du corps; car de vrai ceux qui sont dans ce sentiment n'estiment pas que vous soyez plus distinct ou séparable du corps, que la figure ou quelque autre de ses modes : et cela, soit que vous soyez l'âme tout entière de l'homme, soit que vous soyez une vertu ou une puissance surajoutée, que les Grecs appellent νοῦς δυνάμει, νοῦς παθητικὸς, un entendement possible ou passible. Mais je veux agir avec vous plus libéralement, en vous considérant comme un entendement agent, appelé des Grecs νοῦν ποιητικὸν et même séparable, appelé par eux χωριςὸν, bien que ce soit d'une autre façon qu'ils ne se l'imaginoient. Car ces philosophes croyant que cet entendement agent étoit commun à tous les hommes ou même à toutes les choses du monde, et qu'il faisoit à l'endroit de l'entendement possible, pour le faire entendre, ce que la lumière fait à l'œil pour le faire voir, d'où vient qu'ils avoient coutume de le comparer à la lumière du soleil, et par conséquent de le regarder comme une chose étrangère et venant de dehors; de moi je vous considère plutôt, puisque d'ailleurs je vois que cela vous plaît, comme un certain esprit ou un entendement particulier, qui dominez dedans le corps. Je répète encore une fois que la difficulté n'est pas de savoir si vous êtes séparable ou non de ce corps massif et grossier, d'où vient que je disois un peu auparavant qu'il n'étoit pas nécessaire de recourir à la puissance de Dieu pour rendre ces choses-là séparables que vous concevez séparément, mais bien de savoir si vous n'êtes pas vous-même quelque autre corps, pouvant être un corps plus subtil et plus délié, diffus dedans ce corps épais et massif, ou résidant seulement dans quelqu'une de ses parties. Au reste ne pensez pas nous avoir jusques ici montré que vous êtes une chose purement spirituelle, et qui ne tient rien du corps ; et lorsque, dans la seconde Méditation, vous avez dit que « vous n'étiez point un vent, » un feu, une vapeur, un air, » vous devez vous souvenir que je vous ai fait remarquer que vous disiez cela sans aucune preuve.

Vous disiez aussi que « vous ne disputiez pas en ce » lieu-là de ces choses : » mais je ne vois point que vous en ayez traité depuis, et que vous ayez apporté aucune raison pour prouver que vous n'êtes point un corps de cette nature. J'attendois toujours que vous le fissiez ici, et néanmoins si vous dites ou si vous prouvez quelque chose, c'est seulement que vous n'êtes point ce corps grossier et massif, touchant lequel j'ai déjà dit qu'il n'y a point de difficulté.

Mais, dites-vous, « [1] d'un côté j'ai une claire et » distincte idée de moi-même, en tant que je suis

---

[1] Voyez Méditation VI, tome I, page 132.

» seulement une chose qui pense, et non étendue ;
» et d'un autre j'ai une idée distincte du corps, en tant
» qu'il est seulement une chose étendue, et qui ne
» pense point. » Mais, premièrement, pour ce qui est
de l'idée du corps, il me semble qu'il ne s'en faut pas
beaucoup mettre en peine ; car, si vous disiez cela de
l'idée du corps en général, je serois obligé de répéter ici ce que je vous ai déjà objecté, à savoir
que vous devez auparavant prouver que la pensée
ne peut convenir à l'essence ou à la nature du
corps : et ainsi nous retomberions dans notre première difficulté, puisque la question est de savoir
si vous, qui pensez, n'êtes point un corps subtil et
délié, comme si c'étoit une chose qui répugnât à
la nature du corps que de penser. Mais parce qu'en
disant cela vous entendez seulement parler de ce
corps massif et grossier, duquel vous soutenez
être distinct et séparable, aussi je demeure aucunement d'accord que vous pouvez avoir l'idée du
corps ; mais supposé, comme vous dites, que vous
soyez une chose qui n'est point étendue, je nie
absolument que vous en puissiez avoir l'idée.
Car, je vous prie, dites-nous comment vous pensez que l'espèce ou l'idée du corps qui est étendu
puisse être reçue en vous, c'est-à-dire en une substance qui n'est point étendue ? Car ou cette espèce
procède du corps, et pour lors il est certain qu'elle
est corporelle et qu'elle a ses parties les unes hors

des autres, et partant qu'elle est étendue ; ou bien elle vient d'ailleurs et se fait sentir par une autre voie : toutefois, parcequ'il est toujours nécessaire qu'elle représente le corps qui est étendu, il faut aussi qu'elle ait des parties, et ainsi qu'elle soit étendue. Autrement, si elle n'a point de parties, comment en pourra-t-elle représenter? si elle n'a point d'étendue, comment pourra-t-elle représenter une chose qui en a ? si elle est sans figure, comment fera-t-elle sentir une chose figurée ? si elle n'a point de situation, comment nous fera-t-elle concevoir une chose qui a des parties les unes hautes, les autres basses, les unes à droite, les autres à gauche, les unes devant, les autres derrière, les unes courbées, les autres droites ? si elle est sans variété, comment représentera-t-elle la variété des couleurs? etc. Donc l'idée du corps n'est pas tout-à-fait sans extension; mais si elle en a, et que vous n'en ayez point, comment est-ce que vous la pourrez recevoir? comment vous la pourrez-vous ajuster et appliquer? comment vous en servirez-vous? et comment enfin la sentirez-vous peu à peu s'effacer et s'évanouir?

En après, pour ce qui regarde l'idée de vous-même, je n'ai rien à ajouter à ce que j'en ai déjà dit, principalement sur la seconde Méditation. Car par là l'on voit clairement que tant s'en faut que vous ayez une idée claire et distincte de vous-même, qu'au contraire il semble que vous n'en ayez point du tout Car encore bien que vous connoissiez certainement que vous pensez, vous ne savez pas néanmoins quelle chose vous êtes, vous qui pensez : en sorte que, bien que cette seule opération vous soit clairement connue, le principal pourtant vous est caché, qui est de savoir quelle est cette substance qui a pour l'une de ses opérations de penser. D'où il me semble que je puis fort bien me comparer à un aveugle, lequel sentant de la chaleur, étant averti qu'elle vient du soleil, penseroit avoir une claire et distincte idée du soleil : d'autant que si quelqu'un lui demandoit ce que c'est que le soleil, il pourroit répondre que c'est une chose qui échauffe. Mais, direz-vous, je ne dis pas seulement ici que je suis une chose qui pense, j'ajoute aussi de plus que je suis une chose qui n'est point étendue. Toutefois, pour ne pas dire que c'est une chose que vous avancez sans preuve, quoique cela soit en question entre nous, dites-moi, je vous prie, pensez-vous pour cela avoir une claire et distincte idée de vous-même ? Vous dites que vous n'êtes pas une chose étendue ; certainement j'apprends par là ce que vous n'êtes point, mais non pas ce que vous êtes. Quoi donc, pour avoir une idée claire et distincte de quelque chose, c'est-à-dire une idée vraie et naturelle, n'est-il pas nécessaire de connoître la chose positivement en soi, et, pour ainsi parler, affirmativement? est-ce assez de savoir qu'elle n'est point une telle chose? Et celui-là auroit-il une idée claire et distincte de Bucéphale qui connoîtroit du moins qu'il n'est pas une mouche?

Mais, pour ne pas insister davantage là-dessus, vous êtes donc, dites-vous, une chose qui n'est point étendue : mais je vous demande, n'êtes-vous pas diffus par tout le corps? Certainement je ne sais pas ce que vous aurez à répondre; car encore que je vous aie considéré au commencement comme étant seulement dans le cerveau, cela néanmoins n'a été que par conjecture, plutôt que par une véritable créance que ce fût votre opinion. J'avois fondé ma conjecture sur ces paroles qui suivent un peu après, lorsque vous dites que «[1] l'âme ne reçoit pas » immédiatement l'impression de toutes les parties » du corps, mais seulement du cerveau, ou peut-» être même de l'une de ses plus petites parties. » Mais je n'étois pas pour cela tout-à-fait certain si vous étiez seulement dans le cerveau, ou même dans l'une de ses parties, vu que vous pouvez être répandu dans tout le corps, et ne sentir qu'en une seule partie : comme nous disons ordinairement que l'âme est diffuse par tout le corps, et que néanmoins elle ne voit que dans l'œil.

Ces paroles qui suivent m'avoient aussi fait

[1] Voyez Méditation VI, tome I, page 344.

douter, lorsque vous dites, « et encore que toute « l'âme semble être unie à tout le corps, etc. » Car en ce lieu-là vous ne dites pas à la vérité que vous soyez uni à tout le corps; mais aussi vous ne le niez pas. Or, quoi qu'il en soit, supposons premièrement, s'il vous plaît, que vous soyez diffus par tout le corps, soit que vous soyez une même chose avec l'âme, soit que vous soyez quelque chose de différent, je vous demande, pouvez-vous n'avoir point d'extension, vous qui êtes étendu depuis la tête jusqu'aux pieds, qui êtes aussi grand que votre corps, et qui avez autant de parties qu'il en faut pour répondre à toutes les siennes? Direz-vous que vous n'êtes point étendu, parceque vous êtes tout entier dans le tout, et tout entier dans chaque partie? Si vous le dites, comment, je vous prie, le comprenez-vous? Une même chose peut-elle être tout à la fois tout entière en plusieurs lieux? Je veux bien que la foi nous enseigne cela du sacré mystère de l'Eucharistie; mais ici je parle de vous, et, outre que vous êtes une chose naturelle, nous n'examinons ici les choses qu'autant qu'elles peuvent être connues par la lumière naturelle. Et, cela étant, peut-on concevoir qu'il y ait plusieurs lieux, et qu'il n'y ait pas plusieurs choses logées? Cent lieux ne sont-ils pas plus qu'un? Et si une chose est tout entière en un lieu, pourra-t-elle être en d'autres, si elle n'est hors d'elle-même, comme ce premier lieu est hors des autres ? Répondez à cela tout ce que vous voudrez, du moins sera-ce une chose obscure et incertaine de savoir si vous êtes tout entier dans chaque partie, ou si vous n'êtes point plutôt dans chacune des parties de votre corps, selon chacune des parties de vous-même; et comme il est bien plus manifeste que rien ne peut être tout à la fois en plusieurs lieux, aussi sera-t-il toujours plus évident que vous n'êtes pas tout entier dans chaque partie, mais seulement tout dans le tout, et partant que vous êtes diffus par tout le corps selon chacune de vos parties, et ainsi que vous n'êtes point sans extension.

Posons maintenant que vous soyez seulement dans le cerveau, ou même dans l'une de ses plus petites parties, vous voyez qu'il reste toujours le même inconvénient, d'autant que, pour petite que soit cette partie, elle est néanmoins étendue, et vous autant qu'elle; et partant vous êtes étendu et vous avez des petites parties qui répondent à toutes les siennes. Ne direz-vous point peut-être que vous prenez pour un point cette petite partie du cerveau à laquelle vous êtes uni ? Je ne le puis croire; mais je veux que ce soit un point : toutefois, si c'est un point physique, la même difficulté demeure toujours, parceque ce point est étendu et n'est pas tout-à-fait sans parties; si c'est un point mathématique, vous savez premièrement que ce n'est que notre imagination qui le forme, et qu'en effet il n'y en a point. Mais posons qu'il y en ait, ou plutôt feignons qu'il se trouve dans le cerveau un de ces points mathématiques auquel vous soyez uni, et dans lequel vous fassiez résidence. Remarquez, s'il vous plaît, l'inutilité de cette fiction; car, quoique nous feignions, si faut-il toujours que vous soyez justement dans le concours des nerfs, par où toutes les parties que l'âme informe transmettent dans le cerveau les idées ou les espèces des choses que les sens ont aperçues. Mais, premièrement, tous les nerfs n'aboutissent pas à un point, soit parceque le cerveau étant continué et prolongé jusqu'à la moelle de l'épine du dos, plusieurs nerfs qui sont répandus dans le dos viennent aboutir et se terminer à cette moelle, ou bien parcequ'on remarque que les nerfs qui tendent vers le milieu de la tête ne finissent ou n'aboutissent pas tous à un même endroit du cerveau. Mais quand ils y aboutiroient tous, toutefois leur concours ne se peut terminer à un point mathématique, car ce sont des corps, et non pas des lignes mathématiques, pour pouvoir tous s'assembler et s'unir en un point. Et quand cela seroit, les esprits animaux qui se coulent le long des nerfs ne pourroient ni en sortir ni y entrer, puisqu'ils sont des corps, et que le corps ne peut pas n'être point dans un lieu ou passer par une chose qui n'occupe point de lieu, comme le point mathématique. Mais je veux qu'il y puisse être et qu'il y passe; toutefois, vous qui êtes ainsi existant dans un point où il n'y a ni contrées ni régions, où il n'y a rien qui soit à droite ou à gauche, qui soit en haut ou en bas, ne pouvez pas discerner de quelle part les choses viennent ou quel rapport elles vous font. J'en dis aussi de même de ces esprits que vous devez envoyer par tout le corps pour lui communiquer le sentiment et le mouvement, pour ne pas dire qu'il est impossible de comprendre comment vous leur imprimez le mouvement si vous êtes dans un point, si vous n'êtes point un corps, ou si vous n'en avez un par le moyen duquel vous les touchiez et poussiez tout ensemble. Car si vous dites qu'ils se meuvent d'eux-mêmes, et que vous présidez seulement à la conduite de leur mouvement, souvenez-vous que vous avez dit en quelque part[1] *que le corps ne se meut point de soi-même;* de sorte que l'on peut inférer de là que vous êtes la cause de son mouvement: et puis expliquez-nous comment cette direction ou conduite se peut faire sans quelque sorte de contention, et partant sans quelque mouvement de votre part; comment une chose peut-elle faire contention et effort sur une autre, et la faire mouvoir, sans un mutuel contact du moteur et du mobile; et comment ce

---

[1] Voyez Méditation II, tome 1, page 250.

contact se peut-il faire sans corps, vu même que c'est une chose que la lumière naturelle nous apprend, qu'il n'y a que les corps qui peuvent toucher et être touchés.

Toutefois, pourquoi m'arrêté-je ici si longtemps, puisque c'est à vous à nous montrer que vous êtes une chose qui n'a point d'étendue, et par conséquent qui n'est point corporelle? Et je ne pense pas que vous en vouliez tirer la preuve de ce que l'on dit communément que l'homme est composé de corps et d'âme : comme si l'on devoit conclure que le nom de corps étant donné à une partie, l'autre ne doit plus être ainsi appelée ; car si cela étoit, vous me donneriez occasion de le distinguer en cette sorte. L'homme est composé de deux sortes de corps, à savoir d'un grossier et d'un subtil, en telle sorte que le nom commun de corps étant attribué au premier, on donne à l'autre le nom d'âme ou d'esprit. Outre que le même se pourroit dire des autres animaux, auxquels je suis assuré que vous n'accorderez point un esprit semblable à vous; ce leur sera bien assez si vous les laissez en la possession de leur âme. Lors donc que vous concluez « qu'il est certain que vous « êtes distinct de votre corps, » vous voyez bien que cela vous peut être aisément accordé, mais non pas que pour cela vous ne soyez point corporel, plutôt que d'être une espèce de corps fort subtil et fort délié, distinct de cet autre qui est massif et grossier.

Vous ajoutez, « et partant que vous pouvez être « sans lui. » Mais quand on vous aura accordé que vous pouvez exister sans ce corps grossier et pesant, ainsi que fait une vapeur odoriférante, laquelle, sortant d'une pomme, se va répandant parmi l'air, quel gain ou quel avantage vous en reviendra-t-il de là? Certes ce sera un peu plus que ne vouloient ces philosophes dont j'ai parlé auparavant, qui croyoient que par la mort vous étiez entièrement anéanti, ne plus ne moins qu'une figure qui se perd tellement par le changement de la superficie, qu'elle n'est plus du tout. Car, n'étant pas seulement un mode du corps, comme ils pensoient, mais étant de plus une légère et subtile substance corporelle, on ne dira pas que vous périssiez totalement en la mort, et que vous retombiez dans votre premier néant, mais que vous subsistez dans vos parties ainsi dissipées et écartées les unes des autres; combien qu'à cause de leur trop grande distraction et dissipation vous ne puissiez plus avoir de pensées, et que vous ayez perdu le droit de pouvoir être dit une chose qui pense, ou un esprit, ou une âme. Toutes lesquelles choses pourtant je vous objecte toujours, non comme doutant de la conclusion que vous avez intentée, mais comme ayant grande défiance de la démonstration que vous avez proposée sur ce sujet.

Vous inférez encore après cela quelques autres choses qui sont des suites de cette matière, sur chacune desquelles je ne veux pas insister. Je remarque seulement que vous dites que «[1] la nature » vous enseigne par ces sentiments de douleur, » de faim, de soif, etc., que vous n'êtes pas seule- » ment logé dans votre corps, ainsi qu'un pilote en » son navire : mais, outre cela, que vous lui êtes » conjoint très étroitement, et tellement confondu » et mêlé, que vous composez comme un seul tout » avec lui. Car si cela n'étoit, dites-vous, lorsque » mon corps est blessé, je ne sentirois pas pour » cela de la douleur, moi qui ne suis qu'une chose » qui pense; mais j'apercevrois cette blessure par » le seul entendement, comme un pilote aperçoit » par la vue si quelque chose se rompt dans son » vaisseau. Et lorsque mon corps a besoin de boire » ou de manger, je connoîtrois simplement cela » même, sans en être averti par des sentiments » confus de faim et de soif; car en effet ces senti- » ments de faim, de soif, de douleur, etc., ne sont » autre chose que de certaines façons confuses de » penser, qui dépendent et proviennent de l'union » et, pour ainsi dire, du mélange de l'esprit avec » le corps. » Certes tout cela est fort bien dit, mais

---

[1] Voyez Méditation VI. tome 1, page 336.

il reste toujours à expliquer comment cette conjonction, et quasi permixtion ou confusion vous peut convenir, s'il est vrai, comme vous dites, que vous soyez immatériel, indivisible et sans aucune étendue; car si vous n'êtes pas plus grand qu'un point, comment êtes-vous joint et uni à tout le corps, qui est d'une grandeur si notable? comment au moins êtes-vous conjoint au cerveau ou à l'une de ses plus petites parties, laquelle, comme j'ai dit auparavant, ne sauroit être si petite qu'elle n'ait quelque grandeur ou étendue? Si vous n'avez point de parties, comment êtes-vous mêlé ou quasi mêlé avec les parties les plus subtiles de cette matière, avec laquelle vous confessez d'être uni, puisqu'il ne peut y avoir de mélange qu'il n'y ait des parties capables d'être mêlées les unes avec les autres? Et si vous êtes entièrement distinct, comment êtes-vous confondu avec cette matière, et composez-vous un tout avec elle? Et puisque toute composition, conjonction ou union, ne se fait qu'entre des parties, ne doit-il pas y avoir une certaine proportion entre ces parties? Mais quelle proportion peut-on concevoir entre une chose corporelle et une incorporelle? Pouvons-nous comprendre comment, par exemple, dans une pierre de ponce, l'air et la pierre sont tellement mêlés et unis ensemble, qu'il s'en fasse de là une vraie et naturelle composition? Et cependant il y a une bien plus grande proportion entre la pierre et l'air, qui sont tous deux des corps, qu'entre le corps et l'esprit, qui est tout-à-fait immatériel. De plus, toute union ne se doit-elle pas faire par le contact très étroit et très intime des deux choses unies ? Mais, comme je disois tantôt, comment un contact se peut-il faire sans corps ? comment une chose corporelle pourra-t-elle en embrasser une qui est incorporelle, pour la tenir unie et jointe à soi-même ; ou bien comment est-ce que ce qui est incorporel pourra s'attacher à ce qui est corporel, pour s'y unir et s'y joindre réciproquement, s'il n'y a rien du tout en lui par quoi il se le puisse joindre, ni par quoi il lui puisse être joint ? Sur quoi je vous prie de me dire, puisque vous avouez vous-même que vous êtes sujet au sentiment de la douleur, comment vous pensez, étant de la nature et condition que vous êtes, c'est-à-dire incorporel et non étendu, être capable de ce sentiment. Car l'impression ou sentiment de la douleur ne vient, si je l'ai bien compris, que d'une certaine distraction ou séparation des parties, laquelle arrive lorsque quelque chose se glisse et se fourre de telle sorte entre les parties, qu'elle en rompt la continuité qui y étoit auparavant. Et de vrai l'état de la douleur est un certain état contre nature ; mais comment est-ce qu'une chose peut être mise en un état contre nature, qui de sa nature même est toujours uniforme, simple, d'une même façon, indivisible, et qui ne peut recevoir de changement? Et la douleur étant une altération, ou ne se faisant jamais sans altération, comment est-ce qu'une chose peut être altérée, laquelle étant moins divisible que le point, ne peut être faite autre, ou cesser d'être ce qu'elle est, sans être tout-à-fait anéantie? De plus, lorsque la douleur vient du pied, du bras et de plusieurs autres parties ensemble, ne faut-il pas qu'il y ait en vous diverses parties dans lesquelles vous la receviez diversement, de peur que ce sentiment de douleur ne soit confus et ne vous semble venir d'une seule partie. Mais, pour dire en un mot, cette générale difficulté demeure toujours, qui est de savoir comment ce qui est corporel se peut faire sentir, et avoir communication avec ce qui n'est pas corporel, et quelle proportion l'on peut établir entre l'un et l'autre.

Je passe sous silence les autres choses que vous poursuivez fort amplement et fort élégamment, pour montrer qu'il y a quelque autre chose que Dieu et vous qui existe dans le monde. Car premièrement vous inférez que vous avez un corps et des facultés corporelles : et en outre qu'il y a plusieurs autres corps autour du vôtre qui envoient leurs espèces dans les organes de vos sens, et passent ainsi de là jusques à vous, lesquelles causent en vous des sentiments de plaisir et de douleur qui vous apprennent ce que vous avez à poursuivre et à éviter en ces corps.

De toutes lesquelles choses vous tirez enfin ce fruit, savoir est que puisque tous les sentiments que vous avez vous rapportent pour l'ordinaire plutôt le vrai que le faux, en ce qui concerne les commodités ou incommodités du corps, vous n'avez plus sujet de craindre que ces choses-là soient fausses que les sens vous montrent tous les jours. Vous en dites de même des songes qui vous arrivent en dormant, lesquels ne pouvant être joints avec toutes les autres actions de votre vie, comme les choses qui vous arrivent lorsque vous veillez, ce qu'il y a de vérité dans vos pensées se doit infailliblement rencontrer en celles que vous avez étant éveillé plutôt qu'en vos songes. « Et de ce que » Dieu n'est point trompeur, il suit, dites-vous, » nécessairement que vous n'êtes point en cela » trompé, et que ce qui vous paroît si manifeste- » ment étant éveillé, ne peut qu'il ne soit entière- » ment vrai. » Or, comme en cela votre piété me semble louable, aussi faut-il avouer que c'est avec grande raison que vous avez fini votre ouvrage par ces paroles, que « la vie de l'homme est sujette à » beaucoup d'erreurs, et qu'il faut par nécessité » reconnoître la foiblesse et l'infirmité de notre » nature. »

Voilà, monsieur, les remarques qui me sont venues en l'esprit touchant vos Méditations : mais je répète ici ce que j'ai dit au commencement, qu'elles ne sont pas de telle importance que vous vous en deviez mettre en peine ; pourceque je n'estime pas que mon jugement soit tel que vous en deviez faire quelque sorte de compte. Car, tout de même que lorsqu'une viande est agréable à mon goût, que je vois désagréable à celui des autres, je ne prétends pas pour cela avoir le goût meilleur qu'un autre, ainsi lorsqu'une opinion me plait, qui ne peut trouver créance en l'esprit d'autrui, je suis fort éloigné de penser que la mienne soit la plus véritable. Je crois bien plutôt qu'il a été fort bien dit, que chacun abonde en son sens; et je tiendrois qu'il y auroit quasi autant d'injustice de vouloir que tout le monde fût d'un même sentiment, que de vouloir que le goût d'un chacun fût semblable. Ce que je dis pour vous assurer que je n'empêche point que vous ne fassiez tel jugement qu'il vous plaira de ces observations, ou même que vous n'en fassiez aucune estime; ce me sera assez si vous reconnoissez l'affection que j'ai à votre service, et si vous faites quelque cas du respect que j'ai pour votre vertu. Peut-être sera-t-il arrivé que j'aurai dit quelque chose un peu trop inconsidérément, comme il n'y a rien où ceux qui disputent se laissent plus aisément emporter : si cela étoit, je le désavoue entièrement, et consens volontiers qu'il soit rayé de mon écrit : car je vous puis protester que mon premier et unique dessein en ceci n'a été que de m'entretenir dans l'honneur de votre amitié, et de me la conserver entière et inviolable. Adieu.

RÉPONSES DE L'AUTEUR

AUX CINQUIÈMES OBJECTIONS.

DESCARTES A M. GASSENDY.

Monsieur,

Vous avez combattu mes Méditations par un discours si élégant et si soigneusement recherché, et qui m'a semblé si utile pour en éclaircir davantage la vérité, que je crois vous devoir beaucoup d'avoir pris la peine d'y mettre la main, et n'être pas peu obligé au révérend père Mersenne de vous avoir excité de l'entreprendre. Car il a très bien reconnu, lui qui a toujours été très curieux de rechercher la vérité, principalement lorsqu'elle peut servir à augmenter la gloire de Dieu, qu'il n'y avoit point de moyen plus propre pour juger de la vérité de mes démonstrations, que de les soumettre à l'examen et à la censure de quelques personnes reconnues pour doctes par-dessus les autres, afin de voir si je pourrois répondre pertinemment à toutes les difficultés qui me pourroient être par eux proposées. A cet effet il en a provoqué plusieurs ; il l'a obtenu de quelques uns, et je me réjouis que vous ayez aussi acquiescé à sa prière. Car, encore que vous n'ayez pas tant employé les raisons d'un philosophe pour réfuter mes opinions que les artifices d'un orateur pour les éluder, cela ne laisse pas de m'être très agréable, et ce d'autant plus, que je conjecture de là qu'il est difficile d'apporter contre moi des raisons différentes de celles qui sont contenues dans les précédentes objections que vous avez lues. Car certainement s'il y en eût eu quelques unes, elles ne vous auroient pas échappé ; et je m'imagine que tout votre dessein en ceci n'a été que de m'avertir des moyens dont ces personnes, de qui l'esprit est tellement plongé et attaché aux sens, qu'ils ne peuvent rien concevoir qu'en imaginant, et qui partant ne sont pas propres pour les spéculations métaphysiques, se pourroient servir pour éluder mes raisons et me donner lieu en même temps de les prévenir. C'est pourquoi ne pensez pas que, vous répondant ici, j'estime répondre à un parfait et subtil philosophe, tel que je sais que vous êtes. Mais, comme si vous étiez du nombre de ces hommes de chair dont vous empruntez le visage, je vous adresserai seulement la réponse que je leur voudrois faire.

DES CHOSES QUI ONT ÉTÉ OBJECTÉES CONTRE LA PREMIÈRE MÉDITATION.

Vous dites que vous approuvez le dessein que j'ai eu de délivrer l'esprit de ses anciens préjugés, qui est tel en effet que personne n'y peut trouver à redire; mais vous voudriez que je m'en fusse acquitté *simplement et en peu de paroles*, c'est-à-dire, en un mot, négligemment et sans tant de précautions : comme si c'étoit une chose si facile que de se délivrer de toutes les erreurs dont nous sommes imbus dès notre enfance, et que l'on pût faire trop exactement ce qu'on ne doute point qu'il ne faille faire. Mais certes je vois bien que vous avez voulu m'indiquer qu'il y en a plusieurs qui disent bien de bouche qu'il faut soigneusement éviter la prévention, mais qui pourtant ne l'évitent jamais, pourcequ'ils ne s'étudient point à s'en défaire, et se persuadent qu'on ne doit point tenir pour des préjugés ce qu'ils ont une fois reçu pour véritable. Certainement vous jouez ici parfaitement bien leur personnage, et n'omettez rien de ce qu'ils me pourroient objecter, mais cependant vous ne dites rien qui sente tant soit peu son philosophe. Car, où vous dites « qu'il n'étoit pas » besoin de feindre un Dieu trompeur, ni que je » dormois, » un philosophe auroit cru être obligé d'ajouter la raison pourquoi cela ne peut être révoqué en doute, ou s'il n'en eût point eu, comme

16.

de vrai il n'y en a point, il se seroit abstenu de le dire. Il n'auroit pas non plus ajouté qu'il suffisoit en ce lieu-là d'alléguer pour raison de notre défiance le peu de lumière de l'esprit humain ou la foiblesse de notre nature; car il ne sert de rien, pour corriger nos erreurs, de dire que nous nous trompons, parceque notre esprit n'est pas beaucoup clairvoyant, ou que notre nature est infirme: car c'est le même que si nous disions que nous errons, parceque nous sommes sujets à l'erreur. Et certes on ne peut pas nier qu'il ne soit plus utile de prendre garde, comme j'ai fait, à toutes les choses où il peut arriver que nous errions, de peur que nous ne leur donnions trop légèrement notre créance. Un philosophe n'auroit pas dit aussi « qu'en tenant toutes choses pour fausses, je ne » me dépouille pas tant de mes anciens préjugés » que je me revêts d'un autre tout nouveau, » ou bien il eût premièrement tâché de montrer qu'une telle supposition nous pouvoit induire en erreur ; mais, tout au contraire, vous assurez un peu après qu'il n'est pas possible que je puisse obtenir cela de moi, que de douter de la vérité et certitude de ces choses que j'ai supposées être fausses, c'est-à-dire que je puisse me revêtir de ce nouveau préjugé dont vous appréhendiez que je me laissasse prévenir. Et un philosophe ne seroit pas plus étonné de cette supposition, que de voir quelquefois une personne qui, pour redresser un bâton qui est courbé, le recourbe de l'autre part; car il n'ignore pas que souvent on prend ainsi des choses fausses pour véritables, afin d'éclaircir davantage la vérité; comme lorsque les astronomes imaginent au ciel un équateur, un zodiaque et d'autres cercles, ou que les géomètres ajoutent de nouvelles lignes à des figures données, et souvent aussi les philosophes en beaucoup de rencontres; et celui qui appelle cela « recourir à une machine, forger des » illusions, chercher des détours et des nouveau- » tés, » et qui dit « que cela est indigne de la can- » deur d'un philosophe et du zèle de la vérité, » montre bien qu'il ne se veut pas lui-même servir de cette candeur philosophique, ni mettre en usage les raisons, mais seulement donner aux choses le fard et les couleurs de la rhétorique.

DES CHOSES QUI ONT ÉTÉ OBJECTÉES CONTRE LA SECONDE MÉDITATION.

Vous continuez ici à nous amuser par des feintes et des déguisements de rhétorique, au lieu de nous payer de bonnes et solides raisons; car vous feignez que je me moque lorsque je parle tout de bon, et vous prenez comme une chose dite sérieusement et avec quelque assurance de vérité ce que je n'ai proposé que par forme d'interrogation et selon l'opinion du vulgaire. Car quand j'ai dit « qu'il falloit tenir pour incertains, ou même pour

» faux, tous les témoignages que nous recevons des » sens, » je l'ai dit tout de bon ; et cela est si nécessaire pour bien entendre mes Méditations, que celui qui ne peut ou qui ne veut pas admettre cela, n'est pas capable de rien dire à l'encontre qui puisse mériter réponse : mais cependant il faut prendre garde à la différence qui est entre les actions de la vie et la recherche de la vérité, laquelle j'ai tant de fois inculquée ; car, quand il est question de la conduite de la vie, ce seroit une chose tout-à-fait ridicule de ne s'en pas rapporter aux sens ; d'où vient qu'on s'est toujours moqué de ces sceptiques, qui négligeoient jusqu'à tel point toutes les choses du monde, que, pour empêcher qu'ils ne se jetassent eux-mêmes dans des précipices, ils devoient être gardés par leurs amis ; et c'est pour cela que j'ai dit en quelque part « qu'une personne de bon » sens ne pouvoit douter sérieusement de ces « choses : » mais lorsqu'il s'agit de la recherche de la vérité, et de savoir quelles choses peuvent être certainement connues par l'esprit humain, il est sans doute du tout contraire à la raison de ne vouloir pas rejeter sérieusement ces choses-là comme incertaines, ou même aussi comme fausses, afin de remarquer que celles qui ne peuvent pas être ainsi rejetées, sont en cela même plus assurées, et à notre égard plus connues et plus certaines.

Quant à ce que j'ai dit, que « je ne connoissois

» pas encore assez ce que c'est qu'une chose qui » pense, » il n'est pas vrai, comme vous dites, que je l'aie dit tout de bon, car je l'ai expliqué en son lieu ; ni même que j'aie dit que je ne doutois nullement en quoi consistoit la nature du corps, et que je ne lui attribuois point la faculté de se mouvoir soi-même ; ni aussi que j'imaginois l'âme comme un vent ou un feu, et autres choses semblables, que j'ai seulement rapportées en ce lieu-là, selon l'opinion du vulgaire, pour faire voir par après qu'elles étoient fausses. Mais avec quelle fidélité dites-vous que « je rapporte à l'âme les » facultés de marcher, de sentir, d'être nourri, etc., » afin que vous ajoutiez immédiatement après ces paroles : « Je vous accorde tout cela, pourvu que » nous nous donnions de garde de votre distinction » d'entre l'esprit et le corps ? » car en ce lieu-là même j'ai dit en termes exprès que la nutrition ne devoit être rapportée qu'au corps ; et pour ce qui est du sentiment et du marcher, je les rapporte aussi, pour la plus grande partie, au corps, et je n'attribue rien à l'âme, de ce qui les concerne, que cela seul qui est une pensée.

De plus, quelle raison avez-vous de dire « qu'il » n'étoit pas besoin d'un si grand appareil pour » prouver mon existence ? » Certes je pense avoir fort bonne raison de conjecturer de vos paroles mêmes que l'appareil dont je me suis servi n'a pas encore été assez grand, puisque je n'ai pu faire encore que vous comprissiez bien ma pensée; car, quand vous dites que j'eusse pu conclure la même chose de chacune autre de mes actions indifféremment, vous vous méprenez bien fort, pourcequ'il n'y en a pas une de laquelle je sois entièrement certain, j'entends de cette certitude métaphysique de laquelle seule il est ici question, excepté la pensée. Car, par exemple, cette conséquence ne seroit pas bonne, *je me promène, donc je suis*, sinon en tant que la connoissance intérieure que j'en ai est une pensée, de laquelle seule cette conclusion est certaine, non du mouvement du corps, lequel parfois peut être faux, comme dans nos songes, quoiqu'il nous semble alors que nous nous promenions; de façon que de ce que je pense me promener je puis fort bien inférer l'existence de mon esprit, qui a cette pensée, mais non celle de mon corps, lequel se promène. Il en est de même de tous les autres.

¹ Vous commencez ensuite par une figure de rhétorique assez agréable, qu'on nomme prosopopée, à m'interroger non plus comme un homme tout entier, mais comme une âme séparée du corps; en quoi il semble que vous ayez voulu m'avertir que ces objections ne partent pas de l'esprit d'un subtil philosophe, mais de celui d'un

---

¹ Voyez cinquièmes objections, page 95 de ce volume.

homme attaché au sens et à la chair. Dites-moi donc, je vous prie, ô chair, ou qui que vous soyez et quel que soit le nom dont vous voulez qu'on vous appelle, avez-vous si peu de commerce avec l'esprit que vous n'ayez pu remarquer l'endroit où j'ai corrigé cette imagination du vulgaire par laquelle on feint que la chose qui pense est semblable au vent ou à quelque autre corps de cette sorte? Car je l'ai sans doute corrigée, lorsque j'ai fait voir que l'on peut supposer qu'il n'y a point de vent, point de feu, ni aucun autre corps au monde, et que néanmoins, sans changer cette supposition, toutes les choses par quoi je connois que je suis une chose qui pense ne laissent pas de demeurer en leur entier. Et partant toutes les questions que vous me faites ensuite, par exemple, « Pourquoi ne » pourrois-je donc pas être un vent? Pourquoi ne » pas remplir un espace? Pourquoi n'être pas mu » en plusieurs façons? » et autres semblables, sont si vaines et inutiles qu'elles n'ont pas besoin de réponse.

Ce que vous ajoutez ensuite n'a pas plus de force, à savoir [1] « si je suis un corps subtil et délié, » pourquoi ne pourrois-je pas être nourri, » et le reste. Car je nie absolument que je sois un corps. Et pour terminer une fois pour toutes ces difficultés, parceque vous m'objectez quasi tou-

---

[1] Voyez cinquièmes objections, page 97 de ce volume.

jours la même chose, et que vous ne combattez pas mes raisons, mais que les dissimulant comme si elles étoient de peu de valeur, ou que les rapportant imparfaites et défectueuses, vous prenez de là occasion de me faire plusieurs objections, que les personnes peu versées en la philosophie ont coutume d'opposer à mes conclusions, ou à d'autres qui leur ressemblent ou même qui n'ont rien de commun avec elles, lesquelles ou sont éloignées du sujet, ou ont déjà été en leur lieu réfutées et résolues; il n'est pas nécessaire que je réponde à chacune de vos demandes, autrement il faudroit répéter cent fois les mêmes choses que j'ai ci-devant écrites. Mais je satisferai seulement en peu de paroles à celles qui me sembleront pouvoir arrêter des personnes un peu entendues. Et pour ceux qui ne s'attachent pas tant à la force des raisons qu'à la multitude des paroles, je ne fais pas tant de cas de leur approbation que je veuille perdre le temps en discours inutiles pour l'acquérir.

Premièrement donc, je remarquerai ici qu'on ne vous croit pas quand vous avancez si hardiment et sans aucune preuve que l'esprit croît et s'affoiblit avec le corps; car de ce qu'il n'agit pas si parfaitement dans le corps d'un enfant que dans celui d'un homme parfait, et que souvent ses actions peuvent être empêchées par le vin et par d'autres choses corporelles, il s'ensuit seulement que tandis qu'il est uni au corps il s'en sert comme d'un instrument pour faire ces sortes d'opérations auxquelles il est pour l'ordinaire occupé ; mais non pas que le corps le rende plus ou moins parfait qu'il est en soi : et la conséquence que vous tirez de là n'est pas meilleure que si, de ce qu'un artisan ne travaille pas bien toutes les fois qu'il se sert d'un mauvais outil, vous inferiez qu'il emprunte son adresse et la science de son art de la bonté de son instrument.

Il faut aussi remarquer qu'il ne semble pas, ô chair, que vous sachiez en façon quelconque ce que c'est que d'user de raison, puisque, pour prouver que le rapport et la foi de mes sens ne me doivent point être suspects, vous dites que, « quoique sans » me servir de l'œil il m'ait semblé quelquefois que » je sentois des choses qui ne se peuvent sentir sans » lui, je n'ai pas néanmoins toujours expérimenté » la même fausseté : » comme si ce n'étoit pas un fondement suffisant pour douter d'une chose que d'y avoir une fois reconnu de l'erreur, et comme s'il se pouvoit faire que toutes les fois que nous nous trompons nous pussions nous en apercevoir : vu qu'au contraire l'erreur ne consiste qu'en ce qu'elle ne paroît pas comme telle. Enfin, parceque vous me demandez souvent des raisons lorsque vous n'en avez vous-même aucune, et que c'est néanmoins à vous d'en avoir, je suis obligé de vous avertir que pour bien philosopher il n'est pas besoin de prouver que toutes ces choses-là sont fausses que nous ne recevons pas pour vraies, à cause que leur vérité ne nous est pas connue; mais il faut seulement prendre garde très soigneusement de ne rien recevoir pour véritable que nous ne puissions démontrer être tel. Et ainsi quand j'aperçois que je suis une substance qui pense, et que je forme un concept clair et distinct de cette substance dans lequel il n'y a rien de contenu de tout ce qui appartient à celui de la substance corporelle, cela me suffit pleinement pour assurer qu'en tant que je me connois je ne suis rien qu'une chose qui pense, et c'est tout ce que j'ai assuré dans la seconde Méditation, de laquelle il s'agit maintenant: et je n'ai pas dû admettre que cette substance qui pense fût un corps subtil, pur, délié, etc., d'autant que je n'ai eu lors aucune raison qui me le persuadât; si vous en avez quelqu'une, c'est à vous de nous l'enseigner, et non pas d'exiger de moi que je prouve qu'une chose est fausse, que je n'ai point eu d'autre raison pour ne la pas admettre qu'à cause qu'elle m'étoit inconnue. Car vous faites le même que si, disant que je suis maintenant en Hollande, vous disiez que je ne dois pas être cru si je ne prouve en même temps que je ne suis pas en la Chine, ni en aucune autre partie du monde, d'autant que peut-être il se peut faire qu'un même corps par la toute-puissance de Dieu soit en plusieurs lieux. Et lorsque vous ajoutez que je dois aussi prouver que les âmes des bêtes ne sont pas corporelles, et que le corps ne contribue rien à la pensée, vous faites voir que non seulement vous ignorez à qui appartient l'obligation de prouver une chose, mais aussi que vous ne savez pas ce que chacun doit prouver; car pour moi je ne crois point ni que les âmes des bêtes ne soient pas corporelles, ni que le corps ne contribue rien à la pensée; mais seulement je dis que ce n'est pas ici le lieu d'examiner ces choses.

¹ L'obscurité que vous trouvez ici est fondée sur l'équivoque qui est dans le mot d'*âme*, mais je l'ai tant de fois nettement éclaircie que j'ai honte de le répéter ici; c'est pourquoi je dirai seulement que les noms ont été pour l'ordinaire imposés par des personnes ignorantes, ce qui fait qu'ils ne conviennent pas toujours assez proprement aux choses qu'ils signifient; néanmoins, depuis qu'ils sont une fois reçus, il ne nous est pas libre de les changer, mais seulement nous pouvons corriger leurs significations, quand nous voyons qu'elles ne sont pas bien entendues. Ainsi, d'autant que peut-être les premiers auteurs des noms n'ont pas distingué en nous ce principe par lequel nous sommes nourris, nous croissons et faisons sans la pensée toutes les

---

¹ Voyez cinquièmes objections, page 99 de ce volume.

autres fonctions qui nous sont communes avec les bêtes, d'avec celui par lequel nous pensons, ils ont appelé l'un et l'autre du seul nom d'*âme*, et voyant puis après que la pensée étoit différente de la nutrition, ils ont appelé du nom d'*esprit* cette chose qui en nous a la faculté de penser, et ont cru que c'étoit la principale partie de l'âme. Mais moi, venant à prendre garde que le principe par lequel nous sommes nourris est entièrement distingué de celui par lequel nous pensons, j'ai dit que le nom d'*âme*, quand il est pris conjointement pour l'un et pour l'autre, est équivoque, et que pour le prendre précisément pour *cet acte premier, ou cette forme principale de l'homme*, il doit être seulement entendu de ce principe par lequel nous pensons; aussi l'ai-je le plus souvent appelé du nom d'*esprit*, pour ôter cette équivoque et ambiguïté. Car je ne considère pas l'*esprit* comme une partie de l'âme, mais comme cette âme tout entière qui pense.

Mais, dites-vous, vous êtes en peine de savoir « si je n'estime donc point que l'âme pense toujours. » Mais pourquoi ne penseroit-elle pas toujours, puisqu'elle est une substance qui pense ? Et quelle merveille y a-t-il de ce que nous ne nous ressouvenons pas des pensées que nous avons eues dans le ventre de nos mères, ou pendant une léthargie, etc., puisque nous ne nous ressouvenons pas même de plusieurs pensées que nous savons fort bien avoir eues étant adultes, sains et éveillés : dont la raison est que, pour se ressouvenir des pensées que l'esprit a une fois conçues tandis qu'il est conjoint au corps, il est nécessaire qu'il en reste quelques vestiges imprimés dans le cerveau, vers lesquels l'esprit se tournant, et appliquant à eux sa pensée, il vient à se ressouvenir ; or qu'y a-t-il de merveilleux, si le cerveau d'un enfant ou d'un léthargique n'est pas propre pour recevoir de telles impressions ?

Enfin, où j'ai dit que «[1] peut-être il se pouvoit faire que ce que je ne connois pas encore (à savoir mon corps) n'est point différent de moi que je connois (à savoir de mon esprit), que je n'en sais rien, que je ne dispute pas de cela, etc.,» vous m'objectez, «Si vous ne le savez pas, si vous ne disputez pas de cela, pourquoi dites-vous que vous n'êtes rien de tout cela ?» Où il n'est pas vrai que j'aie rien avancé que je ne susse ; car, tout au contraire, parceque je ne savois pas lors si le corps étoit une même chose que l'esprit ou s'il ne l'étoit pas, je n'en ai rien voulu avancer, mais j'ai seulement considéré l'esprit, jusqu'à ce qu'enfin, dans la sixième Méditation, je n'ai pas simplement avancé, mais j'ai démontré très clairement qu'il étoit réellement distingué du corps. Mais vous manquez vous-même en cela beaucoup, que n'ayant pas la moindre raison

[1] Voyez cinquièmes objections, page 101 de ce volume.

pour montrer que l'esprit n'est point distingué du corps, vous ne laissez pas de l'avancer sans aucune preuve.

Ce que j'ai dit de l'imagination est assez clair si l'on veut y prendre garde, mais ce n'est pas merveille si cela semble obscur[1] à ceux qui ne méditent jamais, et qui ne font aucune réflexion sur ce qu'ils pensent. Mais j'ai à les avertir que les choses que j'ai assuré ne point appartenir à cette connoissance que j'ai de moi-même, ne répugnent point avec celles que j'avois dit auparavant ne savoir pas si elles appartenoient à mon essence; d'autant que ce sont deux choses entièrement différentes, appartenir à mon essence, et appartenir à la connoissance que j'ai de moi-même.

[2] Tout ce que vous alléguez ici, ô très bonne chair, ne me semble pas tant des objections que quelques murmures qui n'ont pas besoin de repartie.

[3] Vous continuez encore ici vos murmures, mais il n'est pas nécessaire que je m'y arrête davantage que j'ai fait aux autres; car toutes les questions que vous faites des bêtes sont hors de propos, et ce n'est pas ici le lieu de les examiner; d'autant que l'esprit méditant en soi-même, et faisant réflexion sur ce qu'il est, peut bien expéri-

---

[1] Voyez cinquièmes objections, page 103 de ce volume. — [2] Voyez ibid., page 104 de ce volume. — [3] Voyez ibid., page 108 de ce volume.

menter qu'il pense, mais non pas si les bêtes ont des pensées ou si elles n'en ont pas, et il n'en peut rien découvrir que lorsque, examinant leurs opérations, il remonte des effets vers leurs causes. Je ne m'arrête pas non plus à réfuter les lieux où vous me faites parler impertinemment, parcequ'il me suffit d'avoir une fois averti le lecteur que vous ne gardez pas toute la fidélité qui est due au rapport des paroles d'autrui. Mais j'ai souvent apporté la véritable marque par laquelle nous pouvons connoître que l'esprit est différent du corps, qui est que toute l'essence ou toute la nature de l'esprit consiste seulement à penser, là où toute la nature du corps consiste seulement en ce point, que le corps est une chose étendue, et aussi qu'il n'y a rien du tout de commun entre la pensée et l'extension. J'ai souvent aussi fait voir fort clairement que l'esprit peut agir indépendamment du cerveau; car il est certain qu'il est de nul usage lorsqu'il s'agit de former des actes d'une pure intellection, mais seulement quand il est question de sentir ou d'imaginer quelque chose; et bien que, lorsque le sentiment ou l'imagination est fortement agitée, comme il arrive quand le cerveau est troublé, l'esprit ne puisse pas facilement s'appliquer à concevoir d'autres choses, nous expérimentons néanmoins que, lorsque notre imagination n'est pas si forte, nous ne laissons pas souvent de concevoir quelque chose d'entièrement différent de ce que nous imaginons ; comme lorsqu'au milieu de nos songes nous apercevons que nous rêvons : car alors c'est bien un effet de notre imagination de ce que nous rêvons, mais c'est un ouvrage qui n'appartient qu'à l'entendement seul de nous faire apercevoir de nos rêveries.

¹ Ici, comme souvent ailleurs, vous faites voir seulement que vous n'entendez pas ce que vous tâchez de reprendre; car je n'ai point fait abstraction du concept de la cire d'avec celui de ses accidents, mais plutôt j'ai voulu montrer comment sa substance est manifestée par les accidents, et combien sa perception, quand elle est claire et distincte, et qu'une exacte réflexion nous l'a rendue manifeste, diffère de la vulgaire et confuse. Et je ne vois pas, ô chair, sur quel argument vous vous fondez pour assurer avec tant de certitude qu'un chien discerne et juge de la même façon que nous, sinon parceque, voyant qu'il est aussi composé de chair, vous vous persuadez que les mêmes choses qui sont en vous se rencontrent aussi en lui; pour moi, qui ne reconnois dans un chien aucun esprit, je ne pense pas qu'il y ait rien en lui de semblable aux choses qui appartiennent à l'esprit.

Je m'étonne que vous avouiez que toutes les

---

¹ Voyez cinquièmes objections, page 114 de ce volume.

choses que je considère en la cire prouvent bien que je connois distinctement que je suis, mais non pas quel je suis ou quelle est ma nature, vu que l'un ne se démontre point sans l'autre. Et je ne vois pas ce que vous pouvez désirer de plus touchant cela, sinon qu'on vous dise de quelle couleur, de quelle odeur et de quelle saveur est l'esprit humain, ou de quel sel, soufre et mercure il est composé; car vous voulez que, comme par une espèce d'opération chimique, à l'exemple du vin, nous le passions par l'alambic, pour savoir ce qui entre en la composition de son essence. Ce qui certes est digne de vous, ô chair, et de tous ceux qui, ne concevant rien que fort confusément, ne savent pas ce que l'on doit rechercher de chaque chose. Mais, quant à moi, je n'ai jamais pensé que pour rendre une substance manifeste, il fût besoin d'autre chose que de découvrir ses divers attributs; en sorte que plus nous connoissons d'attributs de quelque substance, plus parfaitement aussi nous en connoissons la nature; et tout ainsi que nous pouvons distinguer plusieurs divers attributs dans la cire, l'un qu'elle est blanche, l'autre qu'elle est dure, l'autre que de dure elle devient liquide, etc., de même y en a-t-il autant en l'esprit, l'un qu'il a la vertu de connoître la blancheur de la cire, l'autre qu'il a la vertu d'en connoître la dureté, l'autre qu'il peut connoître le changement de cette dureté ou la liquéfaction, etc.; car tel peut connoître la dureté qui pour cela ne connoîtra pas la blancheur, comme un aveugle-né, et ainsi du reste; d'où l'on voit clairement qu'il n'y a point de chose dont on connoisse tant d'attributs que de notre esprit, pourcequ'autant qu'on en connoît dans les autres choses, on en peut autant compter dans l'esprit de ce qu'il les connoît; et partant sa nature est plus connue que celle d'aucune autre chose.

Enfin, vous me reprenez ici en passant de ce que, n'ayant rien admis en moi que l'esprit, je parle néanmoins de la cire que je vois et que je touche, ce qui toutefois ne se peut faire sans yeux ni sans mains; mais vous avez dû remarquer que j'ai expressément averti qu'il ne s'agissoit pas ici de la vue ou du toucher, qui se font par l'entremise des organes corporels, mais de la seule pensée de voir et de toucher, qui n'a pas besoin de ces organes, comme nous expérimentons toutes les nuits dans nos songes : et certes vous l'avez fort bien remarqué; mais vous avez seulement voulu faire voir combien d'absurdités et d'injustes cavillations sont capables d'inventer ceux qui ne travaillent pas tant à bien concevoir une chose qu'à l'impugner et contredire.

DES CHOSES QUI ONT ÉTÉ OBJECTÉES CONTRE LA TROISIÈME MÉDITATION.

¹ Courage ; enfin vous apportez ici contre moi quelque raison, ce que je n'ai point remarqué que vous ayez fait jusques ici : car, pour prouver que ce n'est point une règle certaine, que « les choses » que nous concevons fort clairement et fort dis- » tinctement sont toutes vraies » vous dites que quantité de grands esprits, qui semblent avoir dû connoître plusieurs choses fort clairement et fort distinctement, ont estimé que la vérité étoit cachée dans le sein de Dieu même, ou dans le profond des abîmes : en quoi j'avoue que c'est fort bien argumenter de l'autorité d'autrui ; mais vous devriez vous souvenir, ô chair, que vous parlez ici à un esprit qui est tellement détaché des choses corporelles qu'il ne sait pas même si jamais il y a eu aucuns hommes avant lui, et qui partant ne s'émeut pas beaucoup de leur autorité. Ce que vous alléguez ensuite des sceptiques est un lieu commun qui n'est pas mauvais, mais qui ne prouve rien, non plus que ce que vous dites qu'il y a des personnes qui mourroient pour la défense de leurs fausses opinions, parcequ'on ne sauroit prouver qu'ils conçoivent clairement et distinctement ce qu'ils assurent avec tant d'opiniâtreté. Enfin, ce que vous ajoutez, qu'il ne faut pas tant se travail-

¹ Voyez cinquièmes objections, page 123 de ce volume.

ler à confirmer la vérité de cette règle qu'à donner une bonne méthode pour connoître si nous nous trompons ou non lorsque nous pensons concevoir clairement quelque chose, est très véritable; mais aussi je maintiens l'avoir fait exactement en son lieu : premièrement, en ôtant les préjugés; puis après, en expliquant toutes les principales idées: et enfin, en distinguant les claires et distinctes de celles qui sont obscures et confuses.

Certes j'admire votre raisonnement, par lequel vous voulez prouver que toutes nos idées sont étrangères ou viennent de dehors, et qu'il n'y en a point que nous ayons formée, «[1] pourceque, » dites-vous, l'esprit n'a pas seulement la faculté » de concevoir les idées étrangères; mais il a aussi » celle de les assembler, diviser, étendre, raccourcir, » composer, etc., en plusieurs manières : » d'où vous concluez que l'idée d'une chimère que l'esprit fait en composant, divisant, etc., n'est pas faite par lui, mais qu'elle vient de dehors ou qu'elle est étrangère. Mais vous pourriez aussi de la même façon prouver que Praxitèle n'a fait aucunes statues, d'autant qu'il n'a pas eu de lui le marbre sur lequel il les pût tailler; et l'on pourroit aussi dire que vous n'avez pas fait ces objections, pourceque vous les avez composées de paroles que vous n'avez pas inventées, mais que vous avez empruntées

[1] Voyez cinquièmes objections, page 128 de ce volume.

d'autrui. Mais certes ni la forme d'une chimère ne consiste pas dans les parties d'une chèvre ou d'un lion, ni celle de vos objections dans chacune des paroles dont vous vous êtes servi, mais seulement dans la composition et l'arrangement de ces choses. J'admire aussi que vous souteniez que l'idée de ce qu'on nomme en général *une chose* ne puisse être en l'esprit, « si les idées d'un animal, d'une plante, » d'une pierre et de tous les universaux n'y sont » ensemble: » comme si, pour connoître que je suis une chose qui pense, je devois connoître les animaux et les plantes, pourceque je dois connoître ce qu'on nomme *une chose*, ou bien ce que c'est en général qu'*une chose*.

Vous n'êtes pas aussi plus véritable en tout ce que vous dites touchant la vérité.

Et enfin, puisque vous impugnez seulement des choses dont je n'ai rien affirmé, vous vous armez en vain contre des fantômes.

Pour réfuter les raisons pour lesquelles j'ai estimé que l'on pouvoit douter de l'existence des choses matérielles, vous demandez ici « pour- » quoi donc je marche sur la terre, etc., '» en quoi il est évident que vous retombez dans la première difficulté; car vous posez pour fondement ce qui est en controverse, et qui a besoin de preuve, savoir est qu'il est si certain que je mar-

---

[1] Voyez cinquièmes objections, page 132 de ce volume.

che sur la terre, qu'on n'en peut aucunement douter.

Et lorsqu'aux objections que je me suis faites, et dont j'ai donné la solution, vous voulez y ajouter cette autre, à savoir « [1] pourquoi donc dans un » aveugle-né n'y a-t-il point d'idée de la couleur, » ou dans un sourd des sons et de la voix ? » vous faites bien voir que vous n'en avez aucune de conséquence ; car comment savez-vous que dans un aveugle-né il n'y a aucune idée des couleurs ? Vu que parfois nous expérimentons qu'encore bien que nous ayons les yeux fermés il s'excite néanmoins en nous des sentiments de couleur et de lumière ; et, quoiqu'on vous accordât ce que vous dites, celui qui nieroit l'existence des choses matérielles n'auroit-il pas aussi bonne raison de dire qu'un aveugle-né n'a point les idées des couleurs parceque son esprit est privé de la faculté de les former, que vous en avez de dire qu'il n'en a point les idées parcequ'il est privé de la vue ?

[2] Ce que vous ajoutez des deux idées du soleil ne prouve rien ; mais quand vous les prenez toutes deux pour une seule, parcequ'elles se rapportent au même soleil, c'est le même que si vous disiez que le vrai et le faux ne diffèrent point lorsqu'ils se disent d'une même chose ; et lorsque vous niez

---

[1] Voyez cinquièmes objections, page 134 de ce volume. — [2] Voyez ibid.

que l'on doive appeler du nom d'idée celle que nous inférons des raisons de l'astronomie, vous restreignez le nom d'idée aux seules images dépeintes en la fantaisie, contre ce que j'ai expressément établi.

¹ Vous faites le même lorsque vous niez qu'on puisse avoir une vraie idée de la substance, à cause, dites-vous, que la substance ne s'aperçoit point par l'imagination, mais par le seul entendement : mais j'ai déjà plusieurs fois protesté, ô chair, que je ne voulois point avoir affaire avec ceux qui ne se veulent servir que de l'imagination, et non point de l'entendement.

Mais où vous dites que « l'idée de la substance » n'a point de réalité qu'elle n'ait emprunté des » idées des accidents, sous lesquels ou à la façon » desquels elle est conçue, » vous faites voir clairement que vous n'en avez aucune qui soit distincte, pourceque la substance ne peut jamais être conçue à la façon des accidents, ni emprunter d'eux sa réalité : mais, tout au contraire, les accidents sont communément conçus par les philosophes comme des substances, savoir lorsqu'ils les conçoivent comme réels ; car on ne peut attribuer aux accidents aucune réalité, c'est-à-dire aucune entité plus que modale, qui ne soit empruntée de l'idée de la substance.

---

¹ Voyez cinquièmes objections, page 137 de ce volume.

Enfin, là où vous dites que « ¹ nous ne formons » l'idée de Dieu que sur ce que nous avons appris » et entendu des autres, » lui attribuant, à leur exemple, les mêmes perfections que nous avons vu que les autres lui attribuoient, j'eusse voulu que vous eussiez aussi ajouté d'où c'est donc que ces premiers hommes, de qui nous avons appris et entendu ces choses, ont eu cette même idée de Dieu. Car s'ils l'ont eue d'eux-mêmes, pourquoi ne la pourrons-nous pas avoir de nous-mêmes? Que si Dieu la leur a révélée, par conséquent Dieu existe.

Et lorsque vous ajoutez que « ² celui qui dit une » chose infinie donne à une chose qu'il ne com- » prend pas un nom qu'il n'entend point non plus, » vous ne mettez point de distinction entre l'intellection conforme à la portée de notre esprit, telle que chacun reconnoît assez en soi-même avoir de l'infini, et la conception entière et parfaite des choses, c'est-à-dire qui comprenne tout ce qu'il y a d'intelligible en elles, qui est telle que personne n'en eut jamais non seulement de l'infini, mais même aussi peut-être d'aucune autre chose qui soit au monde, pour petite qu'elle soit; et il n'est pas vrai que nous concevions l'infini par la négation du fini, vu qu'au contraire toute limitation contient en soi la négation de l'infini.

¹ Voyez cinquièmes objections, page 140 de ce volume.

Il n'est pas vrai aussi que « ¹ l'idée qui nous repré-
» sente toutes les perfections que nous attribuons à
» Dieu n'a pas plus de réalité objective qu'en ont
» les choses finies. » Car vous confessez vous-même
que toutes ces perfections sont amplifiées par notre
esprit, afin qu'elles puissent être attribuées à Dieu :
pensez-vous donc que les choses ainsi amplifiées
ne soient point plus grandes que celles qui ne le
sont point? et d'où nous peut venir cette faculté
d'amplifier toutes les perfections créées, c'est-à-
dire de concevoir quelque chose de plus grand et
de plus parfait qu'elles ne sont, sinon de cela seul
que nous avons en nous l'idée d'une chose plus
grande, à savoir de Dieu même? Et enfin il n'est pas
vrai aussi que Dieu seroit très peu de chose s'il
n'étoit point plus grand que nous le concevons ;
car nous concevons qu'il est infini, et il ne peut y
avoir rien de plus grand que l'infini. Mais vous
confondez l'intellection avec l'imagination ; et vous
feignez que nous imaginons Dieu comme quelque
grand et puissant géant, ainsi que feroit celui qui,
n'ayant jamais vu d'éléphant, s'imagineroit qu'il est
semblable à un ciron d'une grandeur et grosseur
démesurée ; ce que je confesse avec vous être fort
impertinent.

² Vous dites ici beaucoup de choses pour faire

¹ Voyez cinquièmes objections, page 140 de ce volume. — ² Voyez
ibid., page 142 de ce volume.

semblant de me contredire, et néanmoins vous ne dites rien contre moi, puisque vous concluez la même chose que moi. Mais néanmoins vous entremêlez par ci par là plusieurs choses dont je ne demeure pas d'accord; par exemple, que cet axiome, *il n'y a rien dans un effet qui n'ait été premièrement dans sa cause*, se doit plutôt entendre de la cause matérielle que de l'efficiente; car il est impossible de concevoir que la perfection de la forme préexiste dans la cause matérielle, mais bien dans la seule cause efficiente, et aussi que *la réalité formelle d'une idée soit une substance*, et plusieurs autres choses semblables.

Si vous aviez quelques raisons pour prouver l'existence des choses matérielles, sans doute que vous les eussiez ici rapportées. Mais puisque vous demandez seulement « ¹ s'il est donc vrai que je sois » incertain qu'il y ait quelque autre chose que moi » qui existe dans le monde, » et que vous feignez qu'il n'est pas besoin de chercher des raisons d'une chose si évidente, et ainsi que vous vous en rapportiez seulement à vos anciens préjugés, vous faites voir bien plus clairement que vous n'avez aucune raison pour prouver ce que vous assurez que si vous n'en aviez rien dit du tout. Quant à ce que vous dites touchant les idées, cela n'a pas besoin de réponse, pourceque vous restreignez le nom

---

¹ Voyez cinquièmes objections, page 146 de ce volume.

d'idée aux seules images dépeintes en la fantaisie, et moi je l'étends à tout ce que nous concevons par la pensée.

Mais je vous demande, en passant, par quel argument vous prouvez que «[1] rien n'agit sur soi-»même.» Car ce n'est pas votre coutume d'user d'arguments et de prouver ce que vous dites. Vous prouvez cela par l'exemple du doigt qui ne se peut frapper soi-même, et de l'œil qui ne se peut voir, si ce n'est dans un miroir : à quoi il est aisé de répondre que ce n'est point l'œil qui se voit lui-même, ni le miroir, mais bien l'esprit, lequel seul connoît et le miroir, et l'œil, et soi-même. On peut même aussi donner d'autres exemples, parmi les choses corporelles, de l'action qu'une chose exerce sur soi, comme lorsqu'un sabot se tourne sur soi-même; cette conversion n'est-elle pas une action qu'il exerce sur soi ?

[2] Enfin il faut remarquer que je n'ai point affirmé que «les idées des choses matérielles dérivoient de »l'esprit,» comme vous me voulez ici faire accroire; car j'ai montré expressément après qu'elles procédoient souvent des corps, et que c'est par là que l'on prouve l'existence des choses corporelles; mais j'ai seulement fait voir en cet endroit-là qu'il n'y a point en elles tant de réalité, qu'à cause de cette

---

[1] Voyez cinquièmes objections, page 148 de ce volume. — [2] Voyez ibid. page 150 de ce volume.

maxime, « il n'y a rien dans un effet qui n'ait été dans sa cause, formellement ou éminemment, » on doive conclure qu'elles n'ont pu dériver de l'esprit seul; ce que vous n'impugnez en aucune façon.

¹ Vous ne dites rien ici que vous n'ayez déjà dit auparavant, et que je n'aie entièrement réfuté. Je vous avertirai seulement ici¹, touchant l'idée de l'infini, laquelle vous dites ne pouvoir être vraie si je ne comprends l'infini, et que ce que j'en connois n'est tout au plus qu'une partie de l'infini, et même une fort petite partie, qui ne représente pas mieux l'infini que le portrait d'un simple cheveu représente un homme tout entier; je vous avertirai, dis-je, qu'il répugne que je comprenne quelque chose, et que ce que je comprends soit infini : car pour avoir une idée vraie de l'infini, il ne doit en aucune façon être compris, d'autant que l'incompréhensibilité même est contenue dans la raison formelle de l'infini; et néanmoins c'est une chose manifeste que l'idée que nous avons de l'infini ne représente pas seulement une de ses parties, mais l'infini tout entier, selon qu'il doit être représenté par une idée humaine; quoiqu'il soit certain que Dieu ou quelque autre nature intelligente en puisse avoir une autre beaucoup plus parfaite, c'est-à-dire beaucoup plus exacte et plus distincte que celle que les hommes en ont, en même façon que nous disons

---
¹ Voyez cinquièmes objections, page 154 de ce volume.

que celui qui n'est pas versé dans la géométrie ne laisse pas d'avoir l'idée de tout le triangle, lorsqu'il le conçoit comme une figure composée de trois lignes, quoique les géomètres puissent connoître plusieurs autres propriétés du triangle, et remarquer quantité de choses dans son idée que celui-là n'y observe pas. Car comme il suffit de concevoir une figure composée de trois lignes pour avoir l'idée de tout le triangle, de même il suffit de concevoir une chose qui n'est renfermée d'aucunes limites pour avoir une vraie et entière idée de tout l'infini.

[1] Vous tombez ici dans la même erreur lorsque vous niez que nous puissions avoir une vraie idée de Dieu : car, encore que nous ne connoissions pas toutes les choses qui sont en Dieu, néanmoins tout ce que nous connoissons être en lui est entièrement véritable. Quant à ce que vous dites, que « le » pain n'est pas plus parfait que celui qui le désire, » et que, de ce que je conçois que quelque chose est » actuellement contenue dans une idée, il ne s'en» suit pas qu'elle soit actuellement dans la chose » dont elle est l'idée, et aussi que je donne juge» ment de ce que j'ignore, » et autres choses semblables ; tout cela, dis-je, nous montre seulement que vous voulez témérairement impugner plusieurs choses dont vous ne comprenez pas le sens : car, de

---

[1] Voyez cinquièmes objections, page 156 et suiv. de ce volume.

ce que quelqu'un désire du pain, on n'infère pas que le pain soit plus parfait que lui, mais seulement que celui qui a besoin de pain est moins parfait que lorsqu'il n'en a pas besoin. Et, de ce que quelque chose est contenue dans une idée, je ne conclus pas que cette chose existe actuellement, sinon lorsqu'on ne peut assigner aucune autre cause de cette idée, que cette chose même qu'elle représente actuellement existante; ce que j'ai démontré ne se pouvoir dire de plusieurs mondes, ni d'aucune autre chose que ce soit, excepté de Dieu seul. Et je ne juge point non plus de ce que j'ignore, car j'ai apporté les raisons du jugement que je faisois, qui sont telles que vous n'avez encore pu jusques ici en réfuter la moindre.

' Lorsque vous niez que nous ayons besoin du concours et de l'influence continuelle de la cause première pour être conservés, vous niez une chose que tous les métaphysiciens affirment comme très manifeste, mais à laquelle les personnes peu lettrées ne pensent pas souvent, parcequ'elles portent seulement leurs pensées sur ces causes qu'on appelle en l'école *secundum fieri*, c'est-à-dire de qui les effets dépendent quant à leur production, et non pas sur celles qu'ils appellent *secundum esse*, c'est-à-dire de qui les effets dépendent quant à leur subsistance et continuation dans l'être. Ainsi l'ar-

---

' Voyez cinquièmes objections, page 162 de ce volume.

chitecte est la cause de la maison, et le père la cause de son fils, quant à la production seulement; c'est pourquoi l'ouvrage étant une fois achevé, il peut subsister et demeurer sans cette cause: mais le soleil est la cause de la lumière qui procède de lui; et Dieu est la cause de toutes les choses créées, non seulement en ce qui dépend de leur production, mais même en ce qui concerne leur conservation ou leur durée dans l'être. C'est pourquoi il doit toujours agir sur son effet d'une même façon pour le conserver dans le premier être qu'il lui a donné. Et cela se démontre fort clairement par ce que j'ai expliqué de l'indépendance des parties du temps, ce que vous tâchez en vain d'éluder, en proposant la nécessité de la suite qui est entre les parties du temps considéré dans l'abstrait, de laquelle il n'est pas ici question, mais seulement du temps ou de la durée de la chose même, de qui vous ne pouvez pas nier que tous les moments ne puissent être séparés de ceux qui les suivent immédiatement, c'est-à-dire qu'elle ne puisse cesser d'être dans chaque moment de sa durée.

Et lorsque vous dites «[1] qu'il y a en nous assez de » vertu pour nous faire persévérer au cas que quelque » cause corruptive ne survienne, » vous ne prenez pas garde que vous attribuez à la créature la perfection du Créateur, en ce qu'elle persévère dans l'être

[1] Voyez cinquièmes objections, page 165 de ce volume.

indépendamment d'autrui; et, en même temps que vous attribuez au Créateur l'imperfection de la créature, en ce que, si jamais il vouloit que nous cessassions d'être, il faudroit qu'il eût le néant pour le terme d'une action positive.

Ce que vous dites après cela touchant *le progrès à l'infini*, à savoir [1] « qu'il n'y a point de répugnance « qu'il y ait un tel progrès, » vous le désavouez incontinent après : car vous confessez vous-même « qu'il est impossible qu'il y en puisse avoir dans » ces sortes de causes qui sont tellement connexes » et subordonnées entre elles, que l'inférieur ne peut » agir si le supérieur ne lui donne le branle. » Or il ne s'agit ici que de ces sortes de causes, à savoir de celles qui donnent et conservent l'être à leurs effets, et non pas de celles de qui les effets ne dépendent qu'au moment de leur production, comme sont les parents; et partant l'autorité d'Aristote ne m'est point ici contraire.

[2] Non plus que ce que vous dites de la Pandore; car vous avouez vous-même que je puis tellement accroître et augmenter toutes les perfections que je reconnois être dans l'homme, qu'il me sera facile de reconnoître qu'elles sont telles qu'elles ne sauroient convenir à la nature humaine, ce qui me suffit entièrement pour démontrer l'existence

---

[1] Voyez cinquièmes objections, page 166 de ce volume. — [2] Voyez ibid., page 168 de ce volume.

de Dieu : car je soutiens que cette vertu-là d'augmenter et d'accroître les perfections humaines jusqu'à tel point qu'elles ne soient plus humaines, mais infiniment relevées au-dessus de l'état et condition des hommes, ne pourroit être en nous, si nous n'avions un Dieu pour auteur de notre être. Mais, à n'en point mentir, je m'étonne fort peu de ce qu'il ne vous semble pas que j'aie démontré cela assez clairement; car je n'ai point vu jusques ici que vous ayez bien compris aucune de mes raisons.

Lorsque vous reprenez ce que j'ai dit, à savoir « 'qu'on ne peut rien ajouter ni diminuer de l'idée » de Dieu, » il semble que vous n'ayez pas pris garde à ce que disent communément les philosophes, que les essences des choses sont indivisibles; car l'idée représente l'essence de la chose, à laquelle si on ajoute ou diminue quoi que ce soit, elle devient aussitôt l'idée d'une autre chose : ainsi s'est-on figuré autrefois l'idée d'une Pandore ; ainsi ont été faites toutes les idées des faux dieux, par ceux qui ne concevoient pas comme il faut celle du vrai Dieu. Mais depuis que l'on a une fois conçu l'idée du vrai Dieu, encore que l'on puisse découvrir en lui de nouvelles perfections qu'on n'avoit pas encore aperçues, son idée n'est point pourtant accrue ou augmentée, mais elle est seulement rendue plus distincte et plus expresse, d'autant qu'elles ont dû

' Voyez cinquièmes objections, page 170 de ce volume.

être toutes contenues dans cette même idée que l'on avoit auparavant, puisqu'on suppose qu'elle étoit vraie ; de la même façon que l'idée du triangle n'est point augmentée lorsqu'on vient à remarquer en lui plusieurs propriétés qu'on avoit auparavant ignorées. Car ne pensez pas que « l'idée que » nous avons de Dieu se forme successivement de » l'augmentation des perfections des créatures ; » elle se forme tout entière et tout à la fois, de ce que nous concevons par notre esprit l'être infini, incapable de toute sorte d'augmentation.

Et lorsque vous demandez « [1] comment je prouve » que l'idée de Dieu est en nous comme la marque » de l'ouvrier empreinte sur son ouvrage, quelle » est la manière de cette impression, et quelle est » la forme de cette marque, » c'est de même que si, reconnoissant dans quelque tableau tant d'artifice que je jugeasse n'être pas possible qu'un tel ouvrage fût sorti d'autre main que de celle d'Apelles, et que je vinsse à dire que cet artifice inimitable est comme une certaine marque qu'Apelles a imprimée en tous ses ouvrages pour les faire distinguer d'avec les autres, vous me demandiez quelle est la forme de cette marque, ou quelle est la manière de cette impression. Certes il semble que vous seriez alors plus digne de risée que de réponse. Et lorsque vous poursuivez, « si cette marque n'est

---

[1] Voyez cinquièmes objections, page 173 de ce volume.

« point différente de l'ouvrage, vous êtes donc
» vous-même une idée, vous n'êtes rien autre chose
» qu'une manière de penser, vous êtes et la marque
» empreinte et le sujet de l'impression, » cela n'est-
il pas aussi subtil que si, moi ayant dit que cet
artifice par lequel les tableaux d'Apelles sont distingués d'avec les autres n'est point différent des
tableaux mêmes, vous objectiez que ces tableaux
ne sont donc rien autre chose qu'un artifice, qu'ils
ne sont composés d'aucune matière, et qu'ils ne
sont qu'une manière de peindre, etc.?

Et lorsque, pour nier que nous avons été faits à
l'image et semblance de Dieu, vous dites que « Dieu
» a donc la forme d'un homme, » et qu'ensuite vous
rapportez toutes les choses en quoi la nature humaine est différente de la divine, êtes-vous en
cela plus subtil que si, pour nier que quelques
tableaux d'Apelles ont été faits à la semblance
d'Alexandre, vous disiez qu'Alexandre ressemble
donc à un tableau, et néanmoins que les tableaux
sont composés de bois et de couleurs, et non pas
de chair comme Alexandre? Car il n'est pas de
l'essence d'une image d'être en tout semblable à la
chose dont elle est l'image, mais il suffit qu'elle
lui ressemble en quelque chose. Et il est très
évident que cette vertu admirable et très parfaite de
penser que nous concevons être en Dieu, est représentée par celle qui est en nous, quoique beau-

coup moins parfaite. Et lorsque vous aimez mieux comparer la création de Dieu avec l'opération d'un architecte qu'avec la génération d'un père, vous le faites sans aucune raison; car, encore que ces trois manières d'agir soient totalement différentes, l'éloignement pourtant n'est si grand de la production naturelle à la divine que de l'artificielle à la même production divine. Mais ni vous ne trouverez point que j'aie dit qu'il y a autant de rapport entre Dieu et nous qu'il y en a entre un père et ses enfants; ni il n'est pas vrai aussi qu'il n'y a jamais aucun rapport entre l'ouvrier et son ouvrage, comme il paroît lorsqu'un peintre fait un tableau qui lui ressemble.

Mais avec combien peu de fidélité rapportez-vous mes paroles, lorsque vous feignez que j'ai dit que « je conçois cette ressemblance que j'ai avec » Dieu, en ce que je connois que je suis une chose » incomplète et dépendante, » vu qu'au contraire je n'ai dit cela que pour montrer la différence qui est entre Dieu et nous, de peur qu'on ne crût que je voulusse égaler les hommes à Dieu, et la créature au Créateur. Car, en ce lieu-là même, j'ai dit que je ne concevois pas seulement que j'étois en cela beaucoup inférieur à Dieu, et que j'aspirois cependant à de plus grandes choses que je n'avois, mais aussi que ces plus grandes choses auxquelles j'aspirois se rencontroient en Dieu actuellement et d'une manière infinie, auxquelles néanmoins je trouvois en moi quelque chose de semblable, puisque j'osois en quelque sorte y aspirer.

Enfin, lorsque vous dites « qu'il y a lieu de s'é-
» tonner pourquoi le reste des hommes n'a pas les
» mêmes pensées de Dieu que celles que j'ai, puis-
» qu'il a empreint en eux son idée aussi bien qu'en
» moi, » c'est de même que si vous vous étonniez de ce que tout le monde ayant la notion du triangle, chacun pourtant n'y remarque pas également autant de propriétés, et qu'il y en a même peut-être quelques uns qui lui attribuent faussement plusieurs choses.

DES CHOSES QUI ONT ÉTÉ OBJECTÉES CONTRE LA QUATRIÈME MÉDITATION.

¹ J'ai déjà assez expliqué quelle est l'idée que nous avons du *néant*, et comment nous participons du *non-être*, en nommant cette idée négative et disant que cela ne veut rien dire autre chose sinon que nous ne sommes pas le souverain Être, et qu'il nous manque plusieurs choses; mais vous cherchez partout des difficultés où il n'y en a point.

Et lorsque vous dites « ² qu'entre les ouvrages
» de Dieu j'en vois quelques uns qui ne sont pas
» entièrement achevés, » vous controuvez une chose que je n'ai écrite nulle part, et que je ne pensai ja-

---

¹ Voyez cinquièmes objections, page 175 de ce volume — ² Voyez ibid., page 177 de ce volume.

mais; mais bien seulement ai-je dit que si certaines choses étoient considérées, non pas comme faisant partie de tout cet univers, mais comme des tous détachés et des choses singulières, pour lors elles pourroient sembler imparfaites.

[1] Tout ce que vous apportez ensuite pour la cause finale doit être rapporté à la cause efficiente; ainsi, de cet usage admirable de chaque partie dans les plantes et dans les animaux, etc., il est juste d'admirer la main de Dieu qui les a faites, et de connoître et glorifier l'ouvrier par l'inspection de ses ouvrages, mais non pas de deviner pour quelle fin il a créé chaque chose. Et quoiqu'en matière de morale, où il est souvent permis d'user de conjectures, ce soit quelquefois une chose pieuse de considérer quelle fin nous pouvons conjecturer que Dieu s'est proposé au gouvernement de l'univers, certainement en physique, où toutes choses doivent être appuyées de solides raisons, cela seroit inepte. Et on ne peut pas feindre qu'il y ait des fins plus aisées à découvrir les unes que les autres; car elles sont toutes également cachées dans l'abîme imperscrutable de sa sagesse. Et vous ne devez pas aussi feindre qu'il n'y a point d'homme qui puisse comprendre les autres causes; car il n'y en a pas une qui ne soit beaucoup plus aisée à connoître que celle de la fin que Dieu s'est proposée; et même

---

[1] Voyez cinquièmes objections, page 177 de ce volume.

celles que vous apportez pour servir d'exemple de la difficulté qu'il y a ne sont pas si difficiles que je ne sache qu'il y en a tel qui se persuade de les connoître. Enfin, puisque vous me demandez si ingénument « quelles idées j'estime que mon es- » prit auroit eues de Dieu et de lui-même si, du » moment qu'il a été infus dedans le corps, il y fût » demeuré jusqu'à cette heure les yeux fermés, les » oreilles bouchées, et sans aucun usage des autres » sens, » je vous réponds aussi ingénument et sincèrement que (pourvu que nous supposions qu'il n'eût été ni empêché ni aidé par le corps à penser et méditer) je ne doute point qu'il n'auroit eu les mêmes idées qu'il en a maintenant, sinon qu'il les auroit eues beaucoup plus claires et plus pures; car les sens l'empêchent en beaucoup de rencontres, et ne lui aident en rien pour les concevoir. Et de fait il n'y a rien qui empêche tous les hommes de reconnoître également qu'ils ont en eux ces mêmes idées, que parcequ'ils sont pour l'ordinaire trop occupés à la considération des choses corporelles.

[1] Vous prenez partout ici mal à propos, *être sujet à l'erreur*, pour une imperfection positive, quoique néanmoins ce soit seulement, principalement au respect de Dieu, une négation d'une plus grande perfection dans les créatures. Et la comparaison des citoyens d'une république ne cadre

---

[1] Voyez cinquièmes objections, page 181 de ce volume.

pas avec les parties de l'univers ; car la malice des citoyens, en tant que rapportée à la république, est quelque chose de positif; mais il n'en est pas de même de ce que l'homme est sujet à l'erreur, c'est-à-dire de ce qu'il n'a pas toutes sortes de perfections, eu égard au bien de l'univers. Mais la comparaison peut être mieux établie entre celui qui voudroit que le corps humain fût couvert d'yeux, afin qu'il en parût plus beau, d'autant qu'il n'y a point en lui de partie plus belle que l'œil, et celui qui pense qu'il ne devroit point y avoir de créatures au monde qui ne fussent exemptes d'erreur, c'est-à-dire qui ne fussent entièrement parfaites.

De plus, ce que vous supposez ensuite n'est nullement véritable, à savoir que « [1] Dieu nous destine à des œuvres mauvaises, et qu'il nous donne des imperfections et autres choses semblables. » Comme aussi il n'est pas vrai que « Dieu ait donné à l'homme une faculté de juger incertaine, confuse et insuffisante pour ce peu de choses qu'il a voulu soumettre à son jugement. »

Voulez-vous que je vous dise, en peu de paroles, « à quoi la volonté se peut étendre qui passe les bornes de l'entendement ? » C'est, en un mot, à toutes les choses où il arrive que nous errons.

[1] Voyez cinquièmes objections, page 182 de ce volume. — [2] Voyez ibid., page 183 et suiv. de ce volume.

Ainsi, quand vous jugez que l'esprit est un corps subtil et délié, vous pouvez bien, à la vérité, concevoir qu'il est un esprit, c'est-à-dire une chose qui pense, et aussi qu'un corps délié est une chose étendue; mais que la chose qui pense et celle qui est étendue soient une même chose, certainement vous ne le concevez point, mais seulement vous le voulez croire, parceque vous l'avez déjà cru auparavant, et que vous ne vous départez pas facilement de vos opinions, ni ne quittez pas volontiers vos préjugés. Ainsi, lorsque vous jugez qu'une pomme, qui par hasard est empoisonnée, sera bonne pour votre aliment, vous concevez à la vérité fort bien que son odeur, sa couleur et même son goût sont agréables, mais vous ne concevez pas pour cela que cette pomme vous doive être utile si vous en faites votre aliment; mais, parceque vous le voulez ainsi, vous en jugez de la sorte. Et ainsi j'avoue bien que nous ne voulons rien dont nous ne concevions en quelque façon quelque chose, mais je nie que notre entendre et notre vouloir soient d'égale étendue : car il est certain que nous pouvons vouloir plusieurs choses d'une même chose, et que cependant nous n'en pouvons connoître que fort peu; et lorsque nous ne jugeons pas bien, nous ne voulons pas pour cela mal, mais peut-être quelque chose de mauvais; et même on peut dire que nous ne concevons mal aucune chose, mais seulement que nous sommes dits mal concevoir, lorsque nous jugeons que nous concevons quelque chose de plus qu'en effet nous ne concevons.

Quoique ce que vous niez ensuite touchant l'indifférence de la volonté soit de soi très manifeste, je ne veux pas pourtant entreprendre de vous le prouver : car cela est tel que chacun le doit plutôt ressentir et expérimenter en soi-même que se le persuader par raison; et certes ce n'est pas merveille si dans le personnage que vous jouez, et vu la naturelle disproportion qui est entre la chair et l'esprit, il semble que vous ne preniez pas garde et ne remarquiez pas la manière avec laquelle l'esprit agit au dedans de soi. Ne soyez donc pas libre, si bon vous semble ; pour moi, je jouirai de ma liberté, puisque non seulement je la ressens en moi-même, mais que je vois aussi qu'ayant dessein de la combattre, au lieu de lui opposer de bonnes et solides raisons, vous vous contentez simplement de la nier : et peut-être que je trouverai plus de créance en l'esprit des autres en assurant ce que j'ai expérimenté, et dont chacun peut aussi faire épreuve en soi-même, que non pas vous, qui niez une chose pour cela seul que vous ne l'avez peut-être jamais expérimentée. Et néanmoins il est aisé de juger par vos propres paroles que vous l'avez quelquefois éprouvée : car où vous niez que « nous « puissions nous empécher de tomber dans l'er-

« reur, » parceque vous ne voulez pas que la volonté se porte à aucune chose qu'elle n'y soit déterminée par l'entendement, là même vous demeurez d'accord que « nous pouvons nous empêcher et » prendre garde de n'y pas persévérer, » ce qui ne se peut aucunement faire sans cette liberté que la volonté a de se porter çà ou là sans attendre la détermination de l'entendement, laquelle néanmoins vous ne vouliez pas reconnoître. Car si l'entendement a une fois déterminé la volonté à faire un faux jugement, je vous demande, lorsque la volonté commence la première fois à prendre garde de ne pas persévérer dans l'erreur, qui est-ce qui la détermine à cela? Si c'est elle-même, donc elle peut se porter à quelque chose sans y être déterminée par l'entendement, et néanmoins c'étoit ce que vous niiez tantôt, et qui fait encore à présent tout le sujet de notre dispute : que si elle est déterminée par l'entendement, donc ce n'est pas elle qui se tient sur ses gardes, mais seulement il arrive que comme elle se portoit auparavant vers le faux qui lui étoit par lui proposé, de même par hasard elle se porte maintenant vers le vrai, parceque l'entendement le lui propose. Mais de plus je voudrois bien savoir quelle vous concevez être la nature du faux, et comment vous pensez qu'il peut être l'objet de l'entendement. Car pour moi, qui par le faux n'entends rien autre chose que la privation du vrai, je trouve qu'il y a une entière répugnance que l'entendement appréhende le faux sous la forme ou l'apparence du vrai, ce qui toutefois seroit nécessaire, s'il déterminoit jamais la volonté à embrasser la fausseté.

¹ Pour ce qui regarde le fruit de ces Méditations, j'ai, ce me semble, assez averti dans la préface, laquelle je pense que vous avez lue, qu'il ne sera pas grand pour ceux qui, ne se mettant pas en peine de comprendre l'ordre et la liaison de mes raisons, tâcheront seulement de chercher à toutes rencontres des occasions de dispute. Et quant à la méthode qui nous apprend à pouvoir discerner les choses que nous concevons en effet clairement, de celles que nous nous persuadons seulement de concevoir avec clarté et distinction, encore que je pense l'avoir assez exactement enseignée, comme j'ai déjà dit, je n'oserois pas néanmoins me promettre que ceux-là la puissent aisément comprendre qui travaillent si peu à se dépouiller de leurs préjugés qu'ils se plaignent que j'ai été trop long et trop exact à montrer le moyen de s'en défaire.

DES CHOSES QUI ONT ÉTÉ OBJECTÉES CONTRE LA CINQUIÈME MÉDITATION.

² D'autant qu'après avoir ici rapporté quelques unes de mes paroles vous ajoutez que c'est tout ce

---

¹ Voyez cinquièmes objections, page 192 de ce volume. — ² Voyez ibid., page 193 de ce volume.

que j'ai dit touchant la question proposée, je suis obligé d'avertir le lecteur que vous n'avez pas assez pris garde à la suite et liaison de ce que j'ai écrit; car je crois qu'elle est telle, que pour la preuve de chaque question toutes les choses qui la précèdent y contribuent, et une grande partie de celles qui la suivent : en sorte que vous ne sauriez fidèlement rapporter tout ce que j'ai dit de quelque question, si vous ne rapportez en même temps tout ce que j'ai écrit des autres.

Quant à ce que vous dites, que « [1] cela vous » semble dur de voir établir quelque chose d'im- » muable et d'éternel autre que Dieu, » vous auriez raison s'il étoit question d'une chose existante, ou bien seulement si j'établissois quelque chose de tellement immuable, que son immutabilité même ne dépendît pas de Dieu. Mais tout ainsi que les poëtes feignent que les destinées ont bien à la vérité été faites et ordonnées par Jupiter, mais que depuis qu'elles ont une fois été par lui établies il s'est lui-même obligé de les garder, de même je ne pense pas à la vérité que les essences des choses, et ces vérités mathématiques que l'on en peut connoître, soient indépendantes de Dieu, mais néanmoins je pense que, parceque Dieu l'a ainsi voulu et qu'il en a ainsi disposé, elles sont immuables et éternelles : or, que cela vous semble

---

[1] Voyez cinquièmes objections, page 194 de ce volume.

dur ou mou, il m'importe fort peu, pour moi il me suffit que cela soit véritable.

Ce que vous alléguez ensuite contre les universaux des dialecticiens ne me touche point, puisque je les conçois tout d'une autre façon qu'eux.[1] Mais pour ce qui regarde les essences que nous connoissons clairement et distinctement, telle qu'est celle du triangle, ou de quelque autre figure de géométrie, je vous ferai aisément avouer que les idées de celles qui sont en nous n'ont point été tirées des idées des choses singulières; car ce qui vous meut ici à dire qu'elles sont fausses n'est que parcequ'elles ne s'accordent pas avec l'opinion que vous avez conçue de la nature des choses. Et même un peu après vous dites que « l'objet des » pures mathématiques, comme le point, la ligne, » la superficie et les indivisibles qui en sont com- » posés, ne peuvent avoir aucune existence hors » de l'entendement; » d'où il suit nécessairement qu'il n'y a jamais eu aucun triangle dans le monde, ni rien de tout ce que nous concevons appartenir à la nature du triangle, ou à celle de quelque autre figure de géométrie, et partant que les essences de ces choses n'ont point été tirées d'aucunes choses existantes. Mais, dites-vous, elles sont fausses : oui, selon votre opinion, parceque vous supposez la nature des choses être telle qu'elles ne peuvent

---

[1] Voyez cinquièmes objections, page 198 de ce volume.

pas lui être conformes. Mais si vous ne soutenez aussi que toute la géométrie est fausse, vous ne sauriez nier qu'on n'en démontre plusieurs vérités, qui ne changeant jamais et étant toujours les mêmes, ce n'est pas sans raison qu'on les appelle immuables et éternelles.

Mais de ce qu'elles ne sont peut-être pas conformes à l'opinion que vous avez de la nature des choses, ni même aussi à celle que Démocrite et Épicure ont bâtie et composée d'atomes, cela n'est à leur égard qu'une dénomination extérieure qui ne cause en elles aucun changement; et toutefois on ne peut pas douter qu'elles ne soient conformes à cette véritable nature des choses qui a été faite et construite par le vrai Dieu : non qu'il y ait dans le monde des substances qui aient de la longueur sans largeur, ou de la largeur sans profondeur, mais parceque les figures géométriques ne sont pas considérées comme des substances, mais seulement comme des termes sous lesquels la substance est contenue. Cependant je ne demeure pas d'accord que les idées de ces figures nous soient jamais tombées sous les sens, comme chacun se le persuade ordinairement; car, encore qu'il n'y ait point de doute qu'il y en puisse avoir dans le monde de telles que les géomètres les considèrent, je nie pourtant qu'il y en ait aucunes autour de nous, sinon peut-être de si petites qu'elles ne font aucune impression sur nos sens : car elles sont pour l'ordinaire composées de lignes droites, et je ne pense pas que jamais aucune partie d'une ligne ait touché nos sens qui fût véritablement droite. Aussi quand nous venons à regarder au travers d'une lunette celles qui nous avoient semblé les plus droites, nous les voyons toutes irrégulières et courbées de toutes parts comme des ondes. Et partant, lorsque nous avons la première fois aperçu en notre enfance une figure triangulaire tracée sur le papier, cette figure n'a pu nous apprendre comme il falloit concevoir le triangle géométrique, parcequ'elle ne le représentoit pas mieux qu'un mauvais crayon une image parfaite. Mais d'autant que l'idée véritable du triangle étoit déjà en nous, et que notre esprit la pouvoit plus aisément concevoir que la figure moins simple ou plus composée d'un triangle peint, de là vient qu'ayant vu cette figure composée nous ne l'avons pas conçue elle-même, mais plutôt le véritable triangle. Tout ainsi que quand nous jetons les yeux sur une carte où il y a quelques traits qui sont disposés et arrangés de telle sorte qu'ils représentent la face d'un homme, alors cette vue n'excite pas tant en nous l'idée de ces mêmes traits que celle d'un homme : ce qui n'arriveroit pas ainsi, si la face d'un homme ne nous étoit connue d'ailleurs, et si nous n'étions plus accoutumés à penser à elle que non pas à ses traits, lesquels assez souvent même nous ne saurions distinguer les uns des autres quand nous en sommes un peu éloignés. Ainsi certes nous ne pourrions jamais connoître le triangle géométrique par celui que nous voyons tracé sur le papier, si notre esprit d'ailleurs n'en avoit eu l'idée.

¹Je ne vois pas ici de quel genre de choses vous voulez que l'existence soit, ni pourquoi elle ne peut pas aussi bien être dite une propriété comme la toute-puissance, prenant le nom de propriété pour toute sorte d'attribut ou pour tout ce qui peut être attribué à une chose, selon qu'en effet il doit ici être pris. Mais, bien davantage, l'existence nécessaire est vraiment en Dieu une propriété prise dans le sens le moins étendu, parcequ'elle convient à lui seul, et qu'il n'y a qu'en lui qu'elle fasse partie de l'essence. C'est pourquoi aussi l'existence du triangle ne doit pas être comparée avec l'existence de Dieu, parcequ'elle a manifestement en Dieu une autre relation à l'essence qu'elle n'a pas dans le triangle; et je ne commets pas plutôt en ceci la faute que les logiciens nomment une pétition de principe, lorsque je mets l'existence entre les choses qui appartiennent à l'essence de Dieu, que lorsqu'entre les propriétés du triangle je mets l'égalité de la grandeur de ses trois angles avec deux droits. Il n'est pas

---

¹ Voyez cinquièmes objections, page 199 et suiv. de ce volume.

vrai aussi que l'essence et l'existence en Dieu, aussi bien que dans le triangle, peuvent être conçues l'une sans l'autre, parceque Dieu est son être, et non pas le triangle. Et toutefois je ne nie pas que l'existence possible ne soit une perfection dans l'idée du triangle, comme l'existence nécessaire est une perfection dans l'idée de Dieu; car cela la rend plus parfaite que ne sont les idées de toutes ces chimères que nous supposons ne pouvoir être produites. Et partant vous n'avez en rien diminué la force de mon argument, et vous demeurez toujours abusé par ce sophisme que vous dites avoir été si facile à résoudre. Quant à ce que vous ajoutez ensuite, j'y ai déjà suffisamment répondu; et vous vous trompez grandement lorsque vous dites qu'on ne démontre pas l'existence de Dieu comme on démontre que tout triangle rectiligne a ses trois angles égaux à deux droits : car la raison est pareille en tous les deux, hormis que la démonstration qui prouve l'existence en Dieu est beaucoup plus simple et plus évidente que l'autre. Enfin, je passe sous silence le reste, parceque, lorsque vous dites que je n'explique pas assez les choses, et que mes preuves ne sont pas convaincantes, je pense qu'à meilleur titre on pourroit dire le même de vous et des vôtres.

[1] Contre tout ce que vous rapportez ici de Dia-

---

[1] Voyez cinquièmes objections, page 206 de ce volume.

gore, de Théodore, de Pythagore, et de plusieurs autres, je vous oppose les sceptiques, qui révoquoient en doute les démonstrations même de géométrie, et je soutiens qu'ils ne l'auroient pas fait s'ils avoient connu Dieu comme il faut; et même de ce qu'une chose paroît vraie à plus de personnes, cela ne prouve pas que cette chose soit plus notoire et plus manifeste qu'une autre, mais bien de ce que ceux qui ont une connoissance suffisante de l'une et de l'autre, reconnoissent que l'une est premièrement connue plus évidente et plus assurée que l'autre.

DES CHOSES QUI ONT ÉTÉ OBJECTÉES CONTRE LA SIXIÈME MÉDITATION.

J'ai déjà ci-devant réfuté ce que vous niez ici, à savoir que « [1] les choses matérielles, en tant qu'elles » sont l'objet des mathématiques pures, puissent » avoir aucune existence. »

[2] Pour ce qui est de l'intellection d'un chiliogone, il n'est nullement vrai qu'elle soit confuse; car on en peut très clairement et très distinctement démontrer plusieurs choses, ce qui ne se pourroit aucunement faire si on ne le connoissoit que confusément, ou, comme vous dites, si on n'en connoissoit que le nom : mais il est très certain que nous le concevons très clairement tout entier et

---

[1] Voyez cinquièmes objections, page 210 de ce volume. — [2] Voyez ibid.

tout à la fois, quoique nous ne le puissions pas ainsi clairement imaginer; d'où il est évident que les facultés d'entendre et d'imaginer ne différent pas seulement selon le plus et le moins, mais comme deux manières d'agir totalement différentes. Car, dans l'intellection, l'esprit ne se sert que de soi-même, au lieu que, dans l'imagination, il contemple quelque forme corporelle; et encore que les figures géométriques soient tout-à-fait corporelles, néanmoins il ne se faut pas persuader que ces idées qui servent à nous les faire concevoir, le soient aussi quand elles ne tombent point sous l'imagination; et enfin cela ne peut être digne que de vous, ô chair, de penser que « les idées de Dieu, de l'ange et de » l'âme de l'homme soient corporelles ou quasi cor- » porelles, ayant été tirées de la forme du corps » humain, et de quelques autres choses fort sim- » ples, fort légères et fort imperceptibles. » Car quiconque se représente Dieu de la sorte ou même l'esprit humain, tâche d'imaginer une chose qui n'est point du tout imaginable, et ne se figure autre chose qu'une idée corporelle, à qui il attribue faussement le nom de Dieu ou d'esprit; car, dans la vraie idée de l'esprit, il n'y a rien de contenu que la seule pensée avec tous ses attributs, entre lesquels il n'y en a aucun qui soit corporel.

[1] Vous faites voir ici clairement que vous vous

---

[1] Voyez cinquièmes objections, page 215 de ce volume.

appuyez seulement sur vos préjugés sans jamais vous en défaire, puisque vous ne voulez pas que nous ayons le moindre soupçon de fausseté pour les choses où jamais nous n'en avons remarqué aucune; et c'est pour cela que vous dites que « lorsque nous regardons de près et que nous touchons quasi de la main une tour, nous sommes assurés qu'elle est carrée, si elle nous paroît telle; et que, lorsque nous sommes en effet éveillés, nous ne pouvons pas être en doute si nous veillons ou si nous rêvons, » et autres choses semblables : car vous n'avez aucune raison de croire que vous ayez jamais assez soigneusement examiné et observé toutes les choses en quoi il peut arriver que vous erriez; et peut-être ne seroit-il pas malaisé de montrer que vous vous trompez quelquefois en des choses que vous admettez ainsi pour vraies et pour assurées. Mais lorsque vous en revenez là, de dire « qu'au moins on ne peut pas douter que les choses ne nous paroissent comme elles sont, » vous en revenez à ce que j'ai dit; car cela même est en termes exprès dans ma seconde Méditation : mais ici il étoit question de la vérité des choses qui sont hors de nous, sur quoi je ne vois pas que vous ayez du tout rien dit de véritable.

¹ Je ne m'arrête pas ici sur des choses que vous avez tant de fois rebattues, et que vous répétez

---

¹ Voyez cinquièmes objections, page 218 et suiv. de ce volume.

encore en cet endroit si vainement ; par exemple, qu'il y a beaucoup de choses que j'ai avancées sans preuve, lesquelles je maintiens néanmoins avoir très évidemment démontrées ; comme aussi que j'ai seulement voulu parler du corps grossier et palpable lorsque j'ai exclus le corps de mon essence : quoique néanmoins mon dessein ait été d'en exclure toute sorte de corps, pour petit et subtil qu'il puisse être, et autres choses semblables ; car qu'y a-t-il à répondre à tant de paroles dites et avancées sans aucun raisonnable fondement, sinon que de les nier tout simplement ? Je dirai néanmoins en passant que je voudrois bien savoir sur quoi vous vous fondez, pour dire que j'ai plutôt parlé du corps massif et grossier que du corps subtil et délié. C'est, dites-vous, parceque j'ai dit que « j'ai un corps auquel je suis conjoint, » et aussi « qu'il est certain que moi, c'est-à-dire mon âme, » est distincte de mon corps, » où je confesse que je ne vois pas pourquoi ces paroles ne pourroient pas aussi bien être rapportées au corps subtil et imperceptible qu'à celui qui est plus grossier et palpable ; et je ne crois pas que cette pensée puisse tomber en l'esprit d'un autre que de vous. Au reste, j'ai fait voir clairement, dans la seconde Méditation, que l'esprit pouvoit être conçu comme une substance existante, auparavant même que nous sachions s'il y a au monde aucun vent, aucun feu, aucune vapeur, aucun air, ni aucun autre corps que ce soit, pour subtil et délié qu'il puisse être : mais de savoir si en effet il étoit différent du corps, j'ai dit en cet endroit-là que ce n'étoit pas là le lieu d'en traiter : ce qu'ayant réservé pour cette sixième Méditation, c'est là aussi où j'en ai amplement traité, et où j'ai décidé cette question par une très forte et véritable démonstration : mais vous au contraire, confondant la question qui concerne comment l'esprit peut être conçu, avec celle qui regarde ce qu'il est en effet, ne faites paroître autre chose sinon que vous n'avez rien compris distinctement de toutes ces choses.

Vous demandez ici « ¹comment j'estime que l'es-
» pèce ou l'idée du corps, lequel est étendu, peut être
» reçue en moi qui suis une chose non étendue. »
Je réponds à cela qu'aucune espèce corporelle n'est reçue dans l'esprit; mais que la conception ou l'intellection pure des choses, soit corporelles, soit spirituelles, se fait sans aucune image, ou espèce corporelle; et quant à l'imagination, qui ne peut être que des choses corporelles, il est vrai que pour en former une il est besoin d'une espèce qui soit un véritable corps et à laquelle l'esprit s'applique, mais non pas qui soit reçue dans l'esprit. Ce que vous dites de l'idée du soleil, qu'un aveugle-né forme sur la simple connoissance qu'il a de sa cha-

---

¹ Voyez cinquièmes objections, page 224 de ce volume.

leur, se peut aisément réfuter : car cet aveugle peut bien avoir une idée claire et distincte du soleil, comme d'une chose qui échauffe, quoiqu'il n'en ait pas l'idée comme d'une chose qui éclaire et illumine. Et c'est sans raison que vous me comparez à cet aveugle ; premièrement, parceque la connoissance d'une chose qui pense s'étend beaucoup plus loin que celle d'une chose qui échauffe, voire même elle est plus ample qu'aucune que nous ayons de quelque autre chose que ce soit, comme j'ai montré en son lieu, et aussi parcequ'il n'y a personne qui puisse montrer que cette idée du soleil que forme cet aveugle ne contienne pas tout ce que l'on peut connoître de lui, sinon celui qui étant doué du sens de la vue connoît outre cela sa figure et sa lumière : mais pour vous, non seulement vous n'en connoissez pas davantage que moi touchant l'esprit, mais vous n'y apercevez pas tout ce que j'y vois : de sorte qu'en cela c'est plutôt vous qui ressemblez à un aveugle, et je ne puis tout au plus, à votre égard, être appelé que louche ou peu clairvoyant, avec tout le reste des hommes. Au reste, je n'ai pas ajouté que l'esprit n'étoit point étendu pour expliquer quel il est et faire connoître sa nature, mais seulement pour avertir que ceux-là se trompent qui pensent qu'il soit étendu. Tout de même que s'il s'en trouvoit quelques uns qui voulussent dire que Bucéphale est une musique, ce ne seroit pas en vain et sans raison que cela seroit nié par d'autres. Et de vrai dans tout ce que vous ajoutez ici pour prouver que l'esprit a de l'étendue, d'autant, dites-vous, qu'il se sert du corps lequel est étendu, il me semble que vous ne raisonnez pas mieux que si de ce que Bucéphale hennit et ainsi poussé des sons qui peuvent être rapportés à la musique, vous tiriez cette conséquence, que Bucéphale est donc une musique. Car, encore que l'esprit soit uni à tout le corps, il ne s'ensuit pas de là qu'il soit étendu par tout le corps, parceque ce n'est pas le propre de l'esprit d'être étendu, mais seulement de penser. Et il ne conçoit pas l'extension par une espèce étendue qui soit en lui, bien qu'il l'imagine en se tournant et s'appliquant à une espèce corporelle qui est étendue, comme j'ai dit auparavant. Et enfin il n'est pas nécessaire que l'esprit soit de l'ordre et de la nature du corps, quoiqu'il ait la force ou la vertu de mouvoir le corps.

¹ Ce que vous dites ici, touchant l'union de l'esprit avec le corps, est semblable aux difficultés précédentes. Vous n'objectez rien du tout contre mes raisons, mais vous proposez seulement les doutes qui vous semblent suivre de mes conclusions, quoique en effet ils ne vous viennent à l'esprit que parceque vous voulez soumettre à l'examen de l'imagination des choses qui de leur nature ne

---

¹ Voyez cinquièmes objections, page 274 de ce volume.

sont point sujettes à sa juridiction. Ainsi, quand vous voulez comparer ici le mélange qui se fait du corps et de l'esprit, avec celui de deux corps mêlés ensemble, il me suffit de répondre qu'on ne doit faire entre ces choses aucune comparaison, pourcequ'elles sont de deux genres totalement différents; et qu'il ne se faut pas imaginer que l'esprit ait des parties, encore qu'il conçoive des parties dans le corps. Car qui vous a appris que tout ce que l'esprit conçoit doive être réellement en lui? certainement si cela étoit, lorsqu'il conçoit la grandeur de l'univers, il auroit aussi en lui cette grandeur, et ainsi il ne seroit pas seulement étendu, mais il seroit même plus grand que tout le monde.

Vous ne dites rien ici qui me soit contraire, et ne laissez pas d'en dire beaucoup; d'où le lecteur peut apprendre qu'on ne doit pas juger de la force de vos raisons par la prolixité de vos paroles.

Jusques ici l'esprit a discouru avec la chair, et, comme il étoit raisonnable, en beaucoup de choses il n'a pas suivi ses sentiments. Mais maintenant je lève le masque et reconnois que véritablement je parle à M. Gassendy, personnage autant recommandable pour l'intégrité de ses mœurs et la candeur de son esprit, que pour la profondeur et la subtilité de sa doctrine, et de qui l'amitié me sera toujours très chère; aussi je proteste, et lui même le peut savoir, que je rechercherai toujours autant qu'il me sera possible les occasions de l'acquérir. C'est pourquoi je le supplie de ne pas trouver mauvais si, en réfutant ses objections, j'ai usé de la liberté ordinaire aux philosophes; comme aussi de ma part je l'assure que je n'y ai rien trouvé qui ne m'ait été très agréable; mais surtout j'ai été ravi qu'un homme de son mérite, dans un discours si long et si soigneusement recherché, n'ait apporté aucune raison qui ait pu détruire et renverser les miennes, et qu'il n'ait aussi rien opposé contre mes conclusions à quoi il ne m'ait été très facile de répondre.

LETTRE

DE M. DESCARTES A M. CLERSELIER,

SERVANT DE RÉPONSE A UN RECUEIL DES PRINCIPALES INSTANCES FAITES PAR M. GASSENDY CONTRE LES PRÉCÉDENTES RÉPONSES.

Monsieur,

Je vous ai beaucoup d'obligation de ce que, voyant que j'ai négligé de répondre au gros livre d'instances que l'auteur des cinquièmes objections a produit contre mes réponses, vous avez prié quelques uns de vos amis de recueillir les plus fortes raisons de ce livre, et m'avez envoyé l'extrait qu'ils en ont fait. Vous avez eu en cela plus de soin de ma réputation que moi-même; car je vous assure qu'il m'est indifférent d'être estimé ou méprisé par ceux que de semblables raisons auront pu persuader. Les meilleurs esprits de ma connoissance qui ont lu son livre m'ont témoigné qu'ils n'y avoient trouvé aucune chose qui les arrêtât; c'est à eux seuls que je désire satisfaire. Je sais que la plupart des hommes remarquent mieux les apparences que la vérité, et jugent plus souvent mal que bien; c'est pourquoi je ne crois pas que leur approbation vaille la peine que je fasse tout ce qui pourroit être utile pour l'acquérir. Mais je ne laisse pas d'être bien aise du recueil que vous m'avez envoyé, et je me sens obligé d'y répondre plutôt pour reconnoissance du travail de vos amis que par la nécessité de ma défense; car je crois que ceux qui ont pris la peine de le faire doivent maintenant juger comme moi que toutes les objections que ce livre contient ne sont fondées que sur quelques mots mal entendus ou quelques suppositions qui sont fausses; vu que toutes celles qu'ils ont remarquées sont de cette sorte, et que néanmoins ils ont été si diligents, qu'ils en ont même ajouté quelques unes que je ne me souviens point d'y avoir lues.

Ils en remarquent trois contre la première Méditation, à savoir : « I, que je demande une chose » impossible, en voulant qu'on quitte toutes sortes » de préjugés ; II, qu'en pensant les quitter on se re- » vêt d'autres préjugés qui sont plus préjudiciables; » III, et que la méthode de douter de tout, que j'ai » proposée, ne peut servir à trouver aucune vérité. »

La première desquelles est fondée sur ce que l'auteur de ce livre n'a pas considéré que le mot préjugé ne s'étend point à toutes les notions qui sont en notre esprit, desquelles j'avoue qu'il est impossible de se défaire, mais seulement à toutes les opinions que les jugements que nous avons faits auparavant ont laissées en notre créance; et pourceque c'est une action de la volonté que de juger ou ne pas juger, ainsi que j'ai expliqué en son lieu, il est évident qu'elle est en notre pouvoir : car enfin, pour se défaire de toute sorte de préjugés, il ne faut autre chose que se résoudre à ne rien assurer ou nier de tout ce qu'on avoit assuré ou nié auparavant, sinon après l'avoir derechef examiné, quoiqu'on ne laisse pas pour cela de retenir toutes les mêmes notions en sa mémoire. J'ai dit néanmoins qu'il y avoit de la difficulté à chasser ainsi hors de sa créance tout ce qu'on y avoit mis auparavant, partie à cause qu'il est besoin d'avoir quelque raison de douter avant que de s'y déterminer (c'est pourquoi j'ai proposé les principales en ma première Méditation), et partie aussi à cause que, quelque résolution qu'on ait prise de ne rien nier ni assurer, on s'en oublie aisément par après, si on ne l'a fortement imprimée en sa mémoire ; c'est pourquoi j'ai désiré qu'on y pensât avec soin.

La deuxième objection n'est qu'une supposition manifestement fausse ; car, encore que j'aie dit qu'il falloit même s'efforcer de nier les choses qu'on avoit trop assurées auparavant, j'ai très expressément limité que cela ne se devoit faire que pendant le temps qu'on portoit son attention à chercher quelque chose de plus certain que tout ce qu'on pourroit ainsi nier, pendant lequel il est évident qu'on ne sauroit se revêtir d'aucun préjugé qui soit préjudiciable.

La troisième aussi ne contient qu'une cavillation; car, bien qu'il soit vrai que le doute seul ne suffit pas pour établir aucune vérité, il ne laisse pas d'être utile à préparer l'esprit pour en établir par après, et c'est à cela seul que je l'ai employé.

Contre la seconde Méditation vos amis remarquent six choses. La première est qu'en disant *je pense, donc je suis*, l'auteur des Instances veut que je suppose cette majeure, *celui qui pense est*; et ainsi que j'aie déjà épousé un préjugé. En quoi il abuse derechef du mot de *préjugé* : car, bien qu'on en puisse donner le nom à cette proposition lorsqu'on la profère sans attention, et qu'on croit seulement qu'elle est vraie, à cause qu'on se souvient de l'avoir ainsi jugé auparavant, on ne peut pas dire toutefois qu'elle soit un préjugé, lorsqu'on l'examine, à cause qu'elle paroît si évidente à l'entendement qu'il ne se sauroit empêcher de la croire, encore que ce soit peut-être la première fois de sa vie qu'il y pense, et que par conséquent il n'en ait aucun préjugé. Mais l'erreur qui est ici la plus considérable est que cet auteur suppose que la connoissance des propositions particulières doit toujours être déduite des universelles, suivant l'ordre des syllogismes de la dialectique; en quoi il montre savoir bien peu de quelle façon la vérité se doit chercher : car il est certain que pour la trouver, on doit toujours commencer par les notions particulières, pour venir après aux générales, bien qu'on puisse aussi réciproquement, ayant trouvé les générales, en déduire d'autres particulières. Ainsi, quand on enseigne à un enfant les éléments de la géométrie, on ne lui fera point entendre en général que, *lorsque de deux quantités égales on ôte des parties égales, les restes demeurent égaux, ou que le tout est plus grand que ses parties,* si on ne lui en montre des exemples en des cas particuliers. Et c'est faute d'avoir pris garde à ceci que notre auteur s'est trompé en tant de faux raisonnements dont il a grossi son livre ; car il n'a fait que composer de fausses majeures à sa fantaisie, comme si j'en avois déduit les vérités que j'ai expliquées.

La seconde objection que remarquent ici vos amis est que, « pour savoir qu'on pense, il faut sa» voir ce que c'est que pensée ; ce que je ne sais » point, disent-ils, à cause que j'ai tout nié. » Mais je n'ai nié que les préjugés, et non point les notions, comme celle-ci, qui se connoissent sans aucune affirmation ni négation.

La troisième est que « la pensée ne peut être » sans objet, par exemple sans le corps. » Où il faut éviter l'équivoque du mot de pensée, lequel on peut prendre pour la chose qui pense, et aussi pour l'action de cette chose ; or je nje que la chose qui pense ait besoin d'autre objet que de soi-même pour exercer son action, bien qu'elle puisse aussi l'étendre aux choses matérielles lorsqu'elle les examine.

La quatrième, que, « bien que j'aie une pensée » de moi-même, je ne sais pas si cette pensée est » une action corporelle ou un atome qui se meut, » plutôt qu'une substance immatérielle. » Où l'équivoque du nom de pensée est répétée, et je n'y vois rien de plus, sinon une question sans fondement, et qui est semblable à celle-ci : Vous jugez que vous êtes un homme, à cause que vous apercevez en vous toutes les choses à l'occasion desquelles vous nommez hommes ceux en qui elles se trouvent; mais que savez-vous si vous n'êtes point un éléphant plutôt qu'un homme, pour quelques autres raisons que vous ne pouvez apercevoir ? Car, après que la substance qui pense a jugé qu'elle est intellectuelle, à cause qu'elle a remarqué en soi toutes les propriétés des substances intellectuelles, et n'y en a pu remarquer aucune de celles qui appartiennent au corps, on lui demande encore comment elle sait qu'elle n'est point un corps, plutôt qu'une substance immatérielle.

La cinquième objection est semblable : que, « bien » que je ne trouve point d'étendue en ma pensée, » il ne s'ensuit pas qu'elle ne soit point étendue,

» pourceque ma pensée n'est pas la règle de la
» vérité des choses. » Et aussi la sixième, « qu'il se
» peut faire que la distinction que je trouve par ma
» pensée, entre la pensée et le corps, soit fausse.¹ »
Mais il faut particulièrement ici remarquer l'équivoque qui est en ces mots, *ma pensée n'est pas la règle de la vérité des choses;* car si on veut dire que ma pensée ne doit pas être la règle des autres pour les obliger à croire une chose à cause que je la pense vraie, j'en suis entièrement d'accord: mais cela ne vient point ici à propos; car je n'ai jamais voulu obliger personne à suivre mon autorité; au contraire, j'ai averti en divers lieux qu'on ne se devoit laisser persuader que par la seule évidence des raisons. De plus, si on prend indifféremment le mot de pensée pour toute sorte d'opération de l'âme, il est certain qu'on peut avoir plusieurs pensées desquelles on ne doit rien inférer touchant la vérité des choses qui sont hors de nous; mais cela ne vient point aussi à propos en cet endroit, où il n'est question que des pensées qui sont des perceptions claires et distinctes, et des jugements que chacun doit faire à part soi ensuite de ces perceptions. C'est pourquoi, au sens que ces mots doivent ici être entendus, je dis que la pensée d'un chacun, c'est-à-dire la perception ou connoissance

---

¹ Ces deux objections, quoique marquées contre la Méditation II, sont manifestement contre la Méditation VI.

qu'il a d'une chose, doit être pour lui la règle de la vérité de cette chose, c'est-à-dire que tous les jugements qu'il en fait doivent être conformes à cette perception pour être bons; même touchant les vérités de la foi, nous devons apercevoir quelque raison qui nous persuade qu'elles ont été révélées de Dieu, avant que de nous déterminer à les croire; et encore que les ignorants fassent bien de suivre le jugement des plus capables touchant les choses difficiles à connoître, il faut néanmoins que ce soit leur perception qui leur enseigne qu'ils sont ignorants, et que ceux dont ils veulent suivre les jugements ne le sont peut-être pas tant, autrement ils feroient mal de les suivre, et ils agiroient plutôt en automates ou en bêtes qu'en hommes. Ainsi c'est l'erreur la plus absurde et la plus exorbitante qu'un philosophe puisse admettre, que de vouloir faire des jugements qui ne se rapportent pas aux perceptions qu'il a des choses ; et toutefois je ne vois pas comment notre auteur se pourroit excuser d'être tombé en cette faute en la plupart de ses objections : car il ne veut pas que chacun s'arrête à sa propre perception, mais il prétend qu'on doit plutôt croire des opinions ou fantaisies qu'il lui plait nous proposer, bien qu'on ne les aperçoive aucunement.

Contre la troisième Méditation vos amis ont remarqué : « 1° que tout le monde n'expérimente

» pas en soi l'idée de Dieu ; 2° que si j'avois cette
» idée, je la comprendrois ; 3° que plusieurs ont
» lu mes raisons, qui n'en sont point persuadés ;
» 4° et que, de ce que je me connois imparfait, il ne
» s'ensuit pas que Dieu soit. » Mais si on prend le
mot d'idée en la façon que j'ai dit très expressément que je le prenois, sans s'excuser par l'équivoque de ceux qui le restreignent aux images des
choses matérielles qui se forment en l'imagination,
on ne sauroit nier d'avoir quelque idée de Dieu,
si ce n'est qu'on die qu'on n'entend pas ce que
signifient ces mots, *la chose la plus parfaite que
nous puissions concevoir ;* car c'est ce que tous les
hommes appellent *Dieu*. Et c'est passer à d'étranges
extrémités pour vouloir faire des objections, que
d'en venir à dire qu'on n'entend pas ce que signifient les mots qui sont les plus ordinaires en la
bouche des hommes. Outre que c'est la confession
la plus impie qu'on puisse faire, que de dire de
soi-même, au sens que j'ai pris le mot d'idée,
qu'on n'en a aucune de Dieu : car ce n'est pas seulement dire qu'on ne le connoit point par raison
naturelle, mais aussi que, ni par la foi, ni par aucun autre moyen, on ne sauroit rien savoir de lui,
pourceque si on n'a aucune idée, c'est-à-dire aucune perception qui réponde à la signification de
ce mot *Dieu*, on a beau dire qu'on croit que
Dieu est, c'est le même que si on disoit qu'on croit

que *rien* est, et ainsi on demeure dans l'abîme de l'impiété, et dans l'extrémité de l'ignorance.

Ce qu'ils ajoutent, que « si j'avois cette idée, je » la comprendrois, » est dit sans fondement : car, à cause que le mot de *comprendre* signifie quelque limitation, un esprit fini ne sauroit comprendre Dieu, qui est infini; mais cela n'empêche pas qu'il ne l'aperçoive, ainsi qu'on peut bien toucher une montagne encore qu'on ne la puisse embrasser.

Ce qu'ils disent aussi de mes raisons, que « plu- » sieurs les ont lues sans en être persuadés, » peut aisément être réfuté, parcequ'il y en a quelques autres qui les ont comprises et en ont été satisfaits; car on doit plus croire à un seul qui dit, sans intention de mentir, qu'il a vu ou compris quelque chose, qu'on ne doit faire à mille autres qui la nient pour cela seul qu'ils ne l'ont pu voir ou comprendre : ainsi qu'en la découverte des antipodes on a plutôt cru au rapport de quelques matelots qui ont fait le tour de la terre qu'à des milliers de philosophes qui n'ont pas cru qu'elle fût ronde. Et pourcequ'ils allèguent ici les éléments d'Euclide, comme s'ils étoient faciles à tout le monde, je les prie de considérer qu'entre ceux qu'on estime les plus savants en la philosophie de l'école il n'y en a pas de cent un qui les entende, et qu'il n'y en a pas un de dix mille qui entende toutes les démonstrations d'Apollonius ou d'Archimède, bien qu'elles soient aussi évidentes et aussi certaines que celles d'Euclide.

Enfin, quand ils disent que, « de ce que je re- » connois en moi quelque imperfection, il ne s'en- » suit pas que Dieu soit, » ils ne prouvent rien; car je ne l'ai pas immédiatement déduit de cela seul sans y ajouter quelque autre chose, et ils me font seulement souvenir de l'artifice de cet auteur qui a coutume de tronquer mes raisons, et n'en rapporter que quelques parties pour les faire paroître imparfaites.

Je ne vois rien en tout ce qu'ils ont remarqué touchant les trois autres Méditations à quoi je n'aie amplement répondu ailleurs, comme à ce qu'ils objectent : « 1° que j'ai commis un cercle en prouvant » l'existence de Dieu par certaines notions qui sont » en nous, et disant après qu'on ne peut être cer- » tain d'aucune chose sans savoir auparavant que » Dieu est; 2° et que sa connoissance ne sert de » rien pour acquérir celle des vérités de mathéma- » tique; 3° et qu'il peut être trompeur. » Voyez sur cela ma réponse aux secondes objections, et la fin de la seconde partie de la réponse aux quatrièmes.

Mais ils ajoutent à la fin une pensée que je ne sache point que notre auteur ait écrite dans son livre d'Instances, bien qu'elle soit fort semblable aux siennes. « Plusieurs excellents esprits, disent-

» ils, croient voir clairement que l'étendue mathé-
» matique, laquelle je pose pour le principe de ma
» physique, n'est rien autre chose que ma pensée,
» et qu'elle n'a ni ne peut avoir aucune subsistance
» hors de mon esprit, n'étant qu'une abstraction que
» je fais du corps physique ; et partant, que toute
» ma physique ne peut être qu'imaginaire et feinte
» comme sont toutes les pures mathématiques ;
» et que, dans la physique réelle des choses que
» Dieu a créées, il faut une matière réelle, solide,
» et non imaginaire. » Voilà l'objection des objections, et l'abrégé de toute la doctrine des excellents esprits qui sont ici allégués. Toutes les choses que nous pouvons entendre et concevoir ne
sont à leur compte que des imaginations et des
fictions de notre esprit qui ne peuvent avoir aucune subsistance, d'où il suit qu'il n'y a rien que
ce qu'on ne peut aucunement entendre, ni concevoir, ou imaginer, qu'on doive admettre pour vrai ;
c'est-à-dire qu'il faut entièrement fermer la porte
à la raison et se contenter d'être singe ou perro-
quet, et non plus homme, pour mériter d'être mis
au rang de ces excellents esprits. Car si les choses
qu'on peut concevoir doivent être estimées fausses pour cela seul qu'on les peut concevoir, que
reste-t-il, sinon qu'on doit seulement recevoir
pour vraies celles qu'on ne conçoit pas, et en
composer sa doctrine, en imitant les autres, sans

savoir pourquoi on les imite, comme font les singes, et en ne proférant que des paroles dont on n'entend point le sens, comme font les perroquets. Mais j'ai bien de quoi me consoler, pourcequ'on joint ici ma physique avec les pures mathématiques, auxquelles je souhaite surtout qu'elle ressemble.

Pour les deux questions qu'ils ajoutent aussi à la fin, à savoir « comment l'âme meut le corps si » elle n'est point matérielle, et comment elle peut » recevoir les espèces des objets corporels, » elles me donnent seulement ici occasion d'avertir que notre auteur n'a pas eu raison lorsque, sous prétexte de me faire des objections, il m'a proposé quantité de telles questions dont la solution n'étoit pas nécessaire pour la preuve des choses que j'ai écrites, et que les plus ignorants en peuvent plus faire en un quart d'heure que tous les plus savants n'en sauroient résoudre en toute leur vie; ce qui est cause que je ne me suis pas mis en peine de répondre à aucunes. Et celles-ci entre autres présupposent l'explication de l'union qui est entre l'âme et le corps, de laquelle je n'ai point encore traité. Mais je vous dirai à vous que toute la difficulté qu'elles contiennent ne procède que d'une supposition qui est fausse, et qui ne peut aucunement être prouvée, à savoir que si l'âme et le corps sont deux substances de diverse nature, cela les empêche de pouvoir agir l'une contre l'autre; car au contraire ceux qui admettent des accidents réels, comme la chaleur, la pesanteur, et semblables, ne doutent point que ces accidents ne puissent agir contre le corps, et toutefois il y a plus de différence entre eux et lui, c'est-à-dire entre des accidents et une substance, qu'il n'y a entre deux substances.

Au reste, puisque j'ai la plume en main, je remarquerai encore ici deux des équivoques que j'ai trouvées dans ce livre d'Instances, pourceque ce sont celles qui me semblent pouvoir surprendre le plus aisément les lecteurs moins attentifs, et je désire par là vous témoigner que si j'y avois rencontré quelque autre chose que je crusse mériter réponse, je ne l'aurois pas négligé.

La première est en la page 63, où, pourceque j'ai dit en un lieu[1] que, pendant que l'âme doute de l'existence de toutes les choses matérielles, elle ne se connoît que précisément, *præcise tantum*, comme une substance immatérielle; et, sept ou huit lignes plus bas, pour montrer que par ces mots, *præcise tantum*, je n'entends point une entière exclusion ou négation, mais seulement une abstraction des choses matérielles, j'ai dit que nonobstant cela on n'étoit pas assuré qu'il n'y a rien en l'âme qui soit corporel, bien qu'on n'y connoisse rien, on me traite si injustement que de

[1] Voyez Méditation II, tome 1, page 246.

vouloir persuader au lecteur qu'en disant *præcise tantum*, j'ai voulu exclure le corps, et ainsi que je me suis contredit par après en disant que je ne le voulois pas exclure. Je ne réponds rien à ce que je suis accusé ensuite d'avoir supposé quelque chose en la sixième Méditation que je n'avois pas prouvé auparavant, et ainsi d'avoir fait un paralogisme; car il est facile de reconnoître la fausseté de cette accusation, qui n'est que trop commune en tout ce livre, et qui me pourroit faire soupçonner que son auteur n'auroit pas agi de bonne foi, si je ne connoissois son esprit, et ne croyois qu'il a été le premier surpris par une si fausse créance.

L'autre équivoque est en la page 84, où il veut que *distinguere* et *abstrahere* soient la même chose, et toutefois il y a grande différence; car en distinguant une substance de ses accidents, on doit considérer l'un et l'autre, ce qui sert beaucoup à la connoître; au lieu que si on sépare seulement par abstraction cette substance de ses accidents, c'est-à-dire si on la considère toute seule sans penser à eux, cela empêche qu'on ne la puisse si bien connoître, à cause que c'est par les accidents que la nature de la substance est manifestée.

Voilà, monsieur, tout ce que je crois devoir répondre au gros livre d'Instances; car, bien que je satisferois peut-être davantage aux amis de l'auteur si je réfutois toutes ses Instances l'une après l'autre, je crois que je ne satisferois pas tant aux miens, lesquels auroient sujet de me reprendre d'avoir employé du temps en une chose si peu nécessaire, et ainsi de rendre maîtres de mon loisir tous ceux qui voudroient perdre le leur à me proposer des questions inutiles. Mais je vous remercie de vos soins. Adieu.

SIXIÈMES OBJECTIONS,

FAITES PAR DIVERS THÉOLOGIENS ET PHILOSOPHES.

Après avoir lu avec attention vos Méditations, et les réponses que vous avez faites aux difficultés qui vous ont été ci-devant objectées, il nous reste encore en l'esprit quelques scrupules dont il est à propos que vous nous releviez.

[1] Le premier est, qu'il ne semble pas que ce soit un argument fort certain de notre existence de ce que nous pensons ; car, pour être certain que vous pensez, vous devez auparavant savoir ce que c'est que penser ou que la pensée, et ce que c'est que votre existence : et, dans l'ignorance où vous êtes de ces deux choses, comment pouvez-vous savoir que vous pensez ou que vous êtes ? Puis donc qu'en disant *je pense*, vous ne savez pas ce que vous dites, et qu'en ajoutant *donc je suis*, vous ne vous entendez pas non plus, que même vous ne savez pas si vous dites ou si vous pensez quelque chose, étant pour cela nécessaire que vous connoissiez que vous savez ce que vous dites, et derechef que vous sachiez que vous connoissez que vous savez

---

[1] Voyez Méditation II, tome I, page 247.

ce que vous dites, et ainsi jusques à l'infini, il est évident que vous ne pouvez pas savoir si vous êtes, ou même si vous pensez.

Mais, pour venir au second scrupule, lorsque vous dites « je pense, donc je suis, » ne pourroit-on pas dire que vous vous trompez, *que vous ne pensez point*, mais que vous êtes seulement mû, et que vous n'êtes rien autre chose qu'un mouvement corporel ; personne n'ayant encore pu jusques ici comprendre votre raisonnement, par lequel vous prétendez avoir démontré qu'il n'y a point de mouvement corporel qui puisse légitimement être appelé du nom de pensée. Car pensez-vous avoir tellement coupé et divisé par le moyen de votre analyse tous les mouvements de votre matière subtile que vous soyez assuré, et que vous nous puissiez persuader, à nous qui sommes très attentifs et qui pensons être assez clairvoyants, qu'il y a de la répugnance que nos pensées soient répandues dans ces mouvements corporels?

Le troisième scrupule n'est point différent du second; car, bien que quelques pères de l'Église aient cru avec tous les platoniciens que les anges étoient corporels, d'où vient que le concile de Latran a défini qu'on les pouvoit peindre, et qu'ils aient eu la même pensée de l'âme raisonnable, que quelques uns d'entre eux ont estimé venir de père à fils, ils ont néanmoins tous dit que les anges et l'âme pensoient? ce qui nous fait croire que leur opinion étoit que la pensée se pouvoit faire par des mouvements corporels, ou que les anges n'étoient eux-mêmes que des mouvements corporels, dont ils ne distinguoient point la pensée : cela se peut aussi confirmer par les pensées qu'ont les singes, les chiens et les autres animaux; et de vrai les chiens aboient en dormant, comme s'ils poursuivoient des lièvres ou des voleurs; ils savent aussi fort bien en veillant qu'ils courent, et en rêvant qu'ils aboient, quoique nous reconnoissions avec vous qu'il n'y a rien en eux qui soit distingué du corps. Que si vous dites que les chiens ne savent pas qu'ils courent ou qu'ils pensent, outre que vous le dites sans le prouver, peut-être est-il vrai qu'ils font de nous un pareil jugement, à savoir que nous ne savons pas si nous courons ou si nous pensons, lorsque nous faisons l'une ou l'autre de ces actions : car enfin vous ne voyez pas quelle est la façon intérieure d'agir qu'ils ont en eux, non plus qu'ils ne voient pas quelle est la vôtre : et il s'est trouvé autrefois de grands personnages, et s'en trouve encore aujourd'hui, qui ne dénient pas la raison aux bêtes. Et tant s'en faut que nous puissions nous persuader que toutes leurs opérations puissent être suffisamment expliquées par le moyen de la mécanique, sans leur attribuer ni sens, ni âme, ni vie, qu'au contraire nous sommes prêts de soutenir au dédit de ce que l'on voudra, que c'est une chose tout-à-fait impossible, et même ridicule. Et enfin¹, s'il est vrai que les singes, les chiens et les éléphants agissent de cette sorte dans toutes leurs opérations, il s'en trouvera plusieurs qui diront que toutes les actions de l'homme sont aussi semblables à celles des machines, et qui ne voudront plus admettre en lui de sens ni d'entendement; vu que, si la foible raison des bêtes diffère de celle de l'homme, ce n'est que par le plus et le moins, qui ne change point la nature des choses.

² Le quatrième scrupule est touchant la science d'un athée, laquelle il soutient être très certaine, et même selon votre règle très évidente, lorsqu'il assure que si de choses égales on ôte choses égales, les restes seront égaux; ou bien que les trois angles d'un triangle rectiligne sont égaux à deux droits, et autres choses semblables, puis qu'il ne peut penser à ces choses sans croire qu'elles sont très certaines. Ce qu'il maintient être si véritable, qu'encore bien qu'il n'y eût point de Dieu, ou même qu'il fût impossible qu'il y en eût, comme il s'imagine, il ne se tient pas moins assuré de ces vérités que si en effet il y en avoit un qui existât : et de fait, il nie qu'on lui puisse jamais rien objecter là-dessus qui lui cause le moindre doute; car

¹ Voyez Méditation vi, t. 1, p. 322. — ² Voyez Médit. v, p. 309.

que lui objecterez-vous? que s'il y a un Dieu il le peut décevoir? Mais il vous soutiendra qu'il n'est pas possible qu'il puisse jamais être en cela déçu, quand même Dieu y emploieroit toute sa puissance.

[1] De ce scrupule en naît un cinquième, qui prend sa force de cette déception que vous voulez dénier entièrement à Dieu; car si plusieurs théologiens sont dans ce sentiment, que les damnés, tant les anges que les hommes, sont continuellement déçus par l'idée que Dieu leur a imprimée d'un feu dévorant, en sorte qu'ils croient fermement et s'imaginent voir et ressentir effectivement qu'ils sont tourmentes par un feu qui les consume, quoiqu'en effet il n'y en ait point, Dieu ne peut-il pas nous décevoir par de semblables espèces, et nous imposer continuellement, imprimant sans cesse dans nos âmes de ces fausses et trompeuses idées; en sorte que nous pensions voir très clairement et toucher de chacun de nos sens des choses qui toutefois ne sont rien hors de nous, étant véritable qu'il n'y a point de ciel, point d'astres, point de terre, et que nous n'avons point de bras, point de pieds, point d'yeux, etc.? Et certes, quand il en useroit de la sorte, il ne pourroit être blâmé d'injustice, et nous n'aurions aucun sujet de nous plaindre de lui, puisque, étant le souverain Seigneur de toutes choses, il peut disposer de tout comme il lui plait;

---

[1] Voyez Méditations III et IV, tome I, pages 263 et 293.

vu principalement qu'il semble avoir droit de le faire pour abaisser l'arrogance des hommes, châtier leurs crimes ou punir le péché de leur premier père, ou pour d'autres raisons qui nous sont inconnues. Et de vrai, il semble que cela se confirme par ces lieux de l'Écriture, qui prouvent que l'homme ne peut rien savoir, comme il paroît par ce texte de l'Apôtre en la première aux Corinthiens, chap. VIII, vers. 2 : « Quiconque estime sa» voir quelque chose, ne connoît pas encore ce qu'il » doit savoir, ni comment il doit savoir ; » et par celui de l'Ecclésiaste, chap. VIII, vers. 17 : « J'ai » reconnu que de tous les ouvrages de Dieu qui se » font sous le soleil, l'homme n'en peut rendre » aucune raison, et que plus il s'efforcera d'en trou» ver, d'autant moins il en trouvera; même s'il dit » en savoir quelqu'une, il ne la pourra trouver. » Or, que le sage ait dit cela pour des raisons mûrement considérées, et non point à la hâte et sans y avoir bien pensé, cela se voit par le contenu de tout le livre, et principalement où il traite la question de l'âme, que vous soutenez être immortelle; car, au chap. III, vers. 19, il dit que « l'homme et la jument » passent de même façon; » et afin que vous ne disiez pas que cela se doit entendre seulement du corps, il ajoute un peu après que « l'homme n'a rien » de plus que la jument; » et, venant à parler de l'esprit même de l'homme, il dit « qu'il n'y a personne

« qui sache s'il monte en haut, » c'est-à-dire s'il est immortel, « ou si, avec ceux des autres animaux, » il descend en bas, » c'est-à-dire s'il se corrompt. Et ne dites point qu'il parle en ce lieu-là en la personne des impies, autrement il auroit dû en avertir, et réfuter ce qu'il avoit auparavant allégué. Ne pensez pas aussi vous excuser, en renvoyant aux théologiens d'interpréter l'Écriture; car, étant chrétien comme vous êtes, vous devez être prêt de répondre et de satisfaire à tous ceux qui vous objectent quelque chose contre la foi, principalement quand ce qu'on vous objecte choque les principes que vous voulez établir.

¹ Le sixième scrupule vient de l'indifférence du jugement ou de la liberté, laquelle tant s'en faut que, selon votre doctrine, elle rende le franc arbitre plus noble et plus parfait, qu'au contraire c'est dans l'indifférence que vous mettez son imperfection ; en sorte que tout autant de fois que l'entendement connoît clairement et distinctement les choses qu'il faut croire, qu'il faut faire ou qu'il faut omettre, la volonté pour lors n'est jamais indifférente. Car ne voyez-vous pas que par ces principes vous détruisez entièrement la liberté de Dieu, de laquelle vous ôtez l'indifférence lorsqu'il crée ce monde-ci plutôt qu'un autre, ou lorsqu'il n'en crée aucun, étant néanmoins de la foi de

---

¹ Voyez Méditation IV, tome I, page 300.

croire que Dieu a été de toute éternité indifférent à créer un monde ou plusieurs, ou même à n'en créer pas un. Et qui peut douter que Dieu n'ait toujours vu très clairement toutes les choses qui étoient à faire ou à laisser? Si bien que l'on ne peut pas dire que la connoissance très claire des choses et leur distincte perception, ôte l'indifférence du libre arbitre, laquelle ne conviendroit jamais avec la liberté de Dieu, si elle ne pouvoit convenir avec la liberté humaine, étant vrai que les essences des choses, aussi bien que celles des nombres, sont indivisibles et immuables; et partant l'indifférence n'est pas moins comprise dans la liberté du franc arbitre de Dieu que dans la liberté du franc arbitre des hommes.

Le septième scrupule sera de la superficie, en laquelle ou par le moyen de laquelle vous dites que se font tous les sentiments. Car nous ne voyons pas comment il se peut faire qu'elle ne soit point partie des corps qui sont aperçus, ni de l'air, ou des vapeurs, ni même l'extrémité d'aucune de ces choses: et nous n'entendons pas bien encore comment vous pouvez dire qu'il n'y a point d'accidents réels, de quelque corps ou substance que ce soit, qui puissent par la toute-puissance de Dieu être séparés de leur sujet, et exister sans lui, et qui véritablement existent ainsi au Saint-Sacrement de l'autel. Toutefois nos docteurs n'ont pas occasion de s'émouvoir beaucoup, jusqu'à ce qu'ils aient vu si, dans cette physique que vous nous promettez, vous aurez suffisamment démontré toutes ces choses; il est vrai qu'ils ont de la peine à croire qu'elle nous les puisse si clairement proposer que nous les devions embrasser, au préjudice de ce que l'antiquité nous en a appris.

[1] La réponse que vous avez faite aux cinquièmes objections a donné lieu au huitième scrupule. Et de vrai comment se peut-il faire que les vérités géométriques ou métaphysiques, telles que sont celles dont vous avez fait mention en ce lieu-là, soient immuables et éternelles, et que néanmoins elles ne soient pas indépendantes de Dieu? Car en quel genre de cause dépendent-elles de lui? A-t-il donc bien pu faire que la nature du triangle ne fût point? Et comment, je vous prie, auroit-il pu faire qu'il n'eût pas été vrai de toute éternité que deux fois quatre fussent huit, ou qu'un triangle n'eût pas trois angles? Et partant, ou ces vérités ne dépendent que du seul entendement, lorsqu'il pense, ou elles dépendent de l'existence des choses mêmes, ou bien elles sont indépendantes : vu qu'il ne semble pas possible que Dieu ait pu faire qu'aucune de ces essences ou vérités ne fût pas de toute éternité.

[1] Voyez réponses aux cinquièmes objections, page 287 de ce volume.

¹ Enfin, le neuvième scrupule nous semble fort pressant, lorsque vous dites qu'il faut se défier des sens, et que la certitude de l'entendement est beaucoup plus grande que la leur : car comment cela pourroit-il être, si l'entendement même n'a point d'autre certitude que celle qu'il emprunte des sens bien disposés ? Et de fait ne voit-on pas qu'il ne peut corriger l'erreur d'aucun de nos sens, si premièrement un autre ne l'a tiré de l'erreur où il étoit lui-même ? Par exemple, un bâton paroît rompu dans l'eau à cause de la réfraction : qui corrigera cette erreur ? Sera-ce l'entendement? point du tout, mais le sens du toucher. Il en est de même de tous les autres. Et partant si une fois vous pouvez avoir tous vos sens bien disposés, et qui vous rapportent toujours la même chose, tenez pour certain que vous acquerrez par leur moyen la plus grande certitude dont un homme soit naturellement capable; que si vous vous fiez par trop aux raisonnements de votre esprit, assurez-vous d'être souvent trompé : car il arrive assez ordinairement que notre entendement nous trompe en des choses qu'il avoit tenues pour indubitables.

² Voilà en quoi consistent nos principales difficultés : à quoi vous ajouterez aussi quelque règle certaine, et des marques infaillibles suivant les-

---

¹ Voyez Méditations I et VI, tome I, pages 237 et 322. — ² Voyez Méditation VI, tome I, page 322.

quelles nous puissions connoître avec certitude, quand nous concevons une chose si parfaitement sans l'autre, qu'il soit vrai que l'une soit tellement distincte de l'autre, qu'au moins, par la toute-puissance de Dieu, elles puissent subsister séparément: c'est-à-dire, en un mot, que vous nous enseigniez comment nous pouvons clairement, distinctement, et certainement connoître que cette distinction que notre entendement forme ne prend point son fondement dans notre esprit, mais dans les choses mêmes. Car lorsque nous contemplons l'immensité de Dieu sans penser à sa justice, ou que nous faisons réflexion sur son existence sans penser au Fils ou au Saint-Esprit, ne concevons-nous pas parfaitement cette existence, ou Dieu même existant, sans ces deux autres personnes, qu'un infidèle peut avec autant de raison nier de la divinité, que vous en avez de dénier au corps l'esprit ou la pensée. Tout ainsi donc que celui-là concluroit mal qui diroit que le Fils et que le Saint-Esprit sont essentiellement distingués du Père, ou qu'ils peuvent être séparés de lui; de même on ne vous concédera jamais que la pensée, ou plutôt que l'esprit humain soit réellement distingué du corps, quoique vous conceviez clairement l'un sans l'autre, et que vous puissiez nier l'un de l'autre, et même que vous reconnoissiez que cela ne se fait point par aucune abstraction de votre esprit. Mais certes si vous satisfaites pleinement à toutes ces difficultés, vous devez être assuré qu'il n'y aura plus rien qui puisse faire ombrage à nos théologiens.

ADDITION DE DESCARTES.

J'ajouterai ici ce que quelques autres m'ont proposé, afin de n'avoir pas besoin d'y répondre séparément, car leur sujet est presque semblable.

Des personnes de très bon esprit, et d'une rare doctrine, m'ont fait les trois questions suivantes.

1. La première est comment nous pouvons être assurés que nous avons l'idée claire et distincte de notre âme.

2. La seconde, comment nous pouvons être assurés que cette idée est tout-à-fait différente des autres choses.

3. La troisième, comment nous pouvons être assurés qu'elle n'a rien en soi de ce qui appartient au corps.

Ce qui suit m'a aussi été envoyé avec ce titre.

DES PHILOSOPHES ET GÉOMÈTRES

A M. DESCARTES.

Monsieur,

Quelque soin que nous prenions à examiner si l'idée que nous avons de notre esprit, c'est-à-dire si la notion ou le concept de l'esprit humain ne contient rien en soi de corporel[1], nous n'osons pas néanmoins assurer que la pensée ne puisse en aucune façon convenir au corps agité par de secrets mouvements ; car, voyant qu'il y a certains corps qui ne pensent point, et d'autres qui pensent, ne passerions-nous pas auprès de vous pour des sophistes, et ne nous accuseriez-vous pas de trop de témérité, si nonobstant cela nous voulions conclure qu'il n'y a aucun corps qui pense ? Nous avons même de la peine à ne pas croire que vous auriez eu raison de vous moquer de nous, si nous eussions les premiers forgé cet argument qui parle des idées, et dont vous vous servez pour la preuve d'un Dieu, et de la distinction réelle de l'esprit d'avec le corps, et que vous l'eussiez ensuite fait passer par l'examen de votre analyse. Il est vrai que vous paroissez en être si fort prévenu et préoccupé, qu'il semble que vous vous soyez vous-même mis un voile au-devant de l'esprit qui vous empêche de voir que toutes les opérations et propriétés de l'âme que vous remarquez être en vous dépendent purement des mouvements du corps; ou bien défaites le nœud qui selon votre jugement tient nos esprits enchaînés, et qui les empêche de s'élever au-dessus du corps et de la matière. Le nœud que nous trouvons en ceci est que nous comprenons fort bien que deux et trois joints en-

---

[1] Voyez Méditation vi, tome 1, page 322.

semble font le nombre de cinq, et que si de choses égales on ôte choses égales, les restes seront égaux: nous sommes convaincus de ces vérités, et de mille autres, aussi bien que vous; pourquoi donc ne sommes-nous pas pareillement convaincus par le moyen de vos idées, ou même par les nôtres, que l'âme de l'homme est réellement distincte du corps, et que Dieu existe? Vous direz peut-être que vous ne pouvez pas nous mettre cette vérité dans l'esprit si nous ne méditons avec vous; mais nous avons à vous répondre que nous avons lu plus de sept fois vos Méditations avec une attention d'esprit presque semblable à celle des anges, et que néanmoins nous ne sommes pas encore persuadés. Nous ne pouvons pas toutefois nous persuader que vous vouliez dire que, tous tant que nous sommes, nous avons l'esprit stupide et grossier comme des bêtes, et du tout inhabile pour les choses métaphysiques, auxquelles il y a trente ans que nous nous exerçons, plutôt que de confesser que les raisons que vous avez tirées des idées de Dieu et de l'esprit ne sont pas d'un si grand poids et d'une telle autorité que des hommes savants, qui tâchent autant qu'ils peuvent d'élever leur esprit au-dessus de la matière, s'y puissent et s'y doivent entièrement soumettre. Au contraire, nous estimons que vous confesserez le même avec nous, si vous voulez vous donner la peine de relire vos

Méditations avec le même esprit, et les passer par le même examen que vous feriez si elles vous avoient été proposées par une personne ennemie. Enfin, puisque nous ne connoissons point jusqu'où se peut étendre la vertu des corps et de leurs mouvements, vu que vous confessez vous-même qu'il n'y a personne qui puisse savoir tout ce que Dieu a mis ou peut mettre dans un sujet sans une révélation particulière de sa part, d'où pouvez-vous avoir appris que Dieu n'ait point mis cette vertu et propriété dans quelques corps, que de penser, de douter, etc.?

Ce sont là, monsieur, nos arguments, ou, si vous aimez mieux, nos préjugés, auxquels, si vous apportez le remède nécessaire, nous ne saurions vous exprimer de combien de grâces nous vous serons redevables, ni quelle sera l'obligation que nous vous aurons, d'avoir tellement défriché notre esprit, que de l'avoir rendu capable de recevoir avec fruit la semence de votre doctrine. Dieu veuille que vous en puissiez venir heureusement à bout, et nous le prions qu'il lui plaise donner cette récompense à votre piété, qui ne vous permet pas de rien entreprendre que vous ne sacrifiiez entièrement à sa gloire.

RÉPONSES DE L'AUTEUR

AUX SIXIÈMES OBJECTIONS,

FAITES PAR DIVERS THÉOLOGIENS, PHILOSOPHES ET GÉOMÈTRES.

[1] C'est une chose très assurée que personne ne peut être certain s'il pense et s'il existe, si premièrement il ne sait ce que c'est que la pensée et que l'existence, non que pour cela il soit besoin d'une science réfléchie ou acquise par une démonstration, et beaucoup moins de la science de cette science, par laquelle il connoisse qu'il sait, et derechef qu'il sait qu'il sait, et ainsi jusqu'à l'infini, étant impossible qu'on en puisse jamais avoir une telle d'aucune chose que ce soit; mais il suffit qu'il sache cela par cette sorte de connoissance intérieure qui précède toujours l'acquise, et qui est si naturelle à tous les hommes, en ce qui regarde la pensée et l'existence, que bien que peut-être étant aveuglés par quelques préjugés, et plus attentifs au son des paroles qu'à leur véritable signification, nous puissions feindre que nous ne l'avons point, il est néanmoins impossible qu'en effet nous

---

[1] Voyez sixièmes objections, page 318 de ce volume.

ne l'ayons. Ainsi donc, lorsque quelqu'un aperçoit qu'il pense, et que de là il suit très évidemment qu'il existe, encore qu'il ne se soit peut-être jamais auparavant mis en peine de savoir ce que c'est que la pensée et que l'existence, il ne se peut faire néanmoins qu'il ne les connoisse assez l'une et l'autre pour être en cela pleinement satisfait.

¹ Il est aussi du tout impossible que celui qui d'un côté sait qu'il pense, et qui d'ailleurs connoît ce que c'est que d'être mû, puisse jamais croire qu'il se trompe et qu'en effet il ne pense point, mais qu'il est seulement mû : car ayant une idée ou notion tout autre de la pensée que du mouvement corporel, il faut de nécessité qu'il conçoive l'un comme différent de l'autre ; quoique pour s'être trop accoutumé à attribuer à un même sujet plusieurs propriétés différentes, et qui n'ont entre elles aucune affinité, il se puisse faire qu'il révoque en doute, ou même qu'il assure que c'est en lui la même chose qui pense et qui est mue. Or il faut remarquer que les choses dont nous avons différentes idées peuvent être prises en deux façons pour une seule et même chose ; c'est à savoir, ou en unité et identité de nature, ou seulement en unité de composition. Ainsi, par exemple, il est bien vrai que l'idée de la figure n'est pas la même que celle du mouvement ; que l'action par

---

¹ Voyez sixièmes objections, page 319 de ce volume.

laquelle j'entends est conçue sous une autre idée que celle par laquelle je veux; que la chair et les os ont des idées différentes; et que l'idée de la pensée est tout autre que celle de l'extension : et néanmoins nous concevons fort bien que la même substance à qui la figure convient est aussi capable de mouvement, de sorte qu'être figuré et être mobile n'est qu'une même chose en unité de nature, comme aussi ce n'est qu'une même chose en unité de nature qui veut et qui entend; mais il n'en est pas ainsi de la substance que nous considérons sous la forme d'un os, et de celle que nous considérons sous la forme de chair, ce qui fait que nous ne pouvons pas les prendre pour une même chose en unité de nature, mais seulement en unité de composition, en tant que c'est un même animal qui a de la chair et des os. Maintenant la question est de savoir si nous concevons que la chose qui pense et celle qui est étendue soient une même chose en unité de nature; en sorte que nous trouvions qu'entre la pensée et l'extension il y ait une pareille connexion et affinité que nous remarquons entre le mouvement et la figure, l'action de l'entendement et celle de la volonté; ou plutôt si elles ne sont pas appelées une en unité de composition, en tant qu'elles se rencontrent toutes deux dans un même homme, comme des os et de la chair dans un même animal; et pour moi c'est là mon sentiment : car la distinction ou diversité que je remarque entre la nature d'une chose étendue et celle d'une chose qui pense ne me paroît pas moindre que celle qui est entre des os et de la chair.

* Mais pourcequ'en cet endroit on se sert d'autorités pour me combattre, je me trouve obligé, pour empêcher qu'elles ne portent aucun préjudice à la vérité, de répondre à ce qu'on m'objecte, que personne n'a encore pu comprendre ma démonstration, qu'encore bien qu'il y en ait fort peu qui l'aient soigneusement examinée, il s'en trouve néanmoins quelques uns qui se persuadent de l'entendre, et qui s'en tiennent entièrement convaincus. Et comme on doit ajouter plus de foi à un seul témoin qui, après avoir voyagé en Amérique, nous dit qu'il a vu des antipodes, qu'à mille autres qui ont nié ci-devant qu'il y en eût, sans en avoir d'autre raison sinon qu'ils ne le savoient pas ; de même ceux qui pèsent comme il faut la valeur des raisons doivent faire plus d'état de l'autorité d'un seul homme qui dit entendre fort bien une démonstration, que de celle de mille autres qui disent, sans raison, qu'elle n'a pu encore être comprise de personne : car, bien qu'ils ne l'entendent point, cela ne fait pas que d'autres ne la puissent entendre ; et pourcequ'en inférant l'un de l'autre ils font voir qu'ils ne sont pas assez exacts

---

¹ Voyez sixièmes objections, page 319 de ce volume.

OBJECTIONS ET RÉPONSES.   337

dans leurs raisonnements, il semble que leur autorité ne doive pas être beaucoup considérée.

[1] Enfin, à la question qu'on me propose en cet endroit, savoir, « si j'ai tellement coupé et divisé » par le moyen de mon analyse tous les mouve- » ments de ma matière subtile, que non seulement » je sois assuré, mais même que je puisse faire con- » noître à des personnes très attentives, et qui » pensent être assez clairvoyantes, qu'il y a de la » répugnance que nos pensées soient répandues » dans des mouvements corporels, » c'est-à-dire, comme je l'estime, que nos pensées ne soient autre chose que des mouvements corporels; je réponds que pour mon particulier j'en suis très certain, mais que je ne me promets pas pour cela de le pouvoir persuader aux autres, quelque attention qu'ils y apportent et quelque capacité qu'ils pensent avoir, au moins tandis qu'ils n'appliqueront leur esprit qu'aux choses qui sont seulement imaginables, et non point à celles qui sont purement intelligibles, comme il est aisé de voir que ceux-là font qui se sont imaginé que la distinction ou la différence qui est entre la pensée et le mouvement se doit connoître par la dissection de quelque matière subtile: car cette différence ne peut être connue que de ce que l'idée d'une chose qui pense, et celle d'une chose étendue ou mobile, sont en-

[1] Voyez sixièmes objections, page 319 de ce volume.

tièrement diverses et mutuellement indépendantes l'une de l'autre, et qu'il répugne que des choses que nous concevons clairement et distinctement être diverses et indépendantes ne puissent pas être séparées, au moins par la toute-puissance de Dieu; de sorte que tout autant de fois que nous les rencontrons ensemble dans un même sujet, comme la pensée et le mouvement corporel dans un même homme, nous ne devons pas pour cela estimer qu'elles soient une même chose en unité de nature, mais seulement en unité de composition.

¹ Ce qui est ici rapporté des platoniciens et de leurs sectateurs est aujourd'hui tellement décrié par toute l'Église catholique, et communément par tous les philosophes, qu'on ne doit plus s'y arrêter. D'ailleurs il est bien vrai que le concile de Latran a défini qu'on pouvoit peindre les anges, mais il n'a pas conclu pour cela qu'ils fussent corporels. Et quand en effet on les croiroit être tels, on n'auroit pas raison pour cela de penser que leurs esprits fussent plus inséparables de leurs corps que ceux des hommes : et quand on voudroit aussi feindre que l'âme humaine viendroit de père à fils, on ne pourroit pas pour cela conclure qu'elle fût corporelle, mais seulement que comme nos corps prennent leur naissance de ceux de nos parents, de même

---

¹ Voyez sixièmes objections, page 319 de ce volume.

nos âmes procéderoient des leurs. Pour ce qui est des chiens et des singes, quand je leur attribuerois la pensée, il ne s'ensuivroit pas de là que l'âme humaine n'est point distincte du corps, mais plutôt que dans les autres animaux les esprits et les corps sont aussi distingués; ce que les mêmes platoniciens, dont on nous vantoit tout maintenant l'autorité, ont estimé avec Pythagore, comme leur métempsycose fait assez connoître. Mais pour moi je n'ai pas seulement dit que dans les bêtes il n'y avoit point de pensée, ainsi qu'on me veut faire accroire, mais qui plus est je l'ai prouvé par des raisons qui sont si fortes, que jusques à présent je n'ai vu personne qui ait rien opposé de considérable à l'encontre. Et ce sont plutôt ceux qui assurent que « les chiens savent en veillant qu'ils cou-» rent, et même en dormant qu'ils aboient, » et qui en parlent comme s'ils étoient d'intelligence avec eux et qu'ils vissent tout ce qui se passe dans leurs cœurs, lesquels ne prouvent rien de ce qu'ils disent. Car bien qu'ils ajoutent « qu'ils ne peuvent » pas se persuader que les opérations des bêtes » puissent être suffisamment expliquées par le » moyen de la mécanique, sans leur attribuer ni » sens, ni âme, ni vie » (c'est-à-dire, selon que je l'explique, sans la pensée; car je ne leur ai jamais dénié ce que vulgairement on appelle vie, âme corporelle et sens organique), « qu'au contraire ils

« veulent soutenir, au dédit de ce que l'on voudra, » que c'est une chose tout-à-fait impossible et même » ridicule, » cela néanmoins ne doit pas passer pour une preuve : car il n'y a point de proposition si véritable dont on ne puisse dire en même façon qu'on ne se la sauroit persuader, et même ce n'est point la coutume d'en venir aux gageures que lorsque les preuves nous manquent. Et, puisqu'on a vu autrefois de grands hommes qui se sont moqués, d'une façon presque pareille, de ceux qui soutenoient qu'il y avoit des antipodes, j'estime qu'il ne faut pas légèrement tenir pour faux tout ce qui semble ridicule à quelques autres.

Enfin, ce qu'on ajoute ensuite, [1] « qu'il s'en trou- » vera plusieurs qui diront que toutes les actions de » l'homme sont semblables à celles des machines, et » qui ne voudront plus admettre en lui de sens ni » d'entendement, s'il est vrai que les singes, les » chiens et les éléphants agissent aussi comme des » machines en toutes leurs opérations, » n'est pas aussi une raison qui prouve rien, si ce n'est peut-être qu'il y a des hommes qui conçoivent les choses si confusément, et qui s'attachent avec tant d'opiniâtreté aux premières opinions qu'ils ont une fois conçues, sans les avoir jamais bien examinées, que plutôt que de s'en départir ils nieront qu'ils aient en eux-mêmes les choses qu'ils expérimentent

---

[1] Voyez sixièmes objections, page 321 de ce volume.

y être. Car de vrai il ne se peut pas faire que nous n'expérimentions tous les jours en nous-mêmes que nous pensons; et partant, quoiqu'on nous fasse voir qu'il n'y a point d'opérations dans les bêtes qui ne se puissent faire sans la pensée, personne ne pourra de là raisonnablement inférer qu'il ne pense donc point; si ce n'est celui qui, ayant toujours supposé que les bêtes pensent comme nous, et pour ce sujet s'étant persuadé qu'il n'agit point autrement qu'elles, se voudra tellement opiniâtrer à maintenir cette proposition: *l'homme et la bête opèrent d'une même façon*, que lorsqu'on viendra à lui montrer que les bêtes ne pensent point, il aimera mieux se dépouiller de sa propre pensée laquelle il ne peut toutefois ne pas connoître en soi-même par une expérience continuelle et infaillible, que de changer cette opinion, *qu'il agit de même façon que les bêtes*. Je ne puis pas néanmoins me persuader qu'il y ait beaucoup de ces esprits; mais je m'assure qu'il s'en trouvera bien davantage qui, si on leur accorde *que la pensée n'est point distinguée du mouvement corporel*, soutiendront, et certes avec plus de raison, qu'elle se rencontre dans les bêtes aussi bien que dans les hommes, puisqu'ils verront en elles les mêmes mouvements corporels que dans nous; et, ajoutant à cela *que la différence, qui n'est que selon le plus ou le moins, ne change point la nature des choses*, bien que peut-être ils ne fassent pas les bêtes si raisonnables que les hommes, ils auront néanmoins occasion de croire qu'il y a en elles des esprits de semblable espèce que les nôtres.

[1] Pour ce qui regarde la science d'un athée, il est aisé de montrer qu'il ne peut rien savoir avec certitude et assurance; car, comme j'ai déjà dit ci-devant, d'autant moins puissant sera celui qu'il reconnoîtra pour l'auteur de son être, d'autant plus aura-t-il occasion de douter si sa nature n'est point tellement imparfaite qu'il se trompe, même dans les choses qui lui semblent très évidentes : et jamais il ne pourra être délivré de ce doute, si premièrement il ne reconnoît qu'il a été créé par un Dieu, principe de toute vérité, et qui ne peut être trompeur. [2] Et on peut voir clairement qu'il est impossible que Dieu soit trompeur, pourvu qu'on veuille considérer que la forme ou l'essence de la tromperie est un non être, vers lequel jamais le souverain Être ne se peut porter. Aussi tous les théologiens sont-ils d'accord de cette vérité, qu'on peut dire être la base et le fondement de la religion chrétienne, puisque toute la certitude de sa foi en dépend. Car comment pourrions-nous ajouter foi aux choses que Dieu nous a révélées, si nous pensions qu'il nous trompe quelquefois ? Et bien

---

[1] Voyez sixièmes objections, page 321 de ce volume. — [2] Voyez ibid., page 322 de ce volume.

que la commune opinion des théologiens soit que les damnés sont tourmentés par le feu des enfers, néanmoins leur sentiment n'est pas pour cela *qu'ils sont déçus par une fausse idée que Dieu leur a imprimée d'un feu qui les consume*, mais plutôt qu'ils sont véritablement tourmentés par le feu; parceque comme « l'esprit d'un homme vivant, bien » qu'il ne soit pas corporel, est néanmoins natu-» rellement détenu dans le corps, ainsi Dieu, par » sa toute-puissance, peut aisément faire qu'il souffre » les atteintes du feu corporel après sa mort, etc. » Voyez le Maître des sentences, liv. IV, dist. XLIV. Pour ce qui est des lieux de l'Écriture, je ne juge pas que je sois obligé d'y répondre, si ce n'est qu'ils semblent contraires à quelque opinion qui me soit particulière ; car lorsqu'ils ne s'attaquent pas à moi seul, mais qu'on les propose contre les opinions qui sont communément reçues de tous les chrétiens, comme sont celles que l'on impugne en ce lieu-ci : par exemple, que nous pouvons savoir quelque chose, et que l'âme de l'homme n'est pas semblable à celle des animaux, je craindrois de passer pour présomptueux, si je n'aimois pas mieux me contenter des réponses qui ont déjà été faites par d'autres que d'en rechercher de nouvelles; vu que je n'ai jamais fait profession de l'étude de la théologie, et que je ne m'y suis appliqué qu'autant que j'ai cru qu'elle étoit nécessaire pour ma propre instruction, et enfin que je ne sens point en moi d'inspiration divine qui me fasse juger capable de l'enseigner. C'est pourquoi je fais ici ma déclaration que désormais je ne répondrai plus à de pareilles objections.

[1] Néanmoins j'y répondrai encore pour cette fois, de peur que mon silence ne donnât occasion à quelques uns de croire que je m'en abstiens faute de pouvoir donner des explications assez commodes aux lieux de l'Écriture que vous proposez. Je dis donc, premièrement, que le passage de saint Paul de la première aux Corinthiens, chap. VIII, vers. 2, se doit seulement entendre de la science qui n'est pas jointe avec la charité, c'est-à-dire de la science des athées : parceque quiconque connoît Dieu comme il faut ne peut pas être sans amour pour lui, et n'avoir point de charité. Ce qui se prouve tant par ces paroles qui précèdent immédiatement, « la science enfle, mais la charité édifie; » que par celles qui suivent un peu après, que « si quelqu'un »aime Dieu, icelui (à savoir Dieu) est connu de »lui. » Car ainsi l'apôtre ne dit pas qu'on ne puisse avoir aucune science, puisqu'il confesse que ceux qui aiment Dieu le connoissent, c'est-à-dire qu'ils ont de lui quelque science; mais il dit seulement que ceux qui n'ont point de charité, et qui par conséquent n'ont pas une connoissance de

---

[1] Voyez sixièmes objections, page 323 de ce volume.

Dieu suffisante, encore que peut-être ils s'estiment savants en d'autres choses, « ils ne connoissent » pas néanmoins encore ce qu'ils doivent savoir, » ni comment ils le doivent savoir, » d'autant qu'il faut commencer par la connoissance de Dieu, et après faire dépendre d'elle toute la connoissance que nous pouvons avoir des autres choses, ce que j'ai aussi expliqué dans mes Méditations. Et partant, ce même texte, qui étoit allégué contre moi, confirme si ouvertement mon opinion touchant cela, que je ne pense pas qu'il puisse être bien expliqué par ceux qui sont d'un sentiment contraire. Car si on vouloit prétendre que le sens que j'ai donné à ces paroles, que « si quelqu'un aime » Dieu, icelui, *à savoir Dieu*, est connu de lui, » n'est pas celui de l'Écriture, et que ce pronom *icelui* ne se réfère pas à Dieu, mais à l'homme, qui est connu et approuvé par lui, l'apôtre saint Jean, en sa première épître, chap. II, verset 2, favorise entièrement mon explication, par ces paroles : « En cela nous savons que nous l'avons » connu si nous observons ses commandements; » et au chap. IV, verset 7, « Celui qui aime est en- » fant de Dieu, et le connoît. »

¹ Les lieux que vous alléguez de l'Ecclésiaste ne sont point aussi contre moi; car il faut remarquer que Salomon, dans ce livre, ne parle pas en la per-

---

¹ Voyez sixièmes objections, page 327 de ce volume.

sonne des impies, mais en la sienne propre, en ce qu'ayant été auparavant pécheur et ennemi de Dieu, il se repent pour lors de ses fautes, et confesse que tant qu'il s'étoit seulement voulu servir pour la conduite de ses actions des lumières de la sagesse humaine, sans la référer à Dieu ni la regarder comme un bienfait de sa main, jamais il n'avoit rien pu trouver qui le satisfît entièrement ou qu'il ne vît rempli de vanité. C'est pourquoi en divers lieux il exhorte et sollicite les hommes de se convertir à Dieu et de faire pénitence, et notamment au chap. xi, vers. 9, par ces paroles : « Et » sache, dit-il, que Dieu te fera rendre compte de » toutes tes actions; » ce qu'il continue dans les autres suivants jusqu'à la fin du livre. Et ces paroles du chap. viii, vers. 17, « Et j'ai reconnu que » de tous les ouvrages de Dieu qui se font sous le » soleil, l'homme n'en peut rendre aucune raison, etc., » ne doivent pas être entendues de toutes sortes de personnes, mais seulement de celui qu'il a décrit au verset précédent, « il y a tel homme qui » passe les jours et les nuits sans dormir; » comme si le prophète vouloit en ce lieu-là nous avertir que le trop grand travail, la trop grande assiduité à l'étude des lettres, empêche qu'on ne parvienne à la connoissance de la vérité; ce que je ne crois pas que ceux qui me connoissent particulièrement jugent pouvoir être appliqué à moi. Mais surtout il faut prendre garde à ces paroles, « qui se font » sous le soleil, » car elles sont souvent répétées dans tout ce livre, et dénotent toujours les choses naturelles, à l'exclusion de la subordination et dépendance qu'elles ont à Dieu, parceque Dieu étant élevé au-dessus de toutes choses, on ne peut pas dire qu'il soit contenu entre celles qui ne sont que sous le soleil ; de sorte que le vrai sens de ce passage est que l'homme ne sauroit avoir une connoissance parfaite des choses naturelles tandis qu'il ne connoîtra point Dieu, en quoi je conviens aussi avec le Prophète. Enfin, au chap. III, vers. 19, où il est dit que « l'homme et la jument passent » de même façon, et aussi que l'homme n'a rien » de plus que la jument, » il est manifeste que cela ne se dit qu'à raison du corps ; car en cet endroit il n'est fait mention que des choses qui appartiennent au corps ; et incontinent après il ajoute, en parlant séparément de l'âme, « qui sait si l'esprit des en» fants d'Adam monte en haut, et si l'esprit des » animaux descend en bas ? » c'est-à-dire, qui peut connoître par la force de la raison humaine, et à moins que de se tenir à ce que Dieu nous en a révélé, si les âmes des hommes jouiront de la béatitude éternelle ? A la vérité j'ai bien tâché de prouver par raison naturelle que l'âme de l'homme n'est point corporelle ; mais de savoir si elle montera en haut, c'est-à-dire si elle jouira de la gloire de Dieu, j'avoue qu'il n'y a que la seule foi qui nous le puisse apprendre.

¹ Quant à la liberté du franc arbitre, il est certain que la raison ou l'essence de celle qui est en Dieu est bien différente de celle qui est en nous, d'autant qu'il répugne que la volonté de Dieu n'ait pas été de toute éternité indifférente à toutes les choses qui ont été faites ou qui se feront jamais, n'y ayant aucune idée qui représente le bien ou le vrai, ce qu'il faut croire, ce qu'il faut faire ou ce qu'il faut omettre, qu'on puisse feindre avoir été l'objet de l'entendement divin avant que sa nature ait été constituée telle par la détermination de sa volonté. Et je ne parle pas ici d'une simple priorité de temps, mais bien davantage, je dis qu'il a été impossible qu'une telle idée ait précédé la détermination de la volonté de Dieu par une priorité d'ordre ou de nature, ou de raison raisonnée, ainsi qu'on la nomme dans l'école, en sorte que cette idée du bien ait porté Dieu à élire l'un plutôt que l'autre. Par exemple, ce n'est pas pour avoir vu qu'il étoit meilleur que le monde fût créé dans le temps que dès l'éternité, qu'il a voulu le créer dans le temps; et il n'a pas voulu que les trois angles d'un triangle fussent égaux à deux droits, parcequ'il a connu que cela ne se pouvoit faire autrement, etc. Mais, au contraire, parcequ'il a voulu créer le monde

¹ Voyez sixièmes objections, page 324 de ce volume.

dans le temps, pour cela il est ainsi meilleur que s'il eût été créé dès l'éternité ; et d'autant qu'il a voulu que les trois angles d'un triangle fussent nécessairement égaux à deux droits, pour cela, cela est maintenant vrai, et il ne peut pas être autrement, et ainsi de toutes les autres choses; et cela n'empêche pas qu'on ne puisse dire que les mérites des saints sont la cause de leur béatitude éternelle, car ils n'en sont pas tellement la cause qu'ils déterminent Dieu à rien vouloir, mais ils sont seulement la cause d'un effet dont Dieu a voulu de toute éternité qu'ils fussent la cause : et ainsi une entière indifférence en Dieu est une preuve très grande de sa toute-puissance. Mais il n'en est pas ainsi de l'homme, lequel trouvant déjà la nature de la bonté et de la vérité établie et déterminée de Dieu, et sa volonté étant telle qu'elle ne se peut naturellement porter que vers ce qui est bon, il est manifeste qu'il embrasse d'autant plus librement le bon et le vrai, qu'il les connoît plus évidemment, et que jamais il n'est indifférent que lorsqu'il ignore ce qui est de mieux ou de plus véritable, ou du moins lorsque cela ne lui paroit pas si clairement qu'il n'en puisse aucunement douter: et ainsi l'indifférence qui convient à la liberté de l'homme, est fort différente de celle qui convient à la liberté de Dieu. Et il ne sert ici de rien d'alléguer que les essences des choses sont indivisibles: car premièrement il n'y en a point qui puisse convenir d'une même façon à Dieu et à la créature; et enfin l'indifférence n'est point de l'essence de la liberté humaine, vu que nous ne sommes pas seulement libres quand l'ignorance du bien et du vrai nous rend indifférents, mais principalement aussi lorsque la claire et distincte connoissance d'une chose nous pousse et nous engage à sa recherche.

[1] Je ne conçois point la superficie par laquelle j'estime que nos sens sont touchés autrement que les mathématiciens ou les philosophes conçoivent ordinairement, ou du moins doivent concevoir celle qu'ils distinguent du corps et qu'ils supposent n'avoir point de profondeur. Mais le nom de superficie se prend en deux façons par les mathématiciens, à savoir, ou pour le corps dont on ne considère que la seule longueur et largeur, sans s'arrêter du tout à la profondeur, quoiqu'on ne nie pas qu'il y ait quelque profondeur; ou il est pris seulement pour un mode du corps, et pour lors toute profondeur lui est déniée. C'est pourquoi, pour éviter toute sorte d'ambiguïté, j'ai dit que je parlois de cette superficie laquelle étant seulement un mode, ne peut pas être partie du corps; car le corps est une substance dont le mode ne peut être partie. Mais je n'ai jamais nié qu'elle fût

---

[1] Voyez sixièmes objections, page 325 de ce volume.

le terme du corps ; au contraire, je crois qu'elle peut fort proprement être appelée l'extrémité tant du corps contenu que de celui qui contient, au sens que l'on dit que les corps contigus sont ceux dont les extrémités sont ensemble. Car de vrai, quand deux corps se touchent mutuellement, ils n'ont ensemble qu'une même extrémité, qui n'est point partie de l'un ni de l'autre, mais qui est le même mode de tous les deux, et qui demeurera toujours le même, quoique ces deux corps soient ôtés, pourvu seulement qu'on en substitue d'autres en leur place qui soient précisément de même grandeur et figure. Et même ce lieu, qui est appelé par les péripatéticiens la superficie du corps qui environne, ne peut être conçu être une autre superficie que celle qui n'est point une substance, mais un mode. Car on ne dit point que le lieu d'une tour soit changé, quoique l'air qui l'environne le soit, ou qu'on substitue un autre corps en la place de la tour; et partant la superficie, qui est ici prise pour le lieu, n'est point partie de la tour, ni de l'air qui l'environne. Mais, pour réfuter entièrement l'opinion de ceux qui admettent des accidents réels, il me semble qu'il n'est pas besoin que je produise d'autres raisons que celles que j'ai déjà avancées; car, premièrement, puisque nul sentiment ne se fait sans contact, rien ne peut être senti que la superficie des corps. Or, s'il y a des accidents réels, ils doivent être quelque chose de différent de cette superficie qui n'est autre chose qu'un mode ; donc, s'il y en a, ils ne peuvent être sentis. Mais qui a jamais pensé qu'il y en eût que parcequ'il a cru qu'ils étoient sentis ? De plus, c'est une chose entièrement impossible et qui ne se peut concevoir sans répugnance et contradiction, qu'il y ait des accidents réels pourceque tout ce qui est réel peut exister séparément de tout autre sujet. Or ce qui peut ainsi exister séparément est une substance, et non point un accident. Et il ne sert de rien de dire que les accidents réels ne peuvent pas naturellement être séparés de leurs sujets, mais seulement par la toute-puissance de Dieu ; car être fait naturellement, n'est rien autre chose qu'être fait par la puissance ordinaire de Dieu, laquelle ne diffère en rien de sa puissance extraordinaire, et laquelle, ne mettant rien de nouveau dans les choses, n'en change point aussi la nature : de sorte que si tout ce qui peut être naturellement sans sujet est une substance, tout ce qui peut aussi être sans sujet par la puissance de Dieu, tant extraordinaire qu'elle puisse être, doit aussi être appelé du nom de substance. J'avoue bien, à la vérité, qu'une substance peut être appliquée à une autre substance, mais quand cela arrive, ce n'est pas la substance qui prend la forme d'un accident, mais seulement le mode ou la façon dont cela arrive : par exemple, quand un habit est appliqué sur un homme, ce n'est pas l'habit, mais être habillé qui est un accident. Et pourceque la principale raison qui a mû les philosophes à établir des accidents réels a été qu'ils ont cru que sans eux on ne pouvoit pas expliquer comment se font les perceptions de nos sens, j'ai promis d'expliquer par le menu, en écrivant de la physique, la façon dont chacun de nos sens est touché par ses objets; non que je veuille qu'en cela ni en aucune autre chose on s'en rapporte en mes paroles, mais parceque j'ai cru que ce que j'avois expliqué de la vue dans ma *Dioptrique* pouvoit servir de preuve suffisante de ce que je puis dans le reste.

[1] Quand on considère attentivement l'immensité de Dieu, on voit manifestement qu'il est impossible qu'il y ait rien qui ne dépende de lui, non seulement de tout ce qui subsiste, mais encore qu'il n'y a ordre, ni loi, ni raison de bonté et de vérité qui n'en dépende; autrement, comme je disois un peu auparavant, il n'auroit pas été toutà-fait indifférent à créer les choses qu'il a créées. Car, si quelque raison ou apparence de bonté eût précédé sa préordination, elle l'eût sans doute déterminé à faire ce qui étoit de meilleur : mais, tout au contraire, parcequ'il s'est déterminé à faire les

---

[1] Voyez sixièmes objections, page 326 de ce volume.

choses qui sont au monde, pour cette raison, comme il est dit en la Genèse, « elles sont très » bonnes, » c'est-à-dire que la raison de leur bonté dépend de ce qu'il les a ainsi voulu faire. Et il n'est pas besoin de demander en quel genre de cause cette bonté, ni toutes les autres vérités, tant mathématiques que métaphysiques, dépendent de Dieu : car, les genres des causes ayant été établis par ceux qui peut-être ne pensoient point à cette raison de causalité, il n'y auroit pas lieu de s'étonner quand ils ne lui auroient point donné de nom; mais néanmoins ils lui en ont donné un, car elle peut être appelée efficiente : de la même façon que la volonté du roi peut être dite la cause efficiente de la loi, bien que la loi même ne soit pas un être naturel, mais seulement, comme ils disent en l'école, un être moral. Il est aussi inutile de demander comment Dieu eût pu faire de toute éternité que deux fois quatre n'eussent pas été huit, etc., car j'avoue bien que nous ne pouvons pas comprendre cela : mais puisque d'un autre côté je comprends fort bien que rien ne peut exister, en quelque genre d'être que ce soit, qui ne dépende de Dieu, et qu'il lui a été très facile d'ordonner tellement certaines choses que les hommes ne pussent pas comprendre qu'elles eussent pu être autrement qu'elles sont, ce seroit une chose tout-à-fait contraire à la raison de douter des choses que nous comprenons fort bien, à cause de quelques autres que nous ne comprenons pas, et que nous ne voyons point que nous ne devions comprendre. Ainsi donc il ne faut pas penser que *les vérités éternelles dépendent de l'entendement humain ou de l'existence des choses*, mais seulement de la volonté de Dieu, qui, comme un souverain législateur, les a ordonnées et établies de toute éternité.

* Pour bien comprendre quelle est la certitude du sens, il faut distinguer en lui trois sortes de degrés. Dans le premier, on ne doit rien précisément considérer que ce que les objets extérieurs causent immédiatement dans l'organe corporel; et cela ne peut être autre chose que le mouvement des particules de cet organe, et le changement de figure et de situation qui provient de ce mouvement. Le second contient tout ce qui résulte immédiatement en l'esprit, de ce qu'il est uni à l'organe corporel ainsi mû et disposé par ses objets; tels sont les sentiments de la douleur, du chatouillement, de la faim, de la soif, des couleurs, des sons, des saveurs, des odeurs, du chaud, du froid, et autres semblables, que nous avons dit, dans la sixième Méditation, provenir de l'union et pour ainsi dire du mélange de l'esprit avec le corps. Et, enfin, le troisième comprend tous les

---

* Voyez sixièmes objections, page 327 de ce volume.

jugements que nous avons coutume de faire depuis
notre jeunesse, touchant les choses qui sont autour de nous, à l'occasion des impressions ou mouvements qui se font dans les organes de nos sens.
Par exemple, lorsque je vois un bâton, il ne faut
pas s'imaginer qu'il sorte de lui de petites images
voltigeantes par l'air, appelées vulgairement des
espèces intentionnelles, qui passent jusques à mon
œil, mais seulement que les rayons de la lumière
réfléchis de ce bâton excitent quelques mouvements dans le nerf optique, et par son moyen
dans le cerveau même, ainsi que j'ai amplement
expliqué dans la *Dioptrique*. Et c'est en ce mouvement du cerveau, qui nous est commun avec les
bêtes, que consiste le premier degré du sentiment.
De ce premier suit le second, qui s'étend seulement à la perception de la couleur et de la lumière
qui est réfléchie de ce bâton, et qui provient de ce
que l'esprit est si intimement conjoint avec le cerveau qu'il se ressent même et est comme touché
par les mouvements qui se font en lui : et c'est tout
ce qu'il faudroit rapporter au sens, si nous voulions le distinguer exactement de l'entendement.
Car que de ce sentiment de la couleur, dont je sens
l'impression, je vienne à juger que ce bâton qui est
hors de moi est coloré, et que de l'étendue de cette
couleur, de sa terminaison et de la relation de sa
situation avec les parties de mon cerveau, je dé-

termine quelque chose touchant la grandeur, la figure et la distance de ce même bâton, quoiqu'on ait accoutumé de l'attribuer au sens, et que pour ce sujet je l'aie rapporté à un troisième degré de sentiment, c'est néanmoins une chose manifeste que cela ne dépend que de l'entendement seul; et même j'ai fait voir dans la *Dioptrique* que la grandeur, la distance et la figure ne s'aperçoivent que par le raisonnement, en les déduisant les unes des autres. Mais il y a seulement ici cette différence, que nous attribuons à l'entendement les jugements nouveaux et non accoutumés que nous faisons touchant toutes les choses qui se présentent à nos sens, et que nous attribuons aux sens ceux que nous avons coutume de faire depuis notre enfance touchant les choses sensibles, à l'occasion des impressions qu'elles font dans les organes de nos sens; dont la raison est que la coutume nous fait raisonner et juger si promptement de ces choses-là (ou plutôt nous fait ressouvenir des jugements que nous en avons faits autrefois), que nous ne distinguons point cette façon de juger d'avec la simple appréhension ou perception de nos sens. D'où il est manifeste que, lorsque nous disons que la certitude de l'entendement est plus grande que celle des sens, nos paroles ne signifient autre chose, sinon que les jugements que nous faisons dans un âge plus avancé, à cause de quelques nouvelles observations que nous avons faites, sont plus certains que ceux que nous avons formés dès notre enfance, sans y avoir fait de réflexion; ce qui ne peut recevoir aucun doute, car il est constant qu'il ne s'agit point ici du premier ni du second degré du sentiment, d'autant qu'il ne peut y avoir en eux aucune fausseté. Quand donc on dit « qu'un bâton » paroît rompu dans l'eau à cause de la réfrac- » tion, » c'est de même que si l'on disoit qu'il nous paroît d'une telle façon qu'un enfant jugeroit de là qu'il est rompu, et qui fait aussi que, selon les préjugés auxquels nous sommes accoutumés dès notre enfance, nous jugeons la même chose. Mais je ne puis demeurer d'accord de ce que l'on ajoute ensuite, à savoir que « cette erreur n'est point corri- » gée par l'entendement, mais par le sens de l'at- » touchement : » car bien que ce sens nous fasse juger qu'un bâton est droit, et cela par cette façon de juger à laquelle nous sommes accoutumés dès notre enfance, et qui par conséquent peut être appelée *sentiment*, néanmoins cela ne suffit pas pour corriger l'erreur de la vue, mais outre cela il est besoin que nous ayons quelque raison qui nous enseigne que nous devons en cette rencontre nous fier plutôt au jugement que nous faisons ensuite de l'attouchement qu'à celui où semble nous porter le sens de la vue : laquelle raison n'ayant point été en nous dès notre enfance ne peut être attribuée au sens, mais au seul entendement; et partant, dans cet exemple même, c'est l'entendement seul qui corrige l'erreur du sens, et il est impossible d'en apporter jamais aucun dans lequel l'erreur vienne pour s'être plus fié à l'opération de l'esprit qu'à la perception des sens.

D'autant que les difficultés qui restent à examiner me sont plutôt proposées comme des doutes que comme des objections, je ne présume pas tant de moi que j'ose me promettre d'expliquer assez suffisamment des choses que je vois être encore aujourd'hui le sujet des doutes de tant de savants hommes. Néanmoins, pour faire en cela tout ce que je puis, et ne pas manquer à ma propre cause, je dirai ingénument de quelle façon il est arrivé que je me sois moi-même entièrement délivré de ces doutes. Car en ce faisant, si par hasard il arrive que cela puisse servir à quelques uns, j'aurai sujet de m'en réjouir, et s'il ne peut servir à personne, au moins aurai-je la satisfaction qu'on ne me pourra pas accuser de présomption ou de témérité.

Lorsque j'eus la première fois conclu, ensuite des raisons qui sont contenues dans mes Méditations, que l'esprit humain est réellement distingué du corps, et qu'il est même plus aisé à connoître que lui, et plusieurs autres choses dont il est là traité, je me sentois à la vérité obligé d'y acquies-

---

Voyez sixièmes objections, page 329 de ce volume.

cer, pourceque je ne remarquois rien en elles qui ne fût bien suivi, et qui ne fût tiré de principes très évidents suivant les règles de la logique; toutefois je confesse que je ne fus pas pour cela pleinement persuadé, et qu'il m'arriva presque la même chose qu'aux astronomes, qui, après avoir été convaincus par de puissantes raisons que le soleil est plusieurs fois plus grand que toute la terre, ne sauroient pourtant s'empêcher de juger qu'il est plus petit lorsqu'ils viennent à le regarder. Mais après que j'eus passé plus avant, et qu'appuyé sur les mêmes principes j'eus porté ma considération sur les choses physiques ou naturelles, examinant premièrement les notions ou les idées que je trouvois en moi de chaque chose, puis les distinguant soigneusement les unes des autres pour faire que mes jugements eussent un entier rapport avec elles, je reconnus qu'il n'y avoit rien qui appartînt à la nature ou à l'essence du corps, sinon qu'il est une substance étendue en longueur, largeur et profondeur, capable de plusieurs figures et de divers mouvements, et que ces figures et ces mouvements n'étoient autre chose que des modes, qui ne peuvent jamais être sans lui; mais que les couleurs, les odeurs, les saveurs, et autres choses semblables, n'étoient rien que des sentiments qui n'ont aucune existence hors de ma pensée, et qui ne sont pas moins différents des corps que la douleur diffère de la figure ou du mouvement de la flèche qui la cause; et enfin que la pesanteur, la dureté, la vertu d'échauffer, d'attirer, de purger, et toutes les autres qualités que nous remarquons dans les corps, consistent seulement dans le mouvement ou dans sa privation, et dans la configuration et arrangement des parties; toutes lesquelles opinions étant fort différentes de celles que j'avois eues auparavant touchant les mêmes choses, je commençai après cela à considérer pourquoi j'en avois eu d'autres par ci-devant, et je trouvai que la principale raison étoit que dès ma jeunesse j'avois fait plusieurs jugements touchant les choses naturelles, comme celles qui devoient beaucoup contribuer à la conservation de ma vie, en laquelle je ne faisois que d'entrer, et que j'avois toujours retenu depuis les mêmes opinions que j'en avois eues autrefois. Et d'autant que mon esprit ne se servoit pas bien en ce bas âge des organes du corps, et qu'y étant trop attaché il ne pensoit rien sans eux, aussi n'apercevoit-il que confusément toutes choses. Et bien qu'il eût connoissance de sa propre nature et qu'il n'eût pas moins en soi l'idée de la pensée que celle de l'étendue, néanmoins, pourcequ'il ne concevoit rien de purement intellectuel, qu'il n'imaginât aussi en même temps quelque chose de corporel, il prenoit l'un et l'autre pour une même chose, et rapportoit au corps toutes les notions qu'il avoit des choses intellectuelles. Et d'autant que je ne m'étois jamais depuis délivré de ces préjugés, il n'y avoit rien que je connusse assez distinctement et que je ne supposasse être corporel, quoique néanmoins je formasse souvent de telles idées de ces choses mêmes que je supposois être corporelles, et que j'en eusse de telles notions qu'elles représentoient plutôt des esprits que des corps. Par exemple, lorsque je concevois la pesanteur comme une qualité réelle, inhérente et attachée aux corps massifs et grossiers, encore que je la nommasse une qualité en tant que je la rapportois aux corps dans lesquels elle résidoit, néanmoins, parceque j'ajoutois ce mot de réelle, je pensois en effet que c'étoit une substance : de même qu'un habit considéré en soi est une substance, quoique étant rapporté à un homme habillé il puisse être dit une qualité ; et ainsi, bien que l'esprit soit une substance, il peut néanmoins être dit une qualité, eu égard au corps auquel il est uni. Et bien que je conçusse que la pesanteur est répandue par tout le corps qui est pesant, je ne lui attribuois pas néanmoins la même sorte d'étendue qui constitue la nature du corps, car cette étendue est telle qu'elle exclut toute pénétrabilité des parties ; et je pensois qu'il y avoit autant de pesanteur dans une masse d'or, ou de quelque autre métal de la longueur d'un pied, qu'il y en avoit dans une pièce de bois longue de dix pieds, voire même j'estimois que toute cette pesanteur pouvoit être contenue sous un point mathématique. Et même, lorsque cette pesanteur étoit ainsi également étendue par tout le corps, je voyois qu'elle pouvoit exercer toute sa force en chacune de ses parties, parceque, de quelque façon que ce corps fût suspendu à une corde, il la tiroit de toute sa pesanteur, comme si toute cette pesanteur eût été renfermée dans la partie qui touchoit la corde. Et certes je ne conçois point encore aujourd'hui que l'esprit soit autrement étendu dans le corps, lorsque je le conçois être tout entier dans le tout, et tout entier dans chaque partie. Mais ce qui fait mieux paroître que cette idée de la pesanteur avoit été tirée en partie de celle que j'avois de mon esprit, est que je pensois que la pesanteur portoit les corps vers le centre de la terre comme si elle eût en soi quelque connoissance de ce centre : car certainement il n'est pas possible, ce semble, que cela se fasse sans connoissance, et partout où il y a connoissance il faut qu'il y ait de l'esprit. Toutefois j'attribuois encore d'autres choses à cette pesanteur, qui ne peuvent pas en même façon être entendues de l'esprit; par exemple, qu'elle étoit divisible, mesurable, etc. Mais après que j'eus considéré toutes ces choses, et que j'eus soigneusement distingué l'idée de l'esprit humain des idées du corps et du mouvement corporel, et que je me fus aperçu que toutes les autres idées que j'avois eues auparavant, soit des qualités réelles, soit des formes substantielles, en avoient été par moi composées, ou forgées par mon esprit, je n'eus pas beaucoup de peine à me défaire de tous les doutes qui sont ici proposés.

Car, premièrement, je ne doutai plus que je n'eusse une claire idée de mon propre esprit, duquel je ne pouvois pas nier que je n'eusse connoissance, puisqu'il m'étoit si présent et si conjoint. Je ne mis plus aussi en doute que cette idée ne fût entièrement différente de celles de toutes les autres choses, et qu'elle n'eût rien en soi de ce qui appartient au corps : pourceque, ayant recherché très soigneusement les vraies idées des autres choses, et pensant même les connoître toutes en général, je ne trouvois rien en elles qui ne fût en tout différent de l'idée de mon esprit. Et je voyois qu'il y avoit une bien plus grande différence entre ces choses, qui, bien qu'elles fussent tout à la fois en ma pensée, me paroissoient néanmoins distinctes et différentes, comme sont l'esprit et le corps, qu'entre celles dont nous pouvons à la vérité avoir des pensées séparées, nous arrêtant à l'une sans penser à l'autre, mais qui ne sont jamais ensemble en notre esprit, que nous ne voyions bien qu'elles ne peuvent pas subsister séparément : comme, par exemple, l'immensité de Dieu peut bien être conçue sans que nous pensions à sa justice, mais on ne peut pas les avoir toutes deux présentes à son esprit, et croire que Dieu puisse être immense sans être juste. Et l'on peut aussi fort bien connoître l'éxistence de Dieu sans que l'on sache rien des personnes de la très sainte Trinité, qu'aucun esprit ne sauroit bien entendre, s'il n'est éclairé des lumières de la foi; mais lorsqu'elles sont une fois bien entendues, je nie qu'on puisse concevoir entre elles aucune distinction réelle à raison de l'essence divine, quoique cela se puisse à raison des relations. Et, enfin, je n'appréhendai plus de m'être peut-être laissé surprendre et prévenir par mon analyse, lorsque voyant qu'il y a des corps qui ne pensent point, ou plutôt concevant très clairement que certains corps peuvent être sans la pensée, j'ai mieux aimé dire que la pensée n'appartient point à la nature du corps, que de conclure qu'elle en est un mode, pourceque j'en voyois d'autres, à savoir ceux des hommes, qui pensent : car, à vrai dire, je n'ai jamais vu ni compris que les corps humains eussent des pensées, mais bien que ce sont les mêmes hommes qui pensent et qui ont des corps. Et j'ai reconnu que cela se fait par la composition et l'assemblage de la substance qui pense avec la corporelle; pourceque, considérant séparément la nature de la substance qui pense, je n'ai rien remarqué en elle qui pût appartenir au corps, et que je n'ai rien trouvé dans la nature du corps, considérée toute seule, qui pût appartenir à la pensée. Mais, au contraire, examinant tous les modes tant du corps que de l'esprit, je n'en ai remarqué pas un dont le concept ne dépendit entièrement du concept même de la chose dont il est le mode. Aussi, de ce que nous voyons souvent deux choses jointes ensemble, on ne peut pas pour cela inférer qu'elles ne sont qu'une même chose; mais, de ce que nous voyons quelquefois l'une de ces choses sans l'autre, on peut fort bien conclure qu'elles sont diverses. Et il ne faut pas que la puissance de Dieu nous empêche de tirer cette conséquence; car il n'y a pas moins de répugnance à penser que des choses que nous concevons clairement et distinctement comme deux choses diverses soient faites une même chose en essence et sans aucune composition, que de penser qu'on puisse séparer ce qui n'est aucunement distinct. Et partant, si Dieu a mis en certains corps la faculté de penser, comme en effet il l'a mise dans ceux des hommes, il peut, quand il voudra, l'en séparer, et ainsi elle ne laisse pas d'être réellement distincte de ces corps. Et je ne m'étonne pas d'avoir autrefois fort bien compris, avant même que je me fusse délivré des préjugés de mes sens, que « deux et trois joints en-

« semble font le nombre de cinq, et que lorsque de
« choses égales on ôte choses égales, les restes sont
« égaux, » et plusieurs choses semblables, bien que
je ne songeasse pas alors que l'âme de l'homme
fût distincte de son corps ; car je vois très bien
que ce qui a fait que je n'ai point en mon enfance
donné de faux jugement touchant ces propositions qui sont reçues généralement de tout le
monde, a été parcequ'elles ne m'étoient pas encore
pour lors en usage, et que les enfants n'apprennent point à assembler deux avec trois qu'ils ne
soient capables de juger s'ils font le nombre de
cinq, etc. Tout au contraire, dès ma plus tendre
jeunesse j'ai conçu l'esprit et le corps, dont je
voyois confusément que j'étois composé, comme
une seule et même chose : et c'est le vice presque
ordinaire de toutes les connoissances imparfaites,
d'assembler en un plusieurs choses, et les prendre
toutes pour une même ; c'est pourquoi il faut par
après avoir la peine de les séparer, et par un examen plus exact les distinguer les unes des autres.

¹ Mais je m'étonne grandement que des personnes
très doctes et accoutumées depuis trente années
aux spéculations métaphysiques, après avoir lu
mes Méditations plus de sept fois, se persuadent
que « si je les relisois avec le même esprit que je
« les examinerois si elles m'avoient été proposées

¹ Voyez sixièmes objections, page 331 de ce volume.

« par une personne ennemie, je ne ferois pas tant
« de cas et n'aurois pas une opinion si avantageuse
« des raisons qu'elles contiennent que de croire
« que chacun se devroit rendre à la force et au
« poids de leurs vérités et liaisons, » vu cependant
qu'ils ne font voir eux-mêmes aucune faute dans
tous mes raisonnements. Et certes ils m'attribuent
beaucoup plus qu'ils ne doivent, et qu'on ne doit
pas même penser d'aucun homme, s'ils croient que
je me serve d'une telle analyse que je puisse par
son moyen renverser les démonstrations véritables,
ou donner une telle couleur aux fausses que personne n'en puisse jamais découvrir la fausseté : vu
qu'au contraire je professe hautement que je n'en
ai jamais recherché d'autre que celle au moyen de
laquelle on pût s'assurer de la certitude des raisons
véritables, et découvrir le vice des fausses et captieuses. C'est pourquoi je ne suis pas tant étonné
de voir des personnes très doctes n'acquiescer pas
encore à mes conclusions, que je suis joyeux de
voir qu'après une si sérieuse et fréquente lecture
de mes raisons ils ne me blâment point d'avoir
rien avancé mal à propos, ou d'avoir tiré aucune
conclusion autrement que dans les formes. Car la
difficulté qu'ils ont à recevoir mes conclusions
peut aisément être attribuée à la coutume invétérée qu'ils ont de juger autrement de ce qu'elles
contiennent, comme il a déjà été remarqué des

astronomes, qui ne peuvent s'imaginer que le soleil soit plus grand que la terre, bien qu'ils aient des raisons très certaines qui le démontrent; mais je ne vois pas qu'il puisse y avoir d'autre raison pourquoi ni ces messieurs, ni personne que je sache, n'ont pu jusques ici rien reprendre dans mes raisonnements, sinon parcequ'ils sont entièrement vrais et indubitables : vu principalement que les principes sur quoi ils sont appuyés ne sont point obscurs, ni inconnus, ayant tous été tirés des plus certaines et plus évidentes notions qui se présentent à un esprit qu'un doute général de toutes choses a déjà délivré de toutes sortes de préjugés; car il suit de là nécessairement qu'il ne peut y avoir d'erreurs que tout homme d'esprit un peu médiocre n'eût pu facilement remarquer. Et ainsi je pense que je n'aurai pas mauvaise raison de conclure que les choses que j'ai écrites ne sont pas tant affoiblies par l'autorité de ces savants hommes, qui, après les avoir lues attentivement plusieurs fois, ne se peuvent pas encore laisser persuader par elles, qu'elles sont fortifiées par leur autorité même, de ce qu'après un examen si exact et des revues si générales, ils n'ont pourtant remarqué aucunes erreurs ou paralogismes dans mes démonstrations.

SEPTIÈMES OBJECTIONS,

ou

DISSERTATION DU R. P.[*]

TOUCHANT LA PREMIÈRE PHILOSOPHIE,

AVEC LES REMARQUES DE DESCARTES.

MONSIEUR,

(A) Les demandes que vous me faites touchant votre nouvelle méthode de chercher la vérité dans les sciences sont en grand nombre et importantes ; et quoique, pour tirer réponse de moi, vous n'usiez pas de simples prières, mais de conjurations fort pressantes, (B) je me tairai pourtant, et ne satisferai point à votre désir, si premièrement vous ne me promettez que, dans tout ce discours, nous n'aurons égard en aucune façon à pas un de ceux qui ont ci-devant écrit ou enseigné quelque chose touchant cette matière, et que vous réglerez tellement vos demandes qu'on ne pourra pas croire que vous ayez dessein de savoir ce qu'ils ont pensé là-dessus et avec quel succès ils ont écrit, mais,

[*] Le P. Bourdin, jésuite. Voyez la lettre de Descartes au P. Dinet.

comme si jamais personne avant vous n'avoit ni pensé, ni dit, ni écrit aucune chose sur ce sujet, que vous me proposerez seulement les difficultés qui se pourront rencontrer dans la recherche que vous faites d'une nouvelle méthode de philosopher, afin que par ce moyen non seulement nous cherchions la vérité, mais que nous la cherchions aussi de telle sorte que nous ne blessions point les lois de l'amitié et du respect qui se doit garder entre les savants. Puisque vous en êtes d'accord et que vous me le promettez, je vous promets aussi de répondre à toutes vos demandes.

REMARQUES DE DESCARTES.

(A) « Les demandes que vous me faites, etc. » Ayant reçu cette dissertation par les mains de son auteur après l'instante prière que je lui avois faite de donner au public ou du moins de m'envoyer les objections qu'il avoit faites contre les Méditations que j'ai écrites touchant la première philosophie, pour les joindre à celles que j'avois reçues d'ailleurs sur le même sujet, je n'ai pu me défendre de la mettre ici, ni douter aussi que je ne sois celui à qui il s'adresse, encore que je ne sache point lui avoir jamais demandé son sentiment touchant la méthode dont je me sers pour rechercher la vérité. Car au contraire, ayant vu depuis un an et demi la vélitation qu'il avoit écrite contre moi, dans laquelle je

voyois qu'il s'éloignoit de la vérité, m'attribuant plusieurs choses que je n'ai jamais ni écrites ni pensées, je ne dissimule point que dès lors je jugeai que tout ce qui pourroit venir de lui seul ne vaudroit pas la peine qu'on perdit beaucoup de temps à y répondre. Mais, pourcequ'il est du corps d'une société très célèbre pour sa piété et pour sa doctrine, et de qui tous les membres sont ordinairement si bien unis qu'il arrive rarement que rien ne se fasse par quelqu'un d'eux qui ne soit approuvé de tous les autres, j'avoue que non seulement j'ai prié, mais même que j'ai pressé très instamment quelques uns d'entre eux de vouloir prendre la peine d'examiner mes écrits, et, s'ils y trouvoient quelque chose de contraire à la vérité, d'avoir la bonté de m'en avertir. A quoi j'ai même ajouté plusieurs raisons qui me faisoient espérer qu'ils ne me refuseroient pas cette grâce; et, dans cette espérance, je me suis avancé d'écrire à l'un d'eux [1] « que désormais je ferois beau-
« coup d'état de tout ce qui viendroit tant de la
» part de cet auteur que de quelque autre de la com-
» pagnie, et que je ne douterois point que ce qui
» me seroit ainsi envoyé de leur part ne fût la cen-
» sure, l'examen et la correction non pas de celui-
» là seul de qui l'écrit pourroit porter le nom, mais
» de plusieurs des plus doctes et des plus sages de
» la société; et, par conséquent, qu'il ne contien-

[1] Lettre au P. Mersenne.

« droit aucunes cavillations, aucuns sophismes, au-
» cunes invectives, ni aucun discours inutile, mais
» seulement de bonnes et solides raisons, et qu'on
» n'y auroit omis aucun des arguments qui se peu-
» vent avec raison alléguer contre moi : en sorte
» que j'aurois sujet d'espérer de pouvoir être entiè-
» rement délivré de toutes mes erreurs par ce seul
» écrit, et que, s'il arrivoit qu'il y eût quelque chose
» dans mes ouvrages qui échappât à sa censure,
» je croirois qu'il ne pourroit être réfuté par per-
» sonne, et partant qu'il seroit très certain et très
» véritable. » C'est pourquoi je jugerois maintenant
la même chose de cette dissertation, et je croirois
qu'elle auroit été écrite par l'avis de toute la société, si j'étois assuré qu'elle ne contînt aucunes
cavillations, aucuns sophismes, ni aucun discours
inutile ; mais, s'il est vrai que cet écrit en soit
plein, je croirois commettre un crime de soupçonner qu'un si grand nombre de pieux personnages
y aient mis la main. Et pourceque'en ceci je ne m'en
veux pas fier à mon jugement, je dirai ingénument et franchement ce qu'il m'en semble, non
pas afin que le lecteur ajoute foi à mes paroles,
mais seulement pour lui donner occasion d'examiner de plus près la vérité.

(B) « Je me tairai pourtant, etc. » Ici notre auteur promet de n'impugner les opinions de personne, mais seulement de répondre aux questions

que je lui ai faites, bien que je ne sache point lui en avoir jamais fait aucune, et que même je ne l'aie jamais ni vu, ni entretenu d'aucune chose ; mais cependant les questions qu'il feint que je lui propose étant composées pour la plupart des paroles qui sont couchées dans mes Méditations, ce seroit s'aveugler soi-même que de ne pas voir que ce sont elles seules qu'il a dessein de combattre par cet écrit. Toutefois il se peut faire que les raisons qui l'obligent à feindre le contraire soient pieuses et honnêtes : mais pour moi je n'en puis soupçonner d'autres, sinon qu'il a cru que par ce moyen il lui seroit plus libre de m'imposer tout ce que bon lui sembleroit, pourcequ'il ne pourroit pas être convaincu du contraire par mes écrits, ayant déclaré tout d'abord qu'il n'en vouloit à personne; comme aussi afin de ne pas donner occasion à ceux qui viendront à lire son écrit d'examiner mes Méditations, ce qu'il feroit peut-être si seulement il en avoit parlé; et qu'il aime mieux me faire passer pour malhabile et pour ignorant, afin de les détourner de lire jamais aucune chose qui puisse venir de moi. Et ainsi, après avoir fait un masque de quelques pièces de mes Méditations mal cousues, il tâche non pas de cacher, mais de défigurer mon visage. C'est pourquoi je lève ici le masque et me montre à découvert, tant parceque je ne suis pas accoutumé à jouer de semblables personnages, que parcequ'il me semble qu'il ne me seroit pas ici bienséant d'en user, ayant à traiter avec une personne religieuse d'un sujet si sérieux et si important.

LE P. BOURDIN.

S'IL FAUT TENIR LES CHOSES DOUTEUSES POUR FAUSSES, ET COMMENT.

Vous demandez, en premier lieu, si c'est une bonne règle pour rechercher la vérité que celle-ci : « Tout ce qui a la moindre apparence de doute » doit être tenu pour faux. » Mais, afin que je vous puisse répondre là-dessus, j'ai ici auparavant quelques questions à vous faire. La première, qu'entendez-vous par ces mots, « ce qui a la moindre apparence de doute ? » La seconde, que veulent dire ceux-ci, « doit être tenu pour faux ? » La troisième, « Comment doit-on tenir une chose pour fausse ? » Quant à la première, qui regarde le doute que l'on peut avoir de quelque chose, voici comme vous y répondez, et en peu de mots.

CE QUE C'EST D'AVOIR LA MOINDRE APPARENCE DE DOUTE.

Une chose peut être dite avoir quelque apparence de doute de laquelle je puis douter si elle est ou si elle est telle que je dis qu'elle est, non pour quelques soupçons légers et mal fondés, mais pour de bonnes et solides raisons (c). De plus, une chose peut être dite avoir quelque apparence de doute qui, bien qu'elle me semble claire, peut néanmoins être sujette aux tromperies de quelque mauvais génie qui prenne plaisir à employer toute son industrie pour faire en sorte que ce qui est faux en effet me paroisse néanmoins clair et assuré. Ce *qui* est douteux au premier sens a beaucoup d'apparence de doute: par exemple, qu'il y ait une terre, des couleurs; que vous ayez une tête, des yeux, un corps et un esprit. Ce qui l'est au second en a moins, mais pourtant en a assez pour ne pas laisser d'être estimé douteux, et pour l'être en effet: par exemple, que deux et trois font cinq, que le tout est plus grand que sa partie, et semblables.

C'est fort bien répondu. Mais, s'il est ainsi, qu'y a-t-il, je vous prie, qui n'ait quelque apparence de doute? Qu'y aura-t-il qui soit exempt des ruses de ce mauvais génie? (D) Rien, dites-vous, rien du tout, jusqu'à ce que nous soyons assurés, par les principes inébranlables de la métaphysique, qu'il y a un Dieu, et qu'il ne peut être trompeur; en sorte que l'on peut dire qu'avant que nous sachions « s'il y a un Dieu, et, posé qu'il y en ait » un, s'il peut être trompeur, nous ne pouvons » jamais être tout-à-fait certains ni assurés d'au- » cune chose. » Et, pour vous donner ici entièrement à connoître ma pensée, si je ne sais qu'il y a un Dieu, et un Dieu véritable qui empêche ce mauvais génie de me tromper, je pourrai et devrai même toujours appréhender qu'il ne me séduise par ses artifices, et que, sous l'apparence du vrai, il ne me fasse voir ce qui est faux comme clair et assuré; mais, lorsque je connoîtrai entièrement qu'il y a un Dieu et qu'il ne peut être ni trompé ni trompeur, et qu'ainsi il empêche nécessairement que ce mauvais génie ne m'abuse dans les choses que j'aurai clairement et distinctement conçues, ce sera pour lors que s'il s'en rencontre de telles, c'est-à-dire s'il arrive que j'en aie conçu clairement et distinctement quelques unes, je les tiendrai pour véritables et pour certaines. Si bien que je pourrai alors avec assurance établir pour règle de vérité et de certitude, que « tout » ce que nous concevons clairement et distinc- » tement est vrai. » Je ne souhaite rien de plus sur cet article. Je viens maintenant à ma seconde question.

QUE VEUT DIRE CELA, TENIR UNE CHOSE POUR FAUSSE.

Puisque, selon vous, c'est une chose douteuse que vous ayez des yeux, une tête, un corps, et même que vous devez tenir cela pour faux, je vous prie donc de me dire ce que c'est que de tenir une chose pour fausse. Ne seroit-ce point de croire et de dire, Il est faux que j'aie des yeux, une tête, un corps; ou bien de croire et de dire, par une détermination tout-à-fait opposée à notre doute, Je n'ai point d'yeux, de tête, ni de corps; et, pour dire en un mot, ne seroit-ce point (E) croire, dire et assurer l'opposé de la chose dont on doute? C'est cela même, dites-vous, voilà qui va bien. Mais je vous prie de me dire encore votre pensée là-dessus. Ce n'est pas une chose certaine que deux et trois fassent cinq; dois-je donc croire et assurer que deux et trois ne font pas cinq? Oui, dites-vous, c'est ainsi qu'il le faut croire et assurer. Je vous demande encore, il n'est pas assuré si, pendant que je dis ces choses, je veille ou si je dors; dois-je donc croire et dire, oui, pendant que je dis ces choses, je ne veille pas, mais je dors. Voilà, dites-vous, comme il le faut croire et le dire. Je ne vous demanderai plus qu'une chose, afin de ne vous pas ennuyer. Il n'est pas certain que ce qui paroît clair et assuré à celui qui doute s'il veille ou s'il dort soit clair et assuré: dois-je donc croire et dire, ce qui paroît clair et assuré à celui qui doute s'il dort et s'il veille n'est pas clair et assuré, mais est faux et obscur? Pourquoi hésitez-vous là-dessus? « Vous » ne sauriez rien accorder de trop à votre défiance. » Ne vous est-il jamais arrivé, comme à plusieurs, que les mêmes choses qui en dormant vous avoient semblé claires et certaines, vous ont depuis paru fausses et douteuses? « Sans doute qu'il est de la pru- » dence de ne se fier jamais entièrement à ceux qui » nous ont une fois trompés. » (F) Mais, dites-vous, il en est bien autrement des choses qui sont tout-à-fait certaines ; car elles sont telles, qu'à ceux même qui dorment ou qui sont fous elles ne peuvent jamais paroître douteuses. Est-ce donc tout de bon, je vous prie, que vous dites que les choses tout-à-fait certaines sont telles qu'elles ne peuvent pas même paroître douteuses à ceux qui dorment ou qui sont fous ? Mais, enfin, « où les trouverez-vous « ces choses ? » Et pourquoi, s'il est vrai qu'à ceux qui dorment ou qui ont l'esprit troublé, les choses qui sont ridicules et absurdes leur paroissent cependant quelquefois non seulement vraies, mais aussi très certaines, pourquoi aussi celles qui sont les plus assurées ne leur paroîtront-elles pas fausses et douteuses ? Et, pour preuve de ceci, j'ai connu une personne qui un jour, comme elle sommeilloit, ayant entendu sonner quatre heures, se mit à compter ainsi l'horloge, une, une, une, une. Et pour lors l'absurdité qu'elle concevoit dans son esprit la fit s'écrier, « Je pense que cette horloge est démontée, elle a sonné quatre fois une heure. » Et en effet, y a-t-il rien de si absurde et de si contraire à la raison qui ne puisse tomber dans l'esprit d'un fou ou d'un homme qui dort ? Y a-t-il rien que celui qui rêve n'approuve et ne croie, et dont il ne se flatte comme d'une fort belle chose qu'il auroit trouvée et inventée ? Enfin, pour terminer tout en un mot, je dis que vous ne pourrez jamais établir si bien la certitude de cet axiome, c'est à savoir, que tout ce qui semble vrai à celui qui doute s'il dort ou s'il veille est certain, et si certain qu'on le peut prendre pour le fondement d'une science et d'une métaphysique très vraie et très exacte, que je le tienne pour aussi certain que celui-ci, deux et trois font cinq, ni même pour si certain que personne n'en puisse en aucune façon douter, ni être trompé en cela par quelque mauvais génie. Et cependant je n'appréhende point de passer pour opiniâtre, bien que je persiste dans cette pensée. C'est pourquoi ou je conclurai ici suivant votre règle, il n'est pas certain que ce qui paroît certain à celui qui doute s'il veille ou s'il dort soit certain ; donc ce qui paroît certain à celui qui doute s'il veille ou s'il dort peut et doit être réputé pour faux : ou bien, si vous avez quelque règle particulière, vous prendrez la peine de me la communiquer. Je viens à ma troisième question, qui regarde la façon dont on doit tenir une chose pour fausse.

COMMENT ON DOIT TENIR UNE CHOSE POUR FAUSSE.

Je vous demande, puisque je ne suis pas assuré que deux et trois font cinq, et que par la règle précédente je dois croire et dire que deux et trois ne font pas cinq, si tout aussitôt je ne dois pas tellement le croire que je me persuade que la chose ne peut être autrement, et partant qu'il est certain que deux et trois ne font pas cinq. Vous vous étonnez que je vous fasse cette demande; mais je ne m'en étonne pas, puisque cela m'a aussi surpris moi-même. Si est-ce pourtant qu'il est nécessaire que vous y répondiez si vous voulez aussi que je vous réponde. Voulez-vous donc que je tienne pour certain que deux et trois ne font pas cinq ? Je vois bien que vous le voulez, et même que vous voulez que tout le monde le croie et le tienne pour si certain qu'il ne puisse être rendu douteux par les ruses de ce mauvais génie.

Vous vous moquez, me dites-vous, cela peut-il tomber dans l'esprit d'un homme sage ?

Quoi donc, cela sera-t-il aussi douteux et incertain que ceci, deux et trois font cinq ? S'il est ainsi, si c'est une chose douteuse que deux et trois ne font pas cinq, je n'en croirai rien, et dirai, suivant votre règle, que cela est faux, et partant j'admettrai le contraire, et ainsi je dirai deux et trois font cinq, et j'en ferai de même partout ailleurs. Et pourcequ'il ne semble pas certain qu'il y ait aucun corps au monde, je dirai qu'il n'y en a point du tout; mais aussi, pourceque ce n'est pas une chose certaine qu'il n'y ait aucun corps au monde, je dirai par opposition qu'il y a quelque corps au monde : et ainsi en même temps il y aura quelque corps au monde et il n'y en aura point.

(c) Il est vrai, dites-vous, c'est ainsi qu'il faut faire, et c'est proprement ce qu'on appelle douter, aller et revenir sur ses pas, avancer et reculer, affirmer ceci et cela et aussitôt le nier, s'arrêter à une chose et puis s'en départir.

Il ne se peut rien de mieux; mais, pour me servir des choses qui seront douteuses, que ferai-je? Par exemple, que ferai-je de celle-ci, deux et trois font cinq? et de cette autre, il y a quelque corps? L'assurerai-je ou le nierai-je?

Vous ne l'assurerez, dites-vous, ni ne le nierez; vous ne vous servirez ni de l'un ni de l'autre, mais vous tiendrez l'un et l'autre pour faux, et n'attendrez rien que de chancelant, de douteux et d'incertain des choses qui sont ainsi chancelantes et incertaines.

Puisqu'il ne me reste plus rien à vous demander, je m'en vais répondre à toutes vos questions l'une après l'autre, sitôt que j'aurai fait ici une brève récapitulation de toute votre doctrine. 1. Nous pouvons douter de toutes choses, et principalement des choses matérielles, pendant que nous n'aurons point d'autres fondements dans les sciences que ceux que nous avons eus jusqu'à présent. 11. Tenir quelque chose pour fausse, c'est refuser son approbation à cette chose, comme si elle étoit manifestement fausse, ou même feindre que l'on a d'elle la même opinion que d'une chose fausse et imaginaire. III. Ce qui est douteux doit tellement être tenu pour faux que son opposé soit aussi douteux et tenu pour faux.

REMARQUES DE DESCARTES.

J'aurois honte de paroître trop diligent si j'employois beaucoup de paroles à faire des annotations sur toutes les choses que je ne reconnois point pour miennes, bien qu'elles soient ici toutes conçues presque dans mes propres termes. C'est pourquoi je prie seulement le lecteur de se ressouvenir de ce que j'ai écrit dans ma première Méditation et au commencement de la seconde et de la troisième, et aussi de ce que j'ai dit dans leur abrégé ; car ils reconnoîtront que la plupart des choses qui sont ici rapportées en ont à la vérité été tirées, mais qu'elles sont ici proposées dans un tel désordre, et tellement corrompues et mal interprétées, que, bien que dans les lieux où elles sont placées elles ne contiennent rien que de fort raisonnable, ici néanmoins elles paroissent pour la plupart fort absurdes.

(c) « Pour de bonnes et solides raisons. » J'ai dit, sur la fin de la première Méditation, que des raisons *très fortes et mûrement considérées* nous pouvoient obliger de douter de toutes les choses que nous n'avions jamais encore assez clairement conçues, pourcequ'en cet endroit-là je traitois seulement de ce doute général et universel que j'ai souvent moi-même appelé hyperbolique et métaphysique, et duquel j'ai dit qu'il ne falloit point se servir pour les choses qui regardent la conduite de la vie. Et partant, qu'à son égard tout ce qui pouvoit faire naître le moindre soupçon d'incertitude devoit être pris pour une assez valable raison de douter. Mais ici cet homme officieux et sincère apporte pour exemple des choses dont j'ai dit que l'on pouvoit douter pour de bonnes et solides raisons, savoir, s'il y a une terre, si j'ai un corps, et choses semblables, afin que les lecteurs qui n'auront point de connoissance de ce doute métaphysique, le rapportant à l'usage et à la conduite de la vie, me tiennent pour un homme qui a perdu le sens.

(D) « Rien, dites-vous, rien du tout, etc. » J'ai assez expliqué, en divers endroits, en quel sens cela se doit entendre. C'est à savoir que, tandis que nous sommes attentifs à quelque vérité que nous concevons fort clairement, nous n'en pouvons alors en aucune façon douter; mais lorsque nous n'y sommes pas ainsi attentifs, et que nous ne songeons point aux raisons qui la prouvent, comme il arrive souvent, pour lors, encore que nous nous ressouvenions d'en avoir ainsi clairement conçu plusieurs, il n'y en a toutefois aucune de laquelle nous ne puissions douter avec raison, si nous ignorons que toutes les choses que nous concevons fort clairement et fort distinctement sont toutes vraies. Mais ici cet homme fort exact interprète tellement ce mot-là, *rien*, que, de ce que j'ai dit une fois dans ma première Méditation, où je supposois n'apercevoir aucune chose clairement et distinctement, qu'il n'y avoit rien dont il ne me fût permis de douter, il conclut que je ne puis aussi connoître rien de certain dans les suivantes ; comme si les raisons que nous avons quelquefois de douter d'une chose n'étoient pas valables ni légitimes si elles ne prouvoient aussi que nous en devons toujours douter.

(E) « Croire, dire et assurer l'opposé de la chose « dont on doute. » Lorsque j'ai dit qu'il falloit pour quelque temps tenir les choses douteuses pour fausses, ou bien les rejeter comme telles, j'ai donné si clairement à connoître que j'entendois seulement que, pour faire une exacte recherche des vérités tout-à-fait certaines, il ne falloit faire non plus de compte des choses douteuses que de celles qui étoient absolument fausses, qu'il me semble que tout homme de bon sens ne pouvoit autrement interpréter mes paroles, et qu'il ne pouvoit s'en rencontrer aucun qui pût feindre que j'aie voulu croire l'opposé de ce qui est douteux, principalement comme il est dit un peu après, « le croire de « telle sorte que je me persuade qu'il ne peut être

» autrement, et ainsi qu'il est très certain, » à moins qu'il n'eût point de honte de passer pour un cavillateur, ou pour une personne qui dit les choses autrement qu'elles ne sont ; et bien que notre auteur n'assure pas ce dernier, mais qu'il le propose seulement comme douteux, je m'étonne toutefois qu'une personne comme lui ait semblé imiter en cela ces infâmes détracteurs, qui se comportent souvent de la même manière qu'il a fait dans le rapport dés choses qu'ils veulent que l'on croie des autres, ajoutant même que pour eux ils ne le croient pas, afin de pouvoir médire plus impunément.

(F) « Mais il en va bien autrement des choses » qui sont tout-à-fait certaines ; car elles sont » telles, qu'à ceux même qui dorment ou qui » sont fous elles ne peuvent paroître douteuses. » Je ne sais par quelle analyse cet homme subtil a pu déduire cela de mes écrits ; car je ne me ressouviens point d'avoir jamais rien dit de tel, ni même rêvé en dormant. Il est bien vrai qu'il en eût pu conclure que tout ce qui est clairement et distinctement conçu par quelqu'un est vrai, encore que celui-là cependant puisse douter s'il dort ou s'il veille, ou même aussi, si l'on veut encore, qu'il dorme ou qu'il ne soit pas en son bon sens ; pourceque rien ne peut être clairement et distinctement conçu par qui que ce soit qu'il ne soit tel qu'il le conçoit, c'est-à-dire qu'il ne soit vrai. Mais pourcequ'il n'appartient qu'aux personnes sages de distinguer entre ce qui est clairement conçu et ce qui semble et paroît seulement l'être, je ne m'étonne pas que ce bon homme prenne ici l'un pour l'autre.

(G) « Et c'est proprement ce qu'on appelle dou- » ter, aller et revenir sur ses pas, etc. » J'ai dit qu'il ne falloit faire non plus de cas des choses douteuses que de celles qui étoient absolument fausses, afin d'en détacher tout-à-fait notre pensée, et non pas afin d'affirmer tantôt une chose, et tantôt son contraire. Mais notre auteur n'a laissé échapper aucune occasion de pointiller; et cependant c'est une chose digne de remarque, qu'en ce lieu-là même où il dit vouloir faire une récapitulation de ma doctrine, il ne m'attribue rien des choses qu'il avoit repris ou qu'il reprend dans la suite, et dont il se moque. Ce que je dis afin que chacun sache que ce n'étoit que par jeu et non pas tout de bon qu'il me les avoit attribuées.

LE P. BOURDIN.

Réponse 1. Si dans la recherche que nous faisons de la vérité, cette règle, à savoir que « tout ce qui » a la moindre apparence de doute doit être tenu » pour faux, » s'entend ainsi: lorsque nous recherchons ce qui est certain nous ne devons en aucune façon nous appuyer sur ce qui n'est pas certain, ou sur ce qui a quelque apparence de doute, je dis qu'elle est bonne, qu'elle est en usage, et communément reçue de tous les philosophes.

Réponse II. Si cette règle dont nous parlons s'entend ainsi, lorsque nous recherchons ce qui est certain nous devons tellement rejeter toutes les choses qui ne sont pas certaines, ou qui sont en quelque façon douteuses, que nous ne nous en servions point du tout, ou même nous ne devons non plus les considérer que si elles n'étoient point, ou plutôt nous ne devons point les considérer, mais nous en devons détourner entièrement notre pensée; je dis aussi qu'elle est légitime, assurée et familière même aux moindres apprentis, et qu'elle a tant de rapport et d'affinité avec la précédente qu'à peine la peut-on distinguer de l'autre.

Réponse III. Que si cette règle s'entend ainsi, lorsque nous recherchons ce qui est certain, nous devons tellement rejeter toutes les choses qui sont douteuses que nous supposions qu'elles ne sont point en effet, ou que leur opposé existe véritablement, et que nous nous servions de cette supposition comme d'un fondement assuré, c'est-à-dire que nous nous servions de ces choses qui ne sont point, et que nous nous appuyions sur leur inexistence; je dis qu'elle n'est pas légitime, mais fausse et contraire à la vraie philosophie, pourcequ'elle suppose quelque chose de douteux et d'incertain, pour rechercher ce qui est vrai et certain, ou pourcequ'elle suppose comme certain ce qui peut être tantôt d'une façon, tantôt d'une autre, par exemple que les choses douteuses n'existent point en effet, vu toutefois qu'il se peut faire qu'elles existent.

Réponse iv. Si quelqu'un, entendant cette règle au sens ci-dessus expliqué, vouloit s'en servir pour rechercher ce qui est vrai et certain, sans doute qu'il y perdroit son temps et sa peine, et qu'il travailleroit sans fruit et sans succès, vu qu'il ne prouveroit pas plutôt ce qu'il cherche que son opposé. Par exemple, supposons que quelqu'un cherche et examine s'il a un corps ou s'il peut être corporel, et que pour s'éclaircir de cette vérité il argumente ainsi : il n'est pas certain qu'aucun corps existe; (n) donc, suivant notre règle, j'assurerai et dirai le contraire, à savoir aucun corps n'existe. Puis il reprendra ainsi son argument: aucun corps n'existe, et moi cependant je sais fort bien d'ailleurs que je suis et que j'existe; donc je ne puis être un corps. A la vérité c'est fort bien conclu; mais vous voyez comme par le même raisonnement il peut aussi prouver le contraire. Il n'est pas certain, dit-il, qu'aucun corps existe; donc, suivant notre règle, j'assurerai et dirai, aucun corps n'existe. Mais cette proposition, aucun corps n'existe, n'est-elle point douteuse? Sans doute qu'elle l'est; et qui me pourroit montrer le contraire? Si cela est, j'ai ce que je demande. Il est incertain qu'aucun corps n'existe; donc, suivant notre règle, je dirai, quelque corps existe : or est-il que je suis et que j'existe, donc je puis être un corps si rien autre chose ne l'empêche. Vous voyez donc que je puis être un corps et que je puis n'être pas un corps. Êtes-vous satisfait? J'ai peur que vous le soyez trop, autant que je le puis conjecturer de ce qui suit. C'est pourquoi je viens à votre seconde question.

REMARQUES DE DESCARTES.

Il approuve ici dans ces deux premières réponses tout ce que j'ai pensé touchant la question proposée, ou tout ce qui se peut déduire de mes écrits; mais il ajoute que « cela est très commun, et fami- » lier même aux moindres apprentis. »

Et dans les deux dernières, il reprend ce qu'il veut que l'on croie que j'ai pensé là-dessus, encore qu'il soit si peu croyable qu'il ne puisse tomber dans l'esprit d'aucune personne de bon sens. Mais il le fait sans doute afin que ceux qui n'ont point lu mes Méditations, ou qui ne les ont jamais lues avec assez d'attention pour bien savoir ce qu'elles contiennent, s'en rapportant à ce qu'il en dit, croient que je soutienne des opinions ridicules et peu croyables, et que ceux qui ne pourront avoir une si mauvaise opinion de moi se persuadent au moins que je n'ai rien mis dans mes écrits qui ne soit très commun et familier à tout le monde. Mais je ne me mets pas fort en peine de cela; et je puis dire que je n'ai jamais eu dessein de tirer aucune louange de la nouveauté de mes opinions: car, au contraire, je les crois très anciennes étant très véritables, et toute ma principale étude ne va qu'à rechercher certaines vérités très simples qui, pour être nées avec nous, ne sont pas plus tôt aperçues qu'on pense ne les avoir jamais ignorées; mais il n'est pas malaisé de reconnoître que cet auteur n'impugne mes écrits que parcequ'il croit qu'ils contiennent quelque chose de bon et qui n'est pas commun: car il n'est pas possible que, s'il les avoit crues si peu croyables qu'il le feint, il ne les eût plutôt jugées dignes de mépris et du silence que d'une réfutation si ample et si étudiée.

(II) « Donc, suivant notre règle, j'assurerai et » dirai le contraire. » Je voudrois bien savoir dans quelles tables il a jamais trouvé cette loi écrite; il est bien vrai qu'il l'a déjà ci-dessus assez inculquée, mais aussi est-il vrai que j'ai déjà assez nié qu'elle vînt de moi, à savoir dans mes notes sur ces paroles: « croire, dire et assurer l'opposé de la chose » dont on doute. » Et je ne pense pas qu'il voulût soutenir qu'elle vient de moi si on l'interrogeoit là-dessus, car un peu auparavant il m'a introduit parlant des choses qui sont douteuses, en cette sorte : « Vous ne l'assurerez ni ne le nierez, vous » ne vous servirez ni de l'un ni de l'autre; mais » vous tiendrez l'un et l'autre pour faux. » Et un peu après, dans l'abrégé qu'il fait de ma doctrine, il dit « qu'il faut refuser son approbation à une » chose douteuse comme si elle étoit manifeste- » ment fausse, ou même feindre que l'on a d'elle la » même opinion que d'une chose fausse et imagi- » naire ; » ce qui est tout autre chose que *d'assurer et de croire l'opposé*, en telle sorte que cet opposé soit tenu pour vrai, comme il le suppose ici. Mais moi lorsque j'ai dit dans ma première Méditation que je voulois pour quelque temps tâcher de me persuader l'opposé des choses que j'avois aupara- vant légèrement crues, j'ai ajouté aussitôt que je ne le faisois qu'afin que, tenant pour ainsi dire la balance égale entre mes préjugés, je ne penchasse point plus d'un côté que de l'autre; mais non pas afin de prendre l'un ou l'autre pour vrai, et de l'établir comme le fondement d'une science très certaine, comme il dit ailleurs. C'est pourquoi je voudrois bien savoir à quel dessein il a apporté cette règle : si c'est pour me l'attribuer, je lui de- mande où est sa candeur; car il est manifeste, par ce qui a été dit auparavant, qu'il sait fort bien qu'elle ne vient pas de moi, pourcequ'il n'est pas

possible qu'une personne croie qu'il faut tenir les
deux contraires pour faux, comme il a dit que je
croyois, et qu'en même temps elle assure et dise
qu'il faut tenir pour vrai l'opposé de l'un des deux,
comme il est dit par cette règle. Mais si c'est seulement par plaisir qu'il l'a apportée, afin d'avoir
quelque chose à reprendre, j'admire la subtilité
de son esprit de n'avoir pu rien inventer de plus
vraisemblable ou de plus subtil : j'admire son loisir
d'avoir employé tant de paroles à réfuter une opinion si absurde qu'elle ne peut pas même sembler probable à un enfant de sept ans; car il est à
remarquer que jusques ici il n'a repris autre chose
que cette impertinente loi : enfin, j'admire la force
de son imagination d'avoir pu, nonobstant qu'il
ne combattit que contre cette vaine chimère qu'il
avoit lui-même forgée, se comporter tout-à-fait de
la même manière, et se servir toujours de mêmes
termes que s'il m'eût eu en effet pour adversaire,
et qu'il m'eût vu en personne lui faire tête.

LE P. BOURDIN.

SI C'EST UNE BONNE MÉTHODE DE PHILOSOPHER QUE DE FAIRE UNE ABDI-
CATION GÉNÉRALE DE TOUTES LES CHOSES DONT ON PEUT DOUTER.

Vous me demandez, en second lieu, si c'est une
bonne méthode de philosopher que de faire une
abdication de toutes les choses dont on peut en
quelque façon douter; mais vous ne devez point

attendre de moi aucune réponse, si vous n'expliquez plus au long quelle est cette méthode, et voici comme vous le faites.

Pour philosopher, dites-vous, et pour rechercher s'il y a quelque chose de certain et de très certain, et savoir quelle est cette chose, voici comme je m'y prends. (1) Puisque toutes les choses que j'ai crues autrefois et que j'ai sues jusques ici sont douteuses et incertaines, je les tiens toutes pour fausses, et il n'y en pas une que je ne rejette; et ainsi je me persuade qu'il n'y a point de terre ni de ciel, ni pas une des choses que j'ai crues autrefois être dans le monde, et même aussi qu'il n'y a point de monde, point de corps, point d'esprits, et, en un mot, qu'il n'y a rien du tout. Après avoir ainsi fait cette abdication générale, et protesté qu'il n'y a rien du tout dans le monde, j'entre dans ma philosophie, et, la prenant pour guide, je cherche avec circonspection et prudence ce qui peut être vrai et certain, de même que s'il y avoit quelque mauvais génie très puissant et très rusé qui employât toute sa force et toute son industrie pour me faire tomber dans l'erreur. C'est pourquoi, pour ne me point laisser tromper, je regarde attentivement de tous côtés, et je tiens pour maxime inébranlable de ne rien admettre pour vrai qui ne soit tel, qu'en cela ce mauvais génie, pour rusé qu'il soit, ne me puisse rien imposer; et que je ne puisse pas même m'empêcher de croire, et beaucoup moins le nier. Je pense donc, je considère, je passe et repasse tout en mon esprit jusques à ce qu'il se présente quelque chose de tout-à-fait certain; et lorsque je l'ai rencontré, je m'en sers, comme du point fixe d'Archimède, pour en tirer toutes les autres choses, et par ce moyen je déduis des choses très certaines et très assurées les unes des autres.

Tout cela est fort bien, et s'il n'étoit question que de l'apparence, je ne ferois point de difficulté de répondre que cette méthode me semble fort belle et fort relevée; mais pourceque vous attendez de moi une réponse exacte, et que je ne puis vous la rendre si premièrement je ne me sers de votre méthode et ne la mets en pratique, commençons à en faire l'épreuve par les choses les plus aisées, et voyons nous-mêmes ce qu'elle a de bon; et pourceque vous en connoissez les détours, les routes et les sentiers, pour y avoir passé plusieurs fois, je vous prie de me servir de guide. Faites et commandez seulement, et vous verrez que je suis tout prêt à vous servir de compagnon ou de disciple. Que pouvez-vous désirer davantage de moi? je veux bien m'exposer dans ce chemin, quoiqu'il me soit tout nouveau et qu'il me fasse peur à cause de son obscurité, tant la beauté et le désir de la vérité m'attire puissamment. Je vous entends; vous vou-

lez que je fasse tout ce que je vous verrai faire, que
je mette le pied où vous mettrez le vôtre. Voilà sans
doute une belle façon de commander et de conduire un autre, et, comme elle me plaît, j'attends
votre commandement.

ON OUVRE LA VOIE QUI DONNE ENTRÉE A CETTE MÉTHODE.

Voici comme tout d'abord vous philosophez.
Après que j'ai fait réflexion, dites-vous, sur toutes
les choses que j'ai reçues autrefois en ma créance,
je suis enfin contraint d'avouer qu'il n'y en a pas
une de celles que je croyois alors être vraies dont
je ne puisse douter, et cela non point pour quelques soupçons légers et mal fondés, mais pour des
raisons très fortes et mûrement considérées; en
telle sorte qu'il est nécessaire que je n'y donne
pas plus de créance que je pourrois faire à des
choses qui me paroîtroient évidemment fausses,
si je désire trouver quelque chose de constant et
d'assuré dans les sciences : c'est pourquoi je pense
que je ne ferai pas mal si, prenant un sentiment
contraire, j'emploie tous mes soins à me tromper
moi-même, feignant pour quelque temps que toutes
ces opinions sont fausses et imaginaires, jusqu'à
ce qu'enfin ayant mis, pour ainsi dire, la balance
égale entre mes préjugés, mon jugement ne soit
plus maîtrisé par de mauvais usages, et détourné
du droit chemin qui le peut conduire à la con-

noissance de la vérité. Je supposerai donc qu'un mauvais génie, non moins puissant que rusé, a employé toute son industrie à me tromper. Je penserai que le ciel, l'air, la terre, les couleurs, les figures, les sons, et toutes les choses extérieures que nous apprenons par les sens, ne sont que des illusions et tromperies dont il se sert pour surprendre ma crédulité. Je me persuaderai qu'il n'y a rien du tout dans le monde, qu'il n'y a point de ciel, point de terre, point d'esprits, point de corps. (K) Je dis point d'esprits et point de corps, etc.; c'est ici une chose à remarquer, et la principale. Je me considérerai moi-même comme n'ayant point de mains, point d'yeux, point de chair, point de sang; comme n'ayant aucun sens, mais croyant faussement avoir toutes ces choses. Je demeurerai obstinément attaché à cette pensée.

Arrêtons-nous un peu ici, s'il vous plaît, pour reprendre de nouvelles forces. La nouveauté de la chose m'a un peu ému et étonné : ne commandez-vous pas que je rejette toutes les choses que par le passé j'ai reçues en ma créance? Oui, je veux que vous les rejetiez toutes. (L) Quoi, toutes? car qui dit tout n'excepte rien. Je l'entends ainsi, ajoutez-vous. Je vous obéis, mais c'est avec bien de la peine; car c'est une chose fort dure, et, pour vous le dire franchement, je ne le fais pas sans scrupule; c'est pourquoi, si vous ne m'en délivrez, je crains fort que nous ne nous égarions dès l'entrée. Vous avouez que toutes les choses que vous avez autrefois reçues en votre créance sont toutes douteuses, (M) et vous dites vous-même que vous êtes forcé à le croire ; pourquoi ne faites-vous pas une pareille violence à mon esprit, afin que je sois aussi contraint d'avouer la même chose que vous ? Qui vous a, je vous prie, ainsi contraint ? Je viens d'apprendre tout à l'heure que c'ont été des raisons très fortes et mûrement considérées. Mais quelles sont-elles enfin ces raisons ? car, si elles sont bonnes, pourquoi les rejeter ? que ne les retenez-vous plutôt ? et si elles sont douteuses et pleines de soupçons, par quelle force, je vous prie, ont-elles pu vous contraindre ?

Les voici, dites-vous, tout le monde les sait ; et j'ai coutume de les faire toujours marcher devant comme on faisoit autrefois les tireurs de fronde et les archers, pour commencer le choc. Nos sens nous trompent quelquefois, quelquefois nous rêvons : il y a quelquefois certains fous qui pensent voir ce qu'ils ne voient pas, et ce qui peut-être n'est point et ne sera jamais.

Sont-ce là toutes vos raisons ? Lorsque vous en avez promis de fortes et mûrement considérées, je me suis aussi attendu qu'elles seroient certaines et exemptes de toute sorte de doute, telles que les demande votre règle, dont nous nous servons à présent, qui est exacte jusques à ce point qu'elle n'admet pas même la moindre ombre de doute. Mais ces raisons que vous venez d'apporter, à savoir, nos sens nous trompent quelquefois, quelquefois nous rêvons, il y a des fous, sont-elles certaines et exemptes de doute? ou plutôt ne sont-ce pas simplement de purs doutes et soupçons? Qui vous a appris qu'elles sont certaines et hors de tout doute, et conformes à cette règle que vous avez toujours à la main, à savoir « qu'il faut bien » se donner de garde de rien admettre pour vrai » que nous ne puissions prouver être tel : » y a-t-il eu un temps auquel vous ayez pu dire, certainement et indubitablement mes sens me trompent à présent, je le sais fort bien; maintenant je rêve; un peu auparavant je rêvois; celui-ci est fou, et pense voir ce qu'il ne voit point, et il ne ment point? Si vous dites que oui, prenez garde comment vous le prouverez : voire même prenez garde que ce mauvais génie dont vous parlez ne vous ait peut-être déçu; car il est fort à craindre qu'à l'heure même que vous apportez ceci comme une raison bien forte de douter, et mûrement considérée, *les sens nous trompent quelquefois*, ce rusé génie ne vous montre au doigt et ne se moque de vous, de vous être ainsi laissé abuser. Si vous dites que non, (N) pourquoi dites-vous si assurément que quelquefois nous rêvons? Pourquoi, suivant votre première règle, ne dites-vous pas plutôt ainsi : Il n'est pas tout-à-fait certain que les sens nous aient quelquefois trompés, que nous ayons quelquefois rêvé, qu'il y ait eu quelquefois des fous ; donc je dirai ainsi, et établirai pour principe, que nos sens ne nous trompent jamais, que jamais nous ne rêvons, et qu'il n'y a point de fous ?

Mais, dites-vous, j'en ai quelque soupçon. Et moi je vous dis que c'est ce qui cause mon scrupule ; car, lorsque j'ai pensé avancer mon pied, j'ai senti ces fortes raisons plier sous moi et s'évanouir comme des ombres et des soupçons, ce qui a fait que j'ai appréhendé de les presser. J'en ai pourtant quelque soupçon aussi bien que vous.

Vous en avez quelque soupçon, dites-vous ? C'est assez que vous le soupçonniez, c'est assez que vous disiez, je ne sais si je dors ou si je veille ; je ne sais si mes sens me trompent ou ne me trompent point.

Mais pardonnez-moi si je vous dis que ce n'est pas assez pour moi, et que je ne suis pas satisfait de cela ; car je ne vois pas bien comment vous pouvez inférer de ceci, « je ne sais si je veille ou » si je dors, » donc je dors quelquefois : car si vous ne dormiez jamais, si vous dormiez toujours, si vous ne pouviez même dormir, et que ce génie se moquât de vous pour avoir eu le pouvoir de vous persuader que vous dormez quelquefois, que quelquefois vous vous trompez, quoique cela ne soit point. Croyez-moi, depuis que vous avez introduit ce génie, depuis que vous avez réduit à un *peut-être* vos plus fortes et plus solides raisons, vous avez tout gâté, et ne pouvez de cela en tirer rien de bon. (o) Que savez-vous si ce rusé génie ne vous propose point toutes choses comme douteuses et incertaines, nonobstant qu'elles soient certaines et assurées, afin qu'après les avoir toutes rejetées il vous jette tout nu dans la fosse que vous vous êtes vous-même creusée? Ne feriez-vous pas mieux si, auparavant que de faire ainsi une abdication générale de toutes choses, vous vous établissiez une règle certaine, par laquelle vous puissiez reconnoître si toutes les choses que vous rejetterez seront bien ou mal rejetées. (p) Sans doute que c'est une chose d'une importance tout-à-fait grande que cette abdication générale de toutes nos connoissances passées. Et si vous m'en croyez, je vous conseille d'appeler encore une fois vos pensées en jugement, pour en délibérer mûrement et sérieusement, et ne rien précipiter là-dessus.

Cela n'est pas nécessaire, dites-vous; je ne saurois ici trop accorder à ma défiance, et je sais qu'il ne peut y avoir en cela de péril ni d'erreur.

(q) Que dites-vous, je sais ? Est-ce certainement ? est-ce sans aucun doute ? en sorte que, de tant de connoissances que vous avez rejetées, celle-ci vous soit demeurée pour être la seule placée dans le temple de la vérité, comme les restes d'un si grand naufrage. Ou, parceque vous entreprenez une nouvelle philosophie, et que vous songez aux moyens de l'accroître, voulez-vous qu'on écrive sur le frontispice en lettres d'or cette maxime, « Je ne puis trop accorder à ma défiance; » afin de signifier tout d'abord, à ceux qui voudront mettre le pied dans votre philosophie, qu'il faut rejeter cette vieille proposition, *deux et trois font cinq*, et retenir celle-ci, *je ne saurois trop accorder à ma défiance*. Mais s'il arrive que quelque novice en murmure, et qu'il dise entre ses dents, Quoi ! l'on veut que je rejette ce dire ancien, *deux et trois font cinq*, qui n'a jamais été révoqué en doute par personne, à cause qu'il se peut faire que quelque mauvais génie me trompe; (R) et l'on m'ordonne de retenir celui-ci, qui est rempli de doutes et de difficultés, *je ne saurois trop accorder à ma défiance*, comme si ce mauvais génie ne me pouvoit en cela rien imposer !

Que direz-vous à cela ? Et vous-même pourriez-vous bien faire en sorte que je ne craignisse et n'appréhendasse rien de ce mauvais génie ? En vérité, quoique vous m'assuriez et de la main et de la voix, (s) ce n'est pas sans une grande appréhension de paroître trop défiant que je rejette et bannis comme fausses ces maximes anciennes, et qui sont quasi nées avec nous, à savoir, un argument en *Barbara* conclut fort bien : je suis une chose composée de corps et d'âme ; et même, s'il m'est permis de juger à la mine et à la voix, vous-même, qui vous mêlez de conduire les autres et de rendre le chemin sûr, vous n'êtes pas exempt de crainte. Car, répondez-moi ingénument et franchement comme vous avez de coutume, (T) rejetez-vous sans scrupule comme une chose fausse cette proposition ancienne, « J'ai en moi l'idée claire et distincte de Dieu ; » ou celle-ci, « Tout ce que je conçois fort clairement et fort distinctement est vrai ; » (V) ou enfin cette autre, « Les facultés de penser, de se nourrir et de sentir n'appartiennent point au corps, mais à l'esprit, » et mille autres semblables ? Je vous demande cela tout de bon ; répondez-moi, s'il vous plaît. Pouvez-vous, en vérité, à la sortie de l'ancienne philosophie et à l'entrée d'une nouvelle, bannir, chasser et abjurer comme fausses toutes ces choses ? j'entends les bannir et abjurer à bon escient. Quoi donc ! oserez-vous assurer le contraire, et dire hardiment et sans scrupule : Oui, maintenant, et à l'heure même que je parle, je n'ai pas en moi l'idée claire et distincte de Dieu ; jusques ici j'ai cru faussement que les facultés de se nourrir, de penser et de sentir, n'appartenoient point au corps, mais à l'esprit : mais hélas ! que j'oublie aisément la résolution que j'avois prise! qu'ai-je fait? je m'étois abandonné au commencement tout entier à vous et à votre conduite; je m'étois donné à vous pour compagnon et pour disciple, et voici que j'hésite dès l'entrée, tout effrayé et irrésolu. Pardonnez-moi, je vous prie; j'ai péché, je l'avoue, et péché largement, et n'ai fait en cela paroître que l'imbécillité de mon esprit; je devois, sans aucune appréhension, marcher hardiment avec vous dans les ténèbres de l'abdication, et tout au contraire j'ai hésité et résisté. Cela ne m'arrivera plus si vous me pardonnez; et, par une ample et libérale abdication de toutes les choses que j'ai jamais crues par le passé, je réparerai le mal que je viens de faire. Je rejette donc et abjure toutes mes anciennes opinions ; et vous ne trouverez pas mauvais si je n'en prends point le ciel et la terre à témoin, puisque vous ne voulez pas qu'il y en ait. Je confesse donc qu'il n'y a rien du tout. Allez, marchez le premier, je vous suis. Sans mentir je vous trouve facile d'aller ainsi le premier sans répugnance.

REMARQUES DE DESCARTES.

(1) « Puisque toutes les choses que j'ai sues jusques ici sont douteuses. » Il a mis ici *que j'ai sues* pour *que j'ai cru savoir*; car il y a de la contra-

riété en ces termes, *que j'ai sues*, et *sont douteuses*, à laquelle sans doute il n'a pas pris garde : mais il ne faut pas pour cela lui imputer à malice, car autrement il ne l'auroit pas si légèrement touchée qu'il a fait; mais, au contraire, feignant qu'elle seroit venue de moi, il auroit employé beaucoup de paroles à insister à l'encontre.

(k) « Je dis point d'esprits, point de corps. » Il dit cela afin d'avoir lieu par après de pointiller long-temps sur ce qu'au commencement, supposant que la nature de l'esprit ne m'étoit pas encore assez connue, je l'ai mise au rang des choses douteuses; et qu'après cela, reconnoissant que cependant une chose qui pense ne pouvoit pas ne point exister, et appelant du nom d'esprit cette chose qui pense, j'ai dit qu'un esprit existoit : comme si j'eusse oublié que je l'avois nié auparavant, lorsque je prenois l'esprit pour une chose qui m'étoit inconnue; et comme si j'eusse cru que les choses que je niois en un temps, pourcequ'elles me paroissoient incertaines, dussent toujours ainsi être niées, et qu'il ne se pût faire qu'elles ne devinssent par après évidentes et certaines. Et il est à remarquer que partout il considère le doute et la certitude, non pas comme des relations de notre connoissance aux objets, mais comme des propriétés des objets mêmes qui y demeurent toujours attachées; en sorte que les choses que nous avons une fois reconnu être douteuses, ne peuvent jamais être rendues certaines. Ce que l'on doit plutôt attribuer à simplicité qu'à malice.

(L) « Quoi, toutes choses? » Il chicane ici sur ce mot *toutes*, comme auparavant sur le mot *rien*, mais inutilement et en vain.

(M) « Vous avouez y étant forcé. » Il en a fait de même sur ce terme, *forcé*, mais aussi inutilement que sur les précédents ; car il est certain que ces raisons-là sont assez fortes pour nous obliger de douter, qui sont elles-mêmes douteuses et incertaines, et qui pour cela ne doivent point être retenues, mais rejetées, comme il a été remarqué ci-dessus ; elles sont, dis-je, assez fortes, tandis que nous n'en avons point d'autres qui, en chassant le doute, apportent en même temps la certitude ; et pourceque je n'en trouvois aucune de telles dans la première Méditation, bien que je regardasse de tous côtés, et que je méditasse sans cesse, j'ai dit pour cela que les raisons que j'ai eues de douter étoient fortes et mûrement considérées. Mais cela passe la portée de notre auteur ; car il ajoute, « Lorsque vous » avez promis de bonnes et de fortes raisons, je me » suis aussi attendu qu'elles seroient certaines, » telles que les demande votre règle : » comme si cette règle qu'il feint pouvoit être appliquée aux choses que j'ai dites dans la première Méditation. Et un peu après il dit : « Y a-t-il eu un temps

» auquel vous ayez pu dire, certainement et indu-
» bitablement, mes sens me trompent à présent. Je
» sais cela fort bien. » Où il tombe dans une contrariété pareille à la précédente, ne s'apercevant pas que tenir une chose pour indubitable, et en même temps douter de la même chose, sont deux choses qui se contrarient. Mais c'est un bon homme.

(N) « Pourquoi dites-vous si assurément que quel-
» quefois nous rêvons ? » Il tombe encore innocemment dans la même faute; car je n'ai rien du tout assuré dans la première Méditation, qui est toute remplie de doutes, et de laquelle seule il peut avoir tiré ces paroles. Et, par la même raison, il auroit pu aussi trouver ceci, *Nous ne rêvons jamais;* ou bien, *Quelquefois nous rêvons*. Et lorsqu'il ajoute un peu après, « car je ne vois pas bien comment
» vous pouvez inférer de ceci, *je ne sais si je veille*
» *ou si je dors*, donc je dors quelquefois, » il m'attribue ici un raisonnement purement digne de lui; aussi est-ce un bon homme.

(O) « Que savez-vous si ce rusé génie ne vous
» propose point toutes choses comme douteuses et
» incertaines, nonobstant qu'elles soient certaines
» et assurées? » Il paroît manifestement par ceci, comme j'ai déjà observé, qu'il considère le doute et la certitude comme dans les objets, et non pas comme dans notre pensée; car autrement comment

pourroit-il feindre que ce génie proposât quelque chose comme douteuse qui ne fût pas douteuse, mais certaine, puisque, de cela seul qu'il me la proposeroit comme douteuse, elle seroit douteuse. Mais peut-être que ce génie l'a empêché de reconnoître la répugnance qui est dans ses paroles. Et il est à plaindre de ce qu'il trouble ainsi si souvent sa pensée.

(P) « Sans doute que c'est une chose d'une im-
« portance tout-à-fait grande que cette abdication
« générale de toutes nos connoissances passées. »
J'en ai assez averti sur la fin de ma réponse aux quatrièmes objections et dans la préface de ces Méditations que je n'ai pour cela proposées à lire qu'aux plus solides esprits. J'ai aussi averti de la même chose fort expressément dans mon discours de la Méthode, où ayant décrit deux divers genres d'esprits à qui cette abdication générale n'est pas propre, si peut-être notre auteur se trouve compris sous l'un ou sous l'autre genre, il ne me doit pas pour cela imputer ses erreurs.

(Q) « Que dites-vous, je sais ? » Lorsque j'ai dit que je savois qu'il ne pouvoit y avoir de péril en cette abdication générale, j'ai ajouté, « parcequ'alors je
« ne considérois pas les choses pour agir, mais seu-
« lement pour les connoître : » ce qui fait voir si manifestement que je n'ai parlé en cet endroit-là que d'une façon morale de savoir, qui suffit pour

la conduite de la vie et que j'ai souvent dit être fort différente de la façon métaphysique dont il s'agit ici, qu'il semble qu'il n'y ait que notre auteur seul qui ait pu l'ignorer.

(R) « Et l'on veut que je retienne celui-ci, qui » est rempli de doutes et de difficultés : Je ne sau- » rois trop accorder à ma défiance. » Il y a encore ici derechef de la contrariété dans les paroles; car tout le monde sait que celui qui se défie, pendant qu'il se défie, et que par conséquent il n'affirme ni ne nie aucune chose, ne peut être induit en erreur par aucun génie, pour rusé qu'il soit, ce qu'on ne peut pas dire de celui qui ajoute deux et trois ensemble, ainsi que le prouve l'exemple qu'il a lui-même apporté ci-dessus, de celui qui comptoit quatre fois une heure.

(s) « Ce n'est pas sans une grande appréhension » de paroître trop défiant que je rejette ces maximes » anciennes. » Encore qu'il emploie ici beaucoup de paroles pour tâcher de persuader qu'il ne faut pas se défier trop, c'est pourtant une chose digne de remarque qu'il n'apporte pas la moindre raison pour le prouver, sinon seulement celle-ci, qui est qu'il craint ou qu'il se défie qu'il ne faut pas tant se défier : où il y a encore de la répugnance; car de cela seul qu'il craint et qu'il ne sait pas certainement qu'il ne doit point se défier, de là il s'ensuit qu'il doit se défier.

(t) « Rejetez-vous sans scrupule comme une » chose fausse cette proposition ancienne, J'ai en » moi l'idée claire et distincte de Dieu ; ou celle-ci, » Tout ce que je conçois fort clairement et fort dis- » tinctement est vrai. » Il appelle ces choses-ci anciennes pourcequ'il craint qu'on ne les tienne pour nouvelles, et que j'aie la gloire de les avoir le premier remarquées; mais je m'en soucie fort peu. Il semble aussi vouloir faire glisser quelque scrupule touchant l'idée que nous avons de Dieu ; mais ce n'est qu'en passant, de peur peut-être que ceux qui savent avec quel soin j'ai excepté de cette abdication toutes les choses qui regardent la piété, et en général les mœurs, ne le prissent pour un calomniateur.

Enfin, il ne voit pas que l'abdication ne regarde que celui qui ne conçoit pas encore clairement et distinctement quelque chose: comme, par exemple, les sceptiques, auxquels cette abdication est familière, en tant que sceptiques, n'ont jamais rien conçu clairement ; car, du moment qu'ils auroient conçu clairement quelque chose, ils auroient cessé d'en douter et d'être en cela sceptiques. Et pourcequ'il est aussi fort difficile que personne, avant que d'avoir fait cette abdication, puisse jamais rien concevoir fort clairement, j'entends d'une clarté telle qu'il est requis pour une certitude métaphysique, c'est pour cela que cette abdication est fort utile à ceux qui étant capables d'une connoissance si claire ne l'ont pourtant pas encore acquise : mais non pas à notre auteur, comme l'événement le montre ; et j'estime au contraire qu'il la doit soigneusement éviter.

(v) « Ou enfin cette autre-ci : *Les facultés de pen-*
» *ser, de se nourrir et de sentir, n'appartiennent*
» *point au corps, mais à l'esprit.* » Il cite ces paroles comme venant de moi, et en même temps il les débite pour si certaines qu'il semble que personne ne puisse en aucune façon les révoquer en doute. Mais cependant il n'y a rien de plus clair dans mes Méditations que je rapporte au corps seul la puissance de se nourrir, et non pas à l'esprit ou à cette partie de l'homme qui pense : en telle sorte que par cela seul l'on voit manifestement, premièrement, qu'il ne les entend point, encore qu'il ait entrepris de les réfuter ; secondement, qu'il n'est pas vrai que de ce que, dans la deuxième Méditation j'ai parlé selon l'opinion du vulgaire, j'aie pour cela voulu rapporter la puissance de se nourrir à l'âme ; et, enfin, qu'il tient plusieurs choses pour indubitables qu'il ne faut pas admettre pour telles sans un grand examen. Mais toutefois il a fort bien conclu, vers la fin, que par toutes ces choses il a fait seulement paroître la médiocrité de son esprit.

LE P. BOURDIN.

ON PRÉPARE LA VOIE QUI DONNE L'ENTRÉE A CETTE MÉTHODE.

Lorsque j'ai fait ainsi une abdication de toutes mes connoissances passées, (x) je commence à philosopher de la sorte : Je suis ; je pense ; je suis pendant que je pense. Cette proposition, *j'existe*, est nécessairement vraie, toutes les fois que je la prononce ou que je la conçois en mon esprit.

Vous dites merveilles. Vous avez trouvé ce point fixe d'Archimède. Sans doute que vous ferez mouvoir toute la machine du monde, si vous l'entreprenez. Toutes choses chancellent déjà. Mais, je vous prie (car vous voulez, comme je crois, couper toutes choses jusques au vif, afin qu'il n'y ait rien dans votre méthode que de propre, de bien suivi, et de nécessaire), (y) pourquoi faites-vous mention de l'esprit, quand vous dites : « Lorsque je la con- « çois en mon esprit ? » N'avez-vous pas même banni le corps et l'esprit ? Mais peut-être l'aviez-vous oublié, tant il est difficile, même aux plus expérimentés, de chasser tout-à-fait de leur mémoire le souvenir des choses auxquelles ils se sont accoutumés dès leur jeunesse; en sorte qu'il ne faudra pas perdre espérance, s'il m'arrive d'y manquer quelquefois, moi qui n'y suis point encore bien accoutumé.

Je considérerai, dites-vous, tout de nouveau ce que je suis et ce que je croyois être avant que j'entrasse dans ces dernières pensées; et, de mes anciennes opinions, je retrancherai tout ce qui peut être tant soit peu combattu par les raisons que j'ai ci-devant alléguées, afin que par ce moyen il ne demeure précisément rien qui ne soit entièrement certain et indubitable.

Oserai-je bien, avant que vous passiez plus outre, vous demander pourquoi, après avoir fait une abdication solennelle de toutes vos anciennes opinions, comme d'autant de choses fausses ou douteuses, vous voulez encore une fois repasser les yeux dessus, comme si vous espériez tirer quelque chose de bon et de certain de ces vieux lambeaux ou fragments? Que sera-ce si vous avez autrefois mal pensé de vous; bien plus, puisque toutes les choses que vous avez rejetées un peu auparavant étoient douteuses et incertaines (car autrement pourquoi les auriez-vous rejetées?), comment se pourra-t-il faire que les mêmes choses ne soient plus à présent douteuses et incertaines, si ce n'est peut-être que cette abdication soit comme un breuvage de Circé, pour ne pas dire une lessive? Mais toutefois j'aime mieux admirer et révérer votre procédé. Il arrive souvent que ceux qui mènent leurs amis dans les palais des grands pour les leur faire voir, les font entrer par des portes secrètes, et non pas par la grande et principale porte. De moi aussi, je vous suis fort volontiers par quelques détours que vous me meniez ; je vous suivrai partout, pourvu que vous me donniez espérance de parvenir un jour au palais de la vérité.

Qu'est-ce donc, dites-vous, que j'ai cru autrefois que j'étois : sans difficulté j'ai pensé que j'étois un homme.

Souffrez aussi que j'admire ici votre adresse, de vous servir de ce qui est douteux pour chercher ce qui est certain; de nous plonger dans les ténèbres pour nous faire voir la lumière. (z) Voulez-vous que je consulte ce que j'ai cru autrefois que j'étois ? Voulez-vous que je reprenne ce vieux dictum, rebattu et rejeté il y a si long-temps, à savoir, *je suis un homme ?* Que seroit-ce si Pythagore ou quelqu'un de ses disciples se trouvoit ici ? que lui diriez-vous, s'il vous disoit qu'il a été autrefois un coq ? et que pourriez-vous répondre à tant de furieux, d'insensés et d'extravagants, sur toutes les chimères qu'ils s'imaginent ? Mais j'ai tort ; vous êtes savant et expérimenté ; vous êtes un bon guide, vous connoissez tous les détours et tous les sentiers par où nous avons à passer : j'aurai bonne espérance.

Qu'est-ce qu'un homme ? dites-vous. Si vous voulez que je vous réponde, permettez-moi auparavant de vous demander de quel homme vous entendez parler; ou ce que vous cherchez, quand vous cherchez ce que c'est qu'un homme. Est-ce cet homme que je me feignois autrefois, que je pensois être, et que, depuis que j'ai tout rejeté, je suppose que je ne suis point? Si c'est lui que vous cherchez, si c'est celui que je m'imaginois faussement que j'étois, c'est un certain composé de corps et d'âme. Êtes-vous content? je crois que oui, puisque vous continuez de la sorte.

REMARQUES DE DESCARTES.

(x) « Je commence de la sorte à philosopher : » Je suis; je pense; je suis pendant que je pense. » Il est ici à remarquer qu'il avoue lui-même que pour bien commencer à philosopher, ou pour établir la certitude de quelque proposition, il faut suivre la voie que j'ai tenue, qui est de commencer par la connoissance de sa propre existence. Ce que je dis afin que l'on sache que, dans les autres endroits où il a feint que j'ai commencé par une positive ou affirmative abdication de toutes les choses qui sont douteuses, il a dit le contraire de ce qu'en effet il pensoit. Je n'ajoute point ici avec quelle subtilité il m'introduit commençant à philosopher, lorsqu'il me fait parler de la sorte, « Je suis; je pense, etc. : » car l'on peut aisément reconnoître, sans même que j'en parle, la candeur qu'il garde en toutes choses.

(y) « Pourquoi faites-vous mention de l'esprit
» quand vous dites : Lorsque je la conçois en mon
» esprit ? N'avez-vous pas même banni le corps et
» l'esprit ? » J'ai déjà ci-devant averti qu'il cherchoit
occasion de pointiller sur le mot d'*esprit*. Mais ici
concevoir en son esprit ne signifie rien autre chose
que penser; et partant il suppose mal que je fais
mention de l'esprit en tant que considéré comme
une partie de l'homme. De plus, encore que j'aie
rejeté ci-devant le corps et l'esprit, avec tout le
reste de mes anciennes opinions, comme des
choses douteuses ou des choses que je ne concevois pas encore clairement, cela n'empêche pas
que je ne les puisse reprendre par après s'il
arrive que je les conçoive clairement. Mais cela est
au-dessus de la portée de notre auteur, qui pense
que le doute soit quelque chose attaché insépara-
blement aux objets; car il demande un peu après :
« Comment se pourra-t-il faire que les mêmes
» choses qui auparavant étoient douteuses ne
» soient plus maintenant douteuses et incertaines ? »
Il veut même que j'en aie fait une abdication solennelle; et il admire aussi mon adresse, en ce que
je me sers de ce qui est douteux pour chercher
ce qui est certain, etc. : comme si j'avois pris pour
fondement de ma philosophie qu'il faut toujours
tenir pour fausses les choses douteuses.

(z) « Voulez-vous que je consulte ce que j'ai cru

« autrefois que j'étois? voulez-vous que je reprenne
« ce vieux dictum, etc.? » Je me servirai ici d'un
exemple fort familier pour lui faire ici entendre la
conduite de mon procédé, afin que désormais il
ne l'ignore plus, ou qu'il n'ose plus feindre qu'il
ne l'entend pas.

Si d'aventure il avoit une corbeille pleine de
pommes, et qu'il appréhendât que quelques unes
ne fussent pourries, et qu'il voulût les ôter, de
peur qu'elles ne corrompissent le reste, comment
s'y prendroit-il pour le faire? Ne commenceroit-il
pas tout d'abord à vider sa corbeille; et après
cela, regardant toutes ces pommes les unes après
les autres, ne choisiroit-il pas celles-là seules qu'il
verroit n'être point gâtées; et, laissant là les autres,
ne les remettroit-il pas dedans son panier? Tout de
même aussi, ceux qui n'ont jamais bien philoso-
phé ont diverses opinions en leur esprit qu'ils ont
commencé à y amasser dès leur bas âge; et, ap-
préhendant avec raison que la plupart ne soient
pas vraies, ils tâchent de les séparer d'avec les autres, de peur que leur mélange ne les rende toutes
incertaines. Et, pour ne se point tromper, ils ne sauroient mieux faire que de les rejeter une fois toutes
ensemble, ni plus ni moins que si elles étoient
toutes fausses et incertaines; puis, les examinant
par ordre les unes après les autres, reprendre
celles-là seules qu'ils reconnoîtront être vraies et

indubitables. C'est pourquoi je n'ai pas mal fait au commencement de rejeter tout; puis, considérant que je ne connoissois rien plus certainement ni plus évidemment sinon que moi qui pensois, étois quelque chose, je n'ai pas eu aussi mauvaise raison d'établir cela comme le premier fondement de toute ma connoissance; et enfin je n'ai pas aussi mal fait de demander après cela ce que j'avois cru autrefois que j'étois, non pas afin que je crusse encore de moi toutes les mêmes choses, mais afin de reprendre celles que je reconnoîtrois être vraies, de rejeter celles que je trouverois être fausses, et de remettre à examiner à un autre temps celles qui me sembleroient douteuses. Ce qui fait voir que notre auteur n'a pas raison d'appeler ceci *un art de tirer des choses certaines des incertaines*, ou, comme il dit ci-après, *une méthode de rêver;* et que tout ce qu'il raconte ici et dans les deux paragraphes suivants du coq de Pythagore, et des opinions des philosophes touchant la nature du corps et de l'âme, sont choses tout-à-fait inutiles et hors de propos, puisque, selon la méthode que je m'étois prescrite, je n'ai point dû et n'ai point aussi voulu me mêler de rapporter rien de ce que les autres ont jamais pensé là-dessus, mais seulement ce qu'il m'en a semblé autrefois à moi-même, et ce qui a coutume de sembler aux autres en se laissant seulement conduire par la lumière naturelle, soit qu'il fût vrai, soit qu'il fût faux, pourceque je ne l'ai point rapporté afin de le croire, mais seulement pour l'examiner.

LE P. BOURDIN.

CE QUE C'EST QUE LE CORPS.

Qu'est-ce que le corps? dites-vous. Qu'entendois-je autrefois par le corps?

Vous ne trouverez pas mauvais si je regarde de tous côtés, si je crains partout de tomber dans des piéges. C'est pourquoi, dites-moi, je vous prie, de quel corps entendez-vous parler? Est-ce de celui que je m'imaginois autrefois être composé de certaines propriétés, mais que je m'imaginois mal, suivant les lois de notre abdication? ou bien est-ce de quelque autre, si peut-être il y en peut avoir? car que sais-je? je doute si cela se peut ou non. Si c'est du premier dont vous entendez parler, je n'aurai pas de peine à vous répondre. Par le corps j'entendois tout ce qui peut être terminé par quelque figure; qui peut être compris en quelque lieu, et remplir un espace, de telle sorte que tout autre corps en soit exclus; qui peut être aperçu par les sens, et mû par un autre qui le touche et dont il reçoive l'impression. Voilà comme je décrivois le premier que j'ai conçu, de telle sorte que je croyois être obligé de donner le nom de corps à tout ce que je voyois être revêtu de toutes ces propriétés que je viens d'expliquer. Et néanmoins je ne pensois pas pour cela être aussitôt obligé de croire qu'il n'y eût rien que cela qui fût ou qui pût être appelé corps : vu principalement que c'est bien autre chose de dire, je concevois par le corps ceci ou cela, et dire, je ne concevois rien que ceci ou cela qui fût corps.

Si c'est du second dont vous entendez parler, je vous répondrai suivant l'opinion des philosophes les plus modernes ; car aussi bien vous ne demandez pas tant ce que j'en pense que ce que chacun en peut penser. Par le corps j'entends tout ce qui peut être compris en quelque lieu, comme une pierre, ou défini par le lieu, en telle sorte qu'il soit tout entier dans le tout, et tout entier dans chaque partie, tels que sont les indivisibles de la quantité, ou d'une pierre, et des choses semblables, que quelques nouveaux auteurs comparent aux anges ou aux âmes des hommes : et même ils enseignent, non sans quelque applaudissement, ou du moins sans quelque complaisance de leur part, que le corps est ou étendu actuellement comme une pierre, ou en puissance comme les susdits indivisibles ; qu'il est divisible en plusieurs parties, comme une pierre, ou indivisible comme les indivisibles susdits ; qu'il peut être mû par un autre comme une pierre quand elle est poussée en haut, ou par soi, comme une pierre quand elle tombe en bas; (AA) qu'il peut sentir comme un chien, ou penser comme un singe, ou imaginer comme un mulet. Et si j'ai autrefois rencontré quelque chose qui fût mue ou par une autre ou par soi, qui sentît, qui imaginât, qui pensât, je l'ai appelée corps, si rien ne l'a empêché, et je l'appelle encore maintenant ainsi.

Mais c'est mal fait, dites-vous; car je jugeois que la faculté de se mouvoir soi-même, de sentir ou de penser, n'appartenoit en aucune façon à la nature du corps.

Vous le jugiez ainsi, dites-vous; puisque vous le dites je vous crois, car les pensées sont libres: mais, lorsque vous le pensiez ainsi, vous laissiez aussi à chacun la liberté de son sentiment; et je ne crois pas que vous vouliez vous rendre l'arbitre de toutes les pensées des hommes, pour rejeter les unes et approuver les autres, à moins que vous n'ayez une règle certaine et infaillible qui vous fasse connoître celles qu'il faut approuver ou rejeter. Mais, pourceque vous ne nous en avez point parlé lorsque vous nous avez commandé de faire cette abdication générale de toutes choses, vous trouverez bon que j'use ici de la liberté que la nature nous a donnée. Autrefois vous le jugiez; autrefois je le jugeois aussi : moi à la vérité d'une façon, et vous d'une autre, mais peut-être tous deux mal; au moins n'a-ce pas été sans quelque scrupule, puisque nous avons été obligés, et vous et moi, de rejeter, dès la première entrée, cette vieille opinion que l'on a eue du corps; c'est pourquoi, pour ne pas faire durer plus longtemps cette dispute, si vous voulez définir le corps selon votre sentiment particulier, comme il a été défini au commencement, je ne l'empêche point; au contraire, j'admets fort volontiers cette façon de définir le corps, pourvu que vous vous souveniez que par votre définition vous ne décrivez pas généralement toute sorte de corps, mais seulement une certaine espèce que vous avez considérée, et que vous avez omis les autres, dont les doctes disputent entre eux et sont en question s'il y en a ou s'il y en peut avoir, ou du moins dont l'on ne peut conclure, d'une certitude telle que vous la désirez, s'il y en peut avoir ou non : en sorte que c'est encore une chose douteuse et incertaine si jusques ici le corps a été bien ou mal défini. C'est pourquoi continuez, s'il vous plaît, pendant que je vous suis : et je vous suis même si volontiers que je n'ai aucune répugnance à le faire, tant j'ai envie de voir comment vous réussira cette nouvelle façon de tirer le certain de l'incertain.

REMARQUES DE DESCARTES.

(AA) « Ou sentir comme un chien, ou penser « comme un singe, ou imaginer comme un mulet. »

Il tâche ici de nous surprendre dans ces mots; et, pour faire en sorte qu'on trouve que j'aie mal établi la différence qui est entre l'esprit et le corps, en ce que celui-là pense, et que celui-ci ne pense point, mais est étendu, il dit que tout ce qui sent, qui imagine et qui pense, il l'appelle corps; mais qu'il l'appelle aussi un mulet ou un singe, si bon lui semble. S'il peut jamais faire que ces mots nouveaux viennent en usage, je ne refuserai pas de m'en servir; mais cependant il n'a aucun droit de me reprendre de ce que je me sers de ceux qui sont communément reçus et approuvés.

LE P. BOURDIN.

CE QUE C'EST QUE L'AME.

Qu'est-ce que l'âme? dites-vous. Qu'entendois-je autrefois par l'âme? Sans doute que j'ignorois ce que c'étoit, ou que je l'imaginois comme un je ne sais quel vent fort subtil et comme un esprit de feu, ou un air fort délié qui étoit diffus et répandu dans mes parties les plus grossières; et je lui attribuois la faculté de nourrir, de marcher, de sentir et de penser.

Certainement voilà bien des choses. Mais je crois que vous ne trouverez pas mauvais que je vous fasse ici une question ou deux. Quand vous demandez ce que c'est que l'esprit ou l'âme de l'homme, ne demandez-vous pas quels sentiments l'on en a eus par le passé, et ce que l'on en a cru autrefois?

(BB) C'est cela même, me dites-vous. Mais croyez-vous donc que nous en ayons eu des sentiments si raisonnables que nous n'ayons point du tout besoin de votre méthode? croyez-vous que tout le monde ait suivi le bon chemin parmi tant de ténèbres? Les opinions des philosophes touchant l'âme sont si diverses et si différentes les unes des autres, que je ne puis assez admirer cette adresse par laquelle, d'une aussi vile matière, vous espérez faire un remède certain et salutaire, quoique pourtant la thériaque se fasse du venin de vipère. Voulez-vous donc que j'ajoute, à cette opinion que vous avez de l'âme, ce que quelques uns en pensent aussi, ou ce qu'ils en peuvent penser? Vous ne vous souciez pas que ce soit bien ou mal: c'est assez que leur opinion soit telle qu'ils croient ne pouvoir être persuadés du contraire par la force d'aucune raison. Quelques uns diront que l'âme est un certain genre de corps qu'on appelle ainsi. Pourquoi vous en étonnez-vous? c'est là leur sentiment, qu'ils ne trouvent pas sans quelque apparence de vérité; car, puisque l'on appelle corps et qu'en effet tout cela est corps qui est étendu, qui a les trois dimensions, et qui est divisible en certaines parties; et puisqu'ils trouvent dans un cheval quelque chose d'étendu et de divisible, comme de la chair, des os, et cet assemblage extérieur qui frappe les sens; et que d'ailleurs ils concluent par la force de la raison qu'outre cet assemblage de parties il y a encore je ne sais quoi d'intérieur, qui doit être sans doute très subtil et très délié, qui est répandu et étendu dans toute sa machine, qui a les trois dimensions, et qui est divisible; en sorte qu'ayant retranché quelque membre on coupe aussi en même temps quelque partie de cette chose intérieure, qui est éparse dans lui; ils conçoivent un cheval composé de deux étendues, qui toutes deux ont les trois divisions, et qui sont divisibles; et partant ils le conçoivent composé de deux corps, qui, de même qu'ils diffèrent entre eux, ont aussi des noms différents, et dont l'un, à savoir l'externe, retient le nom de corps; et l'autre, à savoir l'interne, est appelé du nom d'âme. Enfin, pour ce qui regarde le sentiment, l'imagination et la pensée, ils croient que c'est l'âme ou ce corps intérieur qui a les facultés de sentir, d'imaginer et de penser, mais toutefois avec quelque rapport à l'extérieur, sans l'entremise duquel il ne se fait aucun sentiment. D'autres diront et controuveront d'autres choses, car à quoi bon me mettre en peine de les rapporter toutes? Je m'assure même qu'il y en aura plusieurs qui croiront que généralement toutes les âmes sont telles que je les viens de décrire.

Tout beau, me dites-vous, cela est impie. Oui, sans doute, cela l'est; mais pourquoi me faites-vous telles questions? Qu'y feroit-on? ce sont des athées et des hommes charnels, dont toutes les pensées sont tellement attachées à la matière qu'ils ne connoissent rien que la chair et le corps. (cc) Et même, puisque vous voulez par votre méthode établir et démontrer que l'esprit de l'homme n'est pas corporel, mais spirituel, vous ne devez nullement le supposer; mais vous devez plutôt vous attendre qu'il y en aura qui vous le nieront, ou qui du moins, par forme de dispute, vous objecteront tout ce que je viens de dire. C'est pourquoi imaginez-vous qu'il y en a ici quelqu'un de ceux-là, qui, à la demande que vous lui faites, savoir ce que c'est que l'esprit, vous réponde comme vous faisiez autrefois, que l'esprit est quelque chose de corporel, de délié et de subtil, diffus dans toute l'étendue de ce corps externe, qui est le principe du sentiment, de l'imagination et de la pensée; en sorte que le corporel comprend et embrasse trois degrés: c'est à savoir, le corps, le corporel ou l'âme, la pensée ou l'esprit, dont on recherche l'essence. C'est pourquoi exprimons désormais ces trois degrés par ces trois mots, à savoir, le corps, l'âme, l'esprit. Supposé donc que quelqu'un réponde ainsi à la demande que vous lui faites, serez-vous satisfait de sa réponse? Mais je ne veux pas prévenir votre art et votre méthode : je vous suis. Voici donc comme vous poursuivez.

REMARQUES DE DESCARTES.

(BB) « C'est cela même, me dites-vous. » Ici, et presque partout ailleurs, il m'introduit lui répondant des choses tout-à-fait contraires à mon opinion. Mais il seroit trop ennuyeux de faire remarquer toutes ses fictions.

(CC) « Et même, puisque votre dessein est d'établir « et de démontrer que l'esprit de l'homme n'est pas « corporel, vous ne devez nullement le supposer. » Il feint ici à tort que je suppose ce que j'ai dû prouver. Mais à des choses qui sont ainsi feintes gratuitement, et qui ne peuvent être appuyées et soutenues par aucune raison, on ne doit, ce me semble, répondre autre chose sinon qu'elles sont fausses : et je n'ai jamais, en aucune façon, mis en dispute ce qui doit être appelé du nom de *corps*, ou d'*âme*, ou d'*esprit* ; mais j'ai seulement expliqué deux différentes sortes de choses, savoir est celle qui pense et celle qui est étendue, auxquelles seules j'ai fait voir que toutes les autres se rapportent, et que j'ai prouvé aussi, par de bonnes raisons, être deux substances réellement distinctes, l'une desquelles j'ai appelée *esprit*, et l'autre *corps*. Mais, si ces noms lui déplaisent, il leur en peut attribuer d'autres si bon lui semble, je ne l'empêcherai point.

LE P. BOURDIN.

ON TENTE L'ENTRÉE DE CETTE MÉTHODE.

Tout va bien, dites-vous, les fondements sont heureusement jetés. Je suis pendant que je pense. Cela est certain, cela est inébranlable. Désormais tout ce que j'ai à faire, c'est de bien prendre garde que ce mauvais génie ne m'abuse. Je suis. (DD) Mais qu'est-ce que je suis? Sans difficulté, je suis quelqu'une des choses que je croyois autrefois que j'étois. Or je croyois autrefois que j'étois un homme, et je croyois qu'un homme avoit un corps et une âme; suis-je donc un corps, ou bien un esprit? Le corps est étendu, renfermé dans un lieu, impénétrable, visible; y a-t-il quelque chose de tout cela en moi? y a-t-il de l'étendue? Comment y en pourroit-il avoir, puisqu'il n'y en a point du tout? Je l'ai rejetée dès le commencement. Puis-je être touché, puis-je être vu? Quoique à vrai dire je pense maintenant être vu et être touché par moi-même, si est-ce pourtant que je ne suis ni vu ni touché; (EE) j'en suis bien certain, depuis que j'en ai fait l'abdication. Que suis-je donc? Je regarde, je pense, je considère et examine, il ne se présente rien du tout. Je suis fatigué de répéter si souvent les mêmes choses. Je ne trouve en moi rien de ce qui appartient au corps. Je ne suis point un corps.

Je suis pourtant, et je sais que je suis, et pendant que je sais que je suis, je ne connois rien de ce qui appartient au corps. (FF) Suis-je donc un esprit ? Que croyois-je autrefois qui appartînt à l'esprit ? Y a-t-il quelque chose de cela en moi ? Je croyois qu'il appartenoit à l'esprit de penser. Mais il est vrai en effet que je pense, εὕρηκα, εὕρηκα. Je suis, je pense, je suis pendant que je pense. Je suis une chose qui pense, je suis un esprit, un entendement, une raison. Voilà ma méthode, par laquelle je suis heureusement entré où je voulois. C'est à vous maintenant à me suivre, si vous en avez le courage.

Que vous êtes heureux d'être sauté presque tout d'un coup d'un pays si rempli de ténèbres dans celui de la lumière ! Mais, je vous prie, ne me refusez pas la main pour m'assurer, moi qui chancelle en suivant vos pas. Je répète les mêmes choses que vous mot pour mot, mais tout doucement comme je puis. Je suis, je pense. Mais qu'est-ce que je suis ? Ne suis-je point quelqu'une des choses que je croyois autrefois que j'étois : mais croyois-je bien ? Je n'en sais rien. J'ai rejeté toutes les choses douteuses, et je les tiens pour fausses. Je n'ai donc rien cru qui vaille.

(GG) Tout au contraire, vous écriez-vous; arrêtez-vous là; placez-y hardiment votre pied et vous assurez. L'y poserai-je ? Toutes choses chancellent.

Quoi donc, si j'étois autre chose! Que vous êtes craintif? ajoutez-vous : n'êtes-vous pas un corps ou un esprit.

(HH) Je le veux bien, puisque vous le voulez : j'en doute pourtant ; et, quoique vous me donniez la main, à peine osé-je avancer un pas. Que seroit-ce, je vous prie, si j'étois une âme ou quelque autre chose? car je n'en sais rien.

Il n'importe, dites-vous ; vous êtes un corps ou un esprit.

Bien donc, je suis un corps ou un esprit. Mais ne suis-je donc point un corps? Sans difficulté je serai un corps, si je trouve en moi quelqu'une des choses que j'ai cru autrefois appartenir au corps, quoique pourtant j'appréhende de n'avoir pas bien cru.

Courage, dites-vous, il ne faut rien craindre.

Je poursuivrai donc hardiment, puisque vous m'assurez ainsi. J'avois cru autrefois que la pensée appartenoit au corps. Mais il est vrai en effet que je pense à présent, εὕρηκα, εὕρηκα. Je suis, je pense, je suis une chose qui pense, je suis quelque chose de corporel, je suis une étendue, je suis quelque chose de divisible, qui sont des termes dont j'ignorois auparavant la signification. Pourquoi vous mettez-vous en colère, et pourquoi me repoussez-vous si rudement de la main, après avoir franchi ce mauvais pas ? Me voilà sur le bord, et je me trouve, par votre faveur et par celle de votre abdication, ferme et stable sur le même rivage que vous.

Mais c'est en vain, ajoutez-vous.

En quoi donc ai-je failli?

(II) Vous aviez mal cru autrefois, dites-vous, que la pensée appartenoit au corps; vous deviez croire au contraire qu'elle appartenoit à l'esprit. Que ne m'en aviez-vous donc averti dès le commencement? Que ne m'avez-vous commandé, lorsque vous m'avez vu tout prêt et tout disposé à rejeter toutes mes vieilles connoissances, de retenir du moins celle-ci, « la pensée appartient à l'esprit, » et de la recevoir de vous comme un passe-port sans lequel on ne peut avoir entrée dans votre philosophie. Si vous m'en croyez, je vous conseille d'inculquer désormais cet axiome dans l'esprit de vos disciples, et de leur recommander surtout qu'ils prennent garde de ne le pas rejeter avec les autres : par exemple, avec celui-ci, deux et trois font cinq. Quoique pourtant je ne vous réponde pas s'ils vous obéiront ou non : car, comme vous savez, chacun a son sentiment particulier; et vous en trouverez peu aujourd'hui qui se veuillent soumettre à ne point recevoir d'autre loi que celle qu'avoient autrefois les disciples de Pythagore, qui se contentoient d'un αὐτὸς ἔφα. Quoi donc, s'il y en a qui ne veuillent pas, qui refusent de le faire et qui persistent dans leur ancienne opinion, que ferez-vous à cela?

Et pour ne point mettre en jeu les autres, je vous en prends seul à témoin. Lorsque vous promettez de montrer par la force de la raison que l'âme de l'homme n'est pas corporelle, mais qu'elle est spirituelle, si vous posez ceci pour fondement de toutes vos démonstrations, à savoir, que « penser est le propre de l'esprit, » ou d'une chose spirituelle et incorporelle, ne verra-t-on pas que vous supposez, en termes nouveaux, ce qu'il y a longtemps qui est en question ; comme si l'on pouvoit être stupide jusqu'à ce point, croyant que penser est le propre d'une chose spirituelle et incorporelle, et sachant d'ailleurs par sa propre expérience que l'on pense (car qui est celui qui ne s'est point encore aperçu de sa pensée et qui ait besoin de quelqu'un qui l'en avertisse ?) que de douter que l'on a en soi quelque chose de spirituel et qui n'est point du tout corporel ? Et afin que vous ne pensiez pas que je dis ceci sans raison, combien y a-t-il de philosophes, et même des plus célèbres, qui veulent que les bêtes pensent, et qui par conséquent croient que la pensée n'est pas à la vérité commune à toute sorte de corps, mais à l'âme étendue, telle qu'elle est dans les bêtes, et qu'ainsi elle n'est pas une particulière et véritable propriété de l'esprit et d'une chose spirituelle ! Que diront ces philosophes, je vous prie, lorsque vous leur voudrez faire quitter leur opinion pour embrasser sous votre bonne foi la vôtre? Et vous-même, lorsque vous demandez qu'on vous accorde cela, ne demandez-vous pas qu'on vous accorde une grâce, et ne supposez-vous pas ce qui est en question? Mais pourquoi disputer davantage? Si je n'ai pas eu droit de passer, voulez-vous que je retourne sur mes pas?

REMARQUES DE DESCARTES.

(DD) « Mais qu'est-ce que je suis? Sans difficulté, » je suis quelqu'une des choses que je croyois autrefois que j'étois. » Il m'attribue à son ordinaire ceci, et une infinité de choses semblables, sans aucune apparence de vérité.

(EE) « J'en suis bien certain, depuis que j'en ai » fait l'abdication. » Il m'attribue encore ici une chose à quoi je n'ai jamais pensé, car je n'ai jamais rien inféré d'une chose pour en avoir fait l'abdication ; mais, tant s'en faut, j'ai expressément averti du contraire par ces termes : « Mais peut-être aussi qu'il se peut faire que ces choses-là même que je suppose n'être point, parcequ'elles me sont inconnues, ne sont point en effet différentes de moi que je connois, etc. »

(FF) « Suis-je donc un esprit? » Il n'est pas vrai non plus que j'aie examiné si j'étois un esprit; car pour lors je n'avois pas encore expliqué ce que j'entendois par le nom d'*esprit*. Mais j'ai examiné si j'avois en moi quelqu'une des choses que j'attribuois à l'âme, dont je venois de faire la description ; et ne trouvant pas en moi toutes les choses que je lui avois attribuées, mais n'y remarquant que la pensée, pour cela je n'ai pas dit que j'étois une âme, mais seulement j'ai dit que j'étois une chose qui pense, et j'ai donné à cette chose qui pense le nom d'esprit, ou celui d'entendement et de raison, n'entendant rien de plus par le nom d'esprit que par celui d'une chose qui pense : et partant je n'avois garde de m'écrier, εὕρηκα, εὕρηκα, comme il fait ici mal à propos ; car au contraire j'ai expressément ajouté que j'ignorois auparavant la signification de ces mots, en sorte qu'il est impossible qu'on puisse douter que par ces mots je n'aie entendu précisément la même chose que par celui d'une chose qui pense.

(GG) « Je n'ai donc rien cru qui vaille. Tout au «contraire, vous écriez-vous. » Cela n'est pas vrai encore ; car je n'ai jamais supposé que les choses que j'avois crues auparavant fussent vraies, mais seulement j'ai examiné si elles l'étoient.

(HH) « Il n'importe, dites-vous, vous êtes un corps »ou un esprit. » Il n'est pas vrai non plus que j'aie jamais dit cela.

(II) « Vous aviez mal cru autrefois, dites-vous, »que la pensée appartenoit au corps. Vous deviez »croire au contraire qu'elle appartenoit à l'esprit. »

Il est faux encore que j'aie dit cela; car qu'il dise, si bon lui semble, qu'une chose qui pense est mieux nommée du nom de corps que du nom d'esprit, je ne m'en mets pas en peine, et il n'a rien à démêler là-dessus avec moi, mais seulement avec les grammairiens. Mais s'il feint que j'aie voulu dire par le nom d'esprit quelque chose de plus que par celui d'une chose qui pense, c'est à moi à le nier. Comme un peu après, où il dit : « Si vous » posez ceci pour fondement de toutes vos démons- » trations, à savoir que penser est quelque chose » de propre à l'esprit, ou à une chose spirituelle et » incorporelle , etc., n'est-ce pas demander une » grâce, et supposer ce qui est en question ? » Je nie que j'aie supposé en aucune façon que l'esprit fût incorporel; mais je dis que je l'ai démontré dans la sixième Méditation.

Mais je suis si las de le reprendre de ne pas dire la vérité, que dorénavant je ne ferai pas semblant de le voir, et écouterai seulement sans rien dire le reste de ses railleries jusques à la fin. Quoique pourtant, si c'étoit un autre que lui, je croirois qu'il se seroit voulu déguiser pour satisfaire à l'envie déréglée qu'il auroit eue de railler; et qu'en contrefaisant tantôt le craintif, tantôt le paresseux, et tantôt l'homme de peu de sens, il auroit voulu imiter, non les Épidiques ou les Parménons de l'ancienne comédie, mais le plus vil personnage de la nôtre, qui, par ses niaiseries et bouffonneries, prend plaisir d'apprêter à rire aux autres.

LE P. BOURDIN.

l'on en tente derechef l'entrée.

Je le veux bien, dites-vous, pourvu que vous me suiviez de près.

Je vous obéis, et ne vous abandonne point; recommencez.

Je pense, dites-vous. Et moi aussi. Je suis, ajoutez-vous, pendant que je pense. Et moi pareillement aussi je suis pendant que je pense. Mais que suis-je? poursuivez-vous. Oh! que vous faites bien de le demander! car c'est cela même que je cherche, et c'est ce qui fait que je dis très volontiers comme vous, mais que suis-je donc? Vous continuez. Qu'ai-je cru être autrefois? quelle pensée ai-je eue autrefois de moi? Il n'est pas besoin de multiplier vos paroles, je les entends assez bien. Je vous prie seulement de m'aider, et de me donner la main. Je ne vois pas où mettre le pied parmi tant de ténèbres. Dites comme moi, me dites-vous; suivez-moi seulement. Qu'ai-je cru autrefois que j'étois? (κκ) autrefois, ce temps-là a-t-il été? ai-je rien cru autrefois? Vous vous trompez, ajoutez-vous. Tant s'en faut, c'est vous-même, s'il vous plaît, qui vous trompez, quand vous parlez d'autrefois? J'ai fait une abdication générale de tout ce qui a été autrefois en ma créance. Je ne connois plus d'autrefois, non plus que s'il n'avoit jamais été et que ce ne fût rien. Mais que vous êtes un bon guide et un bon conducteur! comme vous me serrez à propos la main, comme vous me tirez! Je pense, dites-vous, je suis. Cela est vrai. Je pense, je suis. Je sais cela, je ne sais que cela; et hormis cela il n'y a rien, et rien n'a été. Courage! me dites-vous: qu'avez-vous cru autrefois que vous étiez? Je pense que vous voulez savoir si je n'ai point employé quinze jours ou un mois à apprendre à me défaire ainsi de tout; je n'y ai mis qu'environ une heure, encore a-ce été avec vous, mais à la vérité c'a été avec tant de contention d'esprit que cela a récompensé la brièveté du temps. C'est pourquoi je puis dire que j'y ai mis un mois, ou, si vous voulez, une année. Je pense donc, je suis. Je ne sais que cela, j'ai tout rejeté.

Mais songez-y bien, me dites-vous, tâchez de vous ressouvenir.

Que veut dire cela, se ressouvenir? Je pense, à la vérité, présentement que j'ai autrefois pensé; mais ai-je pour cela autrefois pensé, de ce que je pense présentement que j'ai autrefois pensé?

Vous êtes craintif, me dites-vous, votre ombre vous fait peur. Recommencez. Je pense.

Ah, que je suis malheureux! Je vois moins que

je ne faisois ; et ce *je pense,* que je voyois auparavant si clairement, je ne l'aperçois pas maintenant. (KK) Je songe que je pense, je ne pense pas.

Tant s'en faut, me dites-vous, celui qui songe, ou qui rêve, pense.

Je vous entends maintenant, rêver c'est penser, et penser c'est rêver.

Ce n'est pas cela, me dites-vous ; penser a plus d'étendue que rêver. Celui qui rêve pense, mais celui qui pense ne rêve pas toujours, et pense quelquefois étant éveillé.

Cela est-il vrai ? Mais, dites-moi, ne rêvez-vous point, ou si en effet vous pensez quand vous me dites cela ? Que si vous rêviez en disant que penser s'étend plus loin que rêver, s'étendra-t-il pour cela en effet plus loin ? Certainement je m'imaginerai, si vous voulez, que rêver a plus d'étendue que penser. Mais qui vous a appris que penser a plus d'étendue ? Peut-être ne pensez-vous point, mais que vous rêvez seulement : car que savez-vous s'il n'est point vrai que, toutes les fois que vous avez cru penser en veillant, vous n'ayez pourtant point pensé, mais que vous ayez seulement rêvé que vous pensiez étant éveillé ? En sorte que tout ce que vous faites n'est que de rêver que tantôt vous pensez en veillant, et que tantôt vous rêvez en effet. Que répondrez-vous à cela ? vous ne dites mot. Voulez-vous me croire ? tentons un autre gué, celui-ci n'est pas sûr; et je m'étonne que, ne l'ayant point sondé auparavant, vous ayez voulu m'y faire passer. Ne me demandez donc plus ce que j'ai pensé autrefois que j'étois; mais demandez-moi ce que je songe à présent que j'ai songé autrefois que j'étois. Si vous le faites, je vous répondrai. Et afin que les paroles mal concertées d'un rêveur ne troublent point notre discours, je me servirai de celles d'un homme qui veille : souvenez-vous seulement que penser ne signifie désormais rien autre chose que rêver; et ne vous assurez pas davantage sur vos pensées qu'un homme qui dort sur ses rêveries. Ou bien, pour mieux vous en souvenir, appelez votre méthode (KK) *la Méthode de rêver;* et tenez pour principale maxime que *pour bien raisonner il faut rêver.* Je vois que cet avis vous plaît, puisque vous continuez ainsi :

Qu'ai-je donc cru ci-devant que j'étois?

Voici la pierre d'achoppement où j'ai tantôt heurté. Il faut ici que nous nous tenions sur nos gardes. C'est pourquoi permettez-moi de vous demander pourquoi vous n'avancez pas auparavant ceci comme une maxime, (LL) Je suis quelqu'une des choses que j'ai cru autrefois que j'étois; ou bien, Je suis cela même que j'étois? Cela n'est pas nécessaire, me dites-vous. Pardonnez-moi, cela est très nécessaire, autrement vous perdez votre temps quand vous examinez ce que vous pensez que vous avez été autrefois. Comme, par exemple, supposez qu'il soit possible que vous ne soyez pas aujourd'hui ce que vous avez cru autrefois que vous étiez, comme l'on dit de Pythagore, mais que vous soyez quelque autre chose, ne rechercherez-vous pas alors en vain ce que vous avez cru autrefois que vous étiez?

« Mais, me dites-vous, cette maxime est vieille, et partant abolie. » Je le sais bien, car nous avons tout rejeté. Mais que faire à cela? ou il faut s'arrêter ici, et ne pas passer outre, ou il faut nous en servir. Non pas, me dites-vous, il faut s'efforcer derechef, et tâcher d'avancer, mais par une autre voie. La voici : « Je suis ou un corps, ou un esprit. Ne serois-je donc point un corps? »

Ne passez pas outre. Qui vous a appris cela, je suis un corps ou un esprit, puisque vous avez rejeté l'un et l'autre? Et que savez-vous si, au lieu d'être un corps ou un esprit, vous n'êtes point une âme, ou quelque autre chose? Car qu'en sais-je rien : c'est ce que nous recherchons; et si je le savois, je ne me donnerois pas tant de peine. Car ne pensez pas que je sois venu dans ce pays d'abdication, où tout est à craindre et rempli d'obscurité, à dessein seulement de me promener et de me divertir; la seule espérance d'y rencontrer la vérité m'y a amené et attiré.

Reprenons donc, me dites-vous. Je suis un

corps, ou quelque chose qui n'est pas corps, ou bien qui n'est pas corporel.

Voici une autre voie, et toute nouvelle, dans laquelle vous entrez. Mais cela est-il certain? Cela est très certain, me dites-vous, et nécessaire.

Pourquoi donc vous en êtes-vous défait? N'avois-je pas raison de craindre qu'il ne fallût pas tout rejeter, et qu'il se pouvoit faire que vous accordiez trop à votre défiance? Mais passons, je veux que cela soit certain. Que s'en ensuit-il? Vous poursuivez. Ne suis-je point un corps? N'y a-t-il point en moi quelqu'une des choses que j'ai cru autrefois appartenir au corps?

Voici une autre pierre d'achoppement. Nous y chopperons sans doute, si vous ne prenez cette maxime pour guide : « J'ai bien pensé autrefois touchant ce qui appartient au corps; » ou bien, « Rien n'appartient au corps que ce que j'ai cru autrefois qui lui appartenoit. »

Pourquoi cela? me dites-vous.

C'est que si vous avez autrefois oublié quelque chose, si vous avez mal pensé (et je crois qu'étant homme comme vous êtes vous ne désavouerez pas que vous n'ayez pu faillir), toute la peine que vous prenez sera inutile; et vous avez grand sujet d'appréhender qu'il ne vous arrive la même chose qui arriva dernièrement à un pauvre paysan.

(MM) Cet homme rustique et simple, ayant un

jour aperçu de loin un loup, tint ce discours à son maître, qui étoit un jeune homme affable et fort bien né, lequel il accompagnoit : « Qu'est-ce » que je vois ? Sans doute c'est un animal, car il » remue et marche. Mais quel animal est-ce ? Il » faut que ce soit quelqu'un de ceux que je con- » nois. Quels sont-ils ces animaux ? Un bœuf, un » cheval, une chèvre, un âne. N'est-ce donc point » un bœuf ? Non, il n'a point de cornes. N'est-ce » point un cheval ? Ce n'en est pas un, il a la » queue trop courte. N'est-ce point une chèvre ? » Ce n'est pas une chèvre ; elle a de la barbe, et » celui-là n'en a point. C'est donc un âne, puisque » ce n'est ni un bœuf, ni un cheval, ni une chèvre ? » Vous souriez ? Attendez la fin de la fable. Son maître, voyant la bêtise ou la simplicité de son valet, lui dit : « Vous pouviez dire que c'étoit un » cheval aussitôt qu'un âne. Comment cela ? lui dit » son valet. Le voici, lui repart son maître. Cet » animal que tu vois n'est point un bœuf ? Non, » avez-vous dit ; il n'a point de cornes. N'est-ce » point une chèvre ? Non, il n'a point de barbe. » N'est-ce donc point un âne ? Nullement, car » je n'y vois point d'oreilles. C'est donc un che- » val ? » Ce bon homme, surpris de cette nouvelle analyse, s'écrie aussitôt : « Je me suis mépris. Ce » n'est pas un animal, car je ne connois d'animaux » que le bœuf, le cheval, la chèvre et l'âne ; or est-

» il que ce n'est ni un bœuf, ni un cheval, ni une
» chèvre, ni un âne : par conséquent, dit-il tout
» joyeux et triomphant, ce n'est pas un animal;
» donc c'est quelque chose qui n'est pas animal. »
C'étoit sans doute un bon philosophe pour un paysan, mais non pas pour un homme qui seroit sorti du lycée. Voulez-vous voir sa faute?

Je la vois assez, me dites-vous. Il a mal pensé en lui-même, quand il a dit, quoiqu'il n'en ait pas parlé : « Je connois tous les animaux; » ou bien, « Il n'y a point d'autres animaux que ceux que je » connois. » Mais que fait cela pour notre dessein? Ne voyez-vous pas qu'il n'y a rien de plus semblable : ne faites point le fin, le lait n'est pas plus semblable au lait, que ce raisonnement l'est au vôtre. Vous ne dites pas tout ce que vous en pensez. N'est-ce pas tout de même quand vous dites, « Je connois tout ce qui appartient ou qui peut appartenir au corps; » ou bien, « Rien n'appartient au corps que ce que j'ai connu autrefois qui lui appartenoit. » Car si vous n'avez pas tout connu, si vous avez omis la moindre chose, si vous avez attribué à l'esprit quelqu'une des choses qui appartiennent au corps ou aux choses corporelles, comme à l'âme; si au contraire vous avez mal fait, ôtant et retranchant du corps ou de l'âme corporelle la pensée, le sentiment et l'imagination; je dis bien plus, si tout seulement vous avez le moindre soupçon d'avoir commis quelqu'une de ces fautes, ne devez-vous pas appréhender, comme notre paysan, que tout ce que vous avez conclu n'ait été mal conclu. En vérité, quoique vous vouliez m'obliger de passer outre, et que je sente que vous me tirez par la main, si vous ne levez cet empêchement, je suis résolu de demeurer ferme et de ne pas remuer le pied.

Retournons sur nos pas, me dites-vous, et tentons pour la troisième fois l'entrée; ne laissons aucun passage, aucune voie, aucun détour, aucun sentier où nous ne mettions le pied.

Je le veux fort bien; mais à condition que s'il se rencontre quelque difficulté, nous ne l'effleurerons pas seulement, mais que nous l'enlèverons tout-à-fait. Allez après cela, à la bonne heure, marchez le premier; mais je veux tout couper jusques à la racine. Vous poursuivez ainsi :

L'ON TENTE L'ENTRÉE POUR LA TROISIÈME FOIS.

(NN) Je pense, dites-vous. Je vous le nie; vous songez que vous pensez. C'est, me dites-vous, ce que j'appelle penser. Vous faites mal. Il faut appeler chaque chose par son nom. Vous songez, et voilà tout. Continuez.

Je suis, dites-vous, pendant que je pense. Passe pour cela; puisque vous voulez parler de la sorte, je ne chicanerai point là-dessus. Cela est certain et évident, ajoutez-vous. Je vous le nie. Vous rêvez seulement que cela vous paroît certain et évident. Vous insistez. Donc, à tout le moins, cela est-il certain et évident à un homme qui rêve ou qui songe. Je vous le nie; cela le paroît seulement; il le semble, mais il ne l'est pas.

Vous pressez, et dites: J'en suis certain; je le sais par ma propre expérience: ce mauvais génie ne me sauroit en cela tromper.

Je vous le nie: vous ne le savez pas par votre propre expérience, vous n'en êtes point certain; cela ne vous est point évident, mais seulement vous vous l'imaginez. Or ces deux choses sont fort différentes l'une de l'autre, à savoir, ceci semble certain et évident à un homme qui dort et qui rêve, ou, si vous voulez, même à un homme qui veille; et ceci est tout-à-fait certain et évident. Nous voici au bout. On ne sauroit aller plus avant; il faut chercher une autre voie, de peur de perdre ici tout notre temps à rêver. Je veux pourtant vous accorder quelque chose, car pour recueillir il faut semer; et puisque vous en êtes certain, à ce que vous dites, et que vous le savez par votre propre expérience, continuez, s'il vous plaît. Je le veux bien, me dites-vous.

Qu'est-ce que j'ai cru être autrefois? Que dites-vous, autrefois? Cette voie-là n'est pas sûre. Combien de fois vous ai-je dit que tous les vieux passages étoient bouchés? Vous êtes pendant que vous pensez, et vous êtes alors certain que vous êtes. Je dis pendant que vous pensez. Tout le passé est douteux et incertain, et il ne vous reste que le présent. Vous persistez pourtant. Je vous en aime, d'avoir ainsi un courage qui ne se rebute d'aucune mauvaise fortune.

(oo) Il n'y a rien, dites-vous, en moi qui suis, qui pense, qui suis une chose qui pense, il n'y a rien de tout ce qui appartient au corps ou aux choses corporelles.

Je le nie. Vous le prouvez.

Depuis le moment, dites-vous, que j'ai fait une abdication de toutes choses, il n'y a plus de corps, plus d'âme, plus d'esprit, en un mot il n'y a plus rien. Et partant, si je suis, comme il est certain que je suis, je ne suis pas un corps ni rien de corporel.

Que je vous sais bon gré de vous échauffer comme vous faites, et que vous commencez à raisonner et à argumenter en forme! Poursuivez; voilà le vrai moyen de sortir promptement de tous ces labyrinthes. Et comme je vois que vous êtes libéral, je le veux être encore davantage. Je vous dis donc que pour moi je nie et l'antécédent, et le conséquent, et la conséquence. Ne vous en étonnez pas, je vous prie; ce n'est pas sans raison: la voici. Je nie la conséquence, parceque, par le même argument, vous pouviez conclure le contraire en cette façon : Depuis que j'ai fait une abdication générale de toutes choses, il n'y a plus ni esprit, ni âme, ni corps, en un mot il n'y a plus rien; et partant, si je suis, comme il est certain que je suis, je ne suis point un esprit. Voilà une noix pourrie qui gâte et qui corrompt les autres, et dont vous reconnoîtrez mieux le vice par ce qui suit. Cependant considérez un peu en vous-même si vous ne pourriez pas mieux dorénavant tirer cette conséquence de votre antécédent : Et partant, si je suis, comme il est certain que je suis, je ne suis rien. Car ou votre antécédent a été mal posé, ou, s'il a été bien posé, il est détruit par la proposition conditionnelle qui suit, à savoir, si je suis. C'est pourquoi je nie cet antécédent : Depuis que j'ai fait une abdication générale de toutes choses, il n'y a plus de corps, plus d'âme, plus d'esprit, il n'y a plus rien. Et ce n'est pas sans raison que je le nie : car ou vous faites mal de faire cette abdication générale, ou il n'est pas vrai que vous le fassiez; et même vous ne la sauriez faire, puisque vous êtes nécessairement, vous qui la faites. Et, pour vous répondre en forme, quand vous dites, « Il n'y a plus rien, point de corps, point d'âme, » point d'esprit, etc., » ou vous ne vous comprenez pas dans cette proposition, *il n'y a plus rien*, et vous entendez seulement, il n'y a plus rien que moi; ce que vous devez nécessairement faire, afin que votre proposition soit vraie et subsiste, ainsi que dans ces autres propositions de logique, *Toute proposition écrite dans ce livre est fausse, Je ne dis pas vrai,* et mille autres qui s'excluent elles-mêmes de ce qu'elles disent: ou bien vous vous y comprenez et renfermez vous-même, en sorte que vous entendez vous rejeter vous-même quand vous rejetez tout, et n'être point quand vous dites *il n'y a plus rien,* etc. Cette proposition, à savoir, *Depuis que j'ai fait une abdication générale il n'y a plus rien,* etc., n'est pas vraie. Car vous êtes, et vous êtes quelque chose; et par nécessité vous êtes ou un corps, ou une âme, ou un esprit, ou quelque autre chose; et partant quelque chose existe nécessairement, soit un corps ou un esprit, etc. Si le second, vous vous trompez, et même doublement: tant parceque vous voulez une chose impossible, en disant que vous n'êtes point pendant que vous êtes; comme aussi parceque vous détruisez vous-même votre proposition dans le conséquent, en disant, donc si je suis, comme il est certain, etc. Car comment se peut-il faire que vous soyez s'il n'y a rien? Et pendant que vous supposez qu'il n'y a rien, comment pouvez-vous dire que vous êtes? Et si vous dites que vous êtes, ne détruisez-vous pas ce que vous aviez avancé auparavant, à savoir, il n'y a rien, etc.? Par conséquent l'antécédent est faux, et le conséquent aussi.

Mais vous n'en demeurez pas là, et vous renouvelez le combat ainsi :

Quand, dites-vous, je dis, *Il n'y a rien*, je ne suis pas assuré que je sois ou un corps, ou une âme, ou un esprit, ou quelque autre chose. Je ne sais pas même s'il y a quelque autre corps, ou quelque autre âme, ou quelque autre esprit. Et partant, suivant notre loi, qui veut que nous tenions pour faux tout ce qui est douteux, je dirai, il n'y a point de corps, point d'âme, point d'esprit, point d'autre chose. Et partant, si je suis, comme il est certain, je ne suis point un corps.

(oo) Voilà qui est fort bien; mais permettez-moi, je vous prie, d'examiner chaque chose l'une après l'autre, de les mettre dans la balance, et de les peser séparément. Quand je dis, dites-vous, il n'y a rien, etc., je ne suis pas assuré que je sois ou un corps, ou une âme, ou un esprit, ou quelque autre chose. Je distingue l'antécédent. Vous n'êtes pas assuré que vous soyez déterminément un corps, ou une âme, ou un esprit, ou quelque autre chose; je vous l'accorde, car c'est ce que vous cherchez. Vous n'êtes pas assuré que vous soyez indéterminément ou un corps, ou une âme, ou un esprit, ou quelque autre chose; je le nie, car vous êtes, et vous êtes quelque chose; et vous êtes nécessairement ou un corps, ou une âme, ou un esprit, ou quelque autre chose. Et vous ne sauriez tout de bon révoquer cela en doute, quoi que fasse ce mauvais génie pour vous surprendre.

Je viens maintenant au conséquent. Et partant je dirai, suivant la loi que nous nous sommes prescrite, il n'y a point de corps, point d'âme, point d'esprit, point d'autre chose. Je distingue aussi le conséquent : je dirai déterminément, il n'y a point de corps, point d'âme, point d'esprit, point d'autre chose : passe pour cela. Je dirai indéterminément, il n'y a point de corps, ni d'âme, ni d'esprit, ni autre chose : je nie la conséquence ; et pareillement je distinguerai aussi votre dernier conséquent, savoir est : Et partant, si je suis, comme il est certain, je ne suis point un corps. Déterminément, je l'accorde ; indéterminément, je le nie. Voyez comme je suis libéral ; j'ai accru vos propositions d'une fois autant. Mais vous ne perdez pas courage; vous ralliez vos troupes, et revenez à la charge. Que je vous en sais bon gré !

(PP) Je connois, dites-vous, que j'existe, et je cherche quel je suis, moi que je connois être. Il est très certain que la connoissance de mon être ainsi précisément pris, ne dépend point des choses dont l'existence ne m'est pas encore connue.

N'y a-t-il que cela? avez-vous tout dit? J'attendois quelque conséquence, comme un peu auparavant. Mais peut-être avez-vous eu peur qu'elle ne vous réussit pas mieux que l'autre. Sans doute que vous faites prudemment, selon votre coutume; mais je reprends tout ce que vous avez dit : vous savez que vous êtes, passe; vous cherchez quel vous êtes, vous que vous savez être. Il est vrai, et je le cherche avec vous, et il y a long-temps que nous le cherchons. La connoissance de la chose que vous cherchez, c'est-à-dire de votre être, ne dépend point, dites-vous, des choses dont l'existence ne vous est pas encore connue. Que vous dirai-je là-dessus? cela ne me paroît pas assez clair, et je ne vois pas assez où va cette maxime : vous cherchez, dites-vous, quel est celui que vous connoissez, et moi je le cherche aussi avec vous; mais, dites-moi, pourquoi le cherchez-vous si vous le connoissez?

Je connois, dites-vous, que je suis, mais je ne connois pas quel je suis.

Vous dites bien; mais comment pourrez-vous reconnoître quel vous êtes, si ce n'est ou par les choses que vous avez autrefois connues, ou par celles que vous connoîtrez ci-après? Ce ne sera pas, comme je crois, par celles que vous avez autrefois connues. Elles sont pleines de doute; vous les avez toutes rejetées : ce sera donc par celles que vous ne connoissez pas encore et que vous connoîtrez ci-après. Je vois bien que cela vous choque, mais je ne sais pas pourquoi.

Je ne sais pas encore, dites-vous, si ces choses-là existent.

Ayez bonne espérance, vous le saurez quelque jour.

Mais cependant que ferai-je? ajoutez-vous.

Vous aurez patience. Quoique pourtant je ne veuille pas vous tenir long-temps en suspens, je distinguerai votre proposition, comme j'ai fait ci-devant. Vous ne connoissez pas quel vous êtes déterminément, je l'accorde. Vous ne connoissez pas quel vous êtes indéterminément et confusément, je le nie; car vous connoissez que vous êtes quelque chose, et même que vous êtes nécessairement ou un corps, ou une âme, ou un esprit, ou quelque autre chose. Mais quoi, enfin? vous vous connoîtrez ci-après clairement et déterminément. Qu'y feriez-vous? ces deux mots seuls *déterminément* et *indéterminément* sont capables de vous arrêter un siècle entier. Cherchez une autre voie, s'il vous en reste aucune. Essayez hardiment; car je n'ai pas encore mis bas les armes. Les choses grandes et nouvelles sont environnées de nouvelles et grandes difficultés.

Il me reste encore, dites-vous, une voie; mais si elle a le moindre obstacle, le moindre empêchement, c'en est fait, je n'y songerai plus, je reviendrai sur mes pas, et l'on ne me verra plus errant et vagabond dans ces pays et contrées où règne une abdication générale. Voulez-vous bien la tenter avec moi?

Je le veux bien, mais à condition que, comme elle est la dernière, vous attendiez aussi de moi les dernières difficultés. Allez maintenant, marchez le premier.

<small>L'ON TENTE, POUR LA QUATRIÈME FOIS, L'ENTRÉE DANS CETTE MÉTHODE, ET L'ON EN DÉSESPÈRE.</small>

(QQ) Je suis, dites-vous; je le nie. Vous poursuivez, je pense : je le nie. Vous ajoutez, que niez-vous là? Je nie que vous soyez et que vous pensiez; et je sais fort bien ce que j'ai fait quand j'ai dit, il n'y a plus rien. Voilà sans doute un trait bien hardi et remarquable. J'ai d'un seul coup tranché la tête à tout. Il n'y a rien, vous n'êtes point, et vous ne pensez point.

Mais, je vous prie, me dites-vous, j'en suis assuré; j'en ai un témoignage certain; je sais par ma propre expérience que je suis et que je pense.

Quand vous en mettriez la main à la conscience, quand vous en jureriez et me le protesteriez, je le nie. Il n'y a rien, vous n'êtes point, vous ne pensez point, vous ne le savez point. Voilà l'accroc et l'enclouure; et, afin que vous la connoissiez bien et que vous l'évitiez si vous pouvez, je veux vous la montrer au doigt. Si cette proposition est vraie, *Il n'y a rien*, celle-ci est aussi vraie et nécessaire, *Vous n'êtes point, vous ne pensez point*. Or est-il que, selon vous, celle-ci, *Il n'y a rien*, est vraie, comme vous le savez et le voulez. Par conséquent celle-ci est aussi vraie, *Vous n'êtes point, vous ne pensez point.*

Vous êtes bien rigoureux, me dites-vous : il faut un peu vous adoucir.

Puisque vous m'en priez, je le veux, et de bon cœur. Vous êtes, je l'accorde. Vous pensez, je le veux. Vous êtes une chose qui pense, dites une substance qui pense ; car vous vous plaisez aux termes magnifiques : j'en suis bien aise, et je m'en réjouis ; mais n'en demandez pas davantage. Je vois que vous en êtes content, car vous reprenez ainsi vos esprits.

Je suis, me dites-vous, une substance qui pense, et je sais que j'existe, moi qui suis une substance qui pense, et je sais qu'une substance qui pense existe. Or j'ai une claire et distincte notion ou idée de cette substance qui pense, et néanmoins je ne sais point si aucun corps existe, et ne connois rien de tout ce qui appartient à la notion de la substance corporelle : je nie même qu'aucun corps existe, ni aucune chose corporelle. J'ai fait une abdication de tout. J'ai tout rejeté ; par conséquent la connoissance de l'existence d'une chose qui pense, ou la connoissance d'une chose qui pense, existante, ne dépend point de la connoissance de l'existence d'une chose corporelle, ou de la connoissance d'une chose corporelle existante.

Par conséquent, puisque j'existe, et que je suis une chose qui pense, et qu'aucun corps n'existe, je ne suis point un corps; et partant, je suis un esprit. Voilà mes raisons, voilà ce qui me force à donner mon consentement, n'y ayant rien en tout cela qui ne soit bien suivi et bien lié, et déduit de principes très évidents suivant les règles de la logique.

Oh! que voilà bien dit! Mais que ne parliez-vous auparavant ainsi clairement et nettement, sans nous parler de votre abdication générale? J'ai en vérité sujet de me plaindre de vous de nous avoir ainsi laissé courir çà et là, et de nous avoir même mené par des chemins détournés et inconnus, vu que vous pouviez tout d'un coup nous amener ici. Il y auroit lieu de vous en faire reproche; et si vous n'étiez bien mon ami, je m'en fâcherois tout de bon, car vous n'agissez pas avec moi candidement et rondement comme vous faisiez autrefois; et je vois que vous vous réservez des choses en particulier sans me les communiquer. Vous vous étonnez de ce que je vous dis. Cela ne durera pas long-temps. Je m'en vais vous dire le sujet de mes plaintes. (RR) Vous demandiez naguère, il n'y a pas encore un quart d'heure, quel étoit celui que vous connoissiez; maintenant vous ne savez pas seulement quel il est, mais vous en avez même une claire et distincte notion. Ou vous ne découvriez pas alors tout ce que vous saviez, et feigniez de ne pas connoître ce que vous connoissiez fort bien, ou vous avez quelque trésor caché, d'où vous tirez le vrai et le certain quand bon vous semble. Mais j'aime mieux vous demander où est ce trésor, et si vous y mettez souvent la main, que de me plaindre de vous davantage. Dites-moi, je vous prie, d'où avez-vous tiré cette claire et distincte notion de la substance qui pense? Si elle est si claire et si évidente, je vous prierois volontiers de me la faire voir une fois afin de me récréer de sa vue; vu principalement que de cela seul dépend presque tout l'éclaircissement de la vérité que nous cherchons avec tant de peine.

Le voici, dites-vous. Je sais certainement que je suis, que je pense, que je suis une substance qui pense.

N'allons pas si vite, s'il vous plaît, afin que je me dispose à bien former un concept si difficile. Je sais fort bien aussi que je suis, que je pense, que je suis une substance qui pense. Continuez maintenant, s'il vous plaît.

Je n'ai plus rien à ajouter à cela, me dites-vous, j'ai tout dit et tout fait. Quand j'ai pensé que j'existois, moi qui suis une substance qui pense, j'ai formé en même temps un concept clair et distinct de la substance qui pense.

Bon Dieu! que vous êtes fin et subtil! Comme

en un moment vous pénétrez et parcourez toutes choses, tant celles qui sont que celles qui ne sont pas, celles qui peuvent être et celles qui ne le peuvent. Vous formez, dites-vous, un concept clair et distinct de la substance qui pense lorsque vous concevez clairement et distinctement que la substance qui pense existe. Quoi donc, si vous connoissez clairement (comme je n'en doute point, car je sais que vous avez bon esprit) qu'il n'y a point de montagne sans vallée, avez-vous pour cela tout aussitôt un concept clair et distinct d'une montagne sans vallée? Mais j'ai tort; parceque je ne sais pas l'art de former un concept clair et distinct, je l'admire. Je vous prie de me l'enseigner, et de me faire voir comment ce concept est clair et distinct.

Tout à l'heure, me dites-vous. Je conçois clairement et distinctement qu'une substance qui pense existe, et je ne conçois cependant rien de corporel, rien de spirituel, je ne conçois rien que cela, rien que la seule substance qui pense. Donc le concept que j'ai d'une substance qui pense est clair et distinct.

Je vous entends enfin, et, si je ne me trompe, je comprends ce que vous voulez dire.

Le concept que vous avez est clair, parceque vous le connoissez certainement; et il est distinct, parceque vous ne connoissez rien autre chose.

N'ai-je pas bien compris votre pensée? Je crois que oui, car vous ajoutez :

Il suffit, dites-vous, que j'assure qu'en tant que je me connois je ne suis rien autre chose qu'une chose qui pense.

C'est bien assez. Et, si j'ai bien pris votre pensée, ce concept clair et distinct d'une substance qui pense, que vous formez, consiste en ce qu'il vous représente qu'une substance qui pense existe, sans penser au corps, à l'âme, à l'esprit, à aucune autre chose; mais seulement qu'elle existe. Et ainsi vous dites qu'en tant que vous vous connoissez, vous n'êtes rien autre chose qu'une substance qui pense, et non point un corps, une âme, un esprit, ou quelque autre chose; en sorte que, si vous existiez précisément comme vous vous connoissez, vous seriez seulement une substance qui pense, et rien davantage. Vous vous souriez, je crois, et vous vous applaudissez tout ensemble ; et vous croyez que par cette longue suite de paroles, dont je me sers contre ma coutume, je ne cherche qu'à gagner du temps, et qu'à esquiver, pour n'en point venir au combat contre des troupes si fortes et si aguerries que sont les vôtres. Mais, sans mentir, ce n'est pas là mon dessein. Voulez-vous que je renverse d'une seule parole tout cet équipage, et tous ces vieux champions que vous avez réservés adroitement pour la fin du combat, quoique serrés et disposés en bataillon? J'en emploierai trois, afin qu'il n'en reste pas un. Voici la première : *Du connoître à l'être la conséquence n'est pas bonne.* Méditez là-dessus pour le moins quinze jours, et vous en verrez le fruit, dont vous ne vous repentirez point, pourvu qu'après cela vous jetiez les yeux sur la table suivante. La substance qui pense est celle qui entend, ou qui veut, ou qui doute, ou qui rêve, ou qui imagine, ou qui sent; et partant tous les actes intellectuels, comme sont, entendre, vouloir, imaginer, sentir, conviennent tous sous la raison commune de pensée, de perception ou de conscience; et nous appelons la substance où ils résident une chose qui pense.

La substance qui pense est :

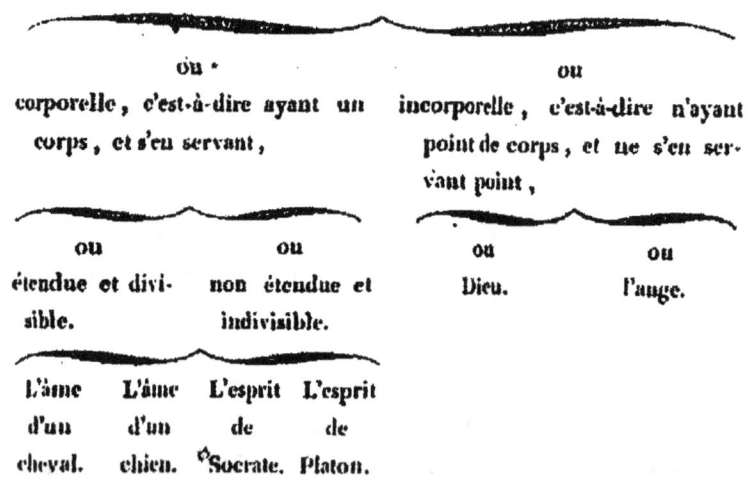

Voici la seconde. *Déterminément, indéterminé-*

ment. Distinctement. Confusément. Explicitement, implicitement. Passez aussi et repassez ces mots quatre ou cinq jours dans votre esprit. Vous ne perdrez pas votre temps, si vous les appliquez chacun comme il faut à toutes vos propositions, si vous les divisez et distinguez par leur moyen ; et même je ne refuserois pas de le faire maintenant si je ne craignois de vous ennuyer.

Voici la troisième. *Ce qui conclut trop ne conclut rien.* Je ne vous prescris point de temps pour y penser ; elle presse, elle serre de près. Mettez la main à l'œuvre, pensez à ce que vous avez dit, et voyez si je vous suis bien. Je suis une chose qui pense ; je connois que je suis une substance qui pense ; je connois qu'une substance qui pense existe, et néanmoins je ne connois pas encore qu'un esprit existe, voire même il n'y a point d'esprit qui existe : il n'y a rien ; tout est rejeté. Et par conséquent la connoissance de l'existence d'une substance qui pense ou d'une substance qui pense existante, ne dépend point de la connoissance de l'existence d'un esprit ou d'un esprit existant. Partant, puisque j'existe et que je suis une chose qui pense, et qu'il n'y a point d'esprit qui existe, je ne suis point un esprit, donc je suis un corps. Vous ne dites mot. Pourquoi vous en retournez-vous ? Pour moi je n'ai pas encore perdu toute espérance. Suivez-moi maintenant, ayez bon courage ; je vais vous proposer l'ancienne forme de conduire sa raison : c'est une méthode connue de tous les anciens. Que dis-je! elle est connue et familière à tous les hommes. Souffrez-moi, je vous prie, et ne vous rebutez point. J'ai eu patience à mon tour. Elle nous ouvrira peut-être quelque voie, comme elle a de coutume quand les choses sont fort intriguées et presque désespérées; ou bien, si elle n'en peut venir à bout, elle nous montrera au doigt, pendant que nous ferons retraite, les vices de votre méthode, s'il y en a aucun. Voici donc comme je mets en forme ce que vous avez entrepris de nous prouver.

ON FAIT SUREMENT RETRAITE DANS L'ANCIENNE FORME.

(ss) Nulle chose qui est telle que je puis douter si elle existe n'existe en effet.

Or est-il que tout le corps est tel que je puis douter s'il existe. Donc nul corps n'existe en effet.

La majeure n'est-elle pas tout-à-fait de vous, pour ne point redire ce que nous avons déjà dit? Il en est de même de la mineure, et de la conclusion aussi. Je reprends donc mon argument.

Nul corps n'existe en effet.

Donc nulle chose qui existe en effet n'est corps. Je poursuis : nulle chose qui existe en effet n'est corps.

Or est-il que moi (qui suis une substance qui pense) existe en effet.

Donc moi (qui suis une substance qui pense) je ne suis point un corps.

D'où vient que votre visage est gai et qu'il paroît riant? La forme sans doute vous plaît, et ce qu'elle conclut. Mais rit bien qui rit le dernier. Au lieu du corps, mettez l'esprit, et alors vous conclurez en bonne forme. Donc moi (qui suis une substance qui pense) je ne suis point un esprit. Voici comment.

Nulle chose qui est telle que je puis douter si elle existe n'existe en effet.

Or est-il que tout esprit est tel que je puis douter s'il existe.

Donc nul esprit n'existe en effet.

Nul esprit n'existe en effet.

Donc nulle chose qui existe en effet n'est esprit.

Nulle chose qui existe en effet n'est esprit.

Or est-il que moi (qui suis une substance qui pense) existe en effet.

Donc moi (qui suis une substance qui pense) je ne suis point un esprit.

Qu'est-ce que ceci? La forme est bonne et légitime; elle ne pèche jamais; jamais elle ne conclut faux, sinon peut-être de quelque proposition fausse; et partant le vice qui vous peut déplaire dans le conséquent ne vient pas de la forme, mais vient nécessairement de quelque chose mal posée dans les prémisses. (TT) Et de vrai, pensez-vous que cette proposition, sur laquelle vous avez fondé tout votre raisonnement, et qui vous a servi d'appui pour avancer pays, soit vraie, c'est à savoir : « Nulle » chose qui est telle que je puis douter si elle existe » ou si elle est vraie n'existe en effet ou n'est pas » vraie? » Cela est-il tout-à-fait certain, et tellement hors de doute et inébranlable que vous puissiez fermement et sans aucune appréhension vous y assurer? Parlez, je vous prie. Pourquoi niez-vous ceci, *j'ai un corps?* Sans doute que c'est parceque vous en doutez. Mais ceci n'est-il pas aussi douteux, *je n'ai point de corps?* Y a-t-il personne tant soit peu sage qui voulût se servir pour fondement de la science, et même d'une science qu'il tient pour plus assurée que les autres, qui se voulût, dis-je, servir d'une chose qu'il a lieu de tenir pour fausse? Mais en voilà assez. Voici où je veux m'arrêter, et mettre fin à ces erreurs. Je n'ai plus rien désormais à espérer; c'est pourquoi, pour satisfaire à la demande que vous m'avez faite, savoir « si la mé- » thode de philosopher par l'abdication de tout ce » qui est douteux est bonne, » je réponds ingénument et librement, comme vous le souhaitez, et sans aucun embarras de paroles.

REMARQUES DE DESCARTES.

Jusques ici le R. P. s'est joué : et pourceque dans la suite il semble vouloir agir sérieusement et prendre un autre personnage, je mettrai cependant ici en peu de paroles les remarques que j'ai faites sous les yeux de son esprit. Voici ce qu'il dit : (KK) *Autrefois : ce temps-là a-t-il été?* et en un autre endroit, *Je rêve que je pense, je ne pense point :* mais tout cela n'est que raillerie, digne du personnage qu'il a voulu représenter. Comme aussi cette importante question qu'il propose, savoir, *si penser a plus d'étendue que rêver ;* et même ce bon mot, *de la méthode de rêver ;* et cet autre, *que pour bien raisonner il faut rêver.* Mais je ne pense pas avoir donné la moindre occasion de se railler de la sorte ; car j'ai dit en termes exprès, en parlant des choses dont j'avois fait abdication, que je n'assurois point qu'elles fussent, mais seulement qu'elles sembloient être ; si bien qu'en cherchant ce que j'ai pensé que j'étois autrefois, je n'ai voulu chercher autre chose que ce qu'il me sembloit à présent que j'avois pensé que j'étois autrefois. Et lorsque j'ai dit que je pensois, je n'ai point considéré si c'étoit en veillant ou en dormant, et je m'étonne qu'il appelle cela la méthode de rêver ; car il semble qu'elle ne l'a pas peu éveillé.

(LI.) Il raisonne encore conformément à son per-

personnage, lorsque, pour chercher ce que j'ai pensé que j'étois autrefois, il veut que j'avance ceci comme une maxime fondamentale: « Je suis quel-
» qu'une des choses que j'ai cru autrefois que j'é-
» tois; ou bien, « Je suis cela même que j'ai cru autre-
» fois que j'étois. Et un peu après, pour chercher si je ne suis point un corps, il veut que l'on prenne cette maxime pour guide: « J'ai bien pensé autrefois » touchant ce qui appartient au corps; » ou bien, « Rien n'appartient au corps que ce que j'ai cru au-
» trefois qui lui appartenoit. » Car les maximes qui répugnent manifestement à la raison sont propres à faire rire. Et il est manifeste que j'ai pu rechercher utilement ce que j'ai cru autrefois que j'étois, et même si j'étois un corps, bien que j'ignorasse si j'étois quelqu'une des choses que j'ai cru être autrefois, et que j'ignorasse même si j'avois lors bien cru; afin que, par le moyen des choses que je viendrois à connoître tout de nouveau, j'examinasse le tout avec soin; et si par ce moyen je ne découvrois rien autre chose, que j'apprisse au moins que je ne pouvois par là rien découvrir.

(MM) Il joue encore parfaitement bien son personnage quand il raconte la fable de ce paysan; et il n'y a rien de plus plaisant que de voir qu'en pensant l'appliquer à mes paroles il l'applique seulement aux siennes. Car tout maintenant il me reprenoit de n'avoir pas avancé cette maxime: « J'ai

» fort bien pensé autrefois touchant ce qui appar-
» tient au corps; » ou bien, « Rien n'appartient au corps
» que ce que j'ai cru autrefois qui lui appartenoit: »
et maintenant, cela même qu'il se plaignoit n'avoir
pas été par moi avancé, et qu'il a tout tiré de son
imagination propre, il le reprend comme s'il venoit
de moi, et le compare avec le sot raisonnement de cet
homme rustique. Pour moi je n'ai jamais nié qu'une
chose qui pense fût un corps, pour avoir supposé
que j'avois autrefois bien pensé touchant la nature
du corps; mais parceque, ne me servant point du
nom de *corps*, sinon pour signifier une chose qui
m'étoit bien connue, à savoir pour signifier une
substance étendue, j'ai reconnu que la substance
qui pense est différente de celle qui est étendue.

(NN) Ces façons de parler subtiles et galantes
qui sont ici plusieurs fois repétées, c'est à savoir,
« Je pense, dites-vous; je le nie moi, vous rêvez.
» Cela est certain et évident, ajoutez-vous; je le nie,
» vous rêvez; il vous le semble seulement, il le pa-
» roît, mais il ne l'est pas, etc. : » au moins seroient-
elles capables de faire rire, de ce qu'en la bouche
d'une personne qui agiroit sérieusement elles seroient ineptes et ridicules. Mais de peur que
ceux qui ne font que commencer ne se persuadent que rien ne peut être certain et évident
à celui qui doute s'il dort ou s'il veille, mais
peut seulement lui sembler et lui paroître, je les

prie de se ressouvenir de ce que j'ai ci-devant remarqué sous la cote F : c'est à savoir que ce que l'on conçoit clairement et distinctement, par qui que ce puisse être qu'il soit ainsi conçu, est vrai, et ne le semble ou ne le paroît pas seulement. Quoique pourtant, à vrai dire, il s'en trouve fort peu qui sachent bien faire distinction entre ce que l'on aperçoit véritablement et ce qu'on pense seulement apercevoir, parcequ'il y en a fort peu qui s'accoutument à ne se servir que de claires et distinctes perceptions.

(oo) Jusques ici notre acteur ne nous a encore fait la représentation d'aucune mémorable action; mais il s'est seulement forgé certains petits obstacles contre lesquels, après s'être un peu agité et tourmenté, tout aussitôt il a fait retraite, et a tourné visage ailleurs. Il commence ici le premier célèbre combat contre un ennemi tout-à-fait digne de la scène, à savoir contre mon ombre, qui n'est à la vérité visible qu'à lui, et qu'il a lui-même forgée; et de peur que cette ombre ne fût pas assez vaine, il l'a composée du néant même. Cependant c'est tout de bon qu'il en vient aux prises avec elle; il argumente, il sue, il demande trève, il appelle la logique à son secours, il recommence le combat, il examine tout, il pèse tout, il balance tout; et d'autant qu'il n'oseroit pas recevoir sur son bouclier les coups d'un si puissant adversaire, il les esquive autant qu'il peut, il distingue; et enfin, par le moyen de ces mots, *déterminément* et *indéterminément*, comme par autant de petits sentiers détournés, il s'enfuit et s'échappe. Sans mentir le spectacle en est assez agréable, principalement quand on sait le sujet de la querelle, qui vient de ce qu'ayant lu par hasard dans mes écrits que, pour commencer à bien philosopher, il faut se résoudre une fois en sa vie de se défaire de toutes les opinions qu'on a auparavant reçues en sa créance, quoique peut-être il y en ait plusieurs parmi elles qui sont vraies, à cause qu'étant mêlées avec plusieurs autres, qui sont la plupart ou fausses ou douteuses, il n'y a point de meilleur moyen pour séparer celles-là des autres que de les rejeter toutes du commencement, sans en retenir aucune, afin de pouvoir par après plus aisément reconnoître celles qui sont vraies, en découvrir de nouvelles, et n'admettre que celles qui sont certaines et indubitables. Ce qui est la même chose que si j'ayois dit que, pour prendre garde que dans un panier plein de pommes il n'y en ait quelques unes qui soient gâtées, il les faut toutes vider du commencement, et n'y en laisser pas une, et puis n'y remettre que celles qu'on auroit reconnu être tout-à-fait saines, ou n'y en mettre point d'autres. Mais notre auteur, ne comprenant pas ou plutôt feignant de ne pas comprendre un raisonnement d'une si sublime spéculation, s'est principalement étonné de ce qu'on disoit qu'il n'y avoit rien qu'il ne fallût rejeter; et passant cela long-temps et souvent dans son esprit, il se l'est si fortement imprimé dans son imagination, qu'encore qu'à présent il ne combatte le plus souvent que contre un rien et un fantôme, il a toutefois bien de la peine à s'en défendre.

(PP) Après un combat si heureusement entrepris et achevé, devenu superbe par l'opinion de la victoire, il attaque un nouvel ennemi qu'il croit encore être mon ombre, car elle se présente sans cesse à sa fantaisie; mais il la compose d'une autre manière, à savoir de mes paroles. « Je connois que » j'existe, et je recherche quel je suis, moi que je » connois, etc. » Et parcequ'il ne la reconnoît pas si bien que la précédente, il se tient plus sur ses gardes, et ne l'attaque que de loin. La première pierre ou le premier dard qu'il lui jette est celui-ci : « Pourquoi le cherchez-vous si vous le connois- » sez ? » Et pourcequ'il s'imagine que son ennemi, pour recevoir et soutenir ce coup, lui présente aussitôt ce bouclier, « Je connois que je suis, et ne connois pas quel je suis, » tout aussitôt il lance contre elle ce long javelot : « Comment pouvez-vous » connoître quel vous êtes, si ce n'est ou par les » choses que vous avez autrefois connues, ou par » celles que vous connoîtrez ci-après ? Ce ne sera » pas par celles que vous avez autrefois connues;

» elles sont pleines de doute, vous les avez toutes
» rejetées : ce sera donc par celles que vous ne con-
» noissez pas encore, et que vous connoîtrez ci-
» après. » Et, croyant de ce coup avoir terrassé et
effrayé cette pauvre et misérable ombre, il s'imagine qu'il l'entend qui s'écrie : « Je ne sais pas en-
» core si ces choses-là existent. » Et alors sa colère
se changeant en pitié, il la console par ces paroles :
« Ayez bonne espérance, vous le saurez quelque
» jour. » Et aussitôt il suppose que cette pauvre ombre, d'une voix plaintive et suppliante, lui répond :
« Que ferai-je cependant ? » Mais lui, d'un ton impé-
rieux et superbe, tel qu'il convient à un victorieux,
lui repart : « Vous aurez patience. » Et toutefois,
comme il est bonace, il ne la laisse pas long-temps
en suspens ; mais, gagnant derechef ses détours ordi-
« naires, déterminément, indéterminément ; clai-
» rement, confusément, » et ne voyant personne qui
le suive, il se réjouit de sa victoire, et triomphe
tout seul. Toutes lesquelles choses sont sans doute
très propres à faire rire, étant dites par un homme
qui, contrefaisant le grave et le sérieux, vient à
dire quelque trait de raillerie à quoi l'on ne s'at-
tendoit point.

Mais, pour voir cela plus clairement, il faut se
figurer notre acteur comme un personnage grave
et docte, lequel pour impugner cette méthode de
rechercher la vérité qui veut qu'ayant rejeté tou-

tes les choses où il y a la moindre apparence de doute, nous commencions à philosopher par la connoissance de notre propre existence, et que de là nous passions à la considération de notre nature, lequel, dis-je, tâche de montrer que par cette voie l'on ne sauroit étendre plus avant sa connoissance, et qui pour le faire se sert de ce raisonnement : « Puisque vous connoissez seulement que vous êtes, » et non pas quel vous êtes, vous ne le sauriez ap- » prendre par le moyen des choses que vous avez » autrefois connues, puisque vous les avez toutes » rejetées; donc ce ne peut être que par le moyen » de celles que vous ne connoissez pas encore. » A quoi un enfant même pourroit répondre : que rien n'empêche qu'il ne le puisse apprendre par les choses qu'il connoissoit auparavant, à cause que, quoiqu'il les eût toutes rejetées pendant qu'elles lui paroissoient douteuses, il les pouvoit néanmoins par après reprendre quand il les auroit reconnues pour vraies. Et de plus, quand il lui auroit accordé qu'il ne pourroit rien apprendre par le moyen des choses qu'il auroit autrefois connues, au moins le pourroit-il par le moyen de celles qu'il ne connoissoit pas encore, mais qu'avec le soin et la diligence qu'il pourroit apporter il pourroit connoître par après. Mais notre auteur se propose ici un adversaire qui ne lui accorde pas seulement que la première voie lui est bouchée, mais qu'il se bouche lui-même celle qui lui reste, en disant : « Je ne sais pas si ces « choses-là existent. » Comme si nous ne pouvions acquérir de nouveau la connoissance de l'existence d'aucune chose, et comme si l'ignorance de l'existence d'une chose pouvoit empêcher que nous n'eussions aucune connoissance de son essence. Ce qui sans difficulté est fort impertinent. Mais il fait allusion à quelques unes de mes paroles : car j'ai écrit en quelque endroit qu'il n'étoit pas possible que la connoissance que j'ai de l'existence d'une chose dépendît de la connoissance de celle dont l'existence ne m'est pas encore connue ; et ce que j'ai dit seulement du temps présent, il le transfère au temps futur, comme si, de ce que nous ne pouvons présentement voir les personnes qui ne sont pas encore nées, mais qui naîtront cette année, il s'ensuivoit que nous ne les pourrions jamais voir. Car certainement il est manifeste que la connoissance présente que l'on a d'une chose actuellement existante ne dépend point de la connoissance d'une chose que l'on ne sait pas encore être existante ; car de cela même que l'on conçoit une chose comme appartenant à une chose existante, on conçoit nécessairement en même temps que cette chose existe. Mais il n'en est pas de même à l'égard du futur ; car rien n'empêche que la connoissance d'une chose que je sais être existante ne soit augmentée par celle de plusieurs autres choses que je ne sais pas encore exister, mais que je pourrai connoître par après quand je saurai qu'elles lui appartiennent.

Après il continue, et dit, « Ayez bonne espé-
» rance, vous le saurez quelque jour. » Et incontinent après il ajoute, « Je ne vous tiendrai pas long-
» temps en suspens. » Par lesquelles paroles il veut que nous attendions de lui, ou qu'il démontrera que par la voie que j'ai proposée on ne sauroit étendre plus sa connoissance; ou bien, s'il suppose que son adversaire même se l'est bouchée, ce qui pourtant seroit impertinent, qu'il nous en ouvrira quelque autre. Mais néanmoins il ne nous dit rien autre chose, sinon, « Vous savez quel vous
» êtes indéterminément et confusément, mais non
» pas déterminément et clairement. » D'où l'on peut, ce me semble, fort bien conclure que nous pou-
vons donc étendre plus avant notre connoissance, puisqu'en méditant et repassant les choses avec attention en notre esprit, nous pouvons faire que celles que nous ne connoissons que confusément et indéterminément nous soient par après connues clairement et déterminément; mais nonob-
stant cela il conclut que « ces deux mots seuls,
» déterminément et indéterminément, sont capa-
» bles de nous arrêter un siècle entier, » et partant que nous devons chercher une autre voie: par toutes lesquelles choses il fait si bien paroître la bassesse et la médiocrité d'un esprit, que je doute

s'il eût pu rien inventer de mieux pour simuler celle du sien.

(QQ) « Je suis, dites-vous : je le nie. Vous poursui- » vez, je pense : je le nie, etc. » Il recommence ici le combat contre la première ombre qu'il avoit attaquée, et, croyant l'avoir taillée en pièces du premier coup, tout glorieux il s'écrie : « Voilà sans » doute un trait bien hardi et remarquable ; j'ai » d'un seul coup tranché la tête à tout. » Mais, d'autant que cette ombre ne tire sa vie que de son cerveau, et qu'elle ne peut mourir qu'avec lui, tout en pièces qu'elle est, elle ne laisse pas de revivre ; et, mettant la main à la conscience, elle jure qu'elle est et qu'elle pense. Sur quoi, s'étant laissé fléchir et gagner, il lui permet de vivre et de dire même, après avoir repris ses esprits, tout plein de choses inutiles ou impertinentes auxquelles il ne répond rien, et à l'occasion desquelles il semble plutôt vouloir contracter amitié avec elle. Après quoi il passe à d'autres galanteries.

Premièrement, il la tance ainsi : (RR) « Vous de- » mandiez naguère qui vous étiez ; maintenant vous » ne le savez pas seulement, mais vous en avez » même une claire et distincte notion. » Puis après il la prie « de lui faire voir cette notion claire et » distincte, pour être récréé de sa vue. » Après cela il feint qu'on lui montre, et dit, « Je sais certaine- » ment que je suis, que je pense, que je suis une

» substance qui pense; il n'y a rien à dire à cela. »
Il prouve ensuite que cela ne suffit pas, par cet exemple : « Vous connoissez qu'il n'y a point de » montagne sans vallée; vous avez donc une notion » claire et distincte d'une montagne sans vallée. » Ce qu'il interprète ainsi : « La notion que vous avez » est claire, parceque vous la connoissez certaine- » ment; elle est distincte, parceque vous ne con- » noissez rien autre chose; et partant cette notion » claire et distincte d'une substance qui pense, que » vous formez, consiste en ce qu'elle vous repré- » sente qu'une substance qui pense existe, sans » penser au corps, à l'âme, à l'esprit, ou à autre » chose, mais seulement qu'elle existe. » Enfin, reprenant de nouvelles forces, il s'imagine voir là un grand appareil de guerre, et de vieux soldats rangés en bataille, qu'il renverse tous avec le souffle de sa parole, sans qu'il en reste pas un. Au premier souffle il pousse ces mots : « Du connoître à » l'être la conséquence n'est pas bonne; » et en même temps il porte en forme de drapeau une table, où il a mis à sa fantaisie la division de la substance qui pense. Au second il pousse ceux-ci :
« Déterminément, indéterminément; distincte- » ment, confusément; explicitement, implicite- » ment. » Et au troisième ceux-ci : « Ce qui conclut » trop ne conclut rien. » Et voici comme il s'explique : « Je connois que j'existe, moi qui suis une

» substance qui pense, et néanmoins je ne connois
» pas encore qu'un esprit existe, par conséquent la
» connoissance de mon existence ne dépend pas de
» la connoissance d'un esprit existant. Partant,
» puisque j'existe et qu'un esprit n'existe point, je
» ne suis point un esprit, donc je suis un corps. »
A ces paroles, cette pauvre ombre ne dit mot, elle
lâche le pied, elle perd courage, et se laisse mener par lui en triomphe comme une pauvre captive. Où je pourrois faire remarquer plusieurs
choses dignes d'une immortelle risée. Mais j'aime
mieux épargner notre acteur et pardonner à sa
robe; et même je ne pense pas qu'il me fût bien
séant de rire plus long-temps de choses si légères.
C'est pourquoi je ne remarquerai ici que les
choses qui, quoique fort éloignées de la vérité,
pourroient peut-être néanmoins être crues par
quelques uns comme venant de moi, ou du
moins comme des choses que j'aurois accordées, si
je m'en taisois tout-à-fait.

Et premièrement je nie qu'il ait eu lieu de me
reprocher que j'aie dit que j'avois une claire et
distincte conception de moi-même avant que d'avoir suffisamment expliqué de quelle façon on la
peut avoir, ou, comme il dit, « ne venant que de
» demander qui j'étois. » Car entre ces deux choses,
c'est-à-dire entre cette demande et la réponse, j'ai
rapporté toutes les propriétés qui appartiennent

à une chose qui pense, par exemple, qu'elle entend, qu'elle veut, qu'elle imagine, qu'elle se ressouvient, qu'elle sent, etc., et même celles qui ne lui appartiennent point, pour distinguer les unes d'avec les autres, qui étoit tout ce que l'on pouvoit souhaiter après avoir ôté les préjugés. Mais j'avoue bien que ceux qui ne se défont point de leurs préjugés ne sauroient que très difficilement avoir jamais la conception claire et distincte d'aucune chose; car il est manifeste que toutes les notions que nous avons eues de ces choses en notre enfance n'ont point été claires et distinctes, et partant toutes celles que nous acquérons par après sont par elles rendues confuses et obscures, si l'on ne les rejette une bonne fois. Quand donc il demande qu'on lui fasse voir cette notion claire et distincte pour être récréé de sa vue, il se joue. Comme aussi lorsqu'il m'introduit comme la lui montrant en ces termes : « Je sais certainement que » je suis, que je pense, que je suis une substance » qui pense, etc. » Et lorsqu'il veut réfuter ces jeux de son esprit par cet exemple, « Vous savez » aussi certainement qu'il n'y a point de montagne » sans vallée, donc vous avez un concept clair et » distinct d'une montagne sans vallée, » il se trompe lui-même par un sophisme : car de son antécédent il doit seulement conclure, donc vous concevez clairement et distinctement qu'il n'y a point de montagne sans vallée; et non pas, donc vous avez la notion d'une montagne sans vallée : car, puisqu'il n'y en a point, on n'en doit point avoir la notion pour bien concevoir qu'il n'y a point de montagne sans vallée. Mais quoi, notre auteur a si bon esprit qu'il ne sauroit réfuter les inepties qu'il a lui-même controuvées que par d'autres nouvelles!

Et lorsqu'il ajoute après cela que je conçois la substance qui pense, sans rien concevoir de corporel ni de spirituel, etc., je lui accorde pour le corporel, parceque j'avois auparavant expliqué ce que j'entendois par le nom de corps ou de chose corporelle, c'est à savoir cela seul qui a de l'étendue, ou qui dans sa notion enferme de l'étendue ; mais ce qu'il ajoute du spirituel, il le feint là un peu grossièrement, comme aussi en plusieurs autres lieux, où il me fait dire, « je suis une chose qui pense. » Or est-il que je ne suis point un corps, ni une âme, ni un esprit, etc.: car je ne puis dénier à la substance qui pense que les choses que je sais ne contenir dans leur notion aucune pensée; ce que je n'ai jamais cru ni pensé de l'âme de l'homme ou de l'esprit. Et quand après cela il dit qu'il comprend à présent fort bien ma pensée, qui est que je pense que le concept que j'ai est clair, parceque je le connois certainement, et qu'il est distinct, parceque je ne connois rien autre chose, il fait voir qu'il n'est pas fort intelligent: car c'est autre chose de concevoir clairement, et autre chose de savoir certainement, vu que nous pouvons savoir certainement plusieurs choses, soit pour nous avoir été révélées de Dieu, soit pour les avoir autrefois clairement conçues, lesquelles néanmoins nous ne concevons pas alors clairement; et de plus la connoissance que nous pouvons avoir de plusieurs autres choses n'empêche point que celle que nous avons d'une chose ne soit distincte, et je n'ai jamais écrit la moindre parole d'où l'on pût conclure des choses si frivoles.

De plus, la maxime qu'il apporte, « Du con- » noître à l'être la conséquence n'est pas bonne, » est entièrement fausse. Car, quoiqu'il soit vrai que pour connoître l'essence d'une chose il ne s'ensuive pas que cette chose existe, et que pour penser connoître une chose il ne s'ensuive pas qu'elle soit, s'il est possible que nous soyons en cela trompés, il est vrai néanmoins que « du connoître à » l'être la conséquence est bonne, » parcequ'il est impossible que nous connoissions une chose si elle n'est en effet comme nous la connoissons, à savoir existante si nous concevons qu'elle existe, ou bien de telle ou telle nature, s'il n'y a que sa nature seule qui nous soit connue.

Il est faux aussi, ou du moins il n'a pas été prouvé qu'il y ait quelque substance qui pense qui soit divisible en plusieurs parties, comme il met dans cette table, où il propose les diverses espèces de la substance qui pense, de même que s'il avoit été enseigné par un oracle. Car nous ne pouvons concevoir d'étendue en longueur, largeur et profondeur, ni aucune divisibilité de parties en la substance qui pense; et c'est une chose absurde d'affirmer une chose pour vraie qui n'a été ni révélée de Dieu, ni qui ne peut être comprise par l'entendement humain; et je ne puis ici m'empêcher de dire que cette opinion de la divisibilité de la substance qui pense, me semble très dangereuse et fort contraire à la religion chrétienne, à cause que tandis qu'une personne sera dans cette opinion jamais il ne pourra reconnoître, par la force de la raison, la distinction réelle qui est entre l'âme et le corps.

Ces mots-là, « déterminément, indéterminément; » distinctement, confusément; explicitement, im-» plicitement, » étant tout seuls comme ils sont ici, n'ont aucun sens, et ne sont autre chose que des subtilités par lesquelles notre auteur semble vouloir persuader à ses disciples que lorsqu'il n'a rien à leur dire il ne laisse pas de penser quelque chose de bon.

Cette autre maxime qu'il apporte, « Ce qui con-» clut trop ne conclut rien, » ne doit pas non plus être omise sans distinction : car si par le mot de *trop* il entend seulement quelque chose de plus que l'on ne demandoit, comme lorsqu'un peu plus bas il reprend les arguments dont je me suis servi pour démontrer l'existence de Dieu, à cause, dit-il, qu'il croit que par ces arguments on conclut quelque chose de plus que n'exigent les lois de la prudence, ou que jamais personne n'a demandé, elle est entièrement fausse et frivole ; car plus on en conclut de choses, pourvu que ce que l'on conclut soit bien conclu, et meilleure elle est, et jamais les lois de la prudence n'ont été contraires à cela. Que si par le mot de *trop* il entend, non pas simplement quelque chose de plus que l'on ne demandoit, mais quelque chose de faux, alors cette maxime est vraie. Mais le R. P. me pardonnera si je dis qu'il se trompe quand il m'attribue quelque chose de semblable ; car quand j'ai raisonné de la sorte : « la » connoissance des choses dont l'existence m'est » connue ne dépend point de celle des choses dont » l'existence ne m'est pas encore connue; or est-il » que je sais qu'une chose qui pense existe, et que je » ne sais pas encore si aucun corps existe; donc la » connoissance d'une chose qui pense ne dépend » point de la connoissance du corps; » je n'ai rien par là conclu de trop, ni rien qui n'ait été bien conclu. Mais lorsqu'il dit, « Je sais qu'une chose » qui pense existe, et je ne sais pas encore si aucun » esprit existe, voire même il n'y en a point qui » existe, il n'y a rien, tout est rejeté, » il dit une chose entièrement fausse et frivole : car je ne puis rien affirmer ou nier de l'esprit, si je ne sais auparavant ce que l'on doit entendre par le nom d'esprit; et je ne puis concevoir pas une des choses que l'on a coutume d'entendre par ce nom où la pensée ne soit enfermée, si bien qu'il répugne qu'on puisse savoir qu'une chose qui pense existe, sans savoir en même temps qu'un esprit, ou une chose qu'on entend par le nom d'esprit, existe. Et ce qu'il ajoute un peu après, « Voire même il n'y a point d'esprit qui existe; il n'y a rien, tout est rejeté, » est si absurde qu'il ne mérite pas de réponse; car, quand après cette abdication on a reconnu l'existence d'une chose qui pense, on a en même temps reconnu l'existence d'un esprit (au moins en tant que par le nom d'esprit on entend une chose qui pense), et partant l'existence d'un esprit n'a pu alors être rejetée.

Enfin, quand ayant à se servir d'un argument en forme il l'exalte comme la véritable méthode de conduire sa raison, laquelle il oppose à la mienne, il semble vouloir insinuer que je n'approuve pas les formes des syllogismes, et partant que je me sers d'une méthode fort éloignée de la raison; mais mes écrits me justifient assez là-dessus, où toutes les fois qu'il a été nécessaire je n'ai pas manqué de m'en servir.

Il propose ici un syllogisme composé de fausses

prémisses qu'il dit être de moi; mais quant à moi je le nie, et le renie: car, pour ce qui est de cette majeure, (ss) « Nulle chose qui est telle que je puis » douter si elle existe n'existe en effet, » elle est si absurde que je ne crains pas qu'il puisse jamais persuader à personne qu'elle vienne de moi, si en même temps il ne leur persuade que j'ai perdu le sens. Et je ne puis assez admirer à quel dessein, avec quelle fidélité, sous quelle espérance, et avec quelle confiance il a entrepris cela. Car dans la première Méditation, où il ne s'agissoit pas encore d'établir aucune vérité, mais seulement de me défaire de mes anciens préjugés, après avoir montré que toutes les opinions que j'avois reçues dès ma jeunesse en ma créance pouvoient être révoquées en doute, et partant que je ne devois pas moins soigneusement suspendre mon jugement à leur égard qu'à l'égard de celles qui sont manifestement fausses, de peur qu'elles ne m'empêchassent de chercher comme il faut la vérité, j'ai expressément ajouté ces paroles : « Mais » il ne suffit pas d'avoir fait ces remarques, il faut » encore que je prenne soin de m'en souvenir, » car ces anciennes et ordinaires opinions me re- » viennent encore souvent en la pensée; le long et » familier usage qu'elles ont eu avec moi leur don- » nant droit d'occuper mon esprit contre mon gré, » et de se rendre presque maîtresses de ma créance.

» Et je ne me désaccoutumerai jamais de leur dé-
» férer, et de prendre confiance en elles, tant que
» je les considérerai telles qu'elles sont en effet, c'est
» à savoir en quelque façon douteuses, comme je
» viens de montrer, et toutefois fort probables; en
» sorte que l'on a beaucoup plus de raison de les
» croire que de les nier. C'est pourquoi je pense
» que je ne ferai pas mal si, prenant de propos
» délibéré un sentiment contraire, je me trompe
» moi-même, et si je feins pour quelque temps
» que toutes ces opinions sont entièrement fausses
» et imaginaires; jusqu'à ce qu'enfin, ayant égale-
» ment balancé mes anciens et mes nouveaux pré-
» jugés, mon jugement ne soit plus désormais
» maîtrisé par de mauvais usages, et détourné du
» droit chemin qui le peut conduire à la connois-
» sance de la vérité. » Entre lesquels notre auteur
a choisi ces mots et laissé les autres : « Prenant de
» propos délibéré un sentiment contraire, je fein-
» drai que les opinions qui sont en quelque façon
» douteuses sont entièrement fausses et imagi-
» naires. » Et de plus, en la place du mot de feindre,
il met ceux-ci : « Je dirai, je croirai, et croirai
» même de telle sorte que j'assurerai pour vrai le
» contraire de ce qui est douteux. » Et a voulu que
cela me servît de maxime ou de règle certaine,
non pour me délivrer de mes préjugés, mais pour
jeter les fondements d'une métaphysique tout-à-

lait certaine et accomplie. Il est vrai néanmoins qu'il a proposé cela d'abord un peu ambigument, et comme en hésitant, dans le second et troisième paragraphe de la première question; et même, dans ce troisième paragraphe, après avoir supposé que suivant cette règle il devoit croire que deux et trois ne faisoient pas cinq, il demande si tout aussitôt il doit tellement le croire qu'il se persuade que cela ne peut être autrement. Et, pour satisfaire à cette belle demande, après plusieurs paroles ambiguës et superflues, il m'introduit lui répondant de la sorte : « Vous ne l'assurerez ni ne le nierez; « vous ne vous servirez ni de l'un ni de l'autre, « mais vous tiendrez l'un et l'autre pour faux. » D'où il est manifeste qu'il a fort bien su que je ne tenois pas pour vrai le contraire de ce qui est douteux, et que personne, selon moi, ne s'en pouvoit servir pour majeure d'un syllogisme duquel on dût attendre une conclusion certaine; car il y a de la contradiction entre ne point assurer, ne point nier, ne se servir ni de l'un ni de l'autre, et assurer pour vrai l'un des deux, et s'en servir. Mais, perdant par après insensiblement la mémoire de ce qu'il avoit rapporté comme étant mon opinion, il n'a pas seulement assuré le contraire, mais il l'a même si souvent répété et inculqué qu'il ne reprend presque que cela seul dans toute sa dissertation, et ne compose aussi que de cela seul ces douze fautes qu'il m'attribue dans toute la suite de son traité. D'où il suit, ce me semble, très manifestement que non seulement ici, où il m'attribue cette majeure, « Nulle chose qui est telle que « l'on peut douter si elle existe n'existe en effet, » mais aussi en tous les autres endroits où il m'attribue des choses semblables, il parle contre son sentiment et contre la vérité. Et quoique ce soit à regret que je lui fasse ce reproche, néanmoins la défense de la vérité que j'ai entreprise m'oblige à ne pas être plus réservé envers une personne qui n'a pas eu plus de respect pour elle. Et comme dans toute sa dissertation il n'a, ce me semble, presque point d'autre dessein que de persuader et d'inculquer dans l'esprit de ses lecteurs cette fausse maxime qu'il a déguisée en cent façons, je ne vois point d'autre moyen pour l'excuser que de dire qu'il en a si souvent parlé qu'à la fin il se l'est persuadée à lui-même et n'en a plus reconnu la fausseté.

Pour ce qui est maintenant de la mineure, savoir est, « Or est-il que tout corps est tel que je puis « douter s'il existe; » ou bien, « Or est-il que tout « esprit est tel que je puis douter s'il existe; » si on l'entend indéfiniment de toute sorte de temps, ainsi qu'elle doit être entendue pour servir de preuve à la conclusion qu'on en tire, elle est encore fausse, et je nie qu'elle soit de moi. Car un peu après le commencement de la seconde Méditation, où j'ai certainement reconnu qu'une chose qui pense existoit, laquelle, suivant l'usage ordinaire, on appelle du nom d'esprit, je n'ai pu douter davantage qu'un esprit existât. De même, après la sixième Méditation, dans laquelle j'ai reconnu l'existence du corps, je n'ai pu aussi douter davantage de son existence. Admirez cependant l'excellence de l'esprit de notre auteur, d'avoir eu l'adresse d'inventer si ingénieusement deux fausses prémisses que, les employant en bonne forme dans un syllogisme, il s'en soit ensuivi une fausse conclusion : mais je ne comprends point pourquoi il ne veut pas que j'aie ici sujet de rire ; car je ne trouve dans toute sa dissertation que des sujets de joie pour moi, non pas à la vérité fort grande, mais pourtant véritable et solide, d'autant que, reprenant là plusieurs choses qui ne sont point de moi, mais qu'il m'a seulement attribuées, il fait voir clairement qu'il a fait tout son possible pour trouver dans mes écrits quelque chose digne de censure, sans en avoir pourtant jamais pu rencontrer.

(TT) Et de vrai il paroît bien qu'il n'a pas ri du bon du cœur, par la sérieuse réprimande dont il conclut toute cette partie ; ce que les réponses qui suivent font encore mieux voir, dans lesquelles il ne paroît pas seulement triste et sévère, mais même chagrin et cruel. Car n'ayant aucune raison de me vouloir du mal, et n'ayant aussi rien trouvé dans mes écrits qui pût mériter sa censure, si vous exceptez cette fausse maxime qu'il a lui-même controuvée, et qu'il ne m'a pu légitimement attribuer, toutefois, parcequ'il croit l'avoir entièrement persuadé à ses lecteurs (non pas à la vérité par la force de ses raisons, car il n'en a point, mais, premièrement, par cette admirable confiance qu'il a eue de le dire, et que dans un homme de sa profession on ne soupçonne pas pouvoir être fausse; et de plus, par une fréquente et constante répétition de la même maxime, qui fait souvent qu'à force d'entendre la même chose nous acquérons l'habitude de recevoir pour vrai ce que nous savons être faux : ces deux moyens sont ordinairement plus puissants que toutes les raisons pour persuader le peuple et ceux qui n'examinent pas de près les choses), il insulte superbement au vaincu, et, comme un grave pédagogue, me prenant pour un de ses petits écoliers, il me tance aigrement, et, dans les douze réponses suivantes, il me rend coupable de plus de péchés qu'il n'y a de préceptes dans le Décalogue. Je veux bien pourtant excuser le R. P. à cause qu'il semble n'être pas bien à soi; et, quoique ceux qui ont bu un peu plus qu'ils ne doivent aient coutume de ne voir tout au plus que deux choses pour une, le zèle qui l'emporte le trouble tellement, que, dans cette unique chose qu'il a lui-même controuvée, il trouve en moi douze fautes à reprendre ; lesquelles je pourrois dire être autant d'injures et de calomnies si je voulois parler ouvertement et sans aucun déguisement de paroles, mais que j'aime mieux appeler des bévues et des égarements, pour rire à mon tour comme il a fait; et cependant je prie le lecteur de se souvenir que, dans tout ce qui suit, il n'a pas dit contre moi une seule parole où il ne se soit trompé et mépris.

LE P. BOURDIN.

SI C'EST UNE BONNE MÉTHODE DE PHILOSOPHER QUE DE FAIRE UNE ABDICATION GÉNÉRALE DE TOUTES LES CHOSES DONT ON PEUT DOUTER.

Réponse 1. Cette méthode pèche dans les principes, car elle n'en a point, et en a une infinité. Dans toutes les autres méthodes, pour découvrir la vérité et tirer le certain du certain, on se sert de principes clairs, évidents, connus d'un chacun, et naturels à l'esprit humain : par exemple, le tout est plus grand que sa partie; de rien, rien ne se fait, et mille autres semblables, par le moyen desquels on élève peu à peu sa connoissance, et on avance sûrement dans la recherche de la vérité. Mais celle-ci, tout au contraire, pour faire quelque chose, non pas de quelque autre, mais de rien, elle tranche, elle rejette, elle abjure tous les principes anciens, sans en retenir pas un ; et prenant de propos délibéré des sentiments contraires, de peur qu'il ne semble que tous les moyens lui soient retranchés, et qu'elle manque d'ailes, elle se feint des principes nouveaux, directement opposés aux anciens; et par ce moyen elle se dépouille de ses anciens préjugés pour se revêtir d'autres tout nouveaux. Elle quitte le certain pour embrasser l'incertain ; elle se met des ailes, mais des ailes de cire; elle s'élève bien haut, mais pour tomber; enfin, de rien elle veut faire quelque chose, mais en effet elle ne fait rien.

Réponse II. Cette méthode pèche dans les moyens, car elle n'en a point, puisqu'elle retranche les anciens et qu'elle n'en propose point de nouveaux. Les autres disciplines ont des formes de logique, des syllogismes, des façons d'argumenter toutes certaines, par le moyen et par la conduite desquelles, ni plus ni moins que par un fil d'Ariane, elles sortent aisément de leurs labyrinthes, et développent avec sûreté et facilité les questions les plus embrouillées; celle-ci, tout au contraire, corrompt et gâte toute la forme ancienne, lorsqu'elle pâlit de crainte à la seule pensée de ce mauvais génie qu'elle s'est figuré, lorsqu'elle appréhende de rêver toujours, lorsqu'elle ne sait si elle est en son bon sens. Proposez-lui un syllogisme, elle s'effraiera à la majeure, quelle qu'elle soit; peut-être dira-t-elle que ce mauvais génie me trompe. Que fera-t-elle à la mineure? Elle tremblera, elle dira qu'elle est incertaine, qu'elle ne sait si elle ne dort point, et que les choses qui lui ont paru les plus claires et les plus certaines en dormant se sont cent fois trouvées fausses après s'être réveillée. Que fera-t-elle enfin à la conclusion? Elle les fuira toutes comme autant de filets qu'on auroit tendus pour la surprendre. Ne voit-on pas, dira-t-elle, que les fous, les enfants et les insensés pensent raisonner à merveille, quoiqu'ils n'aient ni esprit ni jugement? Que sais-je s'il ne m'arrive point à moi la même chose à présent? Que sais-je si ce génie ne me trompe point? il est rusé et méchant; et je ne sais pas encore qu'il y ait un Dieu qui empêche et qui retienne ce rusé trompeur. Que direz-vous à cela? et que pourrez-vous faire quand son auteur vous dira avec une opiniâtreté invincible que la conséquence de votre argument sera toujours douteuse, si vous ne savez auparavant, non seulement que vous ne dormez point et que vous êtes en votre bon sens, mais même qu'il y a un Dieu, et un Dieu véritable, lequel tient enchaîné ce mauvais génie? Que faire quand il vous dira que la matière ni la forme de ce syllogisme ne vaut rien, « Dire que quelque »attribut est contenu dans la nature ou dans le

«concept d'une chose, c'est le même que de dire
«que cet attribut est vrai de cette chose, et
«qu'on peut assurer qu'il est en elle; or est-il
«que l'existence, etc.; » et cent autres choses
semblables, sur lesquelles si vous pensez le presser, il vous dira tout aussitôt : Attendez que je
sache qu'il y a un Dieu, et que je voie lié et
garrotté ce mauvais génie. Mais au moins, me direz-vous, cette méthode a-t-elle cela de commode,
que, n'admettant aucun syllogisme, elle évite infailliblement les paralogismes. La commodité est
belle sans doute, et n'est-ce pas comme qui arracheroit le nez à un enfant de peur qu'il ne
devint morveux; les autres mères ne font-elles pas
mieux de moucher simplement leurs enfants? C'est
pourquoi, tout bien considéré, je n'ai qu'une chose
à vous dire, c'est à savoir que toute forme étant
ôtée, il ne peut rien rester que d'informe.

Réponse III. Cette méthode pèche contre la fin,
ne pouvant rien conclure ni nous apprendre rien
de certain; mais le moyen qu'elle le pût, puisqu'elle
bouche elle-même toutes les voies qui la pourroient conduire à la vérité. Vous l'avez vu vous-
même et expérimenté avec moi dans ces détours,
ou plutôt ces erreurs semblables à celles d'Ulysse,
que vous m'avez fait prendre, et qui nous ont
tous deux grandement fatigués. Vous souteniez que
vous étiez un esprit, ou que vous aviez de l'esprit;

mais vous ne l'avez jamais su prouver, et vous êtes demeuré en chemin, embarrassé de mille difficultés, et cela tant de fois que j'ai de la peine à m'en souvenir : et néanmoins il sera bon de s'en souvenir à présent, afin que la réponse que j'ai à vous faire ne perde rien de sa force. Voici donc les principaux chefs de cette méthode, par lesquels elle se coupe elle-même les nerfs, et s'ôte toute espérance de pouvoir jamais parvenir à la connoissance de la vérité. 1. Vous ne savez si vous dormez ou si vous veillez, et partant vous ne devez non plus faire de cas de toutes vos pensées et raisonnements (si toutefois vous en formez aucun, ou si plutôt vous ne songez pas que vous en formez), qu'un homme qui dort, de ses rêveries. De là vient qu'il n'y a rien qui ne soit douteux et incertain. Je ne vous en apporterai point d'exemples ; pensez-y vous-même, et parcourez tous les magasins de votre mémoire, et voyez si vous y trouverez aucune chose qui ne soit infectée de cette tache : vous me ferez plaisir de m'en montrer quelqu'une. 2. Avant que je sache qu'il y a un Dieu qui tienne enchaîné ce mauvais génie, j'ai occasion de douter de tout et de me défier de la vérité de toutes sortes de propositions, ou du moins, suivant la méthode ordinaire de philosopher et de raisonner, il faut, avant toutes choses, définir s'il peut y avoir des propositions exemptes de doute, et quelles sont ces propositions, et après cela l'on doit avertir ceux qui commencent de les bien retenir ; d'où il s'ensuit, comme auparavant, que toutes choses sont incertaines, et partant inutiles pour la recherche de la vérité. 3. Tout ce qui peut recevoir le moindre doute doit, par une détermination tout opposée, être tenu pour faux, et le contraire tenu pour vrai, duquel il faut se servir comme d'un principe. De là il s'ensuit que toutes les ouvertures pour la vérité sont bouchées ; car que pourriez-vous espérer de ce principe, *je n'ai point de tête; il n'y a point de corps, point d'esprits*, et de cent autres semblables ? Et ne dites point que cette abdication n'est pas pour toujours, mais pour un temps seulement, comme un temps de vacances, à savoir pour quinze jours ou un mois, afin que chacun s'y applique plus fortement ; car je veux que ce soit seulement pour un temps, toujours est-il vrai que c'est pour le temps que vous vaquez à la recherche de la vérité, pendant lequel vous usez et abusez des choses que vous aviez rejetées, tout de même que si la vérité en étoit dépendante ou qu'elle fût appuyée sur elles comme sur son véritable fondement. Mais, me direz-vous, je me sers de cette abdication comme d'une machine que je dresse pour un temps pour construire la base de la colonne de la science et en élever l'édifice, ainsi que font ordinairement les architectes, qui ont coutume de bâtir des machines qui ne leur servent que pour un temps, afin d'élever leurs colonnes et les placer en leur lieu, et, après en avoir tiré le service qu'ils en veulent, ils les défont et ne s'en servent plus : pourquoi ne voudriez-vous pas que je fisse comme eux? Faites-le, à la bonne heure; mais prenez garde que votre colonne, son piédestal et tout votre édifice ne soient tellement appuyés et soutenus sur cette machine, qu'ils ne tombent par terre quand vous la voudrez retirer; et c'est ce que je trouve principalement à redire en cette méthode : elle pose ou établit de mauvais fondements, et s'y appuie de telle sorte que ces fondements étant détruits ou retirés, elle-même se détruit ou ne paroît plus.

Réponse iv. Cette méthode pèche par excès, c'est-à-dire qu'elle en fait plus que ne demandent d'elle les lois de la prudence et que jamais personne n'a désiré. J'avoue, à la vérité, qu'il y a des hommes qui veulent qu'on leur démontre l'existence de Dieu et l'immortalité de l'âme; mais il ne s'est encore trouvé personne jusques ici qui n'ait pas été satisfait de connoître avec autant de certitude qu'il y a un Dieu qui gouverne toutes choses, et que l'âme de l'homme est spirituelle et immortelle, comme il sait certainement que deux et trois font cinq, ou que les hommes ont des corps; en sorte qu'il est tout-à-fait inutile et superflu de rechercher en cela une plus grande certitude. De plus, comme dans les choses qui regardent l'usage de la vie, il y a certaines bornes de certitude qui nous suffisent pour nous conduire sûrement et prudemment dans nos actions, de même pour les choses spéculatives il y a aussi des bornes auxquelles quand on est parvenu, on est en assurance; si bien que, sans faire cas de tout ce qu'on voudroit tenter ou rechercher au-delà, on peut avec prudence et sûreté s'en tenir où l'on est, de peur d'aller trop loin et d'en faire trop. Mais, me direz-vous, ce n'est pas une petite louange d'aller plus loin que les autres, et de traverser un gué qui n'a jamais été tenté de personne. Je l'avoue, la louange est grande, mais c'est pourvu qu'on le puisse passer sans se mettre en danger du naufrage. C'est pourquoi,

Pour v⁰ RÉPONSE, je dis que cette méthode péche par défaut, c'est-à-dire que, voulant embrasser plus de choses qu'elle ne peut, elle ne tient rien. Je n'en veux que vous pour témoin et pour juge; qu'avez-vous fait jusques ici avec tout ce magnifique appareil? Que vous a produit cette abdication si solennelle, et même si générale et si généreuse que vous ne vous êtes pas épargné vous-même, ne vous étant réservé pour vous que cette commune notion, je pense, je suis, je suis une chose qui pense? si commune, dis-je, et si familière au moindre des hommes, qu'il ne s'est jamais trouvé personne, depuis que le monde est, qui en ait tant soit peu douté, et qui ait jamais sérieusement demandé qu'on lui prouvât qu'il est, qu'il existe, qu'il pense, qu'il est une chose qui pense; si bien que vous ne devez pas vous attendre à recevoir de grands remerciments de personne, si ce n'est peut-être que quelqu'un porté, comme moi, d'une singulière affection pour vous, vous remercie de la bonne volonté que vous avez pour tout le genre humain, et loue vos généreux et extraordinaires desseins.

Réponse vi. Cette méthode pèche, et tombe dans la faute qu'elle reprend dans les autres; car elle admire que tous les hommes, sans exception, croient et disent avec tant de confiance, J'ai un corps, une tête, des yeux, etc.; et elle ne s'admire pas elle-même quand elle dit avec une pareille confiance, Je n'ai point de corps, point de tête, point d'yeux, etc.

Réponse vii. Cette méthode pèche, et commet une faute qui lui est particulière; car, ce que le reste des hommes tient en quelque façon pour certain, et même pour suffisamment certain, par exemple, J'ai une tête, il y a des corps, des esprits, etc., cette méthode, par un dessein qui lui est particulier, le révoque en doute, et tient pour certain son opposé, à savoir, Je n'ai point de tête, il n'y a point de corps, point d'esprits; et le tient même pour si certain, qu'elle prétend qu'il peut servir de fondement à une métaphysique fort exacte et fort accomplie, et s'y appuie elle-même de telle sorte que, si vous lui ôtez cet appui, elle donnera du nez en terre.

Réponse VIII. Cette méthode pèche par imprudence; car elle ne prend pas garde qu'un glaive à deux tranchants est à craindre partout, et pensant en éviter l'un, elle se voit blessée par l'autre : par exemple, elle ne sait s'il y a un corps qui existe véritablement dans le monde ; et, parcequ'elle en doute, elle le rejette, et admet son opposé, Il n'y a point de corps au monde; et prenant cet opposé, qui est pour le moins aussi douteux que son contraire, pour une chose très certaine, et s'appuyant sur lui sans aucune considération, elle pèche et s'offense.

Réponse IX. Cette méthode pèche avec connoissance ; car, le sachant et le voulant, et après en être avertie, elle s'aveugle elle-même; et, faisant une abdication volontaire de toutes les choses qui sont nécessaires pour découvrir la vérité, elle se laisse tromper elle-même par son analyse, en ne prouvant pas seulement ce qu'elle prétend, mais aussi ce qu'elle appréhende le plus.

Réponse X. Cette méthode pèche par commission, lorsque, contre ce qu'elle avoit expressément et solennellement défendu, elle retourne à ses anciennes opinions, et que, contre les lois de son abdication, elle reprend ce qu'elle avoit rejeté : je crois que vous vous en souvenez assez.

Réponse xi. Cette méthode pèche par omission; car, après avoir établi pour un de ses principaux fondements, « qu'il faut très soigneusement prendre » garde de ne rien admettre pour vrai que nous ne » puissions prouver être tel, » elle s'en oublie souvent, admettant inconsidérément pour vrai et pour très certain tout ceci sans le prouver : « Les sens » nous trompent quelquefois, nous rêvons tous, » il y a des fous, » et cent autres choses de cette nature.

Réponse xii. Cette méthode pèche en ce qu'elle n'a rien de bon ou rien de nouveau, et qu'elle a beaucoup de superflu.

Car, premièrement, si par cette abdication de tout ce qui est douteux on entend seulement une abstraction qu'ils appellent méthaphysique, qui fait que l'on ne considère les choses douteuses que comme douteuses, et qui pour cela nous oblige d'en détourner notre esprit, lorsque nous voulons chercher quelque chose de certain, sans nous y attacher davantage qu'aux choses qui sont entièrement fausses; si cela est, dis-je, elle dit quelque chose de bon, mais elle ne dit rien de nouveau; et cette abstraction n'aura rien de particulier, et qui ne soit commun à tous les philosophes, sans en excepter pas un seul.

Secondement, si par cette abdication elle veut qu'on rejette tellement les choses douteuses, qu'on les suppose et qu'on les tienne pour fausses, et que sur ce pied elle s'en serve comme de choses fausses, ou de leurs opposés comme de choses vraies, elle dira à la vérité quelque chose de nouveau, mais elle ne dira rien de bon, et cette abdication sera à la vérité nouvelle, mais elle ne sera pas légitime.

3. Si elle dit que par la force et le poids de ses raisons elle prouve certainement et évidemment ceci, Je suis une chose qui pense, et, en tant que telle, je ne suis ni un esprit, ni une âme, ni un corps, mais une chose tellement séparée de tout cela que je puis être conçu sans que l'on conçoive rien d'eux; de même que l'on conçoit l'animal, ou une chose qui sent, sans que l'on conçoive encore celle qui hennit, ou qui rugit, etc.; elle dira quelque chose de bon, mais elle ne dira rien de nouveau, puisque des chaires des philosophes ne chantent autre chose, et que cela est enseigné par autant d'hommes qu'il y en a qui croient que les bêtes pensent, ou même (posé que la pensée embrasse aussi le sentiment, en sorte qu'une chose pense, qui sent, qui voit, ou qui oit) par autant qu'il y en a qui croient que les

bêtes sentent, c'est-à-dire en un mot par tous les hommes.

4. Si l'on dit qu'il a été prouvé, par de bonnes raisons et mûrement considérées, que celui qui pense existe en effet, et qu'il est une chose ou une substance qui pense; et que pendant qu'il existe, il ne s'ensuit pas pour cela qu'il y ait ni esprit, ni corps, ni âme qui existe véritablement dans le monde, on dira quelque chose de nouveau, mais on ne dira rien de bon, ni plus ni moins que si l'on disoit qu'un animal existe, et qu'il n'y a pourtant ni lion, ni renard, ni autre animal qui existe.

5. Si celui qui se sert de cette méthode dit qu'il pense, c'est-à-dire qu'il entend, qu'il veut, qu'il imagine et qu'il sent; et qu'il pense de telle sorte que par une action réfléchie il envisage sa pensée et la considère, ce qui fait qu'il pense, ou bien qu'il sait et considère qu'il pense (ce que proprement l'on appelle apercevoir, ou avoir une connoissance intérieure); et s'il dit que cela est le propre d'une faculté, ou d'une chose qui est au-dessus de la matière qui est spirituelle, et partant qu'il est un esprit, il dira ce qu'il n'a point encore dit, ce qu'il devoit dire, ce que je m'attendois qu'il diroit, et ce que je lui ai même voulu souvent suggérer, lorsque je l'ai vu s'efforçant en vain pour nous dire ce qu'il étoit; il dira, dis-je, quelque

chose de bon, mais il ne dira rien de nouveau; n'y ayant personne qui ne l'ait autrefois appris de ses précepteurs, et ceux-ci de leurs maîtres, jusques à Adam.

Certainement s'il dit cela, combien y aura-t-il de choses superflues dans cette méthode ? combien d'exorbitantes ? quelle battologie ? combien de machines qui ne servent qu'à la pompe, ou qu'à nous décevoir? A quoi bon nous objecter les tromperies des sens, les illusions de ceux qui dorment, et les extravagances des fous ? Quelle est la fin de cette abdication, si austère qu'elle ne nous laisse que le néant de reste ? Pourquoi des pérégrinations si longues, et qui durent si long-temps dans des pays étrangers, d'où les sens n'approchent point, parmi des ombres et des spectres ? Que servent toutes ces choses pour la conviction et la preuve de l'existence de Dieu ? comme si elle ne se pouvoit prouver si l'on ne renverse tout ? Mais à quoi bon ce mélange et ce changement de tant d'opinions? Pourquoi tantôt rejeter les anciennes, pour se revêtir de nouvelles, et tantôt rejeter ces nouvelles pour reprendre les anciennes ? Ne seroit-ce point peut-être que, comme autrefois chaque dieu avoit ses cérémonies particulières, de même à ces nouveaux mystères il faut aussi de nouvelles cérémonies? Mais pourquoi, sans s'amuser à tant d'embarras, n'a-t-il point plutôt ainsi clairement, nettement et brièvement exposé la vérité: Je pense, j'ai connoissance de ma pensée; donc je suis un esprit?

6. Enfin s'il dit qu'entendre, vouloir, imaginer, sentir, c'est-à-dire penser, sont tellement le propre de l'esprit, que pas un animal, hormis l'homme, ne pense, n'imagine, ne sent, ne voit, etc., il dira quelque chose de nouveau, mais il ne dira rien de bon; et encore le dira-t-il sans preuve et sans aveu, si ce n'est peut-être qu'il nous garde et nous cache quelque chose (qui est le seul refuge qui lui reste) pour nous la montrer avec étonnement et admiration en son temps. Mais il y a si long-temps qu'on attend cela de lui, qu'il n'y a plus du tout lieu de l'espérer.

Réponse dernière. Vous craignez ici sans doute (et je vous le pardonne) pour votre Méthode, laquelle vous chérissez et que vous caressez et embrassez comme votre propre production; vous avez peur que, l'ayant rendue coupable de tant de péchés, et que la voyant maintenant qui fait eau partout, je ne la condamne au rebut. Ne craignez pourtant point, je vous suis ami plus que vous ne pensez. Je vaincrai votre attente, ou du moins je la tromperai; je me tairai, et aurai patience. Je sais qui vous êtes, et je connois la force et la vivacité de votre esprit. Quand vous aurez pris du temps suffisamment pour méditer, et principalement quand vous aurez consulté en secret votre analyse qui ne vous abandonne jamais, vous secouerez toute la poussière de votre Méthode, vous en laverez toutes les taches, et vous nous ferez voir pour lors une Méthode bien propre et bien nette, et exempte de tout défaut. Cependant contentez-vous de ceci, et continuez de me prêter votre attention, pendant que je continuerai de satisfaire à vos demandes. J'ai compris beaucoup de choses en peu de paroles, pour n'être pas long, et n'en ai touché la plupart que légèrement, comme sont celles qui regardent l'esprit, et celles qui concernent la conception claire et distincte, la vraie et la fausse, et autres semblables; mais vous saurez bien ramasser ce que nous aurons laissé tomber tout exprès. C'est pourquoi je viens à votre troisième question.

SI L'ON PEUT INVENTER UNE NOUVELLE MÉTHODE.

Vous demandez en troisième lieu¹.

REMARQUES DE DESCARTES.

Je croirois que ce seroit assez d'avoir rapporté le beau jugement que vous venez d'entendre touchant la méthode dont je me sers pour rechercher la vérité, pour faire connoître le peu de raison et

---

¹ Voilà tout ce que le R. P. m'a envoyé, et ayant été supplié d'envoyer le reste, il fit réponse qu'il n'avoit pas alors le loisir d'en faire davantage. Mais pour moi j'aurois cru commettre un crime d'omettre ici la moindre syllabe de son écrit.

de vérité qu'il contient, s'il avoit été rendu par une personne inconnue; mais d'autant que l'auteur de ce jugement tient un rang dans le monde, qui est tel que difficilement se pourroit-on persuader qu'il eût manqué d'esprit et de toutes les autres qualités qui sont requises en un bon juge, de peur que la trop grande autorité de son ministère ne porte préjudice à la vérité, je supplie ici les lecteurs de se souvenir qu'auparavant qu'il en soit venu à ses douze réponses qu'il vient de faire, il n'a rien impugné de tout ce que j'ai dit, mais qu'il a seulement employé des vaines et inutiles cavillations pour prendre de là occasion de m'attribuer des opinions si peu croyables quelles ne méritoient pas d'être réfutées; et que maintenant dans ces douze réponses, au lieu de prouver rien contre moi, il se contente de supposer vainement qu'il a déjà prouvé auparavant les choses qu'il m'avoit attribuées; et que pour faire paroître davantage l'équité de son jugement, il s'est seulement voulu jouer lorsqu'il a rapporté les causes de ses accusations; mais qu'ici, où il est question de juger, il fait le grave, le sérieux et le sévère; et que dans les onze premières réponses, il prononce hardiment et définitivement contre moi une sentence de condamnation; et qu'enfin dans la douzième il commence à délibérer et distinguer en cette sorte: « S'il entend » ceci, il ne dit rien de nouveau; si cela, il ne dit

» rien de bon, etc. ; » quoique néanmoins il ne s'agisse là que d'une seule et même chose considérée diversement, savoir est de sa propre fiction, de laquelle je veux vous faire voir ici l'absurdité par cette comparaison.

J'ai déclaré, en plusieurs endroits des mes écrits, que je tâchois partout d'imiter les architectes, qui, pour élever de grands édifices aux lieux où le roc, l'argile, et la terre ferme est couverte de sable et de gravier, creusent premièrement de profondes fosses, et rejettent de là non seulement le gravier, mais tout ce qui se trouve appuyé sur lui, ou qui est mêlé ou confondu ensemble, afin de poser par après leurs fondements sur le roc et la terre ferme : car de la même façon j'ai premièrement rejeté comme du sable et du gravier tout ce que j'ai reconnu être douteux et incertain; et après cela, ayant considéré qu'on ne pouvoit pas douter que la substance qui doute ainsi de tout, ou qui pense, ne fût pendant qu'elle doute, je me suis servi de cela comme d'une terre ferme sur laquelle j'ai posé les fondements de ma philosophie.

Or notre auteur est semblable à un certain maçon, lequel, pour paroître plus habile homme qu'il n'étoit, jaloux de la réputation d'un maître architecte qui faisoit construire une belle église dans sa ville, a cherché avec grand soin toutes les occasions de contrôler son art et sa manière de bâtir :

mais parcequ'il étoit si grossier et si peu versé en cet art, qu'il ne pouvoit rien comprendre de tout ce que ce maître architecte faisoit, il ne s'est osé prendre qu'aux premiers rudiments de cet art, et aux choses qui se présentent d'elles-mêmes. Par exemple, il a fait remarquer qu'il commençoit par creuser la terre, et rejeter non seulement le sable et la terre mobile, mais aussi les bois, les pierres et tout ce qui se trouvoit mêlé avec le sable, afin de parvenir à la terre ferme, et poser là-dessus les fondements de son édifice; et de plus, qu'il avoit ouï dire que, pour rendre raison à ceux qui lui demandoient d'où venoit qu'il creusoit ainsi la terre, il leur avoit répondu que la superficie de la terre sur laquelle nous marchons n'est pas toujours assez ferme pour soutenir de grands édifices, et principalement le sable, à cause que non seulement il s'affaisse quand il est beaucoup chargé, mais aussi à cause que les eaux et les ravines l'entraînent souvent avec elles, d'où s'ensuit la ruine infaillible et inespérée de tout l'édifice; et enfin que, lorsque de pareilles ruines arrivent dans les fondements qu'on a creusés, les fossoyeurs, pour trouver des excuses à leurs fautes, attribuent cela à des esprits folets ou malins, qu'on dit habiter les souterrains. D'où notre maçon avoit pris occasion de faire croire que ce maître architecte n'avoit point d'autre secret pour bâtir sa chapelle, que de bien creuser; ou du moins qu'il prenoit la fosse ou la pierre qu'on avoit découverte au fond, ou bien ce qui étoit tellement élevé sur cette fosse, que cependant elle demeuroit vide pour la construction de sa chapelle ou de son bâtiment; et que cet architecte étoit si sot que de craindre que la terre ne s'abîmât sous ses pieds, ou qu'elle ne fût bouleversée par des esprits malins. Ce qu'ayant fait croire à des enfants, ou à d'autres gens si peu versés dans l'architecture qu'ils prenoient pour une chose nouvelle et merveilleuse de voir creuser des fondements pour élever des édifices, et qui d'ailleurs, donnant facilement créance à cet homme qu'ils connoissoient, et qu'ils tenoient pour homme de bien et pour assez expérimenté en son art, se défioient de la suffisance de cet architecte qui leur étoit inconnu, et qu'on leur disoit n'avoir encore rien bâti, mais avoir seulement creusé de grands fondements, il en devint si joyeux et si plein de présomption, qu'il crut le pouvoir aussi persuader au reste des hommes. Et quoique cet architecte eût déjà rempli de bonnes pierres toutes les fosses qu'il avoit faites, et que là il eût bâti et construit sa chapelle d'une matière très solide et très ferme, et qu'elle parût aux yeux de tout le monde, ce pauvre homme ne laissoit pas néanmoins de demeurer dans la même espérance et dans le même dessein de persuader à tous les hommes ses contes et ses imaginations; et pour cela il ne manquoit pas tous les jours de les débiter dans les places publiques à tous les passants, et de faire devant tout le monde des comédies de notre architecte, dont le sujet étoit tel.

Premièrement, il le faisoit paroître commandant qu'on creusât bien avant, et qu'on fît de grandes fosses, et qu'on n'en ôtât pas seulement tout le sable et tout le gravier, mais aussi tout ce qui se trouvoit mêlé avec lui, jusques aux moellons et aux pierres de taille, en un mot qu'on en ôtât tout et qu'on n'y laissât rien. Et il prenoit plaisir d'appuyer principalement sur ces mots, rien, tout jusques aux moellons et aux pierres de taille; et en même temps faisoit semblant de vouloir apprendre de lui l'art de bien bâtir, et de vouloir descendre avec lui dans ces fosses. « Servez-moi » de guide, lui disoit-il; commandez, parlez, je suis » tout prêt à vous suivre, ou comme compagnon, » ou comme disciple. Que vous plaît-il que je fasse ? » je veux bien m'exposer dans ce chemin, quoiqu'il » soit nouveau et qu'il me fasse peur à cause de » son obscurité. Je vous entends, vous voulez que » je fasse ce que je vous verrai faire, que je mette le » pied où vous mettrez le vôtre. Voilà sans doute » une façon de commander et de conduire tout-à-» fait admirable, et comme vous me plaisez en cela, » je vous obéis. »

Puis après, faisant semblant d'avoir peur des lutins dans cette fosse, il tâchoit de faire rire ses spectateurs en leur disant ces paroles : « Et de vrai » pourrez-vous bien faire en sorte que je sois sans » crainte et sans frayeur à présent, et que je n'aie » point de peur de ce mauvais génie ? En vérité, » quoique vous fassiez votre possible pour m'assu-» rer, soit de la main, soit de la voix, ce n'est » pourtant pas sans beaucoup de frayeur que je » descends dans ces lieux obscurs et remplis de » ténèbres. » Et, poursuivant son discours, il leur disoit : « Mais hélas, que j'oublie aisément la réso-» lution que j'ai prise! Qu'ai-je fait? je m'étois » abandonné au commencement tout entier à vous » et à votre conduite, je m'étois donné à vous pour » compagnon et pour disciple, et voici que j'hésite » dès l'entrée, tout effrayé et irrésolu! Pardonnez-» moi, je vous conjure; j'ai péché, je l'avoue, et pé-» ché largement; et n'ai fait en cela paroître que » l'imbécilité de mon esprit. Je devois sans aucune » appréhension me jeter hardiment dans l'obscurité » de cette fosse, et tout au contraire j'ai hésité, et » résisté. »

Dans le troisième acte, il représentoit cet architecte qui lui montroit dans le fond de cette fosse une pierre ou un gros rocher, sur lequel il vouloit appuyer tout son édifice; et lui en se moquant, lui disoit : « Voilà qui va bien; vous avez

» trouvé ce point fixe d'Archimède ; sans doute que
» vous déplacerez la machine du monde, si vous
» l'entreprenez ; toutes choses branlent déjà. Mais
» je vous prie (car vous voulez, comme je crois,
» couper toutes choses jusques au vif, afin qu'il n'y
» ait rien dans votre art que de propre, de bien
» suivi et de nécessaire), pourquoi retenez-vous ici
» cette pierre? n'avez-vous pas vous-même com-
» mandé qu'on jetât et qu'on mît dehors et les
» pierres et le sable? Mais peut-être l'avez-vous
» oubliée ; tant il est malaisé, même aux plus expé-
» rimentés, de chasser tout-à-fait de leur mémoire
» le souvenir des choses auxquelles ils se sont ac-
» coutumés dès leur jeunesse ; en sorte qu'il ne fau-
» dra pas perdre espérance s'il arrive que j'y manque,
» moi qui ne suis pas encore bien versé dans cet
» art. » Outre cela ce maître architecte ramassoit
quelques pierres et quelques moellons qu'on avoit
auparavant jetés avec le sable, afin de s'en servir et
de les employer dans son bâtiment, de quoi l'autre
se riant lui disoit : « Oserai-je bien, monsieur, avant
» que vous passiez plus outre, vous demander, pour-
» quoi, après avoir rejeté solennellement, comme
» vous avez fait, tous ces gravois et tous ces moel-
» lons, comme ne les ayant pas jugés assez fermes,
» vous voulez encore repasser les yeux dessus et les
» reprendre, comme s'il y avoit espérance de rien
» bâtir de ferme de ces lopins de pierre, etc. Bien

» plus, puisque toutes les choses que vous avez
» rejetées un peu auparavant n'étoient pas fermes,
» mais chancelantes (car autrement pourquoi les
» auriez-vous rejetées?), comment se pourra-t-il
» faire que les mêmes choses ne soient plus à pré-
» sent foibles et chancelantes, etc.? » Et un peu
après : « Souffrez aussi que j'admire ici votre ar-
» tifice, de vous servir de choses foibles pour en
» établir de fermes, et de nous plonger dans les
» ténèbres, pour nous faire voir la lumière, etc. »
Après quoi il disoit mille choses impertinentes du
nom et de l'office d'architecte et de maçon, qui ne
servoient de rien à l'affaire, sinon que, confondant
la signification de ces mots et les devoirs de ces
deux arts, il faisoit qu'il étoit plus difficile de distinguer l'un d'avec l'autre.

Au quatrième acte, on les voyoit tous deux dans
le fond de cette fosse : et là cet architecte tâchoit
de commencer la construction de sa chapelle : mais
en vain ; car, premièrement, sitôt qu'il pensoit
mettre la première pierre à son bâtiment, tout
aussitôt le maçon l'avertissoit qu'il avoit lui-même
commandé qu'on jetât dehors toutes les pierres,
et ainsi que cela étoit contre les règles de son art ;
ce qu'entendant ce pauvre architecte, vaincu qu'il
étoit par la force de cette raison, il étoit contraint
de quitter là son ouvrage ; et quand après cela il
pensoit prendre des moellons, de la brique, du

mortier ou quelque autre chose pour recommencer, ce maçon ne manquoit pas de lui souffler continuellement aux oreilles, « Vous avez com- » mandé qu'on rejetât tout; vous n'avez rien re- » tenu; » et par ces paroles seules de *rien* et de *tout*, comme par quelques enchantements, il détruisoit tout son ouvrage; et enfin, tout ce qu'il disoit étoit si conforme à tout ce qui est ici depuis le paragraphe cinquième jusques au neuvième[1] qu'il n'est pas besoin que je le répète.

Enfin, dans le cinquième acte, voyant un assez grand nombre de peuple autour de soi, il changea tout d'un coup, et d'une façon toute nouvelle, la gaieté de sa comédie en une tragique sévérité; et après avoir ôté de dessus son visage les marques de chaux et de plâtre qui le faisoient paroître pour ce qu'il étoit, d'un ton grave et d'un visage sérieux il se mit à raconter et à condamner tout ensemble toutes les fautes de cet architecte, qu'il disoit avoir fait remarquer auparavant dans les actes précédents. Et pour vous faire voir le rapport qu'il y a entre notre auteur et ce maître maçon, je veux vous rapporter ici tout au long le jugement qu'il fit la dernière fois qu'il divertit le peuple par de semblables spectacles. Il feignoit avoir été prié par cet architecte de lui dire son avis touchant

---

[1] Voyez les paragraphes qui commencent par ces mots: *le P. Bourdin.*

l'art qu'il a de bâtir, et voici ce qu'il lui répondit :

« Premièrement, cet art pêche dans les fonde» ments; car il n'en a point, et en a une infinité. Et » de vrai tous les autres arts qui prescrivent des » règles pour bâtir se servent de fondements très » fermes, comme de pierres de taille, de briques, » de moellons, et de mille autres choses semblables, » sur lesquelles ils appuient leurs édifices, et les » élèvent fort haut. Celui-ci, tout au contraire, pour » faire un bâtiment, non de quelque matière, mais » de rien, renverse, creuse et rejette tous les an» ciens fondements sans en réserver quoi que ce » soit; et prenant de propos délibéré une méthode » toute contraire, pour ne pas manquer tout-à-fait » de moyens, il en invente lui-même qui lui servent » d'ailes, mais d'ailes de cire; et établit des fonde» ments nouveaux, directement opposés à ceux des » anciens; et par ce moyen, pensant éviter l'insta» bilité de ceux-ci, il tombe dans une nouvelle; il » renverse ce qui est ferme, pour s'appuyer sur ce » qui ne l'est pas; il invente lui-même des moyens, » mais des moyens ruineux; il prend des ailes, mais » des ailes de cire; il élève bien haut son bâtiment, » mais c'est pour tomber; enfin, de rien il veut faire » quelque chose, mais en effet il ne fait rien. »

Or qui vit jamais rien de plus foible que tout ce discours, que la seule chapelle bâtie auparavant par cet architecte faisoit voir manifestement être faux? Car il étoit aisé de voir que les fondements en étoient très fermes, qu'il n'avoit rien détruit et renversé que ce qui le devoit être, qu'il ne s'étoit écarté en quoi que ce soit de la façon ordinaire que lorsqu'il avoit eu quelque chose de meilleur, et que son bâtiment étoit de telle hauteur qu'il ne menaçoit point de chute ni de ruine; et enfin, qu'il s'étoit servi d'une matière très solide, et non pas de rien, pour élever et construire en l'honneur de Dieu, non pas un édifice vain et chimérique, mais une grande et forte chapelle, où Dieu pourroit être long-temps honoré. Je pourrois répondre les mêmes choses à notre auteur pour renverser tout ce qu'il a dit contre moi, puisque les seules Méditations que j'ai écrites font assez voir la subtilité de ses objections. Et il ne faut pas ici accuser l'historien de n'avoir pas fait un rapport fidèle des paroles du maçon, de ce qu'il l'introduit donnant des ailes à l'architecture, et plusieurs autres choses qui lui conviennent fort peu; car peut-être l'a-t-il fait tout exprès pour faire voir le trouble où étoit son esprit; et je ne vois pas que ces choses-là conviennent mieux à la méthode de rechercher la vérité, à laquelle pourtant notre auteur les applique.

2. Il répondoit : « Cette manière d'architecture » pèche dans les moyens; car elle n'en a point,

» puisqu'elle retranche les anciens sans en propo-
» ser de nouveaux. Les autres manières ont une
» équerre, une règle, un plomb, par la conduite
» desquels, ni plus ni moins que par un fil d'A-
» riane, elles sortent aisément de leurs labyrinthes,
» et disposent avec justesse et facilité les pierres
» les plus informes. Mais celle-ci, tout au contraire,
» corrompt et gâte toute la forme ancienne, lors-
» qu'elle pâlit de crainte à la seule pensée des lutins
» et des loups-garoux, lorsqu'elle craint que la terre
» ne lui manque et ne s'affaise, lorsqu'elle appré-
» hende que le sable ne s'échappe et ne s'emporte.
» Proposez-lui d'élever une colonne, elle pâlira de
» crainte à la seule position de la base, de quelque
» forme qu'elle puisse être; peut-être dira-t-elle
» que les lutins la renverseront. Mais que fera-t-elle
» quand il faudra dresser son corps ? elle trem-
» blera, et dira qu'il est trop foible; qu'il n'est peut-
» être que de plâtre, et non pas de marbre; et que
» souvent on en a vu qu'on croyoit bien durs et
» bien fermes, que l'expérience a fait connoître
» être très fragiles. Enfin qu'espérez-vous qu'elle
» fera quand il sera question de planter le chapiteau
» à cette colonne ? elle se défiera de tout, comme
» si c'étoit des fers qu'on lui voulût mettre aux
» pieds. N'a-t-on pas vu, dira-t-elle, de mauvais
» architectes qui en ont dressé plusieurs qu'ils pen-
» soient bien fermes et qui n'ont pas laissé de tom-

OBJECTIONS ET RÉPONSES. 517

» ber d'eux-mêmes ? Que sais-je s'il n'arrivera point
» la même chose à celui-ci, et si les lutins n'ébran-
» leront point la terre ? Ils sont mauvais, et je ne
» sais pas encore si la base est si bien appuyée
» que ces malins esprits ne puissent rien contre
» elle. Que direz-vous à cela ? Et que pourriez-vous
» faire, quand son auteur vous dira avec une opi-
» niâtreté invincible, que vous ne sauriez répondre
» de la fermeté du chapiteau si vous ne savez au-
» paravant que le corps de la colonne n'est pas
» d'une matière fragile ; qu'il n'est pas appuyé sur
» le sable, mais sur la pierre, et même sur la pierre
» si ferme qu'il n'y ait point de malins esprits qui
» la puissent ébranler ? Que faire quand il vous dira
» que la matière ni la forme de cette colonne ne
» vaut rien (ici, par une audace plaisante et bouf-
» fonne, il montroit à tout le monde le portrait d'une
» des colonnes que cet architecte avoit employées
» dans le bâtiment de sa chapelle) ? et cent autres
» choses semblables, sur lesquelles si vous pensez
» le presser, il vous dira tout aussitôt : Attendez
» que je sache si elle est bâtie sur le roc, et s'il n'y
» a point d'esprits malins en ce lieu-là. Mais au
» moins, me direz-vous, cette manière d'architec-
» ture a-t-elle cela de commode, que, ne voulant
» point du tout de colonnes, elle empêche infailli-
» blement qu'on n'en dresse de mauvaises ? La
» commodité est belle sans doute, et n'est-ce pas

« comme qui arracheroit le nez à un enfant, etc.? » car cela ne vaut pas la peine d'être redit; et je prie ici les lecteurs de vouloir prendre la peine de comparer chacune de ces réponses à celles de notre auteur.

Or cette réponse, aussi bien que la précédente, étoit manifestement convaincue de faux par la seule inspection de cette chapelle, puisqu'on y voyoit quantité de colonnes très solides, et entre autres celle-là même dont il avoit fait voir le portrait comme d'une chose qui avoit été rejetée par cet architecte. Et de la même façon mes seuls écrits font assez voir que je n'improuve point les syllogismes, et même que je n'en change ni n'en corromps point les formes, puisque je m'en suis servi moi-même toutes les fois qu'il en a été besoin. Et entre autres celui-là même qu'il rapporte, et dont il dit que je condamne la matière et la forme, est tiré de mes écrits; et on le peut voir sur la fin de la réponse que j'ai faite aux secondes objections, dans la proposition première, où je démontre l'existence de Dieu. Et je ne puis deviner à quel dessein il feint cela, si ce n'est peut-être pour montrer que toutes les choses que j'ai proposées comme vraies et certaines répugnent entièrement à cette abdication générale de tout ce qui est douteux, laquelle il veut faire passer pour la seule méthode que j'aie de rechercher la vérité; ce qui ressemble tout-à-fait, et qui n'est pas moins puéril et inepte que la pensée impertinente de ce maçon qui faisoit consister tout l'art de l'architecture à creuser des fondements, et qui reprenoit tout ce que faisoit ensuite cet architecte comme contraire à cela.

3. Il répondoit: «Cette manière pèche contre » la fin, ne pouvant rien construire de ferme et de » durable. Mais comment le pourroit-elle puis- » qu'elle s'ôte elle-même tous les moyens pour cela? » Vous l'avez vu vous-même et expérimenté avec » moi dans ces détours, ou plutôt ces erreurs » semblables à celles d'Ulysse, que vous m'avez fait » prendre, et qui nous ont tous deux grandement » fatigués; vous souteniez que vous étiez un archi- » tecte, ou que vous en saviez l'art, mais vous ne » l'avez jamais su prouver, et vous êtes demeuré en » chemin, embarrassé de mille difficultés, et cela » tant de fois que j'ai de la peine à m'en souvenir. » Et néanmoins il sera bon de s'en souvenir à pré- » sent, afin que la réponse que j'ai à vous faire ne » perde rien de sa force. Voici donc les principaux » chefs de cette nouvelle manière d'architecture, » par lesquels elle se coupe elle-même les nerfs, » et s'ôte toute espérance de pouvoir jamais rien » avancer dans cet art. 1° Vous ne savez si au- » dessous de la superficie de la terre vous trou- » verez le roc; et partant, vous ne devez non plus » vous fier à cette roche ou cette pierre (si toute-

» fois vous pouvez jamais vous appuyer sur la ro-
» che) qu'à du sable même. De là vient que tout est
» incertain et chancelant, et que l'on ne peut rien
» bâtir de ferme. Je ne vous en apporterai point
» d'exemple; pensez-y vous-même, et parcourez
» tous les magasins de votre mémoire, et voyez si
» vous y trouverez aucune chose qui ne soit infec-
» tée de cette tache; vous me ferez plaisir de m'en
» montrer quelqu'une. 2° Auparavant que j'aie trou-
» vé la terre ferme, au-dessus de laquelle je sache
» qu'il n'y a point de sable, ni d'esprits malins qui
» puissent l'ébranler, je dois rejeter toutes choses,
» et avoir pour suspecte toute sorte de matière; ou
» pour le moins, selon la commune et ancienne
» façon de bâtir, je dois avant toutes choses définir
» s'il peut y avoir quelque matière qu'on ne doive
» point rejeter, et quelle est cette matière, et aver-
» tir en même temps les fossoyeurs de la retenir
» dans leur fosse. D'où il s'ensuit comme auparavant
» qu'il n'y a rien de ferme; mais que tout est trop
» foible, et partant inutile, pour la construction
» d'un édifice. 3° S'il y a aucune chose qui puisse
» être tant soit peu ébranlée, tenez déjà pour cer-
» tain et faites état qu'elle est déjà renversée; ne
» songez qu'à creuser, et servez-vous de cette fosse
» vide comme d'un fondement. De là il s'ensuit que
» tous les moyens pour bâtir lui sont retranchés :
» car que pourroit faire cet architecte? il n'a plus

« ni terre, ni sable, ni pierre, ni aucune autre
» chose. Et ne me dites point qu'on ne creusera pas
» toujours, que ce n'est que pour un temps, et jus-
» ques à une certaine profondeur, selon qu'il y aura
» plus ou moins de sable. Car je veux que ce ne
» soit que pour un temps; mais toujours est-ce pour
» le temps que vous voulez bâtir, et pendant lequel
» vous usez et abusez de la vacuité de cette fosse,
» comme si toute l'édification en dépendoit, et
» qu'elle s'appuyât sur elle comme sur son véritable
» fondement. Mais, me direz-vous, je m'en sers
» pour établir et assurer la patte et la base de ma
» colonne, comme font ordinairement les autres
» architectes. N'est-ce pas leur coutume de fabri-
» quer certaines machines qui ne leur servent que
» pour un temps, afin d'élever leurs colonnes et les
» placer en leur lieu? etc. »

Or, si en tout cela ce maçon vous a semblé ridicule, je trouve que notre auteur ne l'est guère moins. Car, comme cet architecte, pour avoir commencé à creuser et à rejeter de ces fondements tout ce qui n'étoit appuyé que sur le sable, n'a pas laissé de bâtir et d'élever une belle et grande chapelle, de même on ne trouvera point que l'abdication que j'ai faite au commencement de tout ce qui peut être douteux m'ait fermé les routes qui peuvent conduire à la connoissance de la vérité, comme l'on peut voir par ce que j'ai démontré dans mes Méditations; ou du moins il devroit me faire voir que je me suis trompé, en m'y faisant remarquer quelque chose de faux ou d'incertain; ce que ne faisant point, et même ce que ne pouvant faire, il faut confesser qu'il ne peut s'excuser de s'être grandement mépris. Et je n'ai jamais non plus songé à prouver que moi (c'est-à-dire une chose qui pense) étois un esprit, que l'autre à prouver qu'il étoit un architecte. Mais, à dire vrai, notre auteur, avec toute la peine qu'il s'est ici donnée, n'a rien prouvé autre chose sinon que, s'il avoit de l'esprit, il n'en avoit pas beaucoup. Et encore qu'en poussant son doute métaphysique jusques au bout, on en vienne jusqu'à ce point que de supposer qu'on ne sait si l'on dort ou si l'on veille, il ne s'ensuit pas mieux que pour cela on ne puisse rien trouver de certain et d'assuré, qu'il s'ensuit de ce qu'un architecte qui commence à creuser les fondements, ne sait pas s'il trouvera sous le sable, ou de la pierre, ou de l'argile, ou quelque autre chose; qu'il s'ensuit, dis-je, qu'il ne pourra jamais en ce lieu-là rencontrer la terre ferme, ou que, l'ayant trouvée, il ne devra point s'y assurer. Et il s'ensuit aussi peu que toutes choses soient inutiles pour la recherche de la vérité, de ce qu'auparavant que de savoir qu'il y a un Dieu chacun a occasion de douter de toutes choses, à savoir de toutes celles dont on n'a pas la claire perception présente à l'esprit, ainsi que j'ai dit plusieurs fois; que de ce que cet architecte avoit commandé de rejeter toutes choses de la fosse qu'il faisoit pour creuser ses fondements, auparavant et jusques à ce qu'il eût trouvé la terre ferme, il s'ensuivoit qu'il n'y avoit eu ni moellon ni pierre dans cette fosse, qu'il pût par après employer à bâtir et élever ses fondements. Et ce maçon n'erroit pas moins impertinemment en disant que, selon la commune et ancienne architecture, on ne devoit pas rejeter toutes ces pierres et tous ces moellons de la fosse que l'on creuse, et qu'on devoit avertir les fossoyeurs de les retenir et conserver, que fait aujourd'hui notre auteur, en disant « qu'il faut » avant toutes choses définir s'il peut y avoir des » propositions exemptes de doute, et quelles sont » ces propositions. » Car comment pourroient-elles être définies par celui que nous supposons n'en connoître encore pas une, soit en proposant cela comme un des préceptes de la commune et ancienne philosophie, en laquelle il ne se trouve rien de semblable? Et ce maçon ne feignoit pas moins sottement que cet architecte se vouloit servir pour fondement de cette fosse vide, et que tout son art en dépendoit, que notre auteur se trompe visiblement en disant que « je prends pour principe le » contraire de ce qui est douteux, et que j'abuse des » choses que j'ai une fois rejetées, comme si la vé- » rité en étoit dépendante et qu'elle y fût appuyée

« comme sur son véritable fondement : » ne se ressouvenant pas de ce qu'il avoit dit un peu auparavant, et qu'il avoit rapporté comme venant de moi, c'est à savoir : « Vous n'assurerez ni l'un ni » l'autre, ni vous ne le nierez aussi ; vous ne vous » servirez ni de l'un ni de l'autre, et vous tiendrez » l'un et l'autre pour faux. » Et enfin ce maçon ne montroit pas mieux son ignorance en comparant la fosse, que l'on creuse pour jeter les fondements à une machine que l'on ne fait que pour un temps, pour servir seulement à dresser et mettre sur pied une colonne, que fait notre auteur en comparant à cette machine l'abdication générale de tout ce qui est douteux.

4. Il répondoit : « Cette manière pèche par excès, » c'est-à-dire qu'elle en fait plus que ne deman- » dent d'elle les lois de la prudence, et que jamais » personne n'a désiré. Il est bien vrai qu'il s'en » trouve assez qui veulent qu'on leur bâtisse de » bons et solides édifices, mais il ne s'est encore » trouvé personne jusques ici qui n'ait cru que » c'ait été assez que la maison où il habitoit fût aussi » ferme que la terre même qui nous soutient, en » sorte qu'il est tout-à-fait inutile et superflu de » rechercher en cela une plus grande fermeté. De » plus, comme pour se promener il y a certaines » bornes de fermeté et de stabilité de la terre qui » sont plus que suffisantes pour pouvoir se pro-

» mener dessus avec assurance, de même, pour la
» construction des maisons, il y a certaines bornes
» de fermeté, lesquelles, quand on les a atteintes,
» on est assuré, etc. »

Or, quoique ce maçon eût tort de reprendre
ainsi cet architecte, notre auteur me semble avoir
eu encore moins de raison de me reprendre comme
il a fait en un sujet presque pareil; car il est bien
vrai qu'en matière de bâtiment il y a certaines
bornes de fermeté au-dessous de la plus grande,
au-delà desquelles il est inutile de passer; et ces
bornes sont diverses, selon la diversité et la grandeur des bâtiments qu'on veut élever : car les cabanes et les cases des bergers se peuvent même sûrement appuyer sur le sable; et il n'est pas moins
propre et moins ferme pour les soutenir, que le
roc l'est pour soutenir les grandes tours. Mais il
n'en va pas de même quand il est question d'établir
les fondements de la philosophie; car on ne peut
pas dire qu'il y ait certaines bornes de douter audessous de la plus grande certitude, au-delà desquelles il est inutile de passer, et sur qui même nous
pouvons avec raison et assurance nous appuyer :
car la vérité consistant dans un indivisible, il peut
arriver que ce que nous ne voyons pas être toutà-fait certain, pour probable qu'il nous paroisse,
soit néanmoins absolument faux ; et sans doute que
celui-là philosopheroit fort mal qui n'auroit point

d'autres fondements en sa philosophie que des choses qu'il reconnoîtroit pouvoir être fausses. Mais que répondra-t-il aux sceptiques, qui vont au-delà de toutes les limites de douter? Comment les réfutera-t-il? Sans doute qu'il les mettra au nombre des désespérés et des incurables. Cela est fort bien; mais cependant en quel rang pensez-vous que ces gens-là le mettront? Et ne me dites point que cette secte est à présent abolie : elle est en vigueur autant qu'elle fut jamais; et la plupart de ceux qui pensent avoir un peu plus d'esprit que les autres, ne trouvant rien dans la philosophie ordinaire qui les satisfasse, et n'en voyant point de meilleure, se jettent aussitôt dans celle des sceptiques; et ce sont principalement ceux qui veulent qu'on leur démontre l'existence de Dieu et l'immortalité de leur âme : de sorte que ce qui est dit ici par notre auteur sonne mal et est de fort mauvais exemple, vu principalement qu'il passe pour habile homme; car cela montre qu'il croit qu'on ne sauroit réfuter les erreurs des sceptiques, qui sont athées; et ainsi il les soutient et les confirme autant qu'il est en lui. Car tous ceux qui sont aujourd'hui sceptiques ne doutent point, quant à la pratique, qu'ils n'aient une tête, et que deux joints avec trois ne fassent cinq, et choses semblables: mais ils disent seulement qu'ils s'en servent comme de choses vraies, pourcequ'elles leur semblent telles; mais qu'ils ne les croient pas certainement vraies, pourcequ'ils n'en sont pas pleinement persuadés et convaincus par des raisons certaines et invincibles. Et d'autant qu'il ne leur semble pas de même que Dieu existe et que leur âme est immortelle, de là vient qu'ils n'estiment pas qu'il s'en doivent servir comme de choses vraies, même quant à la pratique, si premièrement on ne leur prouve ces deux choses par des raisons plus certaines qu'aucune de celles qui leur font embrasser celles qui leur paroissent. Or, les ayant ainsi prouvées toutes deux dans mes Méditations, ce que personne que je sache avant moi n'avoit fait, il me semble qu'on ne sauroit rien controuver de plus déraisonnable que de m'imputer, comme fait notre auteur en cent endroits de sa dissertation, une affectation trop grande de douter, qui est l'unique erreur en quoi consiste toute la secte des sceptiques. Et certainement il est tout-à-fait libéral à faire le dénombrement de mes fautes; car bien qu'en ce lieu-là il dise que « ce n'est pas une petite louange d'aller plus loin » que les autres, et de traverser un gué qui n'a ja- » mais été tenté de personne, » et qu'il n'ait aucune raison de croire que je ne l'aie pas fait au sujet dont il s'agit, comme je ferai voir tout maintenant, néanmoins il met cela au nombre de mes fautes : parce, dit-il, que « la louange n'est grande » que lorsqu'on peut le traverser sans se mettre en

» danger de périr : » où il semble vouloir persuader aux lecteurs que j'ai fait ici naufrage, et que j'ai commis quelque faute insigne; et néanmoins, ni il ne le croit pas lui-même, ni il n'a aucune raison de le soupçonner : car s'il en avoit pu trouver quelqu'une, tant légère qu'elle eût été, pour faire voir que je me suis écarté du droit chemin, dans tout le cours que j'ai pris pour conduire notre esprit de la connoissance de sa propre existence à celle de l'existence de Dieu, et de la distinction de soi-même d'avec le corps, sans difficulté qu'il ne l'auroit pas omise dans une dissertation si longue, si pleine de paroles et si vide de raisons; et il auroit sans doute beaucoup mieux aimé la produire que de changer toujours de question comme il a fait, lorsque le sujet demandoit qu'il en parlât, et de m'introduire disputant sottement si la chose qui pense est esprit. Il n'a donc eu aucune raison de croire ni même de soupçonner que j'aie commis la moindre faute en tout ce que j'ai dit et avancé, et par quoi j'ai renversé tout le premier ce doute énorme des sceptiques : il confesse que cela est digne d'une grande louange, et néanmoins il ne feint point de me reprendre comme coupable de cette faute, et de m'attribuer ce doute des sceptiques, qui pourroit à plus juste raison être attribué à tout autre qu'à moi.

5. Ce maçon répondoit : « Cette manière de bâtir

» pèche par défaut: c'est-à-dire que, voulant entre-
» prendre plus qu'elle ne peut, elle ne vient à bout
» de rien. Je ne veux point pour cela d'autre témoin
» ni d'autre juge que vous. Qu'avez-vous fait jus-
» ques ici avec tout ce magnifique appareil? Que
» vous a servi de tant creuser? et à quoi bon cette
» fosse si grande et si universelle, que vous n'avez
» pas même retenu les pierres les plus dures et les
» plus solides, et qui ne vous a rien appris autre
» chose que ce que chacun sait déjà, savoir est que
» la pierre ou le roc qui est au-dessous du sable et
» de la terre mouvante est ferme et solide? etc. »

Je pensois que ce maçon dût ici prouver quelque chose, comme aussi notre auteur en pareille occasion : mais comme celui-là reprochoit à cet architecte de n'avoir fait autre chose en creusant que de découvrir le roc, ne faisant pas semblant de savoir que sur ce roc il avoit bâti sa chapelle ; ainsi notre auteur semble me reprocher que je n'ai fait autre chose, en rejetant tout ce qui est douteux, que de découvrir la vérité de ce vieux dictum, *je pense, donc je suis* ; à cause peut-être qu'il ne compte comme pour rien que par son moyen j'ai prouvé l'existence de Dieu, et plusieurs autres choses qui sont démontrées dans mes Méditations: et a bien l'assurance de me prendre seul ici à témoin de la liberté qu'il se donne de dire ce que bon lui semble; comme en d'autres endroits, sur des sujets aussi peu croyables, il ne laisse pas de dire « que tout le monde le croit comme il le dit; » que les pupitres ne chantent autre chose; que » nous avons tous appris la même chose de nos » maîtres, depuis le dernier jusques à Adam, etc. » A quoi l'on ne doit pas ajouter plus de foi qu'aux serments de certaines personnes, qui s'emportent d'autant plus à jurer que ce qu'ils tâchent de persuader aux autres est moins croyable et plus éloigné de la vérité.

6. Il répondoit : « Cet architecte, par sa manière » de bâtir, tombe dans la faute qu'il reprend dans » les autres. Car il s'étonne de voir que tous les » hommes sans exception disent tous unanimement » et croient que le sable ou la poussière qui nous » soutient est assez ferme; que la terre sur laquelle » nous sommes ne branle point, etc.; et il ne s'é- » tonne point de voir qu'avec une assurance pa- » reille ou plus grande il dit hardiment qu'il faut » rejeter le sable, et tout ce qui est mêlé avec » lui, etc. »

Ce qui étoit aussi peu raisonnable que tout ce que dit notre auteur en pareille occasion.

7. Il répondoit : « Cet art pèche, et nous jette » dans une faute qui lui est particulière. Car ce que » le reste des hommes tient pour aucunement ferme, » à savoir la terre où nous sommes, du sable, des » pierres; cet art, par un dessein qui lui est parti-

» culier, prend tout le contraire, savoir est la fosse
» d'où l'on a tiré et rejeté le sable, les pierres, et
» tout ce qui s'est rencontré dedans; non seulement
» pour une chose ferme, mais même pour une
» chose si ferme que l'on peut y fonder et bâtir
» une chapelle très solide, et s'y appuie de telle
» sorte que si vous lui ôtez ce soutien il donnera
» du nez en terre. »

Où ce pauvre maçon ne se trompe pas moins que notre auteur, lorsque ne se ressouvenant plus de ces mots qu'il avoit dits un peu auparavant, savoir est, « Vous ne l'assurerez ni ne le nierez, etc. »

8. Il répondoit: « Cet art pèche par imprudence;
» car, ne prenant pas garde que l'instabilité de la
» terre est comme un glaive à deux tranchants, pen-
» sant éviter l'un, il se voit blessé par l'autre. Le
» sable n'est pas pour lui un sol assez ferme et
» stable, car il le rejette, et se sert de son opposé,
» savoir de la fosse d'où on l'a rejeté; et, s'ap-
» puyant un peu trop imprudemment sur cette
» fosse comme sur quelque chose de ferme, il se
» trouve accablé. »

Où derechef il ne faut que se ressouvenir de ces mots : « Vous ne l'assurerez ni ne le nierez. » Et ce qui est dit ici d'un glaive à deux tranchants est plus digne de la sagesse de ce maçon que de celle de notre auteur.

9. Il répondoit: « Cet art et cet architecte pèchent

» avec connoissance. Car, le sachant et le voulant,
» et après en être averti, il s'aveugle lui-même; et,
» rejetant volontairement toutes les choses qui sont
» nécessaires pour bâtir, il se laisse tromper soi-
» même par sa propre règle, en faisant non seule-
» ment ce qu'il prétend, mais aussi ce qu'il ne pré-
» tend point et qu'il appréhende le plus. »

Or comme ce qui est dit ici de cet architecte est suffisamment convaincu de faux par la seule inspection de la chapelle qu'il a bâtie, de même les choses que j'ai démontrées prouvent assez que ce que l'on a dit de moi en pareille occasion est aussi peu véritable.

10. Il répondoit : « Il pèche par commission,
» lorsque, contre ce qu'il avoit expressément et
» solennellement défendu, il retourne aux choses
» anciennes, et s'en sert ; et que, contre les lois
» qu'il avoit observées en creusant, il reprend
» ce qu'il avoit rejeté. Vous vous en souvenez
» bien. »

De même notre auteur ne se ressouvient pas de ces paroles, « Vous ne l'assurerez ni ne le nie-
» rez, etc.; » car autrement comment oseroit-il dire ici qu'une chose a été solennellement défendue qu'un peu auparavant il a dit qu'il ne falloit pas même nier ?

11. Il répondoit : « Il pèche par omission; car,
» après avoir établi pour un de ses principaux fon-

»dements qu'il faut très soigneusement prendre
»garde de ne rien admettre pour vrai que nous
»ne puissions prouver être tel, il s'en oublie sou-
»vent, admettant inconsidérément pour vrai et
»pour très certain tout ceci sans le prouver, la
»terre sablonneuse n'est pas assez ferme pour sou-
»tenir des édifices, et plusieurs autres semblables
»maximes. »

En quoi ce maçon ne se trompoit pas moins que notre auteur; celui-là appliquant au fossoiement, et celui-ci à l'abdication des doutes, ce qui n'appartient proprement qu'à la construction tant des bâtiments que de la philosophie: car il est très certain qu'il ne faut rien admettre pour vrai que nous ne puissions prouver être tel quand il s'agit d'assurer ou d'établir ce qui est vrai; mais quand il est seulement question de creuser ou de rejeter, le moindre soupçon d'instabilité ou de doute suffit pour cela.

12. Il répondoit : « Cet art pèche en ce qu'il n'a
»rien de bon, ou rien de nouveau, et qu'il a
»beaucoup de superflu; car, 1° : si par le rebut et
»le rejet qu'il fait du sable il entend seulement ce
»fossoiement dont se servent tous les autres archi-
»tectes, qui ne rejettent le sable qu'en tant qu'il
»n'est pas assez ferme pour soutenir le faix d'un
»grand édifice, il dira quelque chose de bon, mais
»il ne dira rien de nouveau; et cette façon de creu-

» ser ne sera pas nouvelle, mais très ancienne, et
» commune à tous les architectes, sans en excepter
» un seul.

» 2° Si, par cette façon de creuser, il veut qu'on
» rejette tellement le sable qu'on l'enlève tout-à-fait,
» qu'on n'en retienne rien, et qu'on se serve de son
» néant, c'est-à-dire de la vacuité du lieu qu'il rem-
» plissoit auparavant, comme d'une chose ferme
» et solide, il dira quelque chose de nouveau, mais
» il ne dira rien de bon; et cette façon de creuser
» sera à la vérité nouvelle, mais elle ne sera pas
» légitime.

» 3° S'il dit que, par la force et le poids de ses rai-
» sons, il prouve certainement et évidemment qu'il
» est expérimenté dans l'architecture, et qu'il l'exer-
» ce, et que néanmoins, en tant que tel, il n'est ni
» architecte, ni maçon, ni manœuvre, mais qu'il est
» d'une condition tellement différente ou séparée de
» la leur qu'on peut concevoir quel il est sans qu'on
» ait connoissance des autres, de même que l'on peut
» concevoir l'animal ou une chose qui sent sans que
» l'on conçoive encore celle qui hennit, ou qui ru-
» git, etc.; il dira quelque chose de bon, mais il ne
» dira rien de nouveau, puisque l'on ne chante autre
» chose partout dans les carrefours, et que cela est
» enseigné par autant d'hommes qu'il y en a qui
» sont tant soit peu versés dans l'architecture, ou
» même (posé que l'architecture embrasse aussi la

» construction des murs, en sorte que ceux-là soient
» dits être versés dans l'architecture, qui mêlent le
» sable avec la chaux, qui taillent les pierres, ou
» qui portent le mortier) par autant d'hommes qu'il
» y en a qui croient que ce que je viens de dire est
» le métier des artisans et des manœuvres, c'est-à-
» dire, en un mot, par tous les hommes.

» 4° S'il dit avoir, prouvé par de bonnes raisons et
» mûrement considérées, qu'il existe véritablement,
» et qu'il est versé dans l'art de l'architecture, et que,
» pendant qu'il existe, il ne s'ensuit pas pour cela
» qu'il y ait ni architecte, ni maçon, ni manœuvre
» qui existe véritablement, il dira quelque chose de
» nouveau, mais il ne dira rien de bon; ni plus ni
» moins que s'il disoit qu'un animal existe, et qu'il
» n'y a pourtant ni lion, ni renard, ni aucun autre
» animal qui existe.

» 5° S'il dit qu'il bâtit, c'est-à-dire qu'il se sert
» de l'art d'architecture dans la construction de
» ses bâtiments, et qu'il bâtit de telle sorte que, par
» une action réfléchie, il envisage et considère ce
» qu'il fait, et qu'ainsi il sache et voie qu'il bâtit
» (ce qui proprement s'appelle avoir connoissance,
» s'apercevoir de ce que l'on fait), et s'il dit que
» cela est le propre de l'architecture, ou de cet art
» de bâtir qui est au-dessus de l'expérience des ma-
» çons et des manœuvres, et partant qu'il est véri-
» tablement architecte; il dira ce qu'il n'a point

» encore dit, ce qu'il devoit dire, ce que je m'at-
» tendois qu'il diroit, et ce que je lui ai même voulu
» souvent suggérer, lorsque je l'ai vu s'efforçant en
» vain pour nous dire ce qu'il étoit; il dira, dis-je,
» quelque chose de bon, mais il ne dira rien de
» nouveau, n'y ayant personne qui ne l'ait autrefois
» appris de ses précepteurs, et ceux-ci de leurs maî-
» tres jusques à Adam.

« Certainement s'il dit cela, combien y aura-
» t-il de choses superflues dans cet art! combien
» d'exorbitantes! quelle battologie! combien de ma-
» chines qui ne servent qu'à la pompe ou qu'à
» nous décevoir! A quoi bon nous faire peur de
» l'instabilité de la terre, des tremblements, des
» lutins, et d'autres vaines frayeurs? Quelle est la
» fin d'une fosse si profonde qu'elle ne nous laisse,
» ce semble, que le néant de reste? Pourquoi des
» pérégrinations si longues, et de tant de durée,
» dans des pays étrangers où les sens n'approchent
» point, parmi des ombres et des spectres? Que
» servent toutes ces choses pour la construction
» d'une chapelle, comme si l'on ne pouvoit pas en
» bâtir une sans renverser tout sens dessus dessous?
» Mais à quoi bon ce mélange et ce changement de
» tant de diverses matières; pourquoi tantôt rejeter
» les anciennes et en employer de nouvelles, et tantôt
» rejeter les nouvelles pour reprendre les anciennes?
» Ne seroit-ce point peut-être que comme nous de-

» vons nous comporter autrement dans le temple, ou
» en la présence des personnes de mérite, que dans
» une hôtellerie ou une taverne, de même à ces nou-
» veaux mystères il faut de nouvelles cérémonies ?
» Mais pourquoi, sans s'amuser à tant d'embarras,
» n'a-t-il point plutôt ainsi clairement, nettement
» et brièvement exposé la vérité. Je bâtis, j'ai con-
» noissance du bâtiment que je fais, donc je suis un
» architecte?

» 6° Enfin, s'il dit que de bâtir des maisons, de
» disposer et d'ordonner de leurs chambres, cabi-
» nets, portiques, portes, fenêtres, colonnes, et au-
» tres ornements, et de commander à tous les ou-
» vriers qui y mettent la main, comme charpen-
» tiers, tailleurs de pierres, maçons, couvreurs,
» manœuvres, et autres, et de conduire tous leurs
» ouvrages, c'est tellement le propre d'un archi-
» tecte qu'il n'y a pas un autre artisan et ouvrier
» qui le puisse faire, il dira quelque chose de nou-
» veau, mais il ne dira rien de bon, et encore
» le dira-t-il sans preuve et sans aveu, si ce n'est
» peut-être qu'il nous garde et nous cache quelque
» chose (qui est le seul refuge qui lui reste) pour
» nous le montrer avec étonnement et admiration
» en son temps; mais il y a si long-temps qu'on
» attend cela de lui, qu'il n'y a plus du tout lieu de
» l'espérer. »

En dernier lieu il répondoit : « Vous craignez ici

» sans doute (et je vous le pardonne) pour votre
» art et manière de bâtir, laquelle vous chérissez,
» et que vous caressez et embrassez comme votre
» propre production; vous avez peur que, l'ayant
» rendue coupable de tant de péchés, et la voyant
» maintenant qui fait eau partout, je ne la con-
» damne au rebut. Ne craignez pourtant point, je
» suis votre ami plus que vous ne pensez; je vain-
» crai votre attente, ou du moins je la tromperai,
» je me tairai et aurai patience. Je sais qui vous
» êtes, et je connois la force et vivacité de votre es-
» prit. Quand vous aurez pris du temps suffisam-
» ment pour méditer, mais principalement quand
» vous aurez consulté en secret votre règle qui ne
» vous abandonne jamais, vous secouerez toute la
» poussière, vous laverez toutes les taches, et vous
» nous ferez voir pour lors une architecture bien
» propre et bien nette, et exempte de tout défaut.
» Cependant contentez-vous de ceci, et continuez
» de me prêter votre attention, pendant que je
» continuerai de satisfaire à vos demandes. J'ai com-
» pris beaucoup de choses en peu de paroles, pour
» n'être pas long, et n'en ai touché la plupart que
» légèrement, comme sont celles qui concernent les
» voûtes, l'ouverture des fenêtres, les colonnes, les
» portiques, et autres semblables. Mais voici les
» dessein d'une nouvelle comédie. »

SI L'ON PEUT INVENTER UNE NOUVELLE ARCHITECTURE.

« Vous demandez, en troisième lieu, si l'on peut
» inventer, etc. »

Comme il demandoit cela, quelques uns de ses
amis, voyant que son extrême jalousie et la haine
dont il étoit emporté étoient passées en maladie, ne
lui permirent pas de déclamer ainsi davantage dans
les places publiques, mais le firent aussitôt conduire chez le médecin.

Pour moi je n'oserois pas, à la vérité, soupçonner rien de pareil de notre auteur; mais je continuerai seulement de faire voir ici avec quel soin il
semble qu'il ait tâché de l'imiter en toutes choses.
Il se comporte entièrement comme lui en juge
très sévère, et qui prend soigneusement et scrupu-
leusement garde de ne rien prononcer témérairement; car, après m'avoir onze fois condamné pour
cela seul que j'ai rejeté tout ce qui est douteux
pour fonder et établir tout ce qui est certain, de
même que si j'avois creusé profondément pour jeter les fondements de quelque grand édifice; enfin,
à la douzième fois, il commence à examiner la
chose, et dit, 1° que si je l'ai entendue de la manière qu'il sait que je l'ai entendue, ainsi qu'il paroit par ces paroles, « Vous ne l'assurerez ni ne le
» nierez, » et qu'il m'a lui-même attribuées, qu'à la

vérité j'ai dit quelque chose de bon, mais que je n'ai rien dit de nouveau.

2° Que si je l'ai entendue de cette autre façon, d'où il a pris sujet de me rendre coupable de ces onze péchés précédents, et qu'il sait néanmoins être si éloignée du véritable sens que j'y ai donné qu'un peu auparavant, dans le paragraphe III de sa première question, il m'introduit lui-même parlant d'elle avec risée et admiration en cette sorte, « Et comment cela pourroit-il venir en l'esprit d'un » homme de bon sens ? » que pour lors j'ai bien dit quelque chose de nouveau, mais que je n'ai rien dit de bon. Qui a jamais été, je ne dirai pas si insolent en paroles, et si peu soucieux de la vérité, ou même de ce qui en a l'apparence, mais si imprudent et si oublieux que de reprocher, comme fait notre auteur, plus de cent fois à un autre, dans une dissertation étudiée, une opinion qu'il a confessée, tout au commencement de cette dissertation même, être si éloignée de la pensée de celui à qui il en fait le reproche qu'il ne pense pas qu'elle puisse jamais venir en l'esprit d'un homme de bon sens?

Pour ce qui est des questions qui sont contenues dans les nombres 3, 4 et 5, soit dans les réponses de notre auteur, soit dans celles de ce maçon, elles ne font rien du tout au sujet, et n'ont jamais été mues ni par moi ni par cet architecte; mais il est vraisemblable qu'elles ont premièrement été inventées par ce maçon, afin que, comme il n'osoit pas toucher aux choses qui avoient été faites par cet architecte, de peur de découvrir trop manifestement son ignorance, l'on crût néanmoins qu'il reprenoit quelque chose de plus que cette seule façon de creuser ; en quoi notre auteur l'a aussi parfaitement bien imité.

3° Car, quand il dit qu'on peut concevoir une chose qui pense sans concevoir une chose qui pense, sans concevoir ni un esprit, ni une âme, ni un corps, il ne philosophe pas mieux que fait ce maçon quand il dit qu'un homme qui est expérimenté dans l'architecture n'est pas pour cela plutôt architecte que maçon ou manœuvre, et que l'un se peut fort bien concevoir sans pas un des autres.

4° Comme aussi c'est une chose aussi peu raisonnable de dire qu'une chose qui pense existe sans qu'un esprit existe, que de dire qu'un homme versé dans l'architecture existe sans qu'un architecte existe, au moins quand on prend le nom d'esprit, ainsi que du consentement de tout le monde j'ai dit qu'il le falloit prendre. Et il y a aussi peu de répugnance qu'une chose qui pense existe, sans qu'aucun corps existe, qu'il y en a qu'un homme versé dans l'architecture existe, sans qu'aucun maçon ou manœuvre existe.

5° De même quand notre auteur dit qu'il ne

suffit pas qu'une chose soit une substance qui pense pour être tout-à-fait spirituelle et au-dessus de la matière, laquelle seule il veut pouvoir être proprement appelée du nom d'esprit, mais qu'outre cela il est requis que, par un acte réfléchi sur sa pensée, elle pense qu'elle pense, ou qu'elle ait une connoissance intérieure de sa pensée; il se trompe en cela comme fait ce maçon, quand il dit qu'un homme expérimenté dans l'architecture doit, par un acte réfléchi, considérer qu'il en a l'expérience avant que de pouvoir être architecte : car, bien qu'il n'y ait point d'architecte qui n'ait souvent considéré, ou du moins qui n'ait pu souvent considérer qu'il savoit l'art de bâtir, c'est pourtant une chose manifeste que cette considération n'est point nécessaire pour être véritablement architecte; et une pareille considération ou réflexion est aussi peu requise, afin qu'une substance qui pense soit au-dessus de la matière. Car la première pensée, quelle qu'elle soit, par laquelle nous apercevons quelque chose, ne diffère pas davantage de la seconde, par laquelle nous apercevons que nous l'avons déjà auparavant aperçue, que celle-ci diffère de la troisième, par laquelle nous apercevons que nous avons déjà aperçu avoir aperçu auparavant cette chose : et l'on ne sauroit apporter la moindre raison pourquoi la seconde de ces pensées ne viendra pas d'un sujet corporel, si l'on accorde que la première en peut venir. C'est pourquoi notre auteur pèche en ceci bien plus dangereusement que ce maçon; car en ôtant la véritable et très intelligible différence qui est entre les choses corporelles et les incorporelles, à savoir que celles-ci pensent et que les autres ne pensent pas; et en substituant une autre en sa place, qui ne peut avoir le caractère d'une différence essentielle, à savoir que celles-ci considèrent qu'elles pensent et que les autres ne le considèrent point, il empêche autant qu'il peut qu'on ne puisse entendre la réelle distinction qui est entre l'âme et le corps.

6° Il est encore moins excusable de favoriser le parti des bêtes brutes, en leur accordant la pensée aussi bien qu'aux hommes, que l'est ce maçon de s'être voulu attribuer à soi et à ses semblables la connoissance de l'architecture aussi bien qu'aux architectes.

Et enfin il paroît bien que l'un et l'autre n'ont point eu égard à ce qui étoit vrai ou même vraisemblable, mais seulement à ce qui pouvoit être le plus propre pour décrier son adversaire, et le faire passer pour un homme de peu de sens auprès de ceux qui ne le connoissoient point, et qui ne se mettroient pas beaucoup en peine de le connoître. Et pour cela celui qui a fait le rapport de toute cette histoire a fort bien remarqué, pour exprimer la furieuse envie et jalousie de ce maçon, qu'il avoit vanté comme un magnifique appareil la fosse qu'avoit fait creuser cet architecte; mais que pour le roc que l'on avoit découvert par son moyen, et pour la chapelle que l'on avoit bâtie dessus, il l'avoit négligée et méprisée comme une chose de peu d'importance, et que néanmoins, pour satisfaire à l'amitié qu'il lui portoit et à la bonne volonté qu'il avoit pour lui, il n'avoit pas laissé de lui rendre grâce et de le remercier, etc.; comme aussi dans la conclusion il l'introduit avec ces belles acclamations en la bouche : « Enfin, s'il dit cela, combien » y aura-t-il de choses superflues! combien d'exorbi- » tantes! quelle battologie! combien de machines » qui ne servent qu'à la pompe ou à nous décevoir! » Et un peu après : « Vous craignez ici sans doute, et » je vous le pardonne, pour votre art et manière » de bâtir, laquelle vous chérissez, et que vous ca- » ressez et embrassez comme votre propre produc- » tion, etc., ne craignez pourtant point, je suis » votre ami plus que vous ne pensez, etc. » Car tout cela représente si naïvement la maladie de ce maçon, que je doute qu'aucun poëte eût pu la mieux dépeindre. Mais je m'étonne que notre auteur l'ait si bien imité en toutes choses, qu'il semble ne prendre pas garde à ce qu'il fait, et avoir oublié de se servir de cet acte réfléchi de la pensée, qu'il disoit tout à l'heure faire la différence de l'homme d'avec la bête. Car certainement il ne diroit pas qu'il y a un trop grand appareil de paroles dans mes écrits, s'il considéroit que celui dont il s'est servi, je ne dirai pas pour impugner, car il n'apporte aucune raison pour le faire, mais pour aboyer (qu'il me soit ici permis d'user de ce mot un peu rude, car je n'en sais point de plus propre pour exprimer la chose) après ce seul doute métaphysique dont j'ai parlé dans ma première Méditation, est beaucoup plus grand que celui dont je me suis servi pour le proposer. Et il se seroit bien empêché d'accuser mon discours de battologie, s'il avoit pris garde de quelle longue, superflue et inutile loquacité il s'est servi dans toute sa dissertation, à la fin de laquelle il assure pourtant n'avoir pas voulu être long. Mais parcequ'en cet endroit-là même il dit qu'il est mon ami, pour le traiter aussi le plus amiablement qu'il m'est possible, de même que ce maçon fut conduit par ses amis chez le médecin, de même aussi j'aurai soin de le recommander à son supérieur.

FIN DU TOME DEUXIÈME.

TABLE

DES MATIÈRES CONTENUES DANS LE TOME DEUXIÈME.

SUITE DES OBJECTIONS CONTRE LES MÉDITATIONS, AVEC LES RÉPONSES.

QUATRIÈMES OBJECTIONS, FAITES PAR ARNAULD... PAGE	3
RÉPONSES.	37
CINQUIÈMES OBJECTIONS, FAITES PAR GASSENDY.	89
RÉPONSES.	241
LETTRE DE DESCARTES A M. CLERSELIER.	302
SIXIÈMES OBJECTIONS, FAITES PAR DIVERS THÉOLOGIENS ET PHILOSOPHES.	318
RÉPONSES.	333
SEPTIÈMES OBJECTIONS, FAITES PAR LE P. BOURDIN, ET REMARQUES DE DESCARTES.	370

www.ingramcontent.com/pod-product-compliance
Lightning Source LLC
Chambersburg PA
CBHW070836230426
43667CB00011B/1812